K. William Kapp

Soziale Kosten der Marktwirtschaft

Das klassische Werk der Umwelt-Ökonomie

Herausgegeben von der
K. William und Lore L. Kapp-Stiftung
für die Integration und die Humanisierung
der Sozialwissenschaften

Fischer
Taschenbuch
Verlag

Meiner Frau

fischer alternativ
Eine Reihe des Fischer Taschenbuch Verlags
April 1979
Umschlagentwurf: Peter Hajnoczky, Zürich
Fischer Taschenbuch Verlag GmbH, Frankfurt/Main
Lizenzausgabe mit freundlicher Genehmigung
der K. William und Lore L. Kapp Stiftung/Basel

Titel der englischen Ausgabe: Social Costs of Business Enterprise
Asia Publishing House, Bombay 1963
Übersetzung: Lore L. Kapp, in Zusammenarbeit
mit John Cartwright, Georg Gogel und Peter Wirth
Satz: Otto Gutfreund & Sohn, Darmstadt
Druck: Clausen & Bosse, Leck/Schleswig
Printed in Germany
980-ISBN-3-596-24019-0

Inhalt

Vorwort der Herausgeberin

Lore L. Kapp

Die K. William & Lore L. Kapp Stiftung für die Integration und Humanisierung der Sozialwissenschaften ist die Herausgeberin dieses Buches. Sie möchte diese Gelegenheit nicht ungenutzt vorbeigehen lassen, ohne dem Fischer Taschenbuch Verlag und insbesondere Rudolf Brun für die Geduld und freundliche Mitarbeit zu danken. »Soziale Kosten der Marktwirtschaft« ist das erste von drei Büchern, die in der Reihe *fischer-alternativ* erscheinen werden, um wenigstens einen Teil der in englischer Sprache geschriebenen Arbeiten von Professor K. William Kapp einem deutschen Leserkreis zugänglich zu machen. Der nächste Band wird eine Sammlung von Aufsätzen zusammenfassen, während der dritte Band die Integration der Sozialwissenschaften behandeln wird.

Gleichzeitig möchten wir Schocken Books, New York und Edition Flamarion, Paris unsern Dank für die Erlaubnis aussprechen, die in englischer bzw. französischer Sprache geschriebenen Einleitungen hier in Übersetzung wiederzugeben. Letztlich muß noch J. C. B. Mohr, Tübingen dankend erwähnt werden, die es uns gestatteten, auf die deutsche Fassung einiger Zitate, veröffentlicht in der ersten Ausgabe »Volkswirtschaftliche Kosten der Privatwirtschaft« (1958) in der Übersetzung von Professor Bruno Fritsch, zurückzugreifen.

Die vorliegende Übersetzung der 2. Ausgabe der »Social Costs of Business Enterprise« ist das Ergebnis der Zusammenarbeit von Lore L. Kapp, John G. Cartwright, Georg Gogel und Peter Wirth. Die Übersetzung der Einleitung aus dem Französischen besorgte Frau Isabelle Schulte-Tenkhoff.

Aus der grundsätzlichen Verschiedenheit der beiden Sprachen ergab sich die Frage, ob die Übersetzung wörtlich oder sinngemäß vorgenommen werden sollte. Wir haben uns für das letztere entschieden. Daher wird der deutsche Text notwendigerweise von dem englischen abweichen, denn – wie es Edgar Salin in seinem Vorwort zur ersten deutschen Ausgabe ausdrückte »sind im Englischen die Begriffe schon lange festgefügt und neue auf dieser Grundlage entwickelt.«[1]

Wir haben uns um eine stilistisch oft abweichende, aber sonst möglichst klare Wiedergabe des Gedankengutes bemüht. Sollten noch Unklarheiten bestehen, so trägt die Herausgeberin die volle Verantwortung.

Vorwort zur französischen Ausgabe

Verfaßt von Ignacy Sachs*

Das vorliegende Buch gehört zu einer außerordentlichen Generation von sozialwissenschaftlichen Studien. Mehr als ein Vierteljahrhundert ist seit der Veröffentlichung der ersten, später (1960) vom Verfasser selbst überarbeiteten und erweiterten Auflage vergangen. Trotzdem drängt sich uns dieses immer noch zeitgemäße Buch durch die brennende Aktualität seiner Problematik und die Art und Weise, in der diese behandelt wird, immer wieder auf. Ein bahnbrechendes Werk, das auch heute noch als maßgebend auf seinem Gebiet angesehen werden muß.

In der Tat hat Professor Kapp hier systematisch das theoretische Grundproblem dessen gestellt und erörtert, was wir heute die politische Ökonomie der Umwelt nennen würden: »*Die Leistungen des Unternehmers nach Maßstäben zu beurteilen, die über diejenigen des Marktes hinausgehen und eine Basis für eine Neuformulierung der ökonomischen Analyse zu schaffen, um die vernachlässigten Aspekte der Realität zu erfassen, die viele Ökonomen als »nicht-ökonomisch« abzuweisen oder zu vernachlässigen geneigt sind.*«[1]

Der Verfasser hat sich eine doppelte Aufgabe gestellt. Einerseits hat er mit einer Gelehrsamkeit, an der nichts Pedantisches ist, den Werdegang der verschiedenen Lehrsätze in bezug auf Sozialkosten nachgezeichnet, um so den Beitrag seiner Lehrmeister – der Klassiker, Sismondi, Marx und Veblen sowie der Institutionalisten, Schumpeter und Myrdal – hervorzuheben, und gleichzeitig die Misere der neoklassischen Schule aufzuzeigen. Andererseits hat er anhand zahlreicher Beispiele und Statistiken, die größtenteils der amerikanischen Wirklichkeit entstammen, umfangreiche Dossiers zur Umweltverschmutzung, übermäßigen Ausbeutung von Bodenschätzen und Verschwendung materieller, menschlicher und räumlicher Ressourcen, so wie sie von der Ressourcenverteilung im Rahmen der freien Marktwirtschaft herrühren, geprüft und illustriert. Unseres Wissens nach ist seine Aufstellung der verschiedenen durch die Privatunternehmen entstehenden Sozialkosten nicht nur die erste, son-

* Professor, Centre International de Recherche sur l'Environnement et le Développement, Ecole Pratique des Hautes Etudes, Sorbonne, Paris.

dern auch die vollständigste und systematischste ihrer Art, was maßgebend zu der nicht zu leugnenden didaktischen Qualität seines Buches beiträgt.

Obwohl einige der von ihm zitierten Beispiele nicht mehr aktuell sind, dürfte es dem Leser nicht schwerfallen, diese mit Hilfe der zur Zeit reichlich in der Tagespresse erscheinenden Fakten auf den neuesten Stand zu bringen.

Weisen wir im übrigen noch darauf hin, daß es Kapp gelungen ist, Fakten zu Umweltschäden und Sozialkosten zusammenzustellen, die uns in ihrer Fülle und Genauigkeit nur erstaunen können, wenn man den Zeitpunkt, zu dem das Buch geschrieben wurde, in Betracht zieht. Das Bewußtsein einer »Umweltkrise« ist ein neues Phänomen. Die Tatsachen, auf die es sich stützt, waren den Spezialisten jedoch schon lange bekannt. Aber ihre Warnungen blieben ungehört. Die die Sozialwissenschaften beherrschenden Denkmodelle stellen eine wirksame Zensur dar, indem sie nur solche Fakten zugänglich machen, die mit ihnen in Einklang stehen.

Kapps Werk befaßt sich in erster Linie mit der politischen Ökonomie der Umwelt. Aber gerade aus diesem Grunde gelingt es dem Verfasser, die Wirkungsmechanismen der Marktwirtschaft – und besonders die der kapitalistischen Marktwirtschaft – bloßzulegen; so zeigt er auf, daß der Unternehmer sich an Spielregeln hält, die voraussetzen, daß die Profite unter Ausschluß der Sozialkosten kalkuliert werden, und daß darüberhinaus dem Naturkapital Substanz entzogen wird, ohne das Problem seiner Wiederherstellung in Betracht zu ziehen. Es besteht, wie Kapp bemerkt, eine institutionalisierte Sorglosigkeit des Privateigentümers, was soziale Vorteile betrifft. Dasselbe gilt auch für eine Art der Nutzung von natürlichen Ressourcen, die es erlauben würde, Alternativen für die Zukunft offenzuhalten und den kommenden Generationen einen bewohnbaren Planeten zu hinterlassen.

Ist es unter diesen Umständen erstaunlich, daß diese Problematik Kapp zu einer Negation der Grundlagen der neoklassischen Ökonomie und der ihnen zugrundeliegenden parzellären Pseudo-Rationalität geführt hat? Es gibt nichts Irrationaleres als ein System, in dem die Produktionskosten unvollständig berechnet sind; diese Bemerkung gesunden Menschenverstandes bildet den Kern einer dichten Beweisführung, die aufzeigt, daß die neoklassische Ökonomie durch die Vernachlässigung der Sozialkosten eine gesellschaftliche Effizienz der Ressourcenverteilung in der freien Unternehmerwirtschaft vortäuscht. Der Leser wird zweifellos sagen, daß es sich hier um eine Binsenweisheit von Anhängern des Sozialismus, welcher Provenienz auch immer, handelt. Das große Verdienst Kapps liegt jedoch darin, seine Thesen ohne ideologische Apriori dargestellt zu haben.

Zu einem Zeitpunkt, zu dem sich eine nützliche, wenn auch oberflächliche Kritik der neoklassischen Ökonomie, sowie der wirtschaftlichen Rationalität, sich großer Beliebtheit erfreut, sollte Kapps Plädoyer für eine wirkliche Nationalökonomie näher eingesehen werden. Dasselbe gilt für seine Kritik einer Überbetonung quantitativer Zusammenhänge, die so weit geht, eine Anzahl von Fakten vom quantifizierbaren Gesichtspunkt her zu betrachten und daraus ein Kriterium wissenschaftlicher Relevanz abzuleiten.

Das vorliegende Werk ist in erster Linie ein kritisches Buch. Aber es enthält auch Elemente einer positiven Annäherung. Um es noch einmal zu sagen, Kapps Idee zeugt von gesundem Menschenverstand. In seiner Flucht vor der *»Inhaltslosigkeit der Wohlfahrtsökonomie«* postuliert er ein Verfahren, welches es möglich machen sollte, wirkliche soziale Bedürfnisse aufzudecken, d. h. unmittelbare Einsichten in das Problem der Gebrauchswerte sowie eine Aufwertung der normativen Annäherung an die Volkswirtschaft. Auf dem Gebiet der analytischen Instrumente wird dies in eine Untersuchung geeigneter Sozialindikatoren sowie qualitativ definierter Umweltsnormen umgesetzt. Auf dieser Basis wird es dann möglich, Entwicklungsziele neu zu formulieren und die diesen entsprechenden Techniken zu untersuchen, deren Relevanz anhand von sozialen und ökologischen Kriterien und nicht nur im Hinblick auf die Produktivität im engeren Sinne eingeschätzt wird. Es geht im weitesten Sinne darum, die wirtschaftlichen Produktionszyklen mit den ökologischen Zyklen in Einklang zu bringen, indem der Wiedergewinnung, dem Gebrauch von Abfall als Rohstoff, usw. der Vorzug gegeben werden. Diese hier nur kurz aufgeführten Themen sind in Kapps Buch bereits erwähnt oder angedeutet. Der Verfasser hat sie später in einer Reihe von Texten vertieft, die ihm zu internationalem Ruf verholfen haben. Nach seiner Veröffentlichung, zunächst in den Vereinigten Staaten, dann in Indien, (total überarbeitet mit einem neuen Titel) wurde das vorliegende Buch in mehrere Sprachen übersetzt; es gewann vor allem in Japan, welches von den hier aufgeworfenen Problemen besonders betroffen ist, schnell an Bedeutung.

Einführung zur amerikanischen Neuauflage (1971)[1]

von K. William Kapp

Die Absicht der ursprünglichen Ausgabe der »Social Costs of Private Enterprise« (Harvard University Press, 1950) war eine Kritik der Theorie und Praxis der Marktwirtschaft. Das Buch sollte einerseits die in den Kalkulationen der Unternehmer nicht berücksichtigten Kosten aufzeigen, und andererseits darlegen, daß die vorherrschende Nationalökonomie es unterlassen hat, jene Sozialkosten angemessen – oder überhaupt – in Betracht zu ziehen, mit denen wir heute in Form einer ernsthaften Gefährdung der natürlichen und sozialen Umwelt des Menschen konfrontiert sind. Meine zentrale Aussage war und ist, daß die Maximierung des Nettoeinkommens durch mikroökonomische Einheiten – besonders unter Bedingungen von raschem und unkontrolliertem technologischem Wandel – tendenziell Nettoeinkommen (oder Nutzen) anderer wirtschaftlicher Einheiten (Produzenten oder Konsumenten) vermindert und daß die überkommene Methode, ökonomische Leistung und »Wachstum« anhand des Volkseinkommens zu messen, unzureichend und daher irreführend ist. So werden wichtige Sozialkosten der Produktion nicht von den Unternehmern, sondern von Drittpersonen, der Gesellschaft und künftigen Generationen getragen. Die heutigen Daten der volkswirtschaftlichen Gesamtrechnung lassen nicht nur keine Abschreibung dieser Sozialkosten zu, sondern schließen monetäre Ausgaben zur Deckung jener Schäden, die durch vergangene und gegenwärtige wirtschaftliche Tätigkeit verursacht werden, ein. Unter diesen Umständen ist es kaum erstaunlich, daß die vorherrschende Nationalökonomie dahin tendiert, konkrete wirtschaftliche Zusammenhänge eher zu verschleiern als aufzudecken: weder die herkömmliche statische Gleichgewichts- noch die moderne Wachstumstheorie stellen einen angemessenen theoretischen Rahmen zur Erfassung des wirtschaftlichen Geschehens dar. Sie sind weder für die Ableitung allgemeingültiger Kriterien für rationale Entscheidungen noch für die Evaluierung von Investitions- und Produktionsstrukturen in einer Marktwirtschaft relevant; darüber hinaus gelingt es ihnen nicht, die Aufrechterhaltung einer angemessenen Beziehung zwischen Wirtschaftswachstum und einer den Anforderungen von Gesundheit, Wohlergehen und Überleben des Menschen genügenden Umwelt sicherzustellen.

Diese lange vernachlässigten Probleme und harten Tatsachen sind von Kritikern und Außenseitern der jeweils vorherrschenden Nationalökonomie seit mehr als einem Jahrhundert aufgezeigt worden. Sie erregen jetzt weltweite Aufmerksamkeit, nachdem es in vielen Ländern zu einer Umwelt- beziehungsweise ökologischen Krise gekommen ist. Heute wie zur Zeit der Abfassung dieses Buches bin ich davon überzeugt, daß die Probleme der Gefährdung der menschlichen Umwelt und der durch wirtschaftliche Tätigkeiten verursachten Sozialkosten zu den grundlegendsten und langfristigsten gehören, denen die Menschheit je ausgesetzt war. Ihre Implikationen könnten sich als genauso weitreichend herausstellen, wie die von den Sozialreformern und sozialistischen Kritikern des 19. Jahrhunderts aufgeworfenen Probleme von Ausbeutung, Armut und wirtschaftlicher Krisenanfälligkeit. Letzten Endes dürfte die Umweltgefährdung unser entscheidenstes Problem darstellen, welches in seiner überragenden Bedeutung nur noch von dem der dringenden Notwendigkeit, das menschliche Überleben im Atomzeitalter zu sichern, übertroffen wird. So wie die neuen Möglichkeiten der Kriegführung nach neuen internationalen Institutionen verlangen, so fordern die Phänomene der Umweltgefährdung und der Sozialkosten, wie auch die Notwendigkeit der Ausarbeitung wirksamer Kontrollmaßnahmen, eine radikale Umorientierung der gegenwärtigen institutionellen Bedingungen, unter denen sowohl private als auch öffentliche Unternehmen ihre Investitions- und Produktionsentscheidungen treffen.

Der Erörterung der praktischen Implikationen von Sozialkosten und Umweltgefährdung seien einige Bemerkungen vorangestellt, die sich an jene Leser richten, deren Interesse an der vorliegenden Problematik durch die aktuellen Diskussionen über die Umweltkrise geweckt worden ist. Es trifft zwar zu, daß die außerordentlichen intellektuellen, politischen und gesetzgeberischen Aktivitäten[2], die momentan entwickelt werden, um die Umweltkrise unter Kontrolle zu bekommen, eine wenn auch späte Reaktion auf die Sozialkosten darstellen, die während der letzten drei Jahrzehnte mit dem nie dagewesenen Produktions- und Bevölkerungswachstum einhergegangen sind. Es könnte sogar der Eindruck erweckt werden, wir seien auf dem besten Wege, mit den Problemen der Umweltgefährdung fertig zu werden. Es gibt jedoch eine Reihe von Gründen, die eine solche Annahme in Frage stellen.

Der Erfolg jeglicher Maßnahme zur Umweltkontrolle hängt letztlich von verschiedenen Faktoren ab: einer korrekten Erfassung des Verursachungsystems von Sozialkosten, einer angemessenen Zuweisung der Verantwortlichkeiten, der Wirksamkeit der praktischen und institutionellen Gegenmaßnahmen und schließlich der Bereitstellung hinreichender Mittel. Eine oberflächliche und damit falsche Analyse bildet die Grundlage zu unwirksamen Kontrollmaßnahmen. Die Erfolgschancen selbst eines gut durchdachten Programms können dadurch vermindert werden, daß man unzureichende Mittel bereitstellt und auf entsprechend notwendige institutionelle Maßnahmen verzichtet.

Es gilt zu beachten, daß die zunehmende Verwendung der Begriffe »Umwelt« und »Ökologie« in den aktuellen Diskussionen über die Sozialkosten nur dann zu begrüßen ist, wenn diese Begriffe genügend weit gefaßt werden. Zu berücksichtigen ist nicht nur die Beeinträchtigung der physischen, sondern auch die der sozialen Umwelt, zumindest insoweit, als die Gesamtheit der äußeren Bedingungen und Einflüsse auf das Leben und die Entwicklung des Menschen und seines Verhaltens gewisse definierbare Schwellenwerte nicht überschreiten dürfen. Nur auf diese Weise wird es möglich sein, dem weitverbreiteten aber falschen Eindruck entgegenzuwirken, es handle sich lediglich um ein ökologisches Problem im engeren physikalischen Sinn des Wortes. Selbst wenn es uns gelänge, Luft und Wasser in den Ballungsgebieten sauber zu halten, hätten wir immer noch nicht das Problem wichtiger, aus anderen Gefährdungen des Menschen entstehender Sozialkosten gelöst.

Vor 20 oder 30 Jahren war die Aussage berechtigt, daß den aus Wasser- und Luftverschmutzung resultierenden Sozialkosten geringere Aufmerksamkeit geschenkt wurde, als der Gefährdung des Menschen durch die Arbeitsbedingungen, der ihrerseits durch Unfall- und Sozialversicherungsgesetzgebung entgegengewirkt worden ist. Heutzutage scheint sich das Blatt gewendet zu haben. Die aktuelle Betonung von Ökologie und Umwelt birgt die Gefahr in sich, daß einige der althergebrachten menschlichen Kosten vernachlässigt werden, die unmittelbar mit Produktion und Wirtschaftswachstum verbunden sind. Diese menschlichen Kosten manifestieren sich in Form von Todesfällen und bleibenden Gesundheitsschäden als Folgen von Betriebsunfällen und chronischen Berufskrankheiten, sowie in Form von technologisch bedingter Arbeitslosigkeit, Armut und den physischen und psychischen Belastungen, die mit dem raschen Strukturwandel und unkontrolliertem Wirtschaftswachstum einhergehen. Weder gesetzliche Sicherheitsvorschriften, Kampagnen zur Förderung der Sicherheit am Arbeitsplatz, noch die Unfallversicherungsgesetzgebung haben es verhindern können, daß die Rate der amtlich registrierten Betriebsunfälle von 1958 bis 1967 um 23 Prozent gestiegen ist. Nach inoffiziellen Schätzungen beläuft sich die Zahl der sich jährlich in den Vereinigten Staaten ereignenden Betriebsunfälle auf vier Millionen (die 500 000 Arbeiter, die durch Berufskrankheiten arbeitsunfähig geworden sind, nicht eingerechnet). Ein Anwalt soll in einem Entschädigungsfall für Silikose gesagt haben: »Bei einer Beschränkung der Haftpflicht auf nur $ 12 500 plus Arzt- und Begräbniskosten ist der Preis dafür, einen Menschen invalid zu machen oder zu töten, so niedrig… daß es sich für die Industrie nicht lohnt, mit diesen Zuständen aufzuräumen.«[3]

Wie allgemein bekannt ist, sind Unfall- und Sozialversicherungsgesetzgebung unzureichend und werden laufend durch inflationäre Tendenzen unterminiert. Dazu kommt noch, daß die Gesamtgefährdung in bezug auf Krankheit, Behinderung und Arbeitslosigkeit aufgrund der sozialen Schichtung ungleich verteilt ist, wobei in den wirtschaftlich fortgeschrittendsten Ländern vor allem rassische Minderheiten, Saison- und »Gast«arbeiter benachteiligt werden. Der Marktmechanismus ist offensichtlich nicht imstande, diese willkürlichen und diskriminatorischen Bedingungen auszuschalten; im Gegenteil, er scheint sie immer wieder neu hervorzurufen und zu perpetuieren. Außerdem kommt hinzu, daß in Zeiten raschen technologischen Wandels bestimmte Gruppen der arbeitenden Bevölkerung durch strukturelle Veränderungen immer wieder dazu gezwungen werden, sich neuen Bedingungen anzupassen. Unter den Opfern befinden sich vor allem Bauern und Kleinhändler, die Arbeit und Wohnung ohne ausreichende – oder jegliche – Entschädigung aufgeben müssen, und die in einigen Ländern die Grenzen ertragbarer psychologischer Frustration und Verzweiflung erreicht haben. Andere noch bedeutsamere, wenn auch weniger oft in Betracht gezogene und bisher kaum untersuchte menschliche Kosten entstehen aus der modernen Wettbewerbssituation in Produktion und Konsum, die ihren Ausdruck in der Pathologie des Alltagslebens aller Überflußgesellschaften finden. Symptome psychischer und psychosomatischer Pathologie begleiten uns auf Schritt und Tritt: Sie erscheinen uns in Form von Funktionsstörungen verschiedenster Art, die von psychischem Streß, vorzeitig auftretenden Nerven- und Kreislaufbeschwerden, über Arterienverkalkung, Erschöpfung, Schlaflosigkeit bis hin zu allgemeinen Neurosen reichen. Teil unserer sozialen Umwelt geworden, spielen diese Symptome eine wichtige Rolle im zunehmenden Zerfall sozialer Beziehungen, im Aufkommen von Irrationalität und Gewalttätigkeit in unserer heutigen Gesellschaft. Diese Phänomene als »nichtökonomisch« abzutun, weil sie nicht in den Bereich der vom Markt erfaßten Zusammenhänge fallen, ist zwar möglich, aber weder sinnvoll noch vertretbar angesichts der Tatsache, daß sie – abgesehen von ihrer menschlichen Bedeutung an sich – sowohl dem Einzelnen als auch der Gesellschaft teuer zu stehen kommen.

Die Analyse der Sozialkosten wirft wichtige Definitions- und Messungsprobleme auf, die nicht im vorliegenden Zusammenhang erörtert werden können.[4]

Es sollte aber hervorgehoben werden, daß die in diesem Buch vorliegenden statistischen Daten und Schätzungen, welche die Größenordnung der Sozialkosten illustrieren, nicht nur veraltet, sondern auch unzureichend sind. Sie sollten als das genommen werden, was sie beabsichtigten – nämlich die Höhe der Verluste zu veranschaulichen und dem Leser zu zeigen, daß sogar diese keineswegs zureichenden Schätzungen Größenordnungen erreichen, die es notwendig machen, ihnen Aufmerksamkeit zu schenken. Auch heute noch sind unsere statistischen Daten ungenügend; es gibt bisher keine Instanz, die Angaben über Sozialkosten systematisch sammelt und veröffentlicht. Es wäre daher wünschenswert, Datengruppen aufzustellen, die dazu dienen könnten, die in einem profitorientierten Investitions- und Produktionssystem entstehenden sozialen Kosten und Verluste, sowohl in realen als auch monetären Größen zu veranschaulichen. Die anhand der heute üblichen volkswirtschaftlichen Gesamtrechnung vorgenommenen irreführenden Messungen von Wirtschaftsleistung und -wachstum könnten mit Hilfe solcher Daten korrigiert und neu aufgebaut werden. Trotz der Probleme, die unzureichend verfügbare und zuverlässige Sozialkostenschätzungen aufwerfen, ist es berechtigt zu sagen, daß die Umweltgefährdung und die daraus entstehenden Sozialkosten dahin tendieren, sowohl absolut als auch relativ mit dem Wachstum von Produktion und Konsum zuzunehmen.

In bezug auf die natürliche Umweltgefährdung läßt sich die These zunehmender Sozialkosten dadurch begründen, daß mit wachsender Produktion sowohl die aus der natürlichen Umwelt entnommenen Ressourcen als auch die wiederum an diese abgegebenen Abfälle ansteigen, wobei letztere weder adäquat behandelt werden noch die Konsequenzen einer solchen Handlungsweise vorher untersucht werden.[5] Betrachtet man amerikanische Daten zur Umweltverschmutzung, so ergibt sich folgendes Bild: Die wichtigsten, die Luft verunreinigenden Schadstoffe werden dort auf 125 Millionen Tonnen pro Jahr geschätzt, darunter in erster Linie Kohlenmonoxyd (52 %), Schwefeloxyde (18 %) und Kohlenwasserstoffe (12 %). Hauptsächliche Verursacher dieser Schadstoffe sind Transport (59,9 %), verarbeitende Industrie (18,7 %) und Stromerzeugung (12,5 %).[6] Dazu kommen Ablagerungen von Feststoff-, Nahrungsabfällen und Schutt, deren Volumen auf jährlich 320 Mio. Tonnen veranschlagt wird.

Gegenwärtige Schätzungen der Beträge, die während des Rests dieses Jahrhunderts für mäßig saubere Luft und Wasser sowie die Beseitigung der sich anhäufenden Abfallprodukte aufzuwenden wären, sprechen von Kosten in der Höhe von $ 275 Milliarden.[7] Staatliche Schätzungen beziffern den jährlich durch Luftverschmutzung allein entstehenden Schaden an Eigentum auf 11 Mrd. Dollar, die Wertminderung der Liegenschaften in den betroffenen Wohngebieten nicht inbegriffen. Keine dieser Angaben berücksichtigt die Tatsache, daß einige der Schadstoffe potentiell wertvolle und rückgewinnbare Ressourcen darstellen, wie etwa der Schwefel, der in dem in die Atmosphäre abgelassenen schädlichen Schwefeldioxyd enthalten ist.

»Soziale Kosten der Marktwirtschaft« versucht die Ursachen zu ermitteln, die zur Gefährdung unserer natürlichen und sozialen Umwelt führen. Es betrachtet die Kausalketten im Rahmen der marktwirtschaftlichen Organisationsprinzipien, in denen Investitionsentscheidungen im Hinblick auf, und in Übereinstimmung mit, den von ihnen erwarteten Nettogewinnen getroffen werden. Der Autor ist der Ansicht, daß der Markt als institutionalisiertes Entscheidungssystem eine inhärente Tendenz hat, jene negativen Effekte auf die Umwelt nicht zu berücksichtigen, die »außerhalb« der die Entscheidungseinheit selbst betreffenden Wirkungen liegen. Selbst wenn eine einzelne Firma es beabsichtigte (und dazu auch finanziell in der Lage wäre, wie es für manche Oligopolisten zutrifft), negative Auswirkungen der von ihr angewandten Technologie zu vermeiden, kann sie dies nur durch Kostensteigerungen tun, d. h. indem sie bewußt eine Reduktion ihrer Gewinnspanne und ihrer Einkommenskapazität in Kauf nimmt. Folglich kann von einem Entscheidungssystem, das nach dem Prinzip gewinnorientierter Investitionen arbeitet, nur erwartet werden, daß es seine Kosten wenn immer möglich vermindert und jene Verluste nicht berücksichtigt, die auf Drittpersonen oder auf die Gesellschaft als Ganzes abgewälzt werden können.

Wie vorauszusehen war, hat diese kritische Perspektive, die der vorgefaßten Meinung der traditionellen ökonomischen Analyse zuwiderläuft, keine allgemeine Zustimmung gefunden. So sind verschiedene alternative Erklärungen für das Entstehen sozialer Kosten vorgebracht worden. Ihnen ist gemeinsam, daß sie das Prinzip gewinnorientierter Investitionen aus dem Kausalzusammenhang mit der Umweltgefährdung ausschließen. Einige Nationalökonomen greifen auf Marshalls Begriff der »Externalitäten« zurück oder sprechen von »Marktversagen«, wenn sie mit dem Problem der Sozialkosten konfrontiert werden. Andere sehen im technologischen und industriellen Wandel den Faktor, der für die Sozialkosten verantwortlich sein soll. In neuerer Zeit hat man das Bevölkerungswachstum und die steigende Bevölkerungsdichte ebenso wie natürliche Gegebenheiten, d. h. Klima und Topographie für verantwortlich oder mitverantwortlich erklärt. Indem – von zu beachtenden Ausnahmen abgesehen – in der heutigen Umweltdiskussion darauf hingewiesen wird, daß öffentliche Dienste und Betriebe, Behörden, ja sogar Planwirtschaften nicht von Umweltzerstörungen verschont bleiben, wird der Eindruck erweckt, als handle es sich bei der zur Diskussion stehenden Problematik um unvermeidbare Begleiterscheinungen der Industriegesellschaft. Gleichzeitig wird der Eindruck erweckt, als seien Umweltzerstörungen und Sozialkosten von ökonomischen Institutionen wie der Allokation nach dem Prinzip gewinnorientierter Investitionsentscheidungen und den daraus resultierenden Produktionsstrukturen unabhängig. Auf diese Weise laufen die kritischen Implikationen der Sozialkostentheorie Gefahr, verharmlost zu werden. Es kann nicht genug betont werden, daß diese Versuche Ausdruck der in der Nationalökonomie noch immer vorherrschenden Vorurteile sind, die ihrerseits unwirksame Umweltschutzmaßnahmen unterstützen.

Der Verursachungsprozeß von Sozialkosten ist in der Tat komplex. Obwohl die Studie »Soziale Kosten der Marktwirtschaft« den institutionellen Faktor betont, ließ sie die Wechselwirkungen von physischen, technischen und klimatischen Faktoren sowie den kumulativen, sich selbst verstärkenden Charakter des Kausalprozesses nicht außer acht. Unser Argument war auch nicht, daß Sozialkosten in vorkapitalistischen Gesellschaften nicht vorkommen beziehungsweise unter alternativen gesellschaftlichen Organisationsprinzipien nicht vorkommen könnten. Es wurde klar ausgeführt, daß Bevölkerungswachstum und zunehmende Siedlungsdichte nichts anderes als eine Störung des früheren ökologischen Gleichgewichts bewirken konnten. Der Leser wird wiederholt Hinweise auf dieses komplexe und kumulative Zusammenwirken einer großen Zahl physischer, technischer, klimatischer und demographischer Faktoren finden. Auch bestritt der Verfasser nicht, daß öffentliche Unternehmen und Dienstleistungsbetriebe, sowie der Verwaltungsapparat zur Umweltzerstörung beitragen und für Sozialkosten mitverantwortlich sind. Das folgende Zitat wird dem Leser jedoch darüber Aufschluß geben, wie der Autor das Problem der Verantwortlichkeit im Rahmen kumulativer Verursachung behandelt hat und immer noch behandeln würde: »Wenn es der Farmer versäumt, seine Anbaumethoden der natürlichen Umwelt anzupassen und starke Bodenerosion als Ergebnis der Zusammenwirkung der natürlichen Faktoren wie auch der schlechten Anbaumethoden rasch einsetzt, dann müßten offensichtlich diese Methoden als Ursache der Bodenzerstörung betrachtet werden und nicht Naturbedingungen wie große Niederschläge oder die Topographie etc.«[8] Diese Überlegungen beziehen sich *pari passu* auf alle Faktoren, wie Klima, Geländebeschaffenheit, Bevölkerung, Technik usw., die bei kombinierter Wirkung zu Luft- und Wasserverunreinigung sowie zu anderen Formen von Umweltgefährdung und Sozialkosten beitragen.

Unter den Bedingungen profitorientierter Investitionsentscheidungen wird der Produktionsprozeß – die Wahl der Produktionsfaktoren ebenso wie die Bestimmung dessen, was produziert werden soll – ohne vorherige Abklärung tatsächlicher Kosten und Konsequenzen gelenkt. Dazu gehören eine Reihe von »Nebenwirkungen«, die aus der engen und deshalb falschen betriebswirtschaftlichen Perspektive als »externe« Kosten oder Gewinne eingestuft werden. Im Grunde genommen war der Kern der Problematik immer diese mikroökonomische Methode, Kosten und Folgen von Investitionsentscheidungen vom Standpunkt des Einzelunternehmens aus einzuschätzen. Diese Entscheidungslogik ist es, die in der Vergangenheit erhebliche Sozialkosten verursacht hat und die nach wie vor dafür verantwortlich ist, daß Produktion und Allokationsprozeß nicht einer umfassenden Bestimmung ihrer Gesamtkonsequenzen unterzogen werden, sowohl im Hinblick auf Kosten als auch auf Erträge. Mangelnde Abschätzung sozialer Kosten und Erträge sowie fehlende Kontrolle über Investitionsentscheidungen unter Einschluß der Wahl der zu produzierenden Güter und Dienstleistungen haben nicht nur eine gesellschaftlich ineffiziente Ressourcennutzung zur Folge, sondern ermöglichen es einigen, durch den Schaden anderer Erträge zu erzielen. Dieser Sachverhalt würde es schon aus Gerechtigkeitsgründen erfordern, die Art und Weise, in der Investitionsentscheidungen getroffen werden, grundlegend zu ändern.

Kein Zweifel, auch Gemeinden und Behörden können zur Umweltgefährdung beitragen; unter gewissen Bedingungen handeln selbst sozialistische Planungsinstanzen ähnlich. Widerlegt dies unsere zentrale These? Wenn Gemeinden und öffentliche Behörden oder Planungsinstanzen die Voraussetzungen für eine Beeinträchtigung der Umwelt z. B. in der Weise schaffen, daß sie Industrien anlocken, um die Steuereinnahmen zu erhöhen, und hierzu Maßnahmen ergreifen ohne Rücksicht auf mögliche negative Wirkungen zu nehmen, dann opfern sie bewußt Umweltqualität zugunsten von Steuereinnahmen. Dies bedeutet nichts anderes, als daß auch sie sich ebenso nach privatwirtschaftlichen Grundsätzen verhalten. Beide streben eine künstliche, rein formale kurzfristige Zahlungsfähigkeit an, und sie verwirklichen diese, indem sie Sozialkosten außer acht lassen. Einige der momentan unternommenen Versuche, die darauf abzielen, öffentliche Entscheidungen im Sinne von Marktkosten und -erträgen »rationaler« zu gestalten, verstärken die Gefahr einer Verallgemeinerung der Nichtberücksichtigung einiger oder aller negativen Wirkungen so gelenkter Entscheidungen. Statt sie zu vermindern, führen solche Versuche eher zu immer häufiger auftretenden Sozialkosten.

Bevor einige praktische Schlußfolgerungen gezogen werden, ist es hilfreich, in generalisierender Form die Kausalkette aufzuzeigen, die zu Umweltzerstörung und Sozialkosten führt. Menschliches Handeln, sei es individuell oder kollektiv, erfolgt immer im Rahmen natürlicher (und sozialer) Umweltbedingungen, auf die es Rückwirkungen ausübt. Diese Umwelt ist selbst ein komplexes System von Strukturen, von denen jede durch bestimmte Grundzüge gekennzeichnet und nach spezifischen Organisationsprinzipien aufgebaut ist. Sind diese Systemzusammenhänge nicht bekannt oder werden sie bewußt außer acht gelassen, wenn Allokations- und Produktionsentscheidungen getroffen werden, so weichen die Auswirkungen der Entscheidungen von den ursprünglich beabsichtigten Zielsetzungen ab. Darüber hinaus ist das Zusammenwirken der sozialökonomischen Sphäre mit der physikalischen und biologischen viel komplexer und viel weniger gründlich erforscht als das jener Teilsysteme, welche die herkömmlichen akademischen Disziplinen zum Gegenstand ihrer Betrachtung gemacht haben. Wenn wir den Kausalprozeß verstehen wollen, so ist es offensichtlich, daß seine Analyse nicht erfolgreich durchgeführt werden kann, wenn dies im Sinne der verschiedenen, voneinander getrennten Fachdisziplinen im Bereich von Sozial- und Naturwissenschaften geschieht. Weder Sozial- noch Naturwissenschaftler, weder Ingenieure noch Ärzte – alle in ihren eng umschriebenen Disziplinen ausgebildet und nur mit den ihnen jeweils eigenen Begriffen und Theorien vertraut – sind fähig, die Gesamtzusammenhänge der verschiedenen Systeme allein zu erfassen. Es stimmt, daß wir noch nicht über eine Theorie und Wissenschaft verfügen, die imstande wären, Art und Auswirkungen des komplexen Ineinanderwirkens mehrerer Systeme zu klären. Daher ist unser Wissen über Ursachen und Ausmaß der Umweltgefährdung unvollständig und wird es wahrscheinlich für die absehbare Zukunft auch bleiben. Anders ausgedrückt: Unseren Handlungen wird unvollständiges Wissen zugrunde gelegt sein, so wie dies in der Vergangenheit der Fall war und – wenn auch in geringerem Ausmaße – in Zukunft der Fall sein wird.

Was wir hingegen wissen, ist, daß der Verursachungsprozeß komplex und zirkulär ist, mit einer Tendenz kumulativ zu werden, es sei denn, bewußte Maßnahmen werden ergriffen, um ihn aufzuhalten oder in eine andere Richtung zu lenken. Betrachten wir z. B. Luft- und Wasserverschmutzung, so hängen diese nicht nur vom Umfang der Produktion sowie der Quantität der an die natürliche Umwelt abgegebenen Abfallprodukte ab. Die Beziehung ist auch keine proportionale. Luft- und Wasserverschmutzung werden außerdem durch das Zusammenwirken einer Reihe zusätzlicher Variablen bestimmt, die sich gegenseitig beeinflussen können. Abfallprodukte verschiedener Art gehen nicht nur eine Reihe von Verbindungen ein, sondern sie stehen auch in Beziehung zu anderen Elementen der Umwelt. Aufgrund dieser Interaktion entstehen zusätzliche schädigende Wirkungen auf pflanzliches, tierisches und menschliches Leben, die ihrerseits kumulative Auswirkungen auf die menschliche Gesundheit haben, selbst dann, wenn sich diese nur mit Verzögerung einstellen. Das vollständige Ausmaß von Luft- und Wasserverschmutzung wird jeweils von den mitwirkenden Umweltvariablen wie z. B. Windgeschwindigkeit und -richtung, Topographie, Temperaturinversionen, Strömungen und Wassertemperaturen bestimmt. Zusätzlich ruft jede Schadstoffimmission von einem gewissen Punkt an nicht konstante, sondern überproportionale Veränderungen und Schäden hervor.[9] Hinzu kommt die Tatsache. daß es Interdependenzen zwischen verschiedenen Arten von Umweltzerstörung und Sozialkosten gibt. Beispielsweise steht das Ausmaß der Luftverschmutzung in den Ballungszentren in zirkulärer und kumulativer Beziehung zu den Bedingungen des sich verschlechternden öffentlichen Verkehrsnetzes, ein Sachverhalt, der die Einwohner dazu veranlaßt, trotz Verkehrsstauungen vermehrt auf das Auto umzusteigen, was seinerseits eine weitere Verschlechterung des öffentlichen Verkehrsnetzes einschließlich der Möglichkeit eines vollständigen Zusammenbruchs zur Folge hat.

Diese komplexen, zirkulären Interdependenzen mit ihren kumulativen Folgen mögen auch zur Illustration der wichtigen Tatsache dienen, daß sowohl die Beeinträchtigung als auch die Qualität der Umwelt (und der Gesellschaft) als Aggregate zu verstehen sind. Der wirkliche Schaden, der an menschlicher Gesundheit und Lebenskraft entsteht, sowie das in Folge jeder beliebigen, spezifischen Art von Umweltgefährdung empfundene Unbehagen sind stets Ergebnis des Zusammenwirkens aller Gefährdungsfaktoren, zu denen abgesehen von Luft- und Wasserverschmutzung auch Faktoren gehören können wie übermäßiger Lärm, überfüllte Städte, stundenlanges Pendeln zur Arbeit und zurück unter chaotischen Verkehrsbedingungen, unzureichende und überfüllte Beförderungsmittel mit hohen Unfall- und Todesraten sowie ungenügend bemessene Freizeit und Erholung.

Dieses allgemeine Verursachungssystem muß im Auge behalten werden, wenn man sich der dringlichen Aufgabe der Ausarbeitung allgemeiner Richtlinien für die Kontrolle und größtmögliche Verhinderung von Sozialkosten zuwendet. Aus der Perspektive der konventionellen Wirtschaftstheorie betrachtet, mag es ausreichend scheinen, darauf abzuzielen, die Sozialkosten in die Kostenrechnung des einzelnen Unternehmens einzubeziehen. Es wird angenommen, daß, würde man das Einzelunternehmen für die gesamten, durch seine Produktionstätigkeit (einschließlich der Produktion bestimmter Güter wie z. B. Autos) verursachten Kosten verantwortlich machen, Sozialkosten minimiert würden und die Umweltzerstörung vermieden oder zumindest unter Kontrolle gebracht werden könnte. So liegt dieses Prinzip der Internalisierung von Sozialkosten einer Reihe von Vorschlägen indirekter Kontrollmethoden zugrunde, die zu einer Vermeidung von Sozialkosten beitragen sollen. Solche Vorschläge umfassen: Auferlegung von Geldstrafen für Unternehmen, welche die Umwelt verschmutzen; Strafmaßnahmen, deren Umfang sich nach der Menge der abgegebenen Schadstoffe richtet; Vergünstigungen, die den Unternehmer dazu veranlassen sollen, die Umwelt nicht zu verschmutzen (Steueranreize, Subventionen). Betrachtet man jedoch das in den letzten 20 Jahren angehäufte Beweismaterial und ist man sich des oben erörterten zirkulären und kumulativen Charakters des Verursachungssystems bewußt, so hat man Grund, die Angemessenheit dieser indirekten Kontrollmethoden in Frage zu stellen. Auch wenn sie in bestimmten Fällen nützlich sein können, so sind ihr Wert und ihre Wirkung allgemein gesehen zweifelhaft. Sie scheinen aus folgenden Gründen unzuverlässig und unsicher zu sein, sowohl was ihren Nutzeffekt als auch ihren Wirkungsgrad betrifft: Die Entscheidungen über die Kontrollmaßnahmen bleiben den einzelnen Einheiten überlassen, indirekte Methoden wirken langsam und sind schwer zu handhaben. Bei gegebener Höhe haben Gebühren oder Vergünstigungen darüberhinaus eine unterschiedliche Bedeutung für die einzelnen Unternehmen, je nach deren Finanzlage, Profiterwartungen sowie den sich aus nichteinheitlich wirkenden Steuerklassen und Besteuerungsquoten ergebenden unterschiedlichen fiskalischen Verbindlichkeiten. In einem Fall wirksam, können sie in einem anderen ohne das gewünschte Ergebnis bleiben.

Alle Lösungsansätze, die am Marktsystem orientiert bleiben, sind durch eine weitere, ihnen eigene Schwäche gekennzeichnet, der Tatsache nämlich, daß die vom Marktsystem vermittelten Informationen, Signale und damit Entscheidungsgrundlagen nicht die »objektive« Relevanz und Gültigkeit besitzen, welche die Wirtschaftstheorie für sie in Anspruch nimmt. Sowohl Faktor- als auch Endgüterpreise sind im wirklichen Marktgeschehen das Ergebnis einer Reihe von »Verzerrungen«, denen gerade jene Interdependenzen zugrunde liegen, die Sozialkosten verursachen. Auch hängt das System der relativen Preise von den bestehenden Ungleichheiten in der Einkommensverteilung ab, sowie von den vorherrschenden Marktformen, die durch ungleich verteilte Marktmacht gekennzeichnet sind. Angesichts der fraglichen »Objektivität« von Marktinformationen muß darauf bestanden werden, daß die Frage der Umweltkontrollmaßnahmen nicht dadurch in eine Sackgasse gerät, indem eben solche Marktdaten zur Grundlage auch deren Bewertung gemacht werden. Werden Kosten und Ergebnisse von Umweltschutzmaßnahmen nämlich zu Marktpreisen bewertet und in Geldeinheiten ausgedrückt, läuft die Umweltkontrolle leicht Gefahr, mit dem Argument abgetan zu werden, die Kosten seien untragbar oder nicht zu rechtfertigen. Wir sollten uns auch nicht von den leicht zu Untätigkeit führenden Fragen nach der Lastenverteilung von Umweltschutzmaßnahmen und danach, ob alle nötigen Informationen zu deren Durchführung vollständig zusammengestellt worden sind, ablenken lassen.

Angesichts des zirkulären und kumulativen Verursachungssystems, sowie der weitreichenden Interdependenzen, die Sozialkosten entstehen lassen, verlangt die fortschreitende Verschlechterung der natürlichen und sozialen Umweltbedingungen unserer Meinung nach, das Einsetzen von grundsätzlicheren Maßnahmen, als jene, die bisher in Betracht gezogen worden sind. In der Tat zwingt das Auftreten von Umweltzerstörung und Sozialkosten die modernen Industriestaaten sowie die Sozialwissenschaften dazu, sich die Frage zu stellen, ob die profitorientierten Investitionskriterien nicht grundlegender Berichtigungen bedürfen. Das Auftreten von Sozialkosten läßt uns an sämtlichen Entscheidungsmechanismen zweifeln, denen privatwirtschaftliche Kosten- und Ertragsrechnungen zu grunde liegen, wobei die Entscheidungen über die Wahl der Technik, der Produktionsfaktoren, sowie über die zu produzierenden Güter und Dienstleistungen in dieser kritischen Aussage eingeschlossen werden. Die privatwirtschaftliche Entscheidungslogik, wie sie sich seit der Loslösung der Wirtschaft von ihren mittelalterlichen und merkantilistischen Kontrollen herauskristallisiert hat, ist nicht imstande, eine Einschätzung der totalen Kosten und Erträge von Investitionen (einschließlich Forschung und Entwicklung) vorzunehmen. Dazu bedarf es einer umfassenderen makroökonomischen Perspektive, die jedoch nicht auf einer Rückkehr zu diesen früheren Kontrollmethoden basieren kann, sondern von einer

Evaluierung alternativer Technologien, die sich die Erhaltung des menschlichen Lebens zum Ziel setzen, ausgehen sollte. Die Erhaltung des menschlichen Lebens kann in Form von objektiven Normen der menschlichen Gesundheit und Wohlbefindens ausgedrückt werden. Dieses Problem verpflichtender gesellschaftlicher Minimalbedingungen betrifft nicht nur für Einzelpersonen und Gesellschaft tragbare Konzentrationsgrade von Schadstoffen, sondern auch notwendige und wünschenswerte Lebensbedingungen wie z. B. Bevölkerungsdichte und räumliche Konzentration der Produktion. Eine wirksame Inangriffnahme des Umweltproblems besteht nicht in *Abhilfe-* sonder in *Präventivmaßnahmen*.

Letztere umfassen eine vorherige Abschätzung und Kontrolle der zu verwendenden Ressourcen beziehungsweise der herzustellenden Güter: Maßnahmen, die in umfassender Weise bisher noch nie ergriffen worden sind. Eine gewisse Ausnahme mögen in dieser Hinsicht die Nahrungsmittel- und pharmazeutische Industrie, sowie der die Nutzung von Atomenergie betreffende Sektor bilden. Im Rahmen einer vorhergehenden Einschätzung der Folgewirkungen neuer und alternativer Technologien, neuer Produkte und Produktionsprozesse, sowie der Folgen, die sich aus der Standortwahl ergeben, müßte die Beweislast ihrer Ungefährlichkeit bei den Unternehmern und nicht bei den geschädigten Einzelpersonen oder der Gesellschaft liegen. Die Durchführung der und die Verantwortung für die Abschätzung und Beurteilung der Vor- und Nachteile der oben erwähnten Entscheidungen müßte von institutionalisierten Instanzen in die Hand genommen werden, die der Gesellschaft als Ganzes verantwortlich wären. Auf der Basis einer solchen Vorabschätzung könnten wirtschaftliche Entscheidungen eher von Kriterien abhängig gemacht werden, die allen, der für Einzelne, nationale und internationale Kollektive entstehenden Kosten und Konsequenzen Rechnung tragen würden. Wir können an dieser Stelle die Evaluierungsmethoden von Kosten und Erträgen sowie die institutionellen Anforderungen eines solchen Programms nicht eingehender behandeln. Beschränken wir uns darauf zu sagen, daß sie tatsächlich weitreichend und radikal wären.

Dies bringt uns abschließend zur Frage nach den Implikationen von Sozialkosten und Umweltgefährdung für die Nationalökonomie, sowie deren Relevanz zur Erfassung der Rationalitätsproblematik in den gegenwärtigen Industriegesellschaften. Wir sind der Auffassung, daß eine angemessene Behandlung dieser Problematik eine radikale Veränderung der Perspektive der vorherrschenden nationalökonomischen Theorie voraussetzt. Am Beispiel der von uns betonten Notwendigkeit, Folgewirkungen neuer Technologien und Produktionsfaktoren vor ihrer Anwendung gründlich zu untersuchen, kann verdeutlicht werden, was wir meinen. Man mag argumentieren, daß rationales Handeln und Entscheiden es immer vorausgesetzt haben, die Konsequenzen unter Einschluß möglicher Nebenwirkungen von vornherein in Erwägung zu ziehen. In diesem

Sinne könnte der Eindruck erweckt werden, daß unsere Aussage nichts grundsätzlich Neues enthält und daß die Einschätzung möglicher Folgewirkungen der überkommenen Ziel-Mittel-Dichotomie sowie der traditionellen ökonomischen Entscheidungstheorie zugeordnet werden kann. Dies jedoch ist nicht der Fall. Denn es geht zunächst einmal darum, die volle Tragweite dessen zu begreifen, was wir angesichts der durch Sozialkosten und Umweltgefährdung aufgeworfenen Probleme als Schlüssel rationalen Handelns betrachten.

Verschiedene Technologien und Allokationsentscheidungen im voraus zu beurteilen bedeutet mehr als eine einfache instrumentale Angleichung »gegebener« Mittel an »gegebene« Ziele; es geht um die Ausarbeitung eines dynamischeren und daher relevanteren Rationalitätskonzepts als das der herkömmlichen ökonomischen Theorie eigene statische Konzept. Eine vorhergehende Abklärung vermittelt uns nicht nur die zur Wahl der Technologie und des Standortes notwendigen Informationen, sondern läßt es auch zu, alternative Zielsetzungen in Betracht zu ziehen. Nur wenn wir von vornherein die Konsequenzen der verschiedenen zur Realisierung privater und öffentlicher Ziele zur Verfügung stehenden alternativen Technologien und Techniken (einschließlich ihrer möglichen Nebenwirkungen) in Betracht ziehen, sind wir in der Lage, diese Zielsetzungen selbst einer möglichen Revision zu unterziehen. Auch die bewußte Wahl alternativer Zielsetzungen setzt die vorherige Einschätzung alternativer Technologien beziehungsweise alternativer Allokationsstrukturen voraus.

Dies bedeutet letztlich, daß nur die Beurteilung unserer Ziele sowie die Prognose ihrer Implikationen es uns erlauben, den Spielraum unserer Entscheidungsmöglichkeiten zu überblicken. Das heißt nichts anderes, als daß Mittel und Ziele einer wissenschaftlichen Betrachtungsweise unterzogen werden müssen, und daß die traditionelle Unterscheidung zwischen »gegebenen« Mitteln und »gegebenen« (postulierten) Zielen keinen ausreichenden Rahmen für die Analyse rationalen Handelns bilden kann. Letzteres geht über die Angleichung gegebener Technologien an gegebene Ziele weit hinaus. Rationales Handeln muß als ein kontinuierlicher Prozeß der wechselseitigen Anpassung von Zielen und Mitteln auf der Basis von Kenntnissen über die größtmögliche Anzahl vorauszusehender Konsequenzen verstanden werden.

Dieser dynamische Rationalitätsbegriff kontrastiert nicht nur mit der Ziel-Mittel-Dichotomie, die die Basis für die Systematisierung der Nationalökonomie bildet, sondern auch mit der Art und Weise, in der mikroökonomische Wirtschaftseinheiten ihr Ziel der Gewinnmaximierung verfolgen. Tatsächlich ist hier das Ziel gegeben und nie in Frage gestellt, was zur Folge hat, daß eine in eine bestimmte Richtung gehende Handlungsweise so lange weiterverfolgt wird, als sie auf der Basis privatwirtschaftlicher Überlegungen profitabel (oder profitabler als alle Alternativen) erscheint. Nicht einmal Oligopolisten sehen sich unter diesen Umständen veranlaßt, die gesamte Skala der durch moderne Technologie im Prinzip offenstehenden Entscheidungsmöglichkeiten in Betracht zu ziehen. Das kann durch folgendes Beispiel aus der Automobilindustrie verdeutlicht werden:

Anstatt neue Motoren und Automobiltypen zu entwickeln, durch welche die Luftverschmutzung auf ein Minimum gesenkt und die Sicherheit der Insassen erhöht würden, orientieren sich die »Forschungsanstrengungen« in dieser Branche an privatwirtschaftlichen Gewinnkriterien, was sich in häufigen äußerlichen, modisch bestimmten Änderungen, einer Vielzahl von Marken und Karosserien, immer neuem Zubehör, sowie eingeplanter Verkürzung der Lebensdauer ausdrückt. Alle diese Maßnahmen dienen eher der Erhöhung der Umsätze, als der Einführung besserer Transportmittel.

Diese Unterwerfung von Wissenschaft und Technologie – der ich ein besonderes Kapitel gewidmet habe – kann nur ein Ende finden, wenn wir dazu bereit sind, alle Grundlagenforschung – und besonders jene, die sich mit Prävention und Kontrolle von Umweltgefährdung beschäftigt – auf öffentliche Forschungsinstanzen zu übertragen. Anstatt »bessere« kommerziell vermarktete Pestizide zu entwickeln, scheint es beispielsweise angemessener, in öffentlichen Forschungsanstalten die Entwicklung von schädlings- und krankheitsresistenteren Pflanzensorten voranzutreiben.

Was die Tauglichkeit der herkömmlichen Wirtschaftstheorie zur Erklärung von Sozialkosten und Umweltgefährdung betrifft, haben die letzten zwanzig Jahre keine wirklich neuen Ansätze gebracht. Trotz beträchtlicher Veränderungen und Verfeinerungen haben sich weder Mikro- noch Makroökonomie in einer Weise entwickelt, die eine relevantere Behandlung unserer Problematik erlauben würde. Ihr Rückfall auf die formalen Begriffe der »Externalitäten«[10] und der Kosten-Nutzen-Analyse erlauben jedoch keine Überwindung der theoretischen Voraussetzungen und des logischen Rahmens der reinen Nationalökonomie, die zu eng und zu statisch sind, um für das Studium und die Erklärung jener kumulativen Prozesse geeignet zu sein, die Umweltzerstörung und Sozialkosten hervorrufen.

Die Hauptrichtung der Wirtschaftsanalyse vermeidet es noch immer, den Menschen mit seinen tatsächlichen Bedürfnissen und Erfordernissen in den Mittelpunkt ihrer theoretischen Überlegungen zu stellen. Sie berücksichtigt weiterhin ausschließlich Marktpreise und effektive Nachfrage als Basis für die Bewertung der Rationalität des Allokationsprozesses, unabhängig davon, ob diese Nachfrage durch Verkaufsförderung und Werbung manipuliert ist. Tatsächlich lehnt es die konventionelle Wirtschaftstheorie ab, zwischen wichtigeren und weniger wichtigen menschlichen Bedürfnissen zu unterscheiden. Solange sie dies tut und nicht den

Menschen zum Maß aller Dinge macht, wird sie nicht imstande sein, sich zu entwickeln und ihre Perspektive zu erweitern. Unsere Modelle sind abstrakter, mathematischer und quantitativer geworden; dennoch hat ihre Relevanz zur Erforschung und Behandlung des Problems der Beeinträchtigung der sozialen und natürlichen Umwelt sowie der Lebensqualität in der Gesellschaft eher ab-, als zugenommen. Die Umformulierung von Grundkonzepten, die Erweiterung der Fragestellung auf inhaltlich bestimmte menschliche Bedürfnisse und soziale Minima – kurz, die durch das Auftreten von Sozialkosten erforderliche »Humanisierung« der Nationalökonomie – bleiben als noch ungelöste Probleme für die Zukunft bestehen.

Die »Humanisierung« der Nationalökonomie wird dadurch noch dringender, daß seit Erscheinen dieses Buches neue Sozialkostenprobleme aufgetreten sind. Dazu gehören: Gegenwärtige und mögliche Gefahren (z. B. durch Schädigung und Mutation des Erbmaterials), die sich aus Umweltverseuchung durch Radioaktivität und Wärmebelastung durch Kernkraftwerke ergeben; tatsächliche und potentielle Schäden, die gewisse Schädlingsbekämpfungsmittel verursachen; Beeinträchtigung der menschlichen Gesundheit durch langanhaltende, wiederholte und intensive, von Industrie und Flugverkehr verursachte Lärmeinwirkung; erhöhter Streß durch Überbevölkerung und städtische Lebensbedingungen; wachsende Umweltzerstörung durch die Ablagerung von festen Abfällen und Müll (insbesondere von nichtabbaubaren Stoffen), deren Volumen sich nach gewissen Schätzungen in Städten wie New York und Tokio alle zehn Jahre verdoppeln kann; wachsende Meeresverschmutzung durch Unterwasserbohrungen und durch den umfangreichen Seetransport von Erdöl – mit den diesen Tätigkeiten innewohnenden Gefahren, sowie durch die Gewinnung von Zinn, Diamanten, Austernschalen, Sand und Kies; die fortlaufende Verbauung freien Geländes und offener Landschaften, zusammen mit dem wachsenden physischen Zerfall und der ästhetischen Verunstaltung unserer städtischen und ländlichen Umwelt durch anscheinend einträgliche, aber unnötige Werbung aller Art.

Größenordnung und Charakter der Bedrohung und der auf dem Spiele stehenden Werte lassen es zu, Sozialkosten und Umweltzerstörung als den Hauptwiderspruch im System der Marktwirtschaft zu bezeichnen. Gerade weil es für die moderne Industriegesellschaft immer wichtiger wird, die heute noch in den Bereich privatwirtschaftlicher Befugnisse fallenden Investitionsentscheidungen zunehmend von öffentlich vorgenommenen Vorabschätzungen und Kontrollmaßnahmen abhängig zu machen, kann das Auftreten von Sozialkosten und Umweltgefährdung als Haupttriebkraft eines in absehbarer Zukunft einsetzenden institutionellen Wandels angesehen werden.

1. Ökonomische Analyse und Sozialkosten

Alle Sozialwissenschaftler müssen zwei fundamentale Schwierigkeiten bewältigen: allgemein verbreitete Vorurteile und die eigene Voreingenommenheit gegenüber gesellschaftlichen Vorgängen. Daraus ergeben sich Hindernisse, die den Durchbruch zu einer Neuorientierung der Sozialforschung erschweren, wie versteckte Wertungen und normative Urteile, die als analytische (positive) Feststellungen ausgegeben werden; die Tendenz, eigene Schlußfolgerungen als Definitionen und Annahmen darzustellen; Beweisführung durch Analogien und persönliche Erfahrungen. Auch Wunschdenken und Selbsttäuschung, Unterdrückung und Manipulation von Informationen durch Interessengruppen, Vorurteile einschließlich einer verzerrten Zeitperspektive und nicht zuletzt die Persönlichkeitsstruktur des Wissenschaftlers spielen ihre hindernde Rolle. All diese Elemente tragen dazu bei, die notwendige kritische und unbefangene Einstellung des Sozialwissenschaftlers zu gefährden. Anstelle einer Prüfung unserer Erkenntnisse durch den Versuch ihrer Widerlegung, neigen wir dazu, sie gegen widersprüchliche Beweise zu verteidigen. Statt einer klaren und deutlichen Formulierung von Problemen und Erkenntnissen, die zu einer kritischen Diskussion und unter Umständen zu einer Neuorientierung führen könnten, haben Sozialwissenschaftler die Tendenz, unhaltbare Positionen durch Verfeinerungen ihrer Definitionen oder den Einbezug zusätzlicher Hypothesen zu retten und ihre Widerlegung zu erschweren. Wenn neue Daten zu Tage treten, die früheren Schlußfolgerungen widersprechen, werden oft energische Anstrengungen unternommen, um deren Bedeutung und Auswirkungen herunterzuspielen.

Damit soll nicht gesagt werden, daß kein Fortschritt in der Sozialforschung zu verzeichnen ist. Im Gegenteil, neue Daten und Tatsachen sind wiederholt früheren Schlußfolgerungen gegenübergestellt worden und haben zu Neuformulierungen und erweiterten Begriffssystemen geführt. Allerdings werden theoretische Systeme in den Sozialwissenschaften nicht leicht aufgegeben, sondern mit erstaunlicher Vitalität verteidigt, bevor sie schließlich doch in Vergessenheit geraten. Gesellschaftsanalyse und wirtschaftliche Theorie bilden in dieser Hinsicht keine Ausnahmen.

Tatsächlich haben die Sozialwissenschaften besondere Schwierigkeiten, unhaltbare Annahmen und Schlüsse zu überwinden. Das ist insbesondere auf die Fülle und Komplexität des sozialen Beweismaterials zurückzuführen und auf die außerordentliche Schwierigkeit, sozialwissenschaftliche Theorien ein für alle Mal »experimentell« eindeutig zu widerlegen. Daß diese Schwierigkeiten die hohe Überlebensrate von Sozialtheorien erklären, ist oft genug gesagt worden. In den Sozialwissenschaften haben ganze Systeme durch eine Neuformulierung der Annahmen, durch eine neue Definition der Begriffe oder eine Einschränkung des Untersuchungsbereiches erfolgreich überlebt. So ist es möglich gewesen, neue Erkenntnisse, die den Schlußfolgerungen anscheinend widersprachen, entweder als kleine Störungen, als Ausnahmen oder nicht dazugehörende Faktoren zu eliminieren. In anderen Fällen führten neue Daten lediglich zu einer ausschließlichen Beschäftigung mit der empirischen Forschung. Und doch wird gerne zugegeben, daß jede fruchtbare empirische Forschung von der Theorie geleitet werden muß. Wenn ältere theoretische Formulierungen nicht länger haltbar sind, wird eine neue intellektuelle Konzeption notwendig. Eine solche Neuorientierung ist im Falle der ökonomischen Analyse überfällig. Die Nationalökonomie und insbesondere die vorherrschende Schule der Neoklassiker sind durch gewisse feste *a priori*-Annahmen von der Nützlichkeit des freien Unternehmertums geprägt worden, die für die Sozialphilosophie des ökonomischen Liberalismus typisch sind. Eine kurze Übersicht über einige dieser Annahmen wird uns ein besseres Verständnis der durch die Sozialkosten aufgeworfenen Fragen ermöglichen.

Die besonderen theoretischen Leistungen der klassischen politischen Ökonomie können nur im Zusammenhang mit der intellektuellen Situation des 18. Jahrhunderts verstanden werden. Die Philosophie von Quesnay, Adam Smith und ihren Vorgängern wurde von der naturwissenschaftlichen Revolution geprägt. Das ptolemäische Weltbild wurde überwunden und entscheidende Erkenntnisse in Physik, Chemie und Biologie gewonnen. Die sich entwickelnden sozialen und politischen Wissenschaften bildeten eine eigenartige Mischung von neuen naturwissenschaftlichen Einsichten und einer politischen Überzeugung, die sich gegen viele, nicht aber gegen alle Formen der staatlichen Eingriffe wandte. Die Wissenschaftler, Philosophen und politischen Denker jener Zeit waren von der Existenz einer naturgesetzlichen Ordnung des Universums überzeugt. Sie glaubten in der Tat, daß nicht nur anorganische Stoffe und lebendige Organismen, sondern auch die menschliche Gesellschaft grundlegenden Naturgesetzen unterworfen seien. Die Aufgabe des politischen Ökonomen bestehe deshalb darin, diese Gesetze zu entdecken, insbesondere im Zusammenhang mit der Produktion und Verteilung materieller Güter und der Natur und der Ursachen des Fortschritts des »nationalen Reichtums«. So wie es den Naturwissenschaften früher gelungen war, die Gesetze der Astronomie und einige der Grundprinzipien der Physiologie zu formulieren, hofften die Philosophen und Ökonomen des 18. Jahrhunderts, die Naturgesetze des wirtschaftlichen und sozialen Geschehens zu erfassen.

Weder William Petty[1], Richard Cantillon[2], oder die Physiokraten[3] noch Adam Smith[4] hegten irgendwelche grundsätzlichen Zweifel an der Existenz einer natürlichen Ordnung des wirtschaftlichen Geschehens. In Übereinstimmung mit der vorherrschenden antimerkantilistischen Haltung der aufstrebenden Bourgeoisie sahen die Begründer des neuen Systems der politischen Ökonomie die »natürliche« wirtschaftliche Ordnung als ein »System der natürlichen Freiheit«, das keiner bewußten Regulierung durch den Staat bedurfte.

Wie alle früheren Konzeptionen des Naturrechts (im Sinne einer natürlichen Ordnung) wurde auch das System der natürlichen Freiheit von Anfang an als eine im wesentlichen nützliche Ordnung aufgefaßt, die dahin tendierte, die Wohlfahrt der Gesellschaft als Ganzes zu maximieren, solange ihr freier Lauf gewährt wurde. Die politische Ökonomie stellte sich die Aufgabe, die einzelnen Elemente des Wirtschaftsprozesses wie Preise, Kosten, Gewinne, Löhne, Mieten und »Akkumulation« in einem geschlossenen System zusammenzufassen und somit die natürliche und wohltätige Ordnung des freien Wirtschaftssystems zu beweisen. Diese Methode war für die wissenschaftliche Denkweise mehrerer Generationen von Ökonomen charakteristisch. Sie fand ihren Höhepunkt in den Arbeiten von Alfred Marshall und Böhm-Bawerk, denen es gelang, die Vielzahl der wirtschaftlichen Phänomene in »einem regelrechten Kopernikanischen System zusammenzufassen, in dem alle Elemente des ökonomischen Universums miteinander in Beziehung stehen und die durch das gegenseitige Gleichgewicht in ihren Bahnen gehalten werden«.[5]

Die Klassiker haben einen bedeutenden Einfluß auf die spätere Entwicklung der Nationalökonomie ausgeübt. So war die Wirtschaftswissenschaft von Anfang an mit der Suche nach einem die Vielfalt der einzelnen Vorgänge ordnenden Prinzip beschäftigt, oder wie J. M. Clark es ausdrückte, mit »der Suche nach Gleichgewichtszuständen«.[6]

Es war unvermeidlich, daß die Ökonomen bei ihrer Suche nach einer natürlichen Ordnung der Produktion und Verteilung sowohl die Realität als Ganzes als auch einzelne Erscheinungen aus einer Perspektive sahen, die es ihnen ermöglichte, ihre spekulativen Hypothesen bestätigt zu finden. In der Tat wurden »die einzelnen Elemente des wirtschaftlichen Lebens der allgemeinen Theorie so angepaßt, daß sie ohne weiteres den dem Gesellschaftsprozeß unterstellten Zielen dienten«.[7]

Grundbegriffe wie Reichtum, Produktion, Nutzen, Kosten, Erträge, usw. wurden so formuliert, daß man sie zu festen Bestandteilen der allgemeinen Theorie machen konnte. Die Nationalökonomen konzentrierten ihre Aufmerksamkeit auf jene wirtschaftlichen Erscheinungen, welche sich selbst zu regeln und damit die dem Wirtschaftsprozeß zugeschriebene Ordnung zu bestätigen schienen. Tatsächlich wurden »jene Elemente überbetont und in den Vordergrund gestellt, die als Zwischenglieder für die Förderung der allgemeinen Wohlfahrt dienlich schienen.[8]

Im Gegensatz dazu wurden andere Phänomene, die der einmal postulierten Tendenz zu innerem Gleichgewicht und Harmonie im Wege standen als Ausnahmen oder unwesentliche Störungen bezeichnet. Mit anderen Worten: die *a priori* Vorstellungen der klassischen Ökonomie bestimmten die Auswahl der zu untersuchenden Phänomene und demzufolge die Grenzen der Wirtschaftswissenschaft. Ihr Inhalt wurde daher immer mehr auf das ursprüngliche (normative) Ziel ausgerichtet, den Beweis nicht nur für die Existenz, sondern auch für die Überlegenheit des »Systems der natürlichen Freiheit« über alternative Formen der wirtschaftlichen Ordnung zu erbringen.

Infolgedessen beschränkte sich die theoretische Wirtschaftsanalyse unter dem Einfluß der Naturwissenschaften mehr und mehr auf das Studium der Marktphänomene. So verwandelte sich die politische Ökonomie in eine »reine Ökonomie« (pure economics), *d. h.* in eine Disziplin, die nur jene Ziele (und Mittel) anerkannte, welche in Tauschwerten ausgedrückt und gemessen werden konnten. Das heißt, die sozialen Ziele und Mittel (Kosten), welche nicht in Marktpreisen zu erfassen sind, wurden zunehmend als »nicht ökonomisch« und daher als außerhalb des eigentlichen Bereiches der wirtschaftlichen Theorie stehend, angesehen. In ähnlicher Weise hielt man schließlich, für die Zwecke der ökonomischen Analyse, nur rationales Verhalten für relevant. Nichtrationales Verhalten wurde entweder als nicht existent oder zumindest als unwichtig im Zusammenhang mit der Analyse des wirtschaftlichen Handelns angesehen.

Noch bezeichnender ist die Tatsache, daß die reine ökonomische Theorie sich immer mehr mit der Analyse eines im wesentlichen stationären Modells der Marktwirtschaft beschäftigte. Es wurde zur zentralen Aufgabe der Theorie, die Bedingungen eines teilweisen oder allgemeinen Gleichgewichtes innerhalb eines Systems der freien Konkurrenz zu formulieren und die notwendigen Anpassungsvorgänge zu beschreiben, welche nötig sind, um die imaginären Bedingungen von Gleichgewicht und Optimum bei der Zuweisung von gegebenen Mitteln und miteinander konkurrierenden Zielen zu erreichen. Probleme des Wachstums und kumulativer Expansion und Kontraktion, die als sich selbstverstärkende Tendenzen sowohl innerhalb als auch außerhalb des Wirtschaftssystems wirkten und dahin tendierten, das soziale System aus irgend einer Gleichgewichtsposition und einem sozialen Optimum zu verdrängen, wurden entweder in spezielle Kapitel über Wirtschaftsschwankungen verwiesen, ignoriert oder als nicht-ökonomische bzw. als soziologische Probleme bezeichnet und abgetan.

Beispiele der Art und Weise, wie man dynamische und andere unpassende Elemente der Realität aus der ökonomischen Analyse zu eliminieren suchte, können fast überall in der ökonomischen Forschung gefunden werden. Aber nirgends ist diese Neigung stärker als im Kern der ökonomischen Analyse: nämlich in der Theorie der Preise und Werte. Hier werden beinah ausschließlich private Kosten und private Bedürfnisse behandelt. In der Tat, die Wert-Theorie nimmt es als selbstverständlich an, daß die Ausgaben und Einkünfte des Unternehmers einen für die Theorie adäquaten Maßstab für Kosten und Nutzen produktiver Tätigkeiten darstellen.

Die neoklassische Nationalökonomie hat diese aus dem 18. Jahrhundert stammende Gewohnheit, in Analogie zu den Naturwissenschaften zu argumentieren, beibehalten.[9] Der betonte Subjektivismus ermöglichte eine durchaus systematische Anwendung utilitaristischer Konzepte des menschlichen Handelns auf die ökonomische Analyse. Genauer gesagt, der neue Klassizismus, welcher die Marktsituation als Resultat der »Mechanik der Selbstinteressen« (W. Stanley Jevons) betrachtete, wollte von Anfang an beweisen, daß »die freie Konkurrenz das Maximum an Nutzen hervorbringt«[10], und daß unter statischen Bedingungen der Produktionsfaktor Arbeit das erhält, was er produziert. Diese Verteilungstheorie hat vielleicht ernsthaften analytischen Zwecken gedient, aber die ursprüngliche Absicht war sicherlich zu beweisen, daß soziale Gerechtigkeit ohne größere soziale Reformen erreicht werden konnte.[11]

Einige neoklassische Ökonomen haben allerdings vor einer normativen Identifizierung des Gleichgewichts in einem System der freien Konkurrenz mit der maximalen Befriedigung gewarnt. Alfred Marshall hat einige Einwände gegen diese Doktrin erhoben: Erstens, weil sie von der Annahme ausgehe, daß eine bestimmte Summe Geld den gleichen Nutzen für alle Beteiligten darstelle, was bei den herrschenden Ungleichheiten in der Verteilung von Einkommen und Reichtum keinesfalls zutrifft. Zweitens, daß diese Doktrin die Voraussetzung wachsender Einkünfte, die es ermöglichen, die Produktion über den Gleichgewichtspunkt hinaus auszudehnen, ohne den Produzenten zu schädigen, nicht beachtet, da sinkende Kosten ein Fallen der Preise und dadurch ein Steigen des Konsumentengewinnes nach sich ziehen würde. In diesem Fall vertrat Marshall die Ansicht, daß ein freies Spiel von Angebot und Nachfrage ein Maximum an Gesamtbefriedigung nicht erreichen könne und schlug eine Subventionierung vor, da »die direkten Kosten einer Prämie, die ausreicht, um ein bedeutend gestiegenes Angebot zu viel niedrigerem Preise auf den Markt zu bringen, viel kleiner als die daraus folgende Vermehrung des Konsumentengewinns« wären.[12] Marshall's Konzept der externen Effekte ist in seiner Theorie des maximalen Gesamtnutzens enthalten.

Ähnlich hat Knut Wicksell gezeigt, daß die Doktrin des maximalen Nutzens unter freien Marktbedingungen streng genommen nicht verteidigt werden kann, teils, weil nicht jeder einzelne die gleiche Fähigkeit besitzt, »die guten Dinge des Lebens« zu genießen, teils auch wegen der sozialen Unterschiede und der ungleichen Verteilung des Einkommens. »So würde beispielsweise die Festsetzung einer maximalen täglichen Arbeitszeit durch die Gesellschaft oder eine Gewerkschaft innerhalb gewisser Grenzen (die manchmal sehr eng sein können) eindeutig von Vorteil für die Arbeiter und damit für die zahlreichste Klasse der Gesellschaft sein.«[13]

P. H. Wicksteed erhob die stärksten Einwendungen gegen die Theorie der maximalen Befriedigung und überhaupt gegen das ganze System des wirtschaftlichen Gleichgewichts der Neoklassiker. Er bestand darauf, daß die Grenznutzentheorie voraussetze, die ethischen und sozialen Folgen der wirtschaftlichen Tätigkeit zu beachten. Wicksteed wies darauf hin, daß die ökonomische »Maschine« vom Menschen für individuelle Zwecke geschaffen und betrieben wird; daß die sozialen Auswirkungen des Wirtschaftens zufälliger Natur sind; daß der kollektive Reichtum der Gemeinschaft heute nicht mehr von unmittelbarer Bedeutung ist; daß der Markt uns keine nützliche Aussage darüber erteilt, was die »nationalen«, »sozialen« oder »kollektiven« Bedürfnisse einer Gesellschaft oder die Mittel zu ihrer Befriedigung sind; daß die Grundbegriffe, die wir zur Diskussion dieser Probleme verwenden, ihre Bedeutung eher verbergen als klarlegen; daß die Produktion lediglich ein Mittel darstellt und ihre ganze Bedeutung aus ihrer Beziehung zum Konsum hergeleitet wird; daß diese Erkenntnis die Ökonomie humanisieren wird; »je mehr wir das gesellschaftliche Leben analysieren, desto weniger können wir uns auf die Harmonie innerhalb der Wirtschaft verlassen; je besser wir die wahre Funktion des »Marktes« im weitesten Sinne verstehen, desto klarer werden wir einsehen, daß er nie sich selbst überlassen worden ist, und desto mehr werden wir davon überzeugt sein, daß er nie sich selbst überlassen werden darf. Die Wirtschaftslehre muß Diener der Soziologie sein.«[14]

Trotz dieser Einschränkungen und Kritiken der neoklassischen Schule, ist seither wenig, wenn überhaupt etwas geschehen, um die Wirtschaftslehre zu »humanisieren« und den Rahmen ihrer theoretischen Analysen zu erweitern. Die neoklassischen Ökonomen werden vielleicht auf die Entstehung der »welfare economics« als Zeichen dafür hinweisen, daß die Werttheorie sich seit Wicksell und Wicksteed weiter entwickelt hat und daß viele der Sozialkosten, die in der vorliegenden Studie analysiert werden, bereits Anerkennung gefunden haben. In einem gewissen Sinne ist dies richtig, und es kann kein Zweifel darüber bestehen, daß, wie wir später zeigen werden, Pigou's »Economics of Welfare« einen Versuch darstellt, das Phänomen der Sozialkosten in die neoklassische Wirtschaftsanalyse aufzunehmen.[15]

Es gibt gewiß vorläufig wenig Beweise dafür, daß die Sozialkosten (und -erträge) die Anerkennung gefunden haben, die sie verdienen. Die stillschweigende Identifizierung der Unternehmerkosten und -erträge mit den Gesamtkosten beherrscht weiterhin die Methodologie des wirtschaftlichen Denkens. Vielleicht ist dies unvermeidlich. Letztlich spiegelt der größte Teil der Wirtschaftstheorie die historisch gegebenen, gesellschaftlichen Bedingungen und Denkweisen der jeweiligen Zeit wieder. Die Theorie ist bestrebt, den zeitbedingten Lösungen ökonomischer Probleme einen mehr oder minder systematischen Ausdruck zu geben; in diesem Sinne kann gesagt werden, daß die Wirtschaftstheorie widerspiegelt, was in der Wirtschaft vorgeht. Weder soziale Kosten noch soziale Erträge gehen in die Preis-Kostenkalkulationen der privaten Betriebe ein, außer wenn besondere Gesetze bestehen oder bei Entschädigungen durch Sozialversicherungen. Grundsätzlich spiegelt die Behandlung der Sozialkosten als einer geringfügigen, untypischen Störung und nicht als eines charakteristischen Phänomens der Marktwirtschaft die noch sehr unvollkommene Weise, in der diese Kosten im ökonomischen Kalkül des Unternehmers berücksichtigt werden.

Im Lichte dieser Tatsachen ist es nicht überraschend, daß die Doktrin der maximalen Bedürfnis-Befriedigung und insbesondere die traditionelle Identifizierung des Gleichgewichts bei vollkommener Konkurrenz mit der optimalen Lösung des ökonomischen Problems nicht aufgegeben wurde, sondern in der gegenwärtigen Literatur immer noch eine wichtige Rolle spielt[16].

Einschränkungen von Marshall und später von Wicksell und Wicksteed gegen einige der optimistischeren Formulierungen der Theorie, die von mathematisch orientierten Ökonomen erarbeitet waren, haben zu einer Verfeinerung des ursprünglichen Ansatzes geführt. Wenn auch die Doktrin in ihrer heutigen Form formell leichter verteidigt werden kann, so ist ihre Aussage dennoch bedeutungslos und irrelevant für eine realistische Beurteilung der Ergebnisse des marktwirtschaftlichen Systems. Denn wenn die bestehende Verteilung der Ressourcen und des Einkommens als gegeben angenommen wird und wenn die (Geld)Kosten und Erträge des Unternehmers (gemessen in Tauschwerten) nicht nur als Angabe über Ausgaben und Einnahmen, sondern als die tatsächlich einzig relevanten Elemente der Kosten und Erträge angesehen werden, und wenn das Volumen der auszutauschenden Güter als gegeben angenommen wird, dann kann in der Tat gesagt werden, daß Wettbewerb und rationales Verhalten der Konsumenten und Produzenten, die von einem dauernden Vergleich und einer schließlichen Angleichung von Grenzkosten und Grenznutzen begleitet werden, auf einen Zustand des wirtschaftlichen Gleichgewichts hin tendieren, der theoretisch bestimmt und jedem anderen denkbaren Zustand überlegen ist (d. h. denkbar unter diesen Bedingungen). Dann kann auch angenommen werden, daß der ganze Prozeß der Preisbildung als im wesentlichen stationär und frei von jeder kumulativen Veränderung des Angebots, der Nachfrage und der Preise sei.

Dennoch bedeutet die formale Richtigkeit der Ableitungen nicht, daß sie eine größere Relevanz für die Erklärung der unternehmerischen Realität haben. Schumpeter meint dazu »bei einer Würdigung der Leistungen der Konkurrenzwirtschaft ist die Frage, ob sie die Produktion in einem vollkommenen gleichgewichtigen stationären Zustand des Wirtschaftsprozesses maximiere oder nicht... beinahe, wenn auch nicht gänzlich irrelevant... [und] das Theorem der [maximalen Bedürfnisbefriedigung] läßt sich auf die Trivialität reduzieren, daß ungeachtet der Gegebenheiten und namentlich der institutionellen Ordnungen einer Gesellschaft das menschliche Handeln, soweit es rational ist, immer versuchen wird, das Beste aus jeder gegebenen Situation herauszuholen. De facto reduziert es sich auf eine Definition des rationalen Handelns und kann deshalb mit analogen Theoremen für, sagen wir, eine sozialistische Gesellschaft gleichgesetzt werden.«[17]

Im Lichte dieses kurzen Überblicks über die Entwicklung der klassischen ökonomischen Analyse erhalten die Sozialkosten eine viel größere Bedeutung als nur die einer spezifisch technischen Frage der privaten Kostenkalkulation. In der Tat, eine eingehende Analyse der Sozialkosten ermöglicht den Beweis, daß die Leistungen der freien Marktwirtschaft immer noch unter dem wirtschaftlichen Optimum liegen, selbst wenn es möglich wäre, den kumulativen und sich selbst verstärkenden oligopolistischen Tendenzen Einhalt zu gebieten. Die Tatsache, daß die privaten Unternehmer in der Lage sind, Teile der Gesamtkosten der Produktion auf andere Personen oder auf die Gesellschaft abzuwälzen, weist auf eine der wichtigsten Begrenzungen der Anwendbarkeit der neoklassischen Werttheorie hin. Solange sich die neoklassische Ökonomie auf den Tauschwert beschränkt, kann sie eine Reihe von Kosten (und Erträgen), die nicht in Geldwerten ausgedrückt werden können, in ihre Beweisführung und in ihr Begriffsystem nicht aufnehmen.

Die Tatsache, daß das private Unternehmertum dazu neigt, einen Teil der Produktionskosten auf Drittpersonen und auf die Gemeinschaft abzuwälzen, ist jedoch nur einer der Gründe, weshalb die Ablehnung staatlicher Regulierung und das noch bestehende Vorurteil gegen jede Planung aufgegeben werden müssen. In der Tat gibt es zwei weitere Gründe, weshalb die Unternehmer knappe Mittel zur Bedürfnisbefriedigung nicht optimal einzusetzen vermögen: es bestehen bedeutende Hindernisse gegen ein rationales Verhalten von Konsumenten und Unternehmern in modernen Marktwirtschaften, und wichtige soziale Leistungen, an denen die ganze Gesellschaft teilhat, werden von der Privatwirtschaft weitgehend vernachlässigt. weil sie nicht auf Märkten verkauft und in Geldwerten berechnet werden können.[18]

Die vorliegende Untersuchung muß daher als ein Teil einer größeren Studie angesehen werden, deren Ziel ein zweifaches ist: Die Leistungen des Unternehmers nach Maßstäben zu beurteilen, die über diejenigen des Marktes hinausgehen, und eine Basis für eine Neuformulierung der ökonomischen Analyse zu schaffen, um die vernachlässigten Aspekte der Realität zu erfassen, die viele Ökonomen als »nicht-ökonomisch« abzuweisen oder zu vernachlässigen geneigt sind. Eine solche neue Wirtschaftswissenschaft wird anerkennen müssen, daß eine partielle Analyse des ökonomischen Prozesses nie ein rationales (d. h. kritisches und wissenschaftliches) Bild des Wirtschaftsablaufes ergeben kann – ein Bild, das immer eine umfassende Interpretation aller wichtigen Faktoren voraussetzt. Nur die Überwindung der gegenwärtigen Zersplitterung unserer Erkenntnisse in den Sozialwissenschaften, oder genauer, nur die Anerkennung der Tatsache, daß sogenannte »ökonomische« und »nicht-ökonomische« Faktoren zusammenhängen und zusammen untersucht werden müssen, wird uns erlauben, eine neue Wissenschaft der Ökonomie aufzubauen und zwar zu einer »politischen Ökonomie« in umfassenderem Sinn als der Begriff je von den Klassikern und ihren Vorgängern verstanden wurde. Aber damit werden Fragen aufgeworfen, die über den Rahmen dieser Studie hinausgehen. Unser Hauptziel ist zu beweisen, daß die Ausgaben des Unternehmers wichtige Sozialkosten der Produktion ausschließen und deshalb nicht als Maßstab für die Gesamtkosten angenommen werden können. Als erster Schritt dieser Beweisführung ist es wichtig, unsere Aufmerksamkeit auf die Bedeutung und allgemeine Natur der Sozialkosten zu lenken.

2. Inhalt und Bedeutung der Sozialkosten

Für die Zwecke unserer Untersuchung verstehen wir unter dem Begriff der Sozialkosten alle direkten und indirekten Verluste, die Drittpersonen oder die Allgemeinheit als Folge einer uneingeschränkten wirtschaftlichen Tätigkeit zu tragen haben. Die Sozialkosten können in Schädigungen der menschlichen Gesundheit, in der Vernichtung oder Verminderung von Eigentumswerten und der vorzeitigen Erschöpfung von Naturschätzen zum Ausdruck kommen. Sie können als Beeinträchtigung weniger greifbarer Werte auftreten.

Sozialkosten entstehen auf verschiedene Weise. So haben einige ihren Ursprung in bestimmten Industrien und können bis in einzelne Produktionsprozesse und Geschäftspraktiken verfolgt werden. Andere sind die Folge der Wechselwirkung einer ganzen Reihe von Faktoren, die den Kausalprozeß komplex und häufig kumulativ gestalten. In einigen Fällen werden die Sozialkosten der Produktion sofort wahrgenommen. In anderen bleiben sie für lange Zeit verborgen, so daß die Betroffenen ihre Schäden nicht gleich erkennen. Einige Sozialkosten treffen nur eine beschränkte Anzahl von Personen, andere verteilen sich auf die gesamte Gesellschaft. In der Tat können die Schäden so weit verbreitet sein und sich auf so viele Individuen verteilen, daß der Einzelne nur einen verhältnismäßig geringen Verlust oder Schaden zu tragen hat, während die Gesamtverluste beträchtlich sind. Der Einzelne wird, obwohl seiner Verluste bewußt, oft die Mühe scheuen, Abwehrmaßnahmen gegen die verantwortliche Industrie zu ergreifen. In vielen Fällen wird es unklar sein, wer tatsächlich für die Schädigung verantwortlich ist. Kurz, der Begriff der Sozialkosten bezieht sich auf alle diejenigen negativen Effekte und Verluste, die dritte Personen oder die Allgemeinheit als Folge der Produktion zu tragen haben und für die der Unternehmer nicht ohne weiteres belangt werden kann. Diese Definition des Begriffes ist umfassend genug, um sogar gewisse soziale »Opportunity Costs« einzuschließen, die in Form von Verschwendung und sozialen Mängeln verschiedener Art auftreten.

Um als Sozialkosten anerkannt zu werden, müssen Schäden und Mängel zwei Eigenschaften aufweisen. Es muß die Möglichkeit bestehen, sie zu vermeiden, sie müssen Folge der wirtschaftlichen Produktion sein und auf dritte Personen oder die Allgemeinheit abgewälzt werden können.

Die Folgen eines Erdbebens sind nicht in dem hier gebräuchlichen Sinne Sozialkosten. Ein Erdbeben ist weder eine produktive Tätigkeit noch läßt es sich vermeiden. Im besten Fall können die Zerstörungen durch gezielte Vorsichtsmaßnahmen verringert werden. Für unsere Diskussion ist wesentlich, daß gewisse Produktionsprozesse erhebliche Sozialkosten verursachen können, daß die Abhängigkeit zwischen diesen Prozessen und den sozialen Verlusten feststellbar ist, und daß die Verluste durch entsprechende Abwehrmaßnahmen auf ein Minimum verringert oder vermieden werden können. Umweltverschmutzung durch Schadstoffe ist beispielsweise auf Produktionsprozesse zurückzuführen, und es kann bewiesen werden, daß sie von Menschen verursacht und vermeidbar sind.

Die grundsätzlichen Ursachen der Sozialkosten liegen im Profitstreben mit der Minimierung der privaten Produktionskosten. Je größer die Bedeutung des Unternehmertums ist, um so größer ist die Wahrscheinlichkeit von Sozialkosten. Je mehr ein Wirtschaftssystem auf private Anreize und die Verfolgung von privatem Gewinn abzielt, desto größer die Gefahr, daß »unbezahlte« Sozialkosten entstehen, wenn nicht entsprechende Maßnahmen ergriffen werden. Auch eine dezentralisierte Planwirtschaft, die ein ausgedehntes System von privaten Anreizen, wie z. B. Prämien für ihre Geschäftsführer bei Erfüllung von Planzielen einsetzt, wird anfällig für die Entstehung von Sozialkosten. Beispiele für entsprechende Schäden in der sowjetischen Wirtschaft bestätigen diese Schlußfolgerungen.[1]

Insofern Sozialkosten das Resultat der Kostenminimierung einer Firma sind, können sie als Beweis für eine Einkommenkonsumverteilung angesehen werden. Indem nämlich ein Teil der Produktionskosten auf dritte Personen oder die Allgemeinheit abgewälzt wird, sind die Produzenten in der Lage, sich einen größeren Teil des Gesamteinkommens anzueignen als sie sonst erhalten würden. Nun könnte man aber auch behaupten, daß die Konsumenten dadurch die Produkte zu geringeren Preisen erhielten, als wenn die Produzenten die vollen Produktionskosten hätten aufbringen müssen. Und folglich, daß auch eine entsprechende Gesetzgebung eine Umverteilung zur Folge hätte. Wir stehen also nicht nur vor dem Problem der Entstehung von Sozialkosten, sondern auch vor der Frage von Kosten und Nutzen von Schutzmaßnahmen.[2] Wie groß der Anteil des Volkseinkommens ist, der auf diese Weise umverteilt werden würde, interessiert uns hier nicht. Es genügt die Feststellung, daß Sozialkosten zu Verteilungsproblemen führen, und sie daher Gegenstand der politischen Auseinandersetzung sind.

Tatsächlich haben Sozialkosten zu einer Reihe von praktischen, politischen Maßnahmen geführt. Ein großer Teil der politischen Maßnahmen in der modernen Industriegesellschaft sind bereits dazu bestimmt, soziale Verluste, die durch die moderne Produktion hervorgerufen wurden, wiedergutzumachen oder zu verhindern. Diese Maßnahmen sind in der Tat ein überzeugender Beweis für die Existenz von Sozialkosten. Zweifellos weist diese Entwicklung auf eine Verschiebung der Machtverteilung zugunsten jener Klassen und Gruppen in der Gesellschaft hin, die in der Vergangenheit den größten Anteil der Sozialkosten getragen haben und die jetzt ihre politische und ökonomische Machtstellung dazu einsetzen, um sich gegen die negativen Folgen des Fortschritts zu schützen. Die politische Geschichte der letzten 150 Jahre kann in der Tat als eine Revolte breiter Massen (einschließlich des Kleinunternehmertums) gegen die Sozialkosten verstanden werden. Zweifellos zeigt die ständige Zunahme der Schutzgesetze, die Bemühungen um eine verbesserte Gesundheitspflege, das Verbot schädlicher Verfahren bei vielen Produktionsprozessen, die Beschäftigung mit Wasser- und Luftverunreinigung oder auch die Bemühungen von Bauern, Unternehmern und Arbeitern, die Preise für ihre Produkte und Dienstleistungen zu stützen, zumindest teilweise den Versuch, schädigende Faktoren in der Produktion und in der Ausbeutung von Ressourcen zu begrenzen.

Von diesem Standpunkt aus bildet der Kampf um die Vermeidung von Sozialkosten oder für deren gleichmäßigere Verteilung einen festen Bestandteil der politischen Bemühungen jener Gruppen, die bisher von der Macht ausgeschlossen waren. Zweifellos ist es gewissen Interessengruppen gelungen, den gerechtfertigten Kampf um eine gleichmäßigere Verteilung der Sozialkosten zum Schaden der Gesellschaft zu unterdrücken. Nicht jede Beschränkung der Gewerbefreiheit ist als Maßnahme zur Vermeidung von Verschwendung zu rechtfertigen. In vielen Fällen sind solche Beschränkungen selbst wieder Techniken zur Übervorteilung des Verbrauchers und damit Quellen bedeutender Sozialkosten. Trotzdem muß in der Mehrzahl der Fälle das Bemühen um den Schutz vor sozialen Verlusten und die Ausdehnung der demokratischen Kontrolle über Wirtschaft und Politik den Vorrang haben.

Trotz dieser Entwicklung betrachten die Vertreter der neoklassischen Werttheorie die sozialen Verluste weiterhin als zufällige und außergewöhnliche Fälle oder als geringfügige Störungen. Das Problem der Sozialkosten auf diese Art abzulehnen, heißt aber nichts anderes, als das Problem zu umgehen. Denn ob diese Kosten nur vereinzelte Fälle und unwichtige Störungen sind, kann erst dann beurteilt werden, nachdem ihre Bedeutung geklärt worden ist. Das gleiche ist zu sagen, wenn über das Problem der Sozialkosten mit der Begründung hinweggegangen wird, daß in einigen Fällen vom Staat oder von privaten Organisationen bereits entsprechende Maßnahmen getroffen worden sind. Hier bleibt die wichtige Frage offen, ob die Maßnahmen angemessen und wirksam sind. Auch diese Frage kann nur beantwortet werden, nachdem man den Versuch gemacht hat, die Natur und die mögliche Größenordnung der Sozialkosten der Produktion festzustellen. Die eingehende Untersuchung der bestehenden Bestimmungen zeigt nämlich, daß die heutigen Maßnahmen weitgehend wirkungslos sind, um die sozialen Verluste zu minimieren, und daß in vielen Fällen die Sozialkosten überhaupt keine oder ganz geringfügige Berücksichtigung gefunden haben.

Sozialkosten und sozialer Wandel

Es ist behauptet worden, Sozialkosten seien lediglich eine Nebenerscheinung jedes raschen wirtschaftlichen Wandlungs- und Wachstumsprozesses. So werden Sozialkosten manchmal als der kurzfristige Preis angesehen, der für ein langfristig hohes Leistungsniveau des Wirtschaftssystems bezahlt werden muß. Dieser Auffassung wäre grundsätzlich nichts entgegen zu halten, würde es nicht voraussetzen, daß Sozialkosten unvermeidlich und wirtschaftlich gerechtfertigt seien und durch ihre Untersuchung nichts zu gewinnen sei. Ob jedoch Wachstum und Entwicklung diesen Preis wert sind, kann nur entschieden werden, nachdem die *Gesamtkosten* ermittelt sind. Ob man Sozialkosten als den Preis betrachten will, der für ein Wirtschaftswachstum bezahlt werden muß oder – was im Grunde auf das gleiche hinausläuft – als den kurzfristigen Nachteil eines angeblichen langfristigen Gewinns, ändert nichts daran, daß es wichtig ist zu wissen, welches der volle Preis ist. Tatsächlich ist die Kenntnis der Sozialkosten des Wachstums eine Voraussetzung der wirtschaftlichen Rationalität. Nichts ist irrationaler als eine unvollständige Kostenrechnung. Eine Kostenrechnung, die einen Teil der Produktionskosten vernachlässigt, kann kaum darauf Anspruch erheben, die soziale Leistungsfähigkeit zu fördern.

In ihrer radikalsten Formulierung geht die These, daß Sozialkosten der unvermeidliche Preis für wirtschaftlichen Wandel sei, sogar noch weiter. Sie behauptet, daß das Bestreben, die Sozialkosten der Produktion zu vermeiden oder zumindest umzuverteilen und das Bestehen auf einem geordneteren und gewollten Wandel sei nichts anderes als ein Versuch, jeden Wandel und jedes Wachstum überhaupt zu beenden.[3]

So wird geltend gemacht, daß das System der Marktwirtschaft im Gegensatz zu allen früheren Formen der sozialen Organisation, in denen etablierte Interessengruppen neue Produktionsmethoden und wirtschaftlichen Wandel durch Vorschriften aller Art verhindern konnten, durch ein Maximum an neuen Produktions- und Organisationsmethoden gekennzeichnet sei. Dies – zusammen mit dem Geist der wirtschaftlichen Rationalität – soll die Marktwirtschaft dazu befähigen, den technischen Fortschritt zu beschleunigen und nutzbar zu machen. Es sei deshalb kein Zufall, daß ihre Geschichte mit dem raschesten wissenschaftlichen Fortschritt und wirtschaftlichen Wachstum verbunden gewesen ist, der jemals zu verzeichnen war. Mit diesem Argument wird aber zugegeben, daß die rasche Expansion mit ihren typischen konjunkturellen Schwankungen die kapitalistische Marktwirtschaft zu einer höchst unstabilen Form der wirtschaftlichen Organisation gemacht hat. Als Folge davon entwickelte sich eine wachsende Ablehnung des Wettbewerbs, die Herausbildung einer »antikapitalistischen« Geisteshaltung und ein intensives Bedürfnis nach größerer Sicherheit, das sich bei jenen Gruppen bemerkbar machte, welche die durch den raschen Wandel verursachten sozialen Verluste in ihrem vollen Ausmaß zu tragen hatten. Es sind diese gegen Veränderung eingestellten Gruppen, die an politischem Einfluß gewonnen haben. Wenn dieser Prozeß weitergeht, dann könnte, wie behauptet wird, aller Wandel und alles Wachstum zum Stillstand kommen. Dieselbe Aussicht besteht für die Planwirtschaften, denn auch dort wären Interessengruppen imstande, insbesondere wenn ihnen an der Erhaltung des *Status quo* liegt, die gegenwärtigen Produktionsmethoden zum Schaden der Gesellschaft beizubehalten. Soviel zu dieser These.

Welche Bedeutung hat dieses Argument für das Problem der Sozialkosten? Wenn behauptet wird, der wachsende politische Einfluß jener Gruppen, die früher die Hauptlast der Sozialkosten und des sozialen Wandels getragen haben, würde jede Neuerung und jeden Fortschritt vereiteln, dann scheint die Alternative zu lauten: Demokratie oder Fortschritt? Das wäre (wenn der obige Gedankengang als im wesentlichen für richtig angenommen würde) lediglich ein anderer Ausdruck dafür, daß schneller Wandel vom Überleben undemokratischer Elemente abhängt, die es einer kleinen, an raschem Wandel interessierten Personengruppe ermöglichen, der großen Mehrheit der Bevölkerung die Bürde der Sozialkosten, der Instabilität sowie der persönlichen Unsicherheit aufzuerlegen. Wenn es wirklich wahr wäre, daß Demokratie und rasches Wirtschaftswachstum Alternativen sind, dann bliebe offensichtlich die Frage offen, ob wir in der Erhaltung der Demokratie oder dem schnellen Wandel den größeren Wert sehen. Und man müßte die weitere Frage aufwerfen, ob die Klage über das bevorstehende Ende jeglichen Wandels und Wachstums nicht – und sei es auch nur unbewußt – die Absicht widerspiegelt, den Ausbau der sozialen und politischen Demokratie zu blockieren?

Aber kann das Argument tatsächlich aufrechterhalten werden? Stimmt es denn, daß wir zwischen Demokratie und Fortschritt zu wählen haben? Müssen wir annehmen, daß jeder »Schutz« vor den Kosten des Wettbewerbs ein Ende des Wandels bedeutet? Es gibt verschiedene Gründe für unsere optimistischere Auffassung.

Erstens dürfen wir annehmen, daß jede Opposition gegen Fortschritt und Wachstum beträchtlich geringer wäre, sobald die Gesamtkosten des Wandels gerechter als bisher verteilt und die erlittenen sozialen Verluste besser entschädigt würden. Tatsächlich ist der Widerstand gegen Veränderungen und langfristiges Wachstum wenigstens zum Teil auch auf die allgemeine wirtschaftliche Instabilität zurückzuführen, welche der Wettbewerbsprozeß – aus anderen Gründen als Fortschritt und Wandel – verursacht hat. Da die Unsicherheit durch antizyklische Maßnahmen materiell gemildert werden kann, ist anzunehmen, daß der Widerstand gegen den wirtschaftlichen Wandel allmählich schwächer würde. Außerdem könnten eine verbesserte soziale Kostenrechnung und das Nachlassen der Opposition gegen den Fortschritt die Spaltung der Gesellschaft in Anhänger und Gegner des *Status quo* durch den Prozeß des demokratischen Verhandelns und Kompromißschließens überwunden werden. Schließlich, und das ist der wichtigste Punkt, machen es die allgemeine Weltlage und die beiden rivalisierenden Gesellschaftsformen unmöglich, das Tempo des technischen Fortschritts und Wandels aufzuhalten. Welches auch immer die Gefahren des Lebens im Atomzeitalter und der in zwei sich befehdende Blöcke geteilten Welt sein mögen – die der technologischen Stagnation werden es kaum sein. Weder die sowjetische noch die amerikanische Wirtschaft lassen eine Verlangsamung in der Anwendung technischer Neuerungen erkennen.[4]

Der Begriff der Sozialkosten kann mit der Begründung kritisiert werden, er beziehe sich auf eine Reihe von sozialen Verlusten und sei deshalb zu unbestimmt. Das mag bis zu einem gewissen Grade stimmen. Doch bleibt es unsere Absicht, die bestehenden Alternativen abzuwägen. Es ist der Zweck unserer Analyse, die typischen sozialen Phänomene in ihrer Gesamtheit aufzuzeigen. Dazu brauchen wir ein allgemeines Konzept, in welchem die Phänomene nach gewissen Kennzeichen geordnet werden. In unserem Konzept ergeben sich diese Kennzeichen aus den realen Folgen des Produktionsprozesses, die der Unternehmer nicht trägt, sondern auf andere Personen oder die ganze Gesellschaft abwälzen kann. In diesem Sinne ist unser Konzept konkret und praktisch anwendbar. Daß die Konsequenzen je nach ihrem Ausmaß und Charakter verschieden sind, ist nicht zu leugnen. Aber dies rechtfertigt nicht, das Konzept als zu vieldeutig abzulehnen.

Die Alternative hätte darin bestanden, für jede der verschiedenen Arten sozialer Verluste ein eigenes Konzept zu entwickeln und damit jeden Versuch einer allgemeinen Definition fallenzulassen. Dies hätte zwar für eine Wirtschaftsgeschichte der Sozialkosten in den modernen Industriegesellschaften gereicht, nicht aber für unsere Zwecke. Wir befassen uns mit dem Problem der Sozialkosten als einem allgemein vernachlässigten Phänomen der Wirtschaftsanalyse, und wir hoffen zu zeigen, daß diese Vernachlässigung sowohl für viele Fehlschläge der Wirtschaftswissenschaft wie auch deren Bedeutungslosigkeit für das Verständnis und die Lösung praktischer Probleme der modernen Wirtschaft verantwortlich ist. Bis vor kurzer Zeit hat die wirtschaftliche Analyse die sozialen und menschlichen Produktionskosten vernachlässigt. Diese Mißachtung steht im Gegensatz zu unseren öffentlich vertretenen humanistischen Idealen und zur Würde des Menschen.

Wie wir sehen werden, gefährden Sozialkosten das Leben und die Gesundheit nicht nur des Individuums, sondern der ganzen Menschheit, und sie wirken sich verheerend auf die rationelle Nutzung der Rohstoffe aus. Wenn wir es zulassen, daß professionelle Trägheit und das akademische Interesse an der traditionellen neoklassischen Analyse einer bedeutenden Wiedererneuerung der Wirtschaftswissenschaft im Wege steht, dann werden wir wohl die Tradition retten, versäumen aber die Chance, einen Beitrag zur Lösung eines der wichtigsten Probleme der modernen Industriegesellschaften zu leisten.

Quantifizierung und Messung

Wir stehen jedoch verschiedenen Problemen bei der Anwendung des Begriffs der Sozialkosten gegenüber. Daß Einzelpersonen und die Gesellschaft die Verluste infolge privater Produktionstätigkeit zu tragen haben, gleichzeitig von den niedrigeren Güterpreisen profitieren, stellt eines dieser Probleme dar. Produzenten, welche die Luftverschmutzung verursachen, schädigen auch ihre eigene Gesundheit und ihr Eigentum, und zwar durch den selben Prozeß, der es ihnen erlaubt, einen Teil der Produktionskosten auf die Gesellschaft abzuwälzen. Wir sehen uns hier einer gegenseitigen Abhängigkeit gegenüber, die alle Elemente der gesellschaftlichen Wirklichkeit miteinander verknüpft.

Hinzu kommt, daß es bei einigen Sozialkosten bisher schwierig war, statistische Messungen durchzuführen oder allgemein anerkannte Schätzungen aufzustellen. Es besteht eine erhebliche Informationslücke hinsichtlich der Größe der Sozialkosten der Produktion, da auf diesem Gebiet nur unvollständige Studien unternommen worden sind. Während wir die betriebswirtschaftlichen Aspekte der Produktionsprozesse studieren, wird den sozialen Konsequenzen – auch wenn sie in allgemeinen Umrissen anerkannt werden – nur wenig Aufmerksamkeit gewidmet. Wir sind imstande, erhebliche Geldbeträge für Marktforschung und Verkaufsförderung zu verwenden, für Weltraumforschung und ähnliche Abenteuer stehen Milliarden von Dollars bereit, aber für ein Studium von Ursachen und Ausmaß der Sozialkosten, werden nur beschränkte und völlig ungenügende Summen eingesetzt.

Obwohl die Quantifizierung eine wichtige Frage bei der Analyse der Sozialkosten darstellt, soll man ihre Bedeutung auch nicht überschätzen. Quantifizierung und Messung haben zweifellos ihren Platz nicht nur in der wissenschaftlichen Analyse, sondern auch in der Formulierung der praktischen Politik. Und doch mag das Bemühen um die Quantifizierung in vielen Fällen vergeblich sein. Wir mögen vielleicht den Anschein einer quantitativen Messung erwecken, auch wenn dies nicht zutrifft. Die Illusion der Quantifizierung ist kennzeichnend für viele nationalökonomische Diskussionen, insbesondere innerhalb der Werttheorie. Wir sprechen von »opportunity costs« oder vom »Demonstrationseffekt«. Aber bezeichnen diese »quantitativen Begriffe« etwas irgendwie Meßbares? Können wir die »opportunity costs« irgendeiner öffentlichen oder privaten Entscheidung oder Ausgabe tatsächlich messen? Und doch sind diese Begriffe nie ernstlich in Frage gestellt worden, weil ihr quantitativer Charakter weder ohne weiteres evident noch für praktische Belange klar umschrieben ist.

Wenn eingewendet wird, dies seien theoretische Hilfsbegriffe und ihr Nutzen hänge ohnehin nicht von präzisen Messungen ab, dann kann dasselbe auch vom Begriff der Sozialkosten gesagt werden. Die Nützlichkeit des Begriffs der Sozialkosten als analytischem Werkzeug hängt nicht von der genauen Meßbarkeit ab. Die sozialen Konsequenzen der Produktionstätigkeit, auf die sich die »Sozialkosten« beziehen, sind mindestens so praxisbezogen, konkret und quantifizierbar wie die subjektiven Realitäten von »opportunity costs« und »individuellen Präferenzen«. Die Gesellschaftsanalyse muß der Versuchung widerstehen, die Präzisionsnormen der Mikro- und Makrophysik oder der Differentialrechnung anzuwenden. Wir verfehlen den Zweck der wissenschaftlichen Untersuchung, wenn wir aus Präzision und Messung einen Fetisch machen, indem wir Normen und Verfahren nachahmen, die sich etwa bei der Temperaturmessung bewähren, deren Anwendung in der sozialen Wirklichkeit zumindest schwierig, wenn nicht unmöglich ist. Tatsächlich mag die quantitative Messung einiger der Sozialkosten am Ende leichter sein als die Quantifizierung individueller Größen wie Nutzen, Lust und Präferenzen, die eine so wichtige Rolle in der neoklassischen Werttheorie spielen. Schließlich haben soziale Verluste objektive Wirkungen auf Sterblichkeit, Morbidität, allgemeine menschliche Leistungsfähigkeit und Eigentumswerte, die quantifiziert werden können, auch wenn die Messung und die für sie geltenden Normen nicht immer in Dollars und Cents berechnet werden können.[5]

Es muß zugegeben werden, daß einige Sozialkosten sehr komplexer und vielfältiger Natur sind und nur aufgrund der Bedeutung bewertet werden können, welche die Gesellschaft sowohl den greifbaren als auch den zahlenmäßig nicht erfaßbaren Werten beimißt, die auf dem Spiel stehen. Solche sozialen Bewertungen werfen jedoch kein völlig *neues* Problem auf. Die Formulierung einer Wirtschaftspolitik erfordert fast immer eine Bewertung der »Mittel« und »Zwecke«, deren relative Bedeutung nur geschätzt werden kann, weil ein wesentlicher Teil aller »Kosten« und »Erträge« einer Wirtschaftspolitik, ihrem Wesen nach »politisch« und daher nicht quantifizierbar ist. Das heißt nicht, daß eine Politik aufgrund allgemeiner Schätzungen von möglichen Kosten und Erträgen vollständig erforscht worden ist und keine weiteren theoretischen Probleme aufwirft. Ganz im Gegenteil: Fragen, die durch die Begriffe »sozialer Wert« und

»soziale Bewertung« aufgeworfen werden, gehören zu den wichtigsten, bisher ungelösten Problemen der Nationalökonomie.

Das letzte Kapitel der vorliegenden Arbeit weist auf eine mögliche Lösung dieser Frage hin. Es soll hier die Feststellung genügen, daß der Sozialwissenschaftler der Versuchung widerstehen muß, entweder die Sozialkosten zu ignorieren, weil diese eine Bewertung durch die Gesellschaft verlangen, oder seine eigenen Normen und Präferenzen in die Erörterung ihrer Bewertung einzuführen. Läßt er die sozialen Verluste unberücksichtigt, weil sie »externen Charakter« haben, und »nicht-ökonomischer« Natur sind, dann heißt das, daß er allen sozialen Schäden keinen oder einen Nullwert beimißt, was nicht weniger willkürlich und subjektiv als irgend eine positive oder negative Bewertung ist. Bewertet er hingegen Sozialkosten im Lichte eigener Normen und Präferenzen, so würden höchst persönliche Werturteile in die ökonomische Analyse eingeführt und die Schlußfolgerungen subjektiv, willkürlich und unwissenschaftlich sein. Hier, wie in allen Fragen der sozialen Bewertung ständen wir auf festerem Boden, wenn wir mit objektiven Normen in Form von »sozialen Minima« arbeiten und Sozialkosten als Abweichung von solchen Minima oder als deren Mängel messen könnten.

Kumulative Verursachung und Sozialkosten

Eine zentrale Aufgabe der Theorie der Sozialkosten, und in der Tat das eigentliche Ziel dieser Arbeit, besteht im Aufzeigen kausaler Beziehungen zwischen verschiedenen Produktionstätigkeiten und Geschäftspraktiken einerseits und wichtigen sozialen Verlusten und Schäden andererseits. Das wird mit einer kurzen Darstellung der sozialen Verursachung erleichtert. Im Gegensatz zur neoklassischen Analyse legen wir der Analyse sozialer Beziehungen und wirtschaftlicher Prozesse das Prinzip der kumulativen Verursachung als Haupthypothese zugrunde. Es ist deshalb wichtig, die Hauptmerkmale dieser Hypothese ausdrücklich darzulegen.

Die kumulative Verursachung ist keine neue Entdeckung. Das Studium wirtschaftlicher Schwankungen hat zur Formulierung verschiedener »Modelle« der kausalen Verursachung geführt, die zumindest erwähnt werden sollten, auch wenn sie in ihrer Konzeption höchst mechanistisch und eng an wirtschaftliche Variablen gebunden waren. Beispiele sind das sogenannte Spinnwebprinzip (Cobweb Theorem), die »Beschleunigung« von Nachfrage und Produktion von Kapitalgütern durch eine relativ geringe Veränderung der Nachfrage nach Verbrauchsgütern. Hinzu kommt die nach rückwärts geneigte Kurve des Angebots von Arbeitskräften (wo ein Sinken der Löhne von einem größeren Angebot an Arbeitskräften begleitet sein kann), sowie die Tendenz der Preise, in Übereinstimmung mit spekulativen Erwartungen und Verhaltensweisen zu steigen oder zu fallen. Auch der Multiplikator könnte als Modell des kumulativen Charakters der wirtschaftlichen Prozesse erwähnt werden.

Illustrieren wir kurz die potentiell gleichgewichtsstörenden Tendenzen dieser Modelle kumulativer Verursachung in bezug auf die rückwärtsgeneigte Angebotskurve. Während der industriellen Revolution wurden die Löhne durch die Freisetzung von Arbeitern durch Maschinen gedrückt, was es notwendig machte, daß Frauen und Kinder in Fabriken arbeiteten, um das Familieneinkommen zu ergänzen. Weit davon entfernt, zu einem Sinken des Arbeitskräfte-Angebots zu führen, hatte das Fallen der Löhne eine Erhöhung zur Folge. Es war diese Tendenz zu sinkenden Löhnen, die zusammen mit der allgemeinen Kapitalknappheit sowohl Ricardos eisernem Lohngesetz relative Gültigkeit verlieh als auch der These von Marx, daß Löhne um das Existenzminimum zu schwanken pflegen. Zweifellos gilt das allgemeine Prinzip, das sich in der Rückwärtsneigung der Kurve des Arbeitskräfteangebots ausdrückt, nicht nur in Zeiten raschen Wirtschaftswachstums, sondern, in traditionellen Gesellschaften, auch unter normalen Bedingungen.

Daß sich sogar das ganze System zunehmend und kumulativ vom Gleichgewicht wegbewegen könnte, wurde von Schumpeter dargelegt, der feststellte, daß »wenn das Gleichgewicht einmal durch irgendeine Störung aufgehoben wird, dann verläuft der Anpassungsprozeß zu einem neuen Gleichgewicht nicht so sicher und rasch und wirtschaftlich, wie die alte Theorie der vollkommenen Konkurrenz es dargestellt hat; und es besteht die Möglichkeit, daß gerade der Kampf um die Anpassung ein solches System von einem neuen Gleichgewicht weiter weg anstatt näher heran führt. Dies wird in den meisten Fällen geschehen, wenn die Störung nicht geringfügig ist.«[6]

Doch schuldet das Prinzip der kumulativen Verursachung den oben genannten Modellen der Konjunkturforschung weniger als den früheren Gedanken von Veblen. Für diesen galt als Axiom, daß der Prozeß der kulturellen Entwicklung wie auch die wirtschaftlichen Prozesse grundsätzlicher nur als kumulative Folge von Ursache und Wirkung verstanden werden können. Diese Entwicklung hat man sich als endlos, nicht teleologisch und von menschlichen Wünschen unabhängig vorzustellen, die eher von einer institutionellen Trägheit getragen wird, als von einer Tendenz zu einem teilweisen oder allgemeinen Gleichgewicht.[7]

Das Prinzip der kumulativen oder zirkulären Verursachung betont die Tatsache, daß soziale Prozesse durch die Wechselwirkung verschiedener Variablen, »ökonomischer« und »nicht ökonomischer« Natur gekennzeichnet sind, die durch ihre kombinierte Wirkung das System von einem Zustand des Gleichgewichts fortbewegen. Tatsächlich kann von sozialen Prozessen gesagt werden, daß sie eben keine Tendenz zur automatischen Selbststabilisierung auslösen, sondern im Gegenteil dem sozialen Beharrungsvermögen unterliegen, das das System in der Richtung des ersten

Impulses weiter bewegt. »Das System bewegt sich von selbst, nicht in der Richtung eines Gleichgewichtes zwischen den Kräften, sondern es entfernt sich ständig davon. Im Normalfall ruft eine Veränderung nicht entgegengesetzte Veränderungen hervor, sondern im Gegenteil unterstützende Veränderungen, die das System in die gleiche Richtung drängen wie die erste Veränderung, aber viel weiter«.[8]

Die zentrale Hypothese und den allgemeinen begrifflichen Rahmen für das Studium der Sozialkosten bildet dieses Prinzip der kumulativen Verursachung.

Dazu eine abschließende Bemerkung: Das meiste Material über Sozialkosten, das in den folgenden Kapiteln dargelegt wird, stammt aus den Vereinigten Staaten. Diese Betonung der Sozialkosten in der amerikanischen Wirtschaft könnte den Eindruck hervorrufen, es handle sich dabei um eine typisch amerikanische Erscheinung. Das ist jedoch nicht der Fall. Die Sozialkosten sind ein allgemeines Phänomen der Wettbewerbsordnung. Es ist jedoch die Tatsache zu betonen, daß das amerikanische Unternehmertum besonders klar veranschaulicht, wie der kapitalistische Prozeß funktioniert, weil die Wirtschaft während des ganzen neunzehnten Jahrhunderts und bis zur Weltwirtschaftskrise der dreißiger Jahre verhältnismäßig frei von staatlicher Kontrolle geblieben ist.

Wir möchten aber klarstellen, daß wir hier keinen Vergleich zwischen ungeregelter Marktwirtschaft und Planwirtschaft vorhaben. Und wir setzen nicht stillschweigend voraus, daß ein System wirtschaftlicher Planung notwendigerweise das Phänomen der Sozialkosten eliminieren würde. Ob eine Planwirtschaft die sozialen Produktionskosten vermeidet oder nicht, hängt von den Planern ab, d. h. davon, ob sie diese Kosten vermeiden oder ignorieren wollen. Im Grunde genommen ist dies eine Frage der politischen Struktur der Planwirtschaft und wird davon bestimmt, ob der Plan als wesentlich politischer Entscheidungsakt der Revision durch Abstimmungen unterliegt oder nicht. Da wir nicht ungeregelten Wettbewerb mit Wirtschaftsplanung vergleichen und nicht behaupten, daß die Sozialkosten in einem System der Wirtschaftsplanung automatisch ausgeschaltet werden, müssen wir auch nicht die politischen und wirtschaftlichen Probleme alternativer sozialer Organisationsformen untersuchen. Wir werden auch nicht von spezifischen Verfahren und Maßnahmen sprechen, welche die Entstehung von Sozialkosten ausschließen könnten. Das würde den Rahmen der vorliegenden Studie überschreiten, die sich darauf beschränkt, eine Anzahl bedeutender Beispiele von Sozialkosten in der freien Marktwirtschaft darzustellen.

Bevor wir uns unserem Hauptproblem zuwenden, werden wir kurz auf die Beiträge jener Nationalökonomen eingehen, welche die Gültigkeit der wesentlichen Überlegungen der klassischen und neoklassischen Ökonomie in Frage gestellt und in diesem Zusammenhang das Phänomen der Sozialkosten behandelt haben.

3. Das Problem der Sozialkosten in der Geschichte der Nationalökonomie

Seitdem die klassischen Nationalökonomen den Begriff des Gleichgewichtes von den Naturwissenschaften übernommen haben und ihn als Beweis dafür benutzen, daß Produktion und Verteilung sich selbst regulieren und eine optimale Lösung des wirtschaftlichen Problems ohne direkte Eingriffe des Staates möglich ist, hat es immer wieder Nationalökonomen gegeben, die die generelle Gültigkeit dieser optimistischen Deutung angezweifelt haben. Indem sie sich von der klassischen Schule abwandten, wiesen viele Kritiker auf eine Reihe solcher Sozialkosten hin, wie wir diesen Begriff hier verstehen. Tatsächlich ist es bemerkenswert, daß in dieser kritischen Literatur die Sozialkosten niemals ganz verschwunden sind. Angesichts des umfangreichen Materials, auf welches die Kritiker hingewiesen haben, fragt man sich, warum die klassischen Vorstellungen von Gleichgewicht und Selbstregulierung nicht schon lange aufgegeben und beispielsweise durch Prämissen des sozialen Beharrungsvermögens oder sogar durch den Begriff der in eine Richtung weisenden kumulativen Bewegung ersetzt worden sind. Zweifellos gab es genug Beweise für eine solche These, welche die Grundlage einer weitreichenden Kritik an der klassischen Nationalökonomie und ihrer Sozialphilosophie hätte bilden können.

Es gibt anscheinend drei Gründe, warum die Kritiker ihre Erörterungen nicht bis zu diesen Schlußfolgerungen durchgeführt haben. Erstens teilten die meisten von ihnen die Grundannahmen ihrer Zeit, was sie hinderte, den rationalistischen und optimistischen Begriff einer »natürlichen Ordnung« im sozialen und wirtschaftlichen Leben abzulehnen. Zweitens sterben alte Vorurteile nur langsam aus, besonders wenn sie tiefliegende politische Überzeugungen und Ideologien widerspiegeln. Drittens ist es viel einfacher, ein System theoretischer Verallgemeinerungen auf den Grundlagen des Naturrechtes und des rationalen wirtschaftlichen Verhaltens aufzubauen, als ein Modell der tendenziellen sozialen Ineffizienz zu erarbeiten. Es ist also letztlich nicht erstaunlich, daß die von den Kritikern zusammengetragenen Beweise nicht zur Ausarbeitung einer neuen, systematischen Lehre geführt haben, die wirtschaftliche Kontrolle und Planung zur Voraussetzung gehabt hätte.

Die Klassiker

Es mag paradox erscheinen, unsere Untersuchung mit den klassischen Nationalökonomen und mit der Behauptung einzuleiten, die Gründer der Nationalökonomie seien Vorkämpfer der Lehre von den Sozialkosten gewesen. Und doch schränkten einige der Klassiker das Konzept der »unsichtbaren Hand« mit Überlegungen ein, die Elemente der Sozialkosten enthalten. Gerade Adam Smith war sich der Tatsache durchaus bewußt, daß der Marktmechanismus die optimale Lösung des wirtschaftlichen Problems nur dann herbeiführen würde, wenn mindestens drei Bedingungen erfüllt sind:
Erstens, daß freier Wettbewerb herrscht;
zweitens, daß die Konkurrenten in ihrem Handeln durch »Sympathie« und »sittliche Gefühle« (sympathy and moral sentiments) geleitet werden;
drittens, daß der Staat neben der Armee und der Justiz auch gewisse öffentliche Einrichtungen« und »öffentliche Arbeiten« ins Leben ruft und unterhält, die »obwohl sie für ein großes Gemeinwesen höchst nützlich sind, ihrer ganzen Natur nach niemals einen Ertrag abwerfen, der hoch genug für eine oder mehrere Privatpersonen sein könnte, um die anfallenden Kosten zu decken, weshalb man von ihnen nicht erwarten kann, daß sie diese Aufgabe übernehmen.«[1]

Allerdings hielt Adam Smith es für offensichtlich, daß diese Voraussetzungen des freien Wettbewerbs erfüllt sein würden, und fand es verständlicherweise zu seiner Zeit nicht für nötig, eingehender zu untersuchen, ob diese Annahme auch für die Zukunft gelten würde. Im Jahre 1776, also noch vor der ersten industriellen Revolution und der Konzentration von Kapital in Aktiengesellschaften, war es unmöglich, eine Zeit vorauszusehen, in der Produktion und Verteilung nicht mehr in der Hand einer Vielzahl von Kleinunternehmern liegen würden, die miteinander in aktivem Wettbewerb stehen. Es ist bekannt, daß Adam Smith, trotz des »unreifen« Zustandes der Wirtschaft seiner Zeit, einige sehr scharfsinnige Beobachtungen hinsichtlich der natürlichen Neigung der »Meister« anstellte, sich miteinander zum Nachteil der Arbeiter und Verbraucher zusammenzuschließen.

Smiths Vertrauen auf ethische Gefühle als Voraussetzung für jedes funktionsfähige Wettbewerbssystem wird meist übersehen und ist von späteren Wirtschaftswissenschaftlern unterdrückt worden. Sie zogen es vor, Smiths Hinweise auf die »unsichtbare Hand« als Beweis der Verherrlichung des »Egoismus« anzusehen. Nichts ist jedoch weiter von der Wahrheit entfernt. Es ist undenkbar, daß ein Moralphilosoph vom Format Adam Smiths, der 1759 »The Theory of Moral Sentiments« veröffentlicht hatte, seine Auffassungen über die Gesetze des menschlichen Verhaltens schon im Jahre 1776, als er »The Wealth of Nations« veröffentlichte, preisgegeben hätte, ohne eine solche Sinneswandlung ausdrücklich zu erwähnen. Man muß daher den »Wohlstand der Nationen« zusammen mit der früher erschienenen »Theory of Moral Sentiments« lesen, um zu begreifen, daß Smith die Existenz eines natürlichen Moralgesetzes voraussetzt, daß den umsichtigen Menschen veranlaßt, seine Möglichkeiten nur auf faire Weise zu nutzen, also ohne den anderen ein Unrecht zuzufügen. Man kann daher Adam Smith nicht vorwerfen, er hätte eine überholte Auffassung menschlicher Verhaltensweise vertreten und dabei übersehen, daß im Kampf um das geschäftliche Überleben häufig die Skrupellosesten die Norm des moralisch Annehmbaren bestimmen.

Es gab andere Vertreter der klassischen Schule, deren Schriften uns zeigen, daß sie Störungen des Gleichgewichtes im ungeregelten, freien Unternehmertum und bestimmte Aspekte der Sozialkosten erkannt hatten. So darf die Untersuchung von T. R. Malthus über die Auswirkungen einer zu raschen Kapitalakkumulation auf die wirtschaftliche Entwicklung (und den Hinweis auf die Sozialkosten anhaltender Arbeitslosigkeit) als frühes Beispiel einer Relativierung der Gleichgewichtstendenzen innerhalb der Marktwirtschaft betrachtet werden. Es ist bekannt, daß eine unmittelbare Beziehung zwischen den Anschauungen von Malthus (von Sismondi geteilt und teilweise vorweggenommen) und den späteren Schriften von J. A. Hobson und J. M. Keynes besteht.

Sogar David Ricardo revidierte schließlich seinen ursprünglichen Optimismus, wonach Arbeiter durch die Einführung der Maschine auf die Dauer nicht freigesetzt werden würden; er gab zu, daß die Vorteile des technischen Fortschrittes, besonders wenn die Neuerungen rasch und in erheblichem Umfang eingeführt werden, durch Verluste bezahlt werden müssen, welche die arbeitende Bevölkerung zu tragen hat.

Die Historische Schule

Unter den Ökonomen des 19. Jahrhunderts blieb es den Vertretern der Historischen Schule vorbehalten, den ersten systematischen Vorstoß gegen die Grundlagen der klassischen Nationalökonomie zu unternehmen. Von Auguste Comte bis Gustav Schmoller waren sich die Vertreter dieser Schule in der Ablehnung der Harmonielehre einig, der zufolge die Verfolgung des Eigeninteresses imstande sei, die allgemeine Wohlfahrt zu fördern, so daß für den Staat keine Notwendigkeit bestehe, planend und regulierend in den Wirtschaftsprozeß einzugreifen. Die Historische Schule hob vielmehr hervor, daß es notwendig sei, die soziale und wirtschaftliche Realität als ein Ganzes zu betrachten. Sie gab der ökonomischen Theorie durch detaillierte Studien eine umfassendere empirische

Grundlage und bereitete damit den Weg zur Überwindung zahlreicher Nachteile des freien Wettbewerbs vor – wie extreme Ungleichheiten in der Güter- und Einkommensverteilung, soziale Unsicherheit und Not der alten und kranken Menschen, Notstandsgebiete und bedrohte Industriezweige, etc. In Kenntnis dieser negativen Wirkungen verlangten sie weitreichende soziale und wirtschaftliche Reformen durch eine Sozialgesetzgebung, die derjenigen des amerikanischen »New Deal« nahekommt. Tatsächlich nahm die Historische Schule viele Ideen vorweg, die heute weitgehend akzeptiert worden sind, jedenfalls was die praktische Sozialpolitik anbetrifft.

Die Sozialisten

Was die Sozialisten und insbesondere die marxistisch orientierten unter ihnen von der klassischen Schule unterscheidet, sind nicht die Methoden und Voraussetzungen, von denen sie ausgehen, sondern die Tatsache, daß sie aufgrund derselben zentralen Doktrin – der Arbeitswerttheorie – zu diametral entgegengesetzten Schlußfolgerungen gelangen. Anstelle der Harmonielehre treten bei Marx das Phänomen der Ausbeutung und der unvermeidliche Gegensatz zwischen Arbeit und Kapital. Statt automatischem Gleichgewicht zwischen Konsum und Produktion leitet er aus seiner Analyse Krisen und letztlich den Zusammenbruch der kapitalistischen Ordnung ab. Im Grunde genommen enthält die sozialistische Mehrwerttheorie, nach welcher der Preis der Arbeit (der Lohn) typischerweise geringer ist als die Wertschöpfung des Arbeiters, ein Konzept der Sozialkosten. Dies wurde von einem der frühesten Verfechter der Mehrwerttheorie, nämlich von Simonde de Sismonde, klar erkannt und festgehalten. Auch ohne die Arbeitswerttheorie formal anzuerkennen, weist er in einem Kapitel mit der Überschrift »Wie die Gewinne des Unternehmens aus dem Kapital abgeleitet werden« darauf hin, daß Abhängigkeit und allgemeine Armut die Arbeiter oft zwingt, irgendeine Arbeit anzunehmen, auch unter den ungünstigsten Bedingungen und zum geringstmöglichen Lohn.

»Die Gewinne des Unternehmers stellen manchmal nichts anderes dar, als die Plünderung des Arbeiters; der Unternehmer verdient nicht, weil sein Betrieb Erträge abwirft, welche die Produktionskosten weit übersteigen, sondern weil er nicht die gesamten Kosten seines Unternehmens bezahlt; er bleibt dem Arbeiter den angemessenen Lohn schuldig. Eine solche Industrie ist ein soziales Übel«.[2]

Sismondi scheint auch der erste Nationalökonom gewesen zu sein, der andere Aspekte der Sozialen Kosten systematisch aufgezeigt hat, insbesondere in Verbindung mit technologischen Verbesserungen.[3]

Ohne das Vorhandensein von Gleichgewichtstendenzen auf dem Markt zu leugnen, macht er klar, daß ein neues Gleichgewicht, beispielsweise nach der Einführung einer technischen Neuerung, gewöhnlich nur um den Preis von großen menschlichen Kosten und Kapitalverlusten entsteht.

»Hüten wir uns vor dieser gefährlichen Theorie von einem Gleichgewicht, das sich automatisch, von selbst, wieder herstellen soll... Es stimmt, daß auf lange Sicht ein gewisses Gleichgewicht wieder erreicht wird, aber nur nach entsetzlichen Leiden. Tatsache ist, daß nur dann Kapital aus einer bestimmten Industrie abgezogen wird, wenn der Eigentümer bankrott geht, und Arbeiter geben ihre Beschäftigung erst auf, wenn sie sterben; Arbeitskräfte, die es leicht finden, Beschäftigung und Arbeitsplatz zu wechseln, sind in der Tat als Ausnahme und nicht als die Regel zu betrachten«.[4]

Infolge dieser Unbeweglichkeit von Kapital und Arbeitskraft werden, nach Sismondi, frühere Investitionen durch technologische Wandlungen wertlos – eine Tatsache, die den Industriesektor heftigen Erschütterungen aussetzt. Zu den Verlusten der Arbeitskräfte führt Sismondi aus, daß »die unmittelbare Wirkung der neu eingeführten Maschinen darin besteht, daß einige Arbeiter ihrer Stellen beraubt, der Wettbewerb unter den übrigen verschärft und die Löhne aller gedrückt werden. Das führt zu vermindertem Verbrauch und einem Nachlassen der Nachfrage. Weit davon, stets Vorteil zu bringen, führen Maschinen nur dann zu nützlichen Ergebnissen, wenn vor ihrer Einführung die Einkünfte gestiegen sind und es somit möglich ist, den Verdrängten neue Arbeit zu geben«.[5]

Zahllose amtliche und private Untersuchungen zur Lage der Arbeiterklasse während der industriellen Revolution, besonders in England, haben Sismondis These bestätigt. Diese Studien geben ein detailliertes Bild der Sozialkosten, die nach der Einführung der maschinellen Produktion verursacht wurden; sie sind bis auf den heutigen Tag klassische Beispiele der Analyse von Sozialkosten, die in der Beeinträchtigung der Gesundheit und Leistungsfähigkeit der arbeitenden Bevölkerung bestehen.

Tatsächlich können diese Sozialkosten des technologischen Wandels als Spezialfall der übergangsbedingten Sozialkosten betrachtet werden, die in den unternehmerischen Kostenkalkulationen weitgehend unberücksichtigt bleiben. Marx befaßte sich mit diesen Übergangskosten im Zusammenhang mit den Auswirkungen der Abschaffung der Getreidegesetze in England in seiner »Rede über die Frage des Freihandels« im Jahre 1848. Nachdem er Ricardos Feststellung zustimmend zitiert, daß die Einfuhr billigeren Getreides zu niedrigeren Löhnen führen wird[6], fährt Marx fort: »Und glauben Sie nicht, meine Herren, daß es für den Arbeiter eine ganz gleichgültige Sache sei, nicht mehr als vier Francs zu bekommen, weil das Getreide billiger ist, wenn er früher fünf Francs bekam.«[7]

Jenen Nationalökonomen, die argumentieren, die Senkung der Löhne und der schärfere Wettbewerb unter den Arbeitern seien temporäre Übel einer Übergangsperiode, hält Marx entgegen, »daß diese Leiden des Übergangs für die Mehrzahl der Übergang vom Leben zum Tod gewesen sind und für den Rest der Übergang von einer besseren zu einer schlechteren Lage.«[8]

Tatsache ist, »daß die Arbeiter unter diesem Freihandel von der ganzen Härte der ökonomischen Gesetze getroffen werden«[9], und »Alle destruktiven Erscheinungen, welche die freie Konkurrenz in dem Innern eines Landes zeitigt, wiederholen sich in noch riesigerem Umfange auf dem Weltmarkt.«[10] Kurz, nach Marx »beschleunigt das System der Handelsfreiheit die soziale Revolution. Und nur in diesem revolutionären Sinne, meine Herren, stimme ich für den Freihandel«.[11]

Ähnlich haben sich andere Sozialisten über die Sozialkosten geäußert, die in der Wettbewerbsstruktur der Gesellschaft immanent sind. So schrieb Robert Owen 1821 in einer kritischen Würdigung der neuen Produktionsmethoden: »Die Dampf- und die Spinnmaschinen mit der endlosen Reihe von mechanischen Erfindungen, zu denen sie den Anstoß gaben, haben jedoch der Gesellschaft Schaden zugefügt, der weit größer ist als die Vorteile, die sie aus ihnen zieht.«[12]

Und Charles Kingsley, ein früher christlicher Sozialist mit konservativen Ansichten entwickelt die Idee der Sozialkosten des freien Unternehmertums, wenn er klagt »die Sklaverei, das Hungerleiden, die Vergeudung des Lebens, die jahrelange Gefangenschaft in Verließen, die enger und schlimmer sind, als jene der Inquisition; Dinge, wie sie heute Tausenden freier englischer Näherinnen widerfahren«.[13]

Friedrich Engels führte früh eine Untersuchung über die industrielle Revolution in England und deren Auswirkungen auf die Arbeiter durch. Er machte auf eine andere Art von Sozialkosten aufmerksam, die in ihrer vollen Größe erst im zwanzigsten Jahrhundert offensichtlich geworden sind: Den Schaden, den die Luftverschmutzung anrichtet. Für London führt Engels an: »drittehalb Millionen Lungen und drittehalb hunderttausend Feuer auf drei bis vier geographische Quadratmeilen zusammengedrängt, verbrauchen eine ungeheure Menge Sauerstoff, der sich nur mit Schwierigkeit wieder ersetzt, da die städtische Bauart an und für sich die Ventilation erschwert. Das durch Atmen und Brennen erzeugte kohlensaure Gas bleibt vermöge seiner spezifischen Schwere in den Straßen, und der Hauptzug des Windes streicht über den Dächern der Häuser hinweg. Die Lungen der Einwohner erhalten nicht das volle Quantum Sauerstoff, und die Folge davon ist körperliche und geistige Erschlaffung und Niederhaltung der Lebenskraft.«[14]

Charles Fourier erörterte einige Sozialkosten in der Landwirtschaft, jedoch ohne sie systematisch zu untersuchen. Indem er die Auswirkungen der modernen Forstwirtschaft mit den ursprünglicheren Bedingungen früherer Zeiten vergleicht, kommt Fourier zum Schluß »Wir sind weit schlimmer als die Wilden... Denn wir beschränken uns nicht darauf, sie (die Wälder) wie diese unbewirtschaftet und in ihrem Urzustand zu belassen, wir bringen Axt und Zerstörung, und das Ergebnis sind Erdrutsche, abgeholzte Berghänge und Klimaverschlechterung. Dieses Übel, das Quellen zum Versiegen bringt und mehr Stürme verursacht, ist in zweifacher Hinsicht Ursache einer Störung des Wasserhaushalts. Unsere Flüsse, die immer wieder von einem Extrem ins andere fallen, einmal plötzlich anschwellen und dann lange Zeit trocken liegen, können nur eine kleine Anzahl von Fischen ernähren, die von den Menschen geflissentlich von Geburt an ausgerottet werden, so daß sie nur noch einen Zehntel von dem produzieren, was sie sollten. Wir sind also im Umgang mit Wasser und Wald ganz wie die Wilden.«[15]

Eine frühe systematische Behandlung der Sozialkosten in der Landwirtschaft hat Justus von Liebig vorgelegt. Seine Abhandlung »Die Chemie in ihrer Anwendung auf Agricultur und Physiologie« hat die Marxsche Analyse über die kapitalistische Landwirtschaft beeinflußt. In einem einleitenden Abschnitt erörtert Liebig die Geschichte und die Auswirkungen der Erschöpfung der Böden von den frühesten Anfängen an und schließt seinen Überblick mit der folgenden Warnung:

»Wenn es nicht gelingen sollte, dem Landwirt eine bessere Einsicht in seinen Betrieb beizubringen und ihm die nötigen Mittel zur Steigerung seiner Produktion zu schaffen, so werden von einem gewissen Zeitpunkte an Kriege, Auswanderung, Hungersnoth und epidemische Krankheiten naturgesetzlich einen Gleichgewichtszustand zu Wege bringen, der die Wohlfahrt aller tief erschüttern und zuletzt den Ruin des Feldbaues nach sich ziehen muß.«[16]

Es blieb Karl Marx vorbehalten, offensichtlich aufgrund von Liebigs induktiven Forschungen, zu erklären: »... jeder Fortschritt der kapitalistischen Agrikultur ist nicht nur ein Fortschritt in der Kunst, den Arbeiter, sondern zugleich in der Kunst, den Boden zu berauben, jeder Fortschritt in Steigerung seiner Fruchtbarkeit für eine gegebene Zeitfrist zugleich ein Fortschritt im Ruin der dauernden Quellen dieser Fruchtbarkeit. Je mehr ein Land, wie die Vereinigten Staaten von Nordamerika z. B. von der großen Industrie als dem Hintergrund seiner Entwicklung ausgeht, desto rascher dieser Zerstörungsprozeß. Die kapitalistische Produktion entwickelt daher nur die Technik und Kombination des gesellschaftlichen Produktionsprozesses, indem sie zugleich die Springquellen allen Reichtums untergräbt: die Erde und den Arbeiter.«[17]

Diese früheren Arbeiten sozialistischer Autoren zum Thema der Sozialkosten führen unmittelbar zur Analyse sozialer Verluste durch spätere Sozialreformer und besonders durch die Fabier in Großbritannien. Die Werke von J. A. Hobson und Webb waren weitgehend dem Nachweis der Sozialkosten im industriellen Bereich gewidmet. Da diese Beiträge wohlbekannt sind und wir später auf sie zurückkommen werden, und da sie überdies das zeitgenössische Denken und Handeln weit über den engen

Kreis der Fabier hinaus beeinflußt haben, soll es genügen, wenn hier nur einige der repräsentativeren Werke aufgeführt werden.[18]

Unter den zeitgenössischen sozialistischen Autoren hat Oskar Lange den Sozialkosten seine Aufmerksamkeit geschenkt. Er macht tatsächlich aus der Möglichkeit, alle Produktionskosten zu berücksichtigen, ein bestimmendes Merkmal der sozialistischen Wirtschaft. »Der Unterschied zwischen einer sozialistischen Wirtschaft und einer auf dem privaten Unternehmertum beruhenden, ist die *Vollzähligkeit* der Posten, die in das Preissystem eingehen... In der Kostenrechnung des privaten Unternehmers erscheinen nur jene Dinge, für die er einen Preis zu bezahlen hat, während andere, wie der Unterhalt der Arbeitslosen, die er durch Entlassungen geschaffen hatte, die Entschädigung der Opfer von Berufskrankheiten und Betriebsunfällen usw. nicht in sein Kostenkalkül eingehen, oder sie werden wie Prof. J. M. Clark gezeigt hat, in soziale Unkosten umgemünzt.«[19]

Die Wohlfahrtstheorie (Welfare Economics)

Der Begriff der Sozialkosten hat eine wichtige Rolle in der Entwicklung der sogenannten Wohlfahrtstheorie gespielt. Wicksell und Wicksteed haben gezeigt, daß von einer Wirtschaft, die auf privatem Gewinn beruht, auch unter Aufbietung aller Phantasie, nicht behauptet werden kann, daß sie ein soziales Optimum zustande bringt. Noch früher hatte Cournot eine Anzahl »wirtschaftlicher Antinomien« beschrieben und die Tatsache betont, daß soziale Interessen nicht mit dem Ergebnis des Zusammenspiels von Sonderinteressen identisch sind und folglich Staatseingriffe notwendig seien, um die beiden in Einklang zu bringen. Als Beispiele erwähnte Cournot nicht nur den Monopolisten, sondern auch den Waldbesitzer, dessen Privatinteresse eine allgemeinnützliche Forstnutzung verhindert.[20]

In ähnlicher Weise haben Otto Effertz[21] und André Landry die Konflikte zwischen sozialem und privatem Optimum erarbeitet. Effertz wies auf wirtschaftliche Konflikte zwischen Gegenwart und Zukunft hin und betrachtete jede soziale Organisation und Gesetzgebung als eine Reaktion auf soziale Verluste. Für Effertz gab es keinen Zweifel, daß die tatsächliche Produktion weit entfernt von der potentiell möglichen bleibe und daß die letztere viel größer sei, als man sich wirklich vorstelle. Ebenso lenkte Landry im Gefolge von Rodbertus und Cournot die Aufmerksamkeit auf den Konflikt zwischen privatem und öffentlichem Interesse. Was nach Landry nötig sei, war das Studium des sozialen Nutzens und eine Unterscheidung zwischen »Rentabilität« und »Produktivität«, um zu zeigen, daß Privatunternehmen oft die Sozialkosten ignorieren und ihren eigenen Beitrag zum Sozialprodukt überschätzen.[22]

Auf älteren französischen Versuchen fußend, unternahm es A. C. Pigou, das Phänomen der Sozialkosten in das Begriffssystem der neoklassischen Gleichgewichtslehre einzubauen.[23] Pigou hat später seine Betrachtungsweise erweitert und von allgemeinen Disharmonien und Wertminderungen, die in Produktion und Verteilung entstehen und solchen, die mit industriellen Schwankungen zusammenhängen, gesprochen. Er befaßte sich mit Schäden, wie den von Außenstehenden als Folge privater Produktionen erlittenen Verluste, der Unfähigkeit der Privatunternehmer, die künftige Nachfrage abzuschätzen, der Fehlallokation von Ressourcen durch Monopole, den Sozialen Kosten technischer Verbesserungen, den Werbekosten, der Neigung, zukünftige zugunsten gegenwärtiger Bedürfnisse zurückzustellen, den sozialen Verlusten infolge extremer Einkommensunterschiede, besonders solche, die sich aus dem ungleichen Kräfteverhältnis zwischen Unternehmern und unorganisierten Arbeitnehmern ergeben, und mit der Vernachlässigung des sozialen Ertrages. In allen diesen Fällen überlegte sich Pigou, daß wir es mit Anzeichen des »Bankrotts des Kapitalismus« zu tun haben könnten und mit »einem prima-facie-Argument zugunsten der Ausweitung des öffentlichen Eigentums und Betriebs auf Industriezweige, für die sie bis jetzt noch nicht gefordert worden sind«.[24]

Gleichzeitig weist aber Pigou die sozialistische These zurück, wonach Verstaatlichung und Zentralplanung die einzige sichere Garantie für die Ausschaltung der Sozialen Kosten und für die optimale Allokation knapper Ressourcen darstelle. Er findet, der Hauptgrund, der gegen die sozialistische These spreche, sei die Schwierigkeit, die für die relative Kosten-Nutzen-Rechnung und -Messung alternativer Anpassungsmethoden erforderlichen Daten zu beschaffen.

Pigous systematische Betrachtungsweise des Problems der Sozialen Kosten ist am besten verständlich im Lichte einer Zusammenfassung seiner zentralen These hinsichtlich des Auseinanderklaffens von sozialen und privaten Kosten. Seine Untersuchung beruht auf einem Vergleich des sozialen mit dem privaten Netto-Grenzprodukt. Das soziale Grenzprodukt umfaßt das »gesamte Nettoprodukt an realen Gütern und objektiven Dienstleistungen, das auf einen Grenzzuwachs von Produktionsfaktoren eines gegebenen Verwendungsbereiches und Standortes zurückzuführen ist, ohne Rücksicht darauf, wem irgend ein Teil dieses Produktes zufällt«.[25] Da die Investition zusätzlicher Produktionsfaktoren Kosten bei Leuten verursachen kann, »die an dieser Investition nicht direkt beteiligt sind, z. B. in Form von nicht ersetztem Schaden, der durch Funkenflug von Lokomotiven in angrenzenden Wäldern«[26] [entsteht], kann das soziale Netto-Grenzprodukt einer bestimmten Investitionseinheit vom privaten Netto-Grenzprodukt abweichen und in der Tat erheblich kleiner sein als dieses.

Das private Grenzprodukt wird definiert als »jener Teil des gesamten

Nettoprodukts an realen Gütern oder objektiven Dienstleistungen, der auf einen Grenzzuwachs von Produktionsfaktoren eines gegebenen Verwendungsbereichs und Standortes zurückzuführen ist, und der primär, d. h. vor dem Verkauf – der Person zukommt, die für die Investition verantwortlich ist.«[27]

Die Untersuchung von privatem und sozialem Nettoprodukt ermöglicht es Pigou, eine Anzahl von Fällen nachzuweisen, in denen das private Produkt größer ist als das soziale, d. h., wo die private Produktionstätigkeit dazu neigt, soziale Verluste verschiedener Art zu verursachen. Er führt als Beispiel für solche Abweichungen die Beeinträchtigung benachbarten Landes durch Kaninchen aus Wildgehegen an, die Wertverminderung eines umliegenden Wohngebietes durch den Bau einer Fabrik, die Abnutzung des Straßenbelags durch Motorfahrzeuge, die erhöhten Aufwendungen für Polizei und Gefängnisse infolge der Erzeugung und des Verkaufs von Rauschmitteln, die Kosten des diplomatischen Dienstes, militärischer Vorbereitungen und tatsächlicher Kriegshandlungen im Zusammenhang mit ausländischen Investitionen, die negativen Auswirkungen der Frauenarbeit in Fabriken, die Kosten der wettbewerbsbedingten Werbung, die Kosten des Feilschens einschließlich der Täuschung über die Art der Waren bzw. der künftigen Rendite der Wertpapiere sowie verschiedene negative Wirkungen von monopolistischen Praktiken. Pigou spricht sogar vom Geldwert des sozialen Netto-Grenzprodukts und vom Marktwert der sozialen Verluste, obwohl er später klar macht, daß manche der sozialen Verluste aufgrund privater Produktionstätigkeit nicht »ohne weiteres mit dem Maßstab des Geldes in Beziehung gebracht werden« können.[28]

Dieser Versuch, das Phänomen der Sozialkosten mit Hilfe der Terminologie der traditionellen Gleichgewichtslehre zu erörtern, ist für Pigous Auffassung der Sozialkosten kennzeichnend. Im Grunde genommen drückte sich darin die Überzeugung aus, daß die »Schäden« aus privater Produktionstätigkeit Ausnahmen darstellen und im Rahmen des Privatunternehmertums eliminiert werden können. Es entspricht dieser Prämisse, daß der größere Teil von Pigous Arbeit eine Erörterung der staatlichen Maßnahmen (Steuern, Verbote, Sozialgesetzgebung) gilt, die eine möglichst vollständige Übereinstimmung zwischen dem sozialen und dem privaten Grenzprodukt individueller Wirtschaftstätigkeit bewirken sollen, um die »nationale Dividende« und damit die Gesamtwohlfahrt zu maximieren.

Neuere Arbeiten der Wohlfahrtstheorie haben deren Reichweite stark eingeschränkt, was zur Folge hat, daß die Phänomene der Sozialkosten und des sozialen Nutzens nicht mehr dieselbe Rolle spielen wie in Pigous Denken. Dies ist in erster Linie der Tatsache zuzuschreiben, daß die »neue« Wohlfahrtstheorie das Wohlergehen der Gesellschaft als Summe der individuellen Nutzen versteht und versucht, sich nicht nur aller quantitativen Vergleiche von Nutzbarkeiten, sondern auch jeder andern sozialen Gewichtung individueller Nutzen zu enthalten. Die neue Standard-Definition der Wohlfahrt ist so formuliert worden: »Anstatt zu versuchen, der Idee der Wohlfahrt einen unmittelbaren Inhalt zu geben, definieren wir einen Wohlfahrtsindikator, der mit der Wohlfahrt steigt oder sinkt. Wohlfahrt ist das, was mit diesem Indikator variiert. Der Indikator wird wie folgt definiert:

Die Wohlfahrt steigt (sinkt), wenn ein oder mehrere Individuen zufriedener (unzufriedener) werden, ohne daß andere Individuen unzufriedener (zufriedener) werden«.[29]

Wird ein Einzelner oder eine Gruppe durch eine bestimmte Maßnahme benachteiligt, so läßt sich die Wirkung auf die Gesellschaft (»Gesamtwohlfahrt«), durch das »Kompensationsprinzip« ausgleichen. Die benachteiligten Gruppen werden durch Prämien entschädigt, welche als Steuern bei den Begünstigten erhoben werden. Deshalb »*wird die Wohlfahrt durch eine bestimmte wirtschaftliche Reorganisation gesteigert, gemindert oder gar nicht beeinflußt, je nachdem die algebraische Summe aller kompensierenden Steuern und Prämien positiv, negativ oder null ist.*«[30]

Es ist im Rahmen dieser Studie nicht möglich, auf diese neuen Ansätze der neoklassischen Wohlfahrtstheorie umfassend einzugehen.[31] Es mag genügen, kurz die Tauglichkeit des sogenannten Kompensationsprinzips zur Erfassung der Sozialen Kosten (und sozialen Erträge) in Frage zu stellen. Vor allem scheint es an jedem Hinweis darauf zu fehlen, daß das in Aussicht genommene System von Prämien und Steuern zu theoretisch vertretbaren Schätzungen der Sozialkosten und Erträgen führt. Wie kann beispielsweise festgestellt werden, ob Individuen gleich (oder weniger oder mehr) zufrieden sind, wenn die Steuern bezahlt sind und sie etwa von den Wirkungen von Luft- und Wasserverschmutzung befreit sind, verglichen mit dem Zustand, vor der Zahlung der Steuern, d. h. als sie unter den Folgen verschmutzter Luft und verschmutzten Wassers gelitten haben? Wenn das Kompensationsprinzip aber nicht praktisch anwendbar ist, dann wird das ganze Konzept der Wohlfahrt als der Gesamtsumme individuellen Nutzens zweideutig, und wir sind gezwungen, die Wohlfahrt der Gesellschaft mit interpersonalen Nutzenvergleichen darzustellen und die soziale Bewertung Sozialer Kosten und Erträge in den Bereich der wissenschaftlichen Erörterung miteinzubeziehen. Die Tatsache, daß die neue Wohlfahrtstheorie den Begriff der Wohlfahrt als die Summe individueller Nutzen definiert, und trotzdem einen genauen quantitativen Nutzenvergleich als ausgeschlossen ansieht, was eine praktische Anwendung verunmöglicht, scheint doch darauf hinzudeuten, daß die neue Wohlfahrtstheorie selbst daran zweifelt, daß es irgendwie möglich sei, Soziale Kosten (und soziale Erträge) in die Wirtschaftsanalyse einzubeziehen. Es ist deshalb nicht erstaunlich, daß diese Theorie eine öde Wüste genannt worden ist, »ein Ideensystem, das auf einer mechanistischen Psychologie der gänzlich individualistischen Suche nach Lust, und Meidung von Schmerz, beruht (von der niemand glaubt, sie sei ein richtiges Abbild der Natur), in algebraischen Formeln abgefaßt, von denen nicht einmal behauptet wird, sie seien tatsächlich anwendbar. Sobald man sich mit der Materie näher befaßt, stößt man auf einige glänzende Autoren, die das ganze entlarven und schlüssig aufzeigen, daß die Methodologie unzulässig war.«[32]

Veblen über Sozialkosten

Außerhalb der herrschenden Gleichgewichtslehre und im Widerspruch zu ihr entwickelte Veblen eine Analyse des Preissystems unter den Bedingungen der »absentee ownership«. Er wollte den theoretischen Rahmen für eine »evolutionäre« Wirtschaftswissenschaft schaffen, um eine konkrete Theorie der wirtschaftlichen Dynamik und der zyklischen Bewegungen mit der Untersuchung der langfristigen, wirtschaftlichen und sozio-kulturellen Entwicklung zu kombinieren. In dieser Analyse konnten Veblen und seine Anhänger soziale Ursachen und Rückwirkungen einschließen, die von der herkömmlichen Lehre als nicht-ökonomisch betrachtet werden. Veblen setzte sogar als selbstverständlich voraus, daß wirtschaftliche Prozesse nur als kumulativ wirkende Ursachen verstanden werden können, die im Widerspruch zur Beharrlichkeit institutioneller Faktoren stehen. Man kann feststellen, daß er das Fundament eines alternativen Bezugssystems und Erklärungsprinzips gelegt hat, das seine Fruchtbarkeit bei jeder systematischen Anwendung bewiesen hat.

Veblens »Theory of Business Enterprise« und besonders seine späteren Schriften über die »absentee ownership« und das Preissystem liefern ein heute noch weitgehend vernachlässigtes theoretisches Modell, in dem die Idee der Sozialkosten – wenn auch nicht dem Namen nach – stark im Vordergrund steht. Was Veblen über »Sabotage« zu sagen hat, über die Behinderung von Arbeit und Leistung (»bewußter Leistungsentzug«) oder die Verknappung von Produktionsmitteln und Arbeitskräften, über Verschwendung und Doppelspurigkeiten in Industrie, Verkehr und Handel, über die Kundenmanipulation, den Handel mit Prestige, über die steigenden Verkaufskosten (je Einheit und in Prozent der gesamten Verkaufs- oder Produktionskosten), über das kumulative Wachstum der Werbung und damit des Mißbrauchs menschlicher Leichtgläubigkeit, Angst und Scham oder über die Geldverschwendung und Erregung von Minderwertigkeitsgefühlen, die Beeinträchtigung der zivilisatorischen Entwicklung durch das Preissystem und seiner Vorstellung von komerzieller Wahrheit – das alles wird stets ein wichtiger Beitrag zum Verständnis dessen bleiben, was wir als »Sozialkosten« bezeichnen.[33]

Es war in der Tat Veblen, der 1917 eine Untersuchung der Sozialkosten des Unternehmertums forderte, und zwar mit folgenden Worten:

»Es wird nötig sein, zu untersuchen und überzeugend darzulegen, welche Arten von Verschwendung notwendigerweise mit der gegenwärtigen kommerziellen Lenkung der Industrie verknüpft sind; welches die dauernden Ursachen dieser verschwenderischen und behindernden Praktiken sind und welche Einsparungen in Geschäftsleitung und Produktion möglich werden, sobald die heutige kommerzielle Steuerung abgeschafft wird. Dazu wird das sorgfältige »Teamwork« einer geeigneten Gruppe von Nationalkökonomen und Ingenieuren notwendig sein, die sich aufgrund ihres gemeinsame Interesses an leistungsfähiger Produktion, wirtschaftlichem Gebrauch von Ressourcen und gerechter Verteilung der konsumierbaren Erzeugung zusammenfinden.«[34]

Anstatt in dieser Weise zusammenzuarbeiten, sind Techniker und Nationalökonomen weiter ihre eigenen Wege gegangen.

Bei der Erarbeitung einer Theorie der wirtschaftlichen Dynamik außerhalb der Grenznutzenlehre haben Veblen und besonders einige seiner Anhänger, wie J. M. Clark und W. C. Mitchell eine Vielzahl Sozialer Kosten untersucht, die primär in Zusammenhang mit dem technischen Fortschritt, den Wirtschaftskrisen und den monopolistischen Praktiken stehen. Ein detaillierter Überblick über diese Beiträge zur Theorie der Sozialkosten ist hier weder möglich noch notwendig, da sie in den Kapiteln über die Sozialkosten des technischen Fortschritts, der Arbeitslosigkeit und der Monopole zur Sprache kommen werden.

Neuere Entwicklungen

Die allgemeine Diskrepanz zwischen Wettbewerbsordnung, wirtschaftlichem Gleichgewicht und sozialem Optimum wurde besonders durch die Theorie des unvollkommenen und monopolistischen (oligopolistischen) Wettbewerbs analysiert. Diese Theorie, die den Kern von Veblens Analyse des »Verkaufs« und seine Idee von der »Produktion der verkäuflichen Aufmachung« einbezog, hat die Gegenwart monopolistischer Elemente in praktisch allen Marktsituationen nachgewiesen, in welchen Firmen nicht-homogene Güter verkaufen und die Nachfrage nach ihrem Produkt mit Erfolg unelastisch gestalten. Obwohl die Theorie die traditionelle Suche nach formalen Gleichgewichtslagen (oder deren Definitionen) fortsetzt, hat sie trotz ihrem überwiegend statischen Charakter zu einer realistischeren Einschätzung der angeblichen Vorzüge des Wettbewerbs beigetragen. Denn wenn »ein wesentlicher Teil des freien Unternehmertums darin besteht, daß jeder Geschäftsmann versucht, sein eigenes Monopol aufzurichten«[35] und wenn »das typische Ergebnis des freien Unternehmertums nicht reiner Wettbewerb ist, sondern monopolistischer Wettbewerb«[36], der schließlich dazu neigt, in wirtschaftlicher Kriegsführung und hemmungsloser Konkurrenz auszuarten, dann »kann reiner Wettbewerb in keiner Weise mehr für die Wohlfahrtstheorie als »Ideal« gelten.«[37]

Außerdem haben die Sozialkosten in Zusammenhang mit der neuen Theorie der Wirtschaftspolitik und der normativen Wirtschaftswissenschaft erneut die Aufmerksamkeit auf sich gezogen. So hat F. H. Blum im Rahmen einer allgemeinen Untersuchung der Minimallohn-Gesetzgebung zwischen Sozialen Kosten unterschieden, die bereits in der Kostenrechnung enthalten sind, weil die Gesellschaft für diese Kosten die Verantwortung übernommen hat, und Sozialkosten, bei denen die Gesellschaft die Abwälzung auf Drittpersonen zuläßt.[38] Diese Unterscheidung, die das System der Kostenrechnung in einem gegebenen sozialen System mit der Machtverteilung in Beziehung setzt, weist auf Umverteilungseffekte hin, die sich aus der jeweiligen Art der Wirtschaftspolitik ergibt.

Die praktischen Konsequenzen von Sozialkosten können allgemein so formuliert werden: Sozialkosten sind eine allgemeine Erscheinung im Unternehmersystem. Ihre Vernachlässigung bedeutet eine ernsthafte Beeinträchtigung der Leistungsfähigkeit bei der Nutzung der Ressourcen. Deshalb muß die Gesellschaft bereit sein, Sozialkosten durch politische Eingriffe in private Kosten umzusetzen. Die Wirtschaftsgeschichte und die Geschichte der Sozialgesetzgebung könnten tatsächlich als Geschichte der mehr oder weniger erfolgreichen Bestrebungen geschrieben werden, private Interessen nicht auf Kosten der kollektiven gehen zu lassen.[39] Man könnte sogar sagen, daß Wirtschaftsgeschichte und Wirtschaftsgesetzgebung gerade durch jene Aspekte des Wirtschaftsprozesses gestaltet worden sind, die die Gleichgewichtslehre entweder geleugnet oder übersehen hat.[40]

Es fehlt hier der Raum, um die Arbeiten jener Autoren zu würdigen, welche die kulturellen und menschlichen Konsequenzen der Marktwirtschaft untersucht haben. Diese Untersuchungen, die unabhängig von Veblens Besorgnis über die »persönliche Nutzlosigkeit« und die »Probleme der Zivilisation« anknüpfen, bringen eine große Zahl von Beweisen für Sozialkosten weniger konkreter Art, welche die Wirtschaftsanalyse früher oder später wird aufgreifen müssen.[41]

4. Die Sozialkosten der Luftverunreinigung

Die Luftverunreinigung wird zunehmend eine der Hauptquellen sozialer Verluste in der industrialisierten Welt. Aus diesem Grunde haben wir diese Sozialkosten an den Anfang unserer Untersuchung gestellt. Im Gegensatz zum Modell der Gleichgewichtsanalyse, welche die wirtschaftlichen Prozesse als sich im wesentlichen selbstregulierend betrachtet, haben die Faktoren, die zur Verunreinigung der Luft in den modernen Industriezentren geführt haben, die Tendenz, sich kumulativ zu steigern. Falls nicht schnell und zielbewußt eingegriffen wird, können die Schäden bei anhaltender Verschmutzung ein gefährliches Ausmaß erreichen. Dies ist offensichtlich in einigen Gebieten gesehehen, wo die Luftverschmutzung dramatische Auswirkungen mit katastrophalen Folgen für die menschliche Gesundheit, Eigentumswerte wie auch für die Pflanzen- und Tierwelt gezeigt hat.

Daß die Luftverunreinigung in ihren Folgen nicht in allen Industriezentren und Großstadtgebieten auf gleiche Weise und gleich schädlich in Erscheinung tritt, widerlegt nicht die allgemeine These, daß sie einen kumulativen Charakter aufweist. Tatsächlich hat die Luftverschmutzung, obwohl sie durch menschliche Tätigkeit hervorgerufen wird, nicht die gleichen Auswirkungen in allen industrialisierten Gebieten. Spezifische Umweltfaktoren wie Klima und Topographie spielen dabei eine wichtige Rolle. Studien über die Luftverunreinigung, die in den letzten zwei Jahrzehnten durchgeführt wurden, lassen keinen Zweifel aufkommen, daß die Konzentration der Schadstoffe in der Luft abhängig ist von den Wechselwirkungen zwischen a) der Menge und Art der abgegebenen Stoffe; b) ihrer Konzentration und c) den chemischen und physikalischen Reaktionen, welche die Schadstoffe in der Luft verursachen.[1] Obwohl nicht gesagt werden kann, daß dieses Zusammenspiel der Faktoren bereits vollständig untersucht worden ist und alle Schadstoffe und ihre Auswirkungen gänzlich bekannt sind, wissen wir genug, um wichtige Folgerungen für die Sozialkosten der Luftverunreinigung zu ziehen.

Die Menge und Art der in die Atmosphäre abgegebenen Stoffe steht in einer eindeutigen Beziehung zur unverminderten Ballung der Industrie in wenigen Zentren, zum Wachstum und zur Ausdehnung der Großstadtgebiete und zum stetigen Anwachsen der Bevölkerung. Die menschliche Tätigkeit in diesen Industrie- und Siedlungszentren führt zur Abgabe einer Vielzahl von Substanzen in die Atmosphäre, die entweder schon Schadstoffe sind oder, unter dem Einfluß von chemischen Reaktionen in der Atmosphäre, zu solchen werden. Die Art und Weise, wie die industrielle Produktion zur Luftverunreinigung führt, braucht uns nicht zu beschäftigen. Es genügt der Hinweis, daß die Schadstoffe entweder fest, flüssig oder gasförmig sind. Die Bildung dieser Schadstoffe ist meist ein Anzeichen falscher oder unvollständiger Verbrennung der Energieträger; mit anderen Worten: ihr Vorkommen in der Atmosphäre weist auf technische Unzulänglichkeiten im Gebrauch von Kohle oder Öl hin.[2]

Temperatur, Niederschlagsmenge, Luftzirkulation, Windrichtung, Bewölkung, das Verhältnis zwischen oberen und unteren Luftschichten sowie ihrer Temperatur, ihrem Feuchtigkeitsgehalt, und schließlich das Vorhandensein topographischer Hindernisse für die Luftzirkulation – diese Faktoren beeinflussen das Ausmaß der Luftverunreinigung. Die Emission einer bestimmten Art und Menge von Schadstoffen kann völlig verschiedene Folgen haben und hängt von den genannten Faktoren und ihrem möglichen Zusammenwirken an einem bestimmten Zeitpunkt ab. Meteorologische Bedingungen können die vertikale oder horizontale Zirkulation der Luftmassen für Stunden oder sogar Tage behindern. Die normale Verteilung der Schadstoffe und ihre natürliche Verdünnung in der Luft wird dadurch verlangsamt und eine Sättigung der Luft mit Schadstoffen kann die Folge sein. In einigen Gebieten, besonders in Fluß- und Bergtälern und in gemäßigten Zonen kann eine sogenannten thermische Inversion eintreten. Das heißt: »Die Temperatur der oberen Luftschichten kann stärker ansteigen als die Temperatur an der Erdoberfläche... Je nach Temperaturgefälle, der Mächtigkeit der warmen Luftschicht und ihrer Dichte, wirkt sie wie ein Deckel, welcher verhindert, daß die in der erdnahen Luft suspendierten Verunreinigungen sich... verteilen können. So sammeln sich diese Stoffe langsam an. Die Decke von Rauch und Nebel – ›smog‹, die man über den Großstädten am Morgen oder am Abend... z. B. bei einem Flug beobachten kann, ... sind Ansammlungen von an die Luft abgegebenen Schadstoffen und Wassertröpfchen, die durch die thermische Inversion über der Stadt festgehalten werden.«[3]

Mit anderen Worten: Luftverunreinigung ist eine Folge davon, daß die vom Menschen erzeugten Schadstoffe sich schneller angesammelt haben, als die Natur sie zu zerstreuen vermag. In der Tat, Luftverschmutzung kann »als Vorhandensein von Substanzen in der umgebenden Atmosphäre definiert werden, die durch menschliche Tätigkeit dorthin gelangen, und dies in Konzentrationen, welche direkt oder indirekt Gesundheit, Sicherheit oder Wohlbefinden des Menschen, beziehungsweise den vollen Gebrauch oder Genuß seines Eigentums beeinträchtigen... Wann immer durch menschliche Tätigkeit giftige oder störende Substanzen rascher in die Luft entlassen werden, als natürliche Kräfte sie zerstreuen oder vernichten können, wächst die Konzentration der Schadstoffe so lange weiter bis die Naturkräfte mit der Situation wieder fertig werden können.«[4]

In diesem Sinne sind Geschwindigkeit, Richtung und Turbulenz der Winde, Temperatur, Häufigkeit thermischer Inversionen, topographisch bedingte Hindernisse der horizontalen Luftbewegung, Niederschläge und Feuchtigkeitsgehalt Faktoren, die in Verbindung mit der Art und Menge der Schadstoffe das Ausmaß und die Häufigkeit der Luftverschmutzung bestimmen.

Der dritte Faktor in diesem kumulativen Prozeß der Luftverunreinigung sind chemische Reaktionen von Primärschadstoffen in der Atmosphäre unter dem Einfluß des Sonnenlichts. Dies ist ein noch relativ unerforschtes Problem, wobei bisher über die photochemischen Reaktionen und den schließlichen Verbleib von Primärschadstoffen wenig bekannt zu sein scheint. Jedoch steht fest, daß einige Substanzen isoliert keine gesundheitsschädigenden Auswirkungen nach sich ziehen, während ihr andauerndes Zusammenwirken in der Atmosphäre bei thermischer Inversion und besonders unter dem Einfluß des Sonnenlichtes, »sowohl stabile wie flüchtige Stoffe erzeugt, welche ätzende, toxische oder gewebereizende Eigenschaften haben... Zum Beispiel ist die Bildung von Oxydationsmitteln, welche für die Atmosphäre in Los Angeles charakteristisch sind, durch eine Reihe von Reaktionen bedingt, die zwischen verhältnismäßig harmlosen Gasen, bei äußerst geringer Konzentration, vor sich gehen.«[5]

Die vorangegangene Analyse zeigt die Komplexität des Problems der Luftverschmutzung. In der Tat können die gleichen Schadstoffe je nach Umweltbedingungen völlig verschiedene Auswirkungen haben. In einigen Fällen können je nach Witterung große Menge von Schadstoffen leicht zerstreut werden, in anderen Fällen kann es zu tödlichen Konzentrationen kommen. Jede Situation hat ihre Eigenheiten und erfordert ein besonderes Studium der Kausalzusammenhänge und der Verhütungsmaßnahmen. Da die Ballung der Industrien andauert und neue Produkte und neue industrielle Verfahren zu neuen Schadstoffen führen, und die städtischen Siedlungen sich in Gebieten mit einer limitierten Fähigkeit der Luft zur Verteilung der Schadstoffe ausbreiten, sind unsere Städte zunehmend der Luftverunreinigung ausgesetzt, solange wirksame Abgaslimiten und andere Maßnahmen wie Abluftreinigung die Erzeugung von Schadstoffen nicht in sicheren Grenzen halten.

Luftverunreinigung und Gesundheit

Die Luftverunreinigung kann die menschliche Gesundheit auf verschiedene Weise beeinträchtigen. Die Schadstoffe in der Luft können die

Schleimhäute der Augen und der Atemwege reizen und akute sowie chronische Krankheiten der Atmungsorgane (z. B. chronische Bronchitis) und des Magen- und Darmtrakts verursachen; sie können allergische Reaktionen hervorrufen; sie stehen im Verdacht, die Ursache gewisser Krebsarten (besonders des Lungenkrebses) zu sein, sie führen zu Herzversagen oder verschlimmern fehlerhafte Herztätigkeit; sie können zu erhöhter Müdigkeit, Behinderungen oder Schwäche beitragen. Eine kürzlich durchgeführte russische Studie zeigt, daß sie sogar das Zentralnervensystem schädigen können.[6] Sie können chronische Krankheiten verursachen oder neue Symptome hervorrufen, die noch nicht erkannt worden sind, und haben in bestimmten Fällen zu plötzlicher Erkrankung oder sofortigem Tod geführt. Nach dieser Aufzählung von Gesundheitsrisiken ist es wichtig darauf hinzuweisen, daß die ernsthafte Erforschung der Kausalbeziehungen zwischen Luftverschmutzung und Krankheit oder Tod erst vor kurzem begonnen hat und unser Wissen noch unvollständig ist. Obwohl zwischen verschiedenen Krankheiten und gewissen Schadstoffen eindeutige Zusammenhänge bestehen, hat man die genauen ursächlichen Beziehungen noch nicht klar erkannt. Aber niemand, der sich ernsthaft mit dem Phänomen der kumulativen Verursachung befaßt hat, wird ein einfaches Ursache-Wirkungs-Verhältnis zwischen Schadstoffen und menschlichen Krankheiten erwarten. Schadstoffe sind nämlich nicht die einzigen Faktoren, welche die menschliche Gesundheit beeinflussen. Ihr kumulative Wechselwirkung und ihr Effekt kann sehr verschieden sein. Hinzu kommt, daß die Wirkung jeder besonderen Art und Menge von Reizstoffen oder Giften offensichtlich von der Dauer der Einwirkung abhängt und ob bereits eine Beeinträchtigung vorgelegen hat.

Mit anderen Worten, in allen Fällen kumulativer Verursachung, in denen die Forschung mit dem Zusammenwirken mehrerer Faktoren rechnen muß, ist es notwendig, nicht nur einen Zeit- bzw. Einwirkungsfaktor, sondern auch den allgemeinen Gesundheitszustand der betroffenen Bevölkerung in Betracht zu ziehen. Unter diesen Umständen ist nicht zu erwarten, daß statistische Untersuchungen einfache und eindeutige Abhängigkeiten liefern können. Es handelt sich um Verursachungsprozesse und -ketten, nicht notwendigerweise linearer Art, die daher unendlich schwieriger zu ermitteln sind, als die relativ einfachen Beziehungen, welche die Newtonsche Physik oder die traditionelle Biologie erforschten. So »ist die quantitative Beziehung zwischen Dosis und Wirkung von niedrigen oder gerade noch erträglichen – bis zu hohen und schädigenden Einwirkungsgraden fast niemals eine rein lineare.«[7]

Wie die Radioaktivität hat auch die Luftverunreinigung eine kumulative Wirkung in dem Sinne, daß die Gesamtdosis aller zusammenwirkender Quellen eine Rolle spielen (z. B. Luftverunreinigung und Zigarettenrauch). Mit anderen Worten, weder statistische noch kausale Untersuchungen, die sich auf die eine oder die andere Quelle konzentrieren, können die verschiedenen wirksamen Faktoren als Ganzes berücksichtigen und man kann nicht erwarten, daß sie nichtlineare, kumulative Wechselwirkungen aufdecken können.[8]

In der Ermittlung dieser nichtlinearen Wechselbeziehungen scheinen wir erst am Anfang zu stehen. Die Fortschritte in unserem Verständnis der Beziehung zwischen Luftverschmutzung und Krankheit versprechen, wichtige Bindeglieder für die Erkenntnis der Umweltabhängigkeit vieler chronischer Krankheiten zu liefern. Es wurde die Ansicht geäußert, daß »die alte Idee, chronische Krankheiten seien Degenerationserscheinungen oder unvermeidliche Begleitumstände des Alterns, der modernen Idee Platz machen, wonach die Ursprünge chronischer Krankheiten in spezifischen, äußeren Ursachen liegen, die entdeckt und damit kontrolliert werden können. Ebenso erkennen wir, daß viele Umweltbedingungen, denen der Mensch wiederholt ausgesetzt ist, sich nur allmählich als gesundheitsschädigend herausstellen. Chronische Krankheiten sind in ihren Anfängen so heimtückisch und die verursachenden Mechanismen so schwer zu durchschauen, daß Jahrzehnte vergehen können, bis Ursache und Wirkung miteinander in Zusammenhang gebracht werden.«[9]

Es gibt viele Beweise, daß Luftverschmutzung und Bronchitis (sowohl die akute wie die chronische) miteinander verknüpft sind. Bronchitis tritt bei gewissen Arten von Luftverschmutzung in städtischen Gebieten, besonders in Großbritannien, auf. Zwischen der Stadt- und der Landbevölkerung zeigen sich erhebliche Unterschiede der Sterblichkreitsrate an Bronchitis. Starke Korrelationen sind auch in Bezug auf Asthma, Emphysem (zum Beispiel durch die Behinderung der Lungenfunktion wegen chronischer Störung des Sauerstoffaustausches zwischen Blut und Luft) und Lungenkrebs beobachtet worden. Wie wir später zeigen werden, haben nicht nur die Todesfälle aufgrund dieser Krankheiten in den letzten Jahren zugenommen, sondern die durch sie verursachten Krankheits- und Sterblichkeitsziffern sind, in den Vereinigten Staaten, erheblich höher in städtischen Gebieten als auf dem Lande. Es braucht nicht hinzugefügt werden, daß die Luftverschmutzung nicht nur die Krankheiten der Atemwege verschlimmert. Auch für die kombinierten Herz- und Lungenkrankheiten bedeuten Perioden stärkerer Luftverschmutzung in bestimmten Gebieten im Vergleich zu Perioden leichter oder »normaler« Luftverunreinigung eine Verschlimmerung der Symptome, vermehrte Erkrankungen und eine Zunahme der Todesfälle.

Durch experimentelle Untersuchungen wurden einige der spezifischen Substanzen ermittelt, die für das häufige Auftreten gewisser Krankheiten in Gebieten mit konzentrierter Luftverschmutzung verantwortlich sein könnten. Unter diesen Substanzen befinden sich »Stoffe wie Schwefeldioxid, Schwefelsäure und saure Sulfate, das Oxydationsmittel Ozon, Stoffe wie die Nitroolefine, die sich als stark augen- und lungenreizend erwiesen haben, sowie eine Anzahl noch nicht bestimmter organischer freier Radikale, Aldehyde und höherer Oxydationsprodukte der Kohlenwasserstoffe«.[10]

Es ist nicht unser Anliegen, die physikalischen und chemischen Eigenschaften dieser Substanzen und die biologische Reaktion des Körpers bei längerer Einwirkungsdauer zu erörtern.[11] Es genügt hinzuzufügen, daß chemische Analysen die Existenz eines krebserregenden Stoffes (Benzpyren) in verunreinigter Stadtluft festgestellt haben. Benzpyren, das bei Tieren Krebs verursacht und unter starkem Verdacht steht, auch beim Menschen krebserregend zu sein, ist in der Atmosphäre von 103 amerikanischen Städten, in denen systematisch Luftuntersuchungen vorgenommen werden, gefunden worden. Die Konzentration variiert stark mit den Jahreszeiten, im Winter ist sie höher als im Sommer. Diese Substanz ist zwar nur einer der verdächtigen Krebserreger in verschmutzter Luft und im Zigarettenrauch, doch ist es bedeutsam, daß der Städter im Mittel einer hundertfach größeren Menge Benzpyren ausgesetzt sein soll, als der Bewohner ländlicher Gebiete. Falls Benzpyren sich im Körper ansammelt und es *keine* Toleranzdosis für krebserregende Stoffe gibt, »stellt sich die Frage, ob nicht viele Krebsfälle auf das dauernde Einatmen einer gefährlich, mit Karzinogenen belasteten Atmosphäre zurückzuführen sind«.[12]

Die Luftverschmutzung in den städtischen Gebieten könnte also einen Hauptfaktor darstellen, der zur Zunahme der Mortalität durch Lungenkrebs beiträgt. Es ist in diesem Zusammenhang von Bedeutung, daß »Großstädte mit den höchsten indirekten Luftverschmutzungswerten durchwegs eine höhere Speiseröhren- und Magenkrebssterblichkeit zeigen – in jedem Fall ... um mindestens 15 % ... – als mittelgroße Städte mit den niedrigsten Meßwerten«.[13] Eine noch höhere Prozentzahl wurde für Luftröhren- und Lungenkrebs errechnet.[14] Unterschiede von mindestens 10 % zwischen den Sterblichkeitsraten von Weltstädten mit starker bzw. schwacher Luftverunreinigung wurden für chronisches Herzrheuma, Arteriosklerose einschließlich Koronarinsuffizienz und nicht rheumatisch bedingte chronische Endokarditis ermittelt.[15]

Diese neuen Erkenntnisse stellen eine dramatische Bestätigung der früheren qualitativen Schlußfolgerungen der Rauchuntersuchungen der Universität Pittsburgh dar. Schon 1913 hat man festgestellt, daß die toxischen Verbindungen und Rußpartikel in von Rauch verunreinigter Luft »als Träger der unangenehme Ermüdung hervorrufenden Stoffe« dienen können, »welche die empfindlichen Schleimhäute von Augen, Nase, Hals, Lungen, sowie Magen- und Darmtrakt reizen; die Anfälligkeit für Magen-Darm, Lungen- und Nasen-Rachen-Störungen steigern; die potentiellen Reserven, die Arbeitsfähigkeit und das Wohlbefinden des einzelnen untergraben; die Müdigkeit, Reizbarkeit und das Mißvergnügen erhöhen und möglicherweise zu vorzeitigem Zerfall führen«[16].

Man kann sich schwerlich der Schlußfolgerung entziehen, daß auch dort, wo keine akute Beeinträchtigung vorzuliegen scheint, die Luftverunreinigung Störungen mit schleichendem Verlauf verursachen kann, die, obwohl schwer meßbar, sich in chronischen Krankheiten und in einer allgemeinen Erschöpfung der Lebens- und Widerstandskraft widerspiegeln. In England ist die chronische Bronchitis für den Verlust von fast 27 Millionen Arbeitsstunden verantwortlich und wird jährlich (bei einer Bevölkerung von 45 Millionen) in 30000 Totenscheinen als Todesursache angegeben; sie übertrifft als Ursache von Invalidität und Tod alle anderen Erkrankungen der Atemwege.[17] In Newcastle waren 36 % aller Männer und 17 % aller Frauen über 30 Jahren von der chronischen Bronchitis befallen, mit anderen Worten, ungefähr jeder dritte Mann und jede sechste Frau litten unter dieser Krankheit.[18]

Das Problem der Luftverunreinigung und ihrer sozialen und menschlichen Folgen ist jedoch vor allem ein qualitatives Problem; Sterblichkeitsdaten und potentieller Arbeitszeitverlust sind nur ein unvollständiger Maßstab für die Bedeutung, die der Luftverschmutzung für die menschliche Gesundheit zukommt. Was tatsächlich geschieht, wenn die Luftverschmutzung über einer Stadt liegt und in hoher Konzentration über längere Zeit erhalten bleibt, ist aus der folgenden Beschreibung eines Arztes von der Katastrophe von Donora, Pennsylvanien, im Jahre 1948 zu ersehen. Donora ist eine Industriestadt, die an einer Flußschleife liegt, und auf vier Seiten von hohen Felshügeln umgeben ist. Es sind mehrere Industrien angesiedelt – Hochöfen, Zinkwerke und Schlacken verarbeitende Betriebe. Normalerweise lichtet sich die dichte Mischung von Nebel und Rauch am Morgen bis zur Mittagszeit. Während der letzten Oktoberwoche des Jahres 1948 hob sich der Smog nicht:

»Der Nebel umhüllte Donora am Dienstagmorgen, dem 26. Oktober. Das Wetter war rauh, bewölkt und völlige Windstille herrschte. Die Wetterlage blieb unverändert, der Nebel verdichtete sich den ganzen Tag über und am darauffolgenden Tag auch. Bis Donnerstag hatte er sich zu einem bewegungslosen Klumpen Rauch verdichtet. An jenem Nachmittag sah man gerade noch die gegenüberliegende Straßenseite. Außer den Hochkaminen war von den Fabriken nichts zu sehen. Die Luft nahm einen widerwärtigen Geruch an, ja man konnte sie fast schmecken. Das war der bitter-süße Geruch von Schwefeldioxid. Alle sprachen darüber, aber niemand war sehr besorgt. Der Geruch von Schwefeldioxyd, ein kratzendes Gas, das bei der Verbrennung von Kohle und beim Schmelzen der Erze frei wird, ist eine normale Begleiterscheinung jedes andauernden Nebels in Donora. Diesmal schien der Geruch lediglich etwas durchdringender als gewöhnlich.«

»Was immer uns bedrängte, ich wußte, daß die Lage sehr ernst war. Ich hatte einige wirklich mitleiderregende Fälle besucht, und es waren keineswegs alles Asthmathiker oder chronisch Kranke. Einige waren Leute, die nie zuvor unter dem Rauch-Nebel gelitten hatten. Ich war beunruhigt, aber nicht ratlos. Es war kein Rätsel – es war offensichtlich – alle Symptome deuteten darauf hin, daß der Nebel und der Rauch schuld waren. Ich dachte an nichts weiteres. Und in der Tat, ich hatte keine Zeit darüber nachzudenken... Mein größtes Problem war, meine Krankenbesuche zu machen. Das Autofahren war fast unmöglich. Ich hatte sogar Schwierigkeiten, meine Praxis zu finden. Die McKean Avenue war in festen Rauch eingehüllt. Ich schmeckte den Ruß, als ich aus dem Auto stieg, und ich fühlte mich in meiner Brust eingeengt. Als ich die Treppe hinauf ging, fing ich an zu husten und konnte nicht aufhören. Ich hustete und rang nach Luft bis sich mein Magen umdrehte... Nach einer Weile schleppte ich mich in meine Praxisräume und verabreichte mir eine Adrenalinspritze. Ich legte mich in meinen Stuhl zurück. Dann hörte ich das Telephon klingeln... Ich dachte, ich müßte den Hörer abnehmen, hatte aber nicht mehr die Kraft, mich zu bewegen. Ich lag einfach da, in meinem Stuhl und ließ es klingeln...«[19]

Als es am Sonntag regnete und der Smog sich verzog, waren 20 Menschen gestorben und 5910 Personen oder 42,7 % der Bevölkerung waren krank, drei weitere Personen starben kurz darauf. Drei Obduktionen von Personen, die während des Smogs gestorben waren, zeigten akute Lungenveränderungen. Die Untersuchung der Häufigkeit und Schwere der Erkrankungen ergab eine direkte Beziehung zum Lebensalter. Mehr als 60 % der Menschen über 65 Jahre klagten über Smogbeschwerden, und mehr als die Hälfte von ihnen gehörten zur Gruppe der ernsthaft Erkrankten.[20]

Ähnliche Vorkommnisse wurden aus London gemeldet. Sorgfältige Auswertungen längerer Perioden schweren Rauch-Nebels mit Temperaturinversion haben gezeigt, daß die Konzentration von Rauch und Schwefeldioxyd in der Luft von London die Normalwerte um das Dreifache übersteigt und daß eine große Anzahl Menschen unter Atembeschwerden leiden. Die nachträgliche Analyse der gemeldeten Todesfälle ergab, daß während solcher Perioden bis zu 4000 (5.–9. 12. 52), 1000 (4.–6. 1. 56) und 760–1000 (Winter 1957) Menschen mehr starben als normal.[21]

Schäden in der Landwirtschaft: Folgen für das pflanzliche und tierische Leben

Nach Studien, die für das »Internationale Institut für Landwirtschaft« in Rom durchgeführt wurden, beeinträchtigen Schwefel und Schwefeldioxyd, die im Kohlenrauch vorhanden sind[22] die Fruchtbarkeit des Bodens und greifen in den Stoffwechsel der Pflanzen ein. Diese verunreinigte Luft entzieht dem Boden wichtige Stoffe wie Kali, Kalzium und Magnesium; sie beeinträchtigt damit praktisch die gesamte Vegetation der Gärten und Felder in und um die Industriezonen. Tiere werden weniger durch das Einatmen verunreinigter Luft geschädigt, als durch das Verzehren von

Futtermitteln, die bestimmten Abgasen ausgesetzt waren. Denn »Pflanzen, die von giftigen Abgasen verseucht sind... werden selbst giftig, und ihre Verfütterung kann – besonders wenn sie über längere Zeit hindurch erfolgt – bei Tieren zu tödlichen Vergiftungen führen«.[23]

Schädliche Wirkungen des Rauchs auf die Bodenfruchtbarkeit zeigen sich auch daran, daß der Boden in Gegenden, die der Luftverschmutzung ausgesetzt sind, einen Mangel an Kali, Kalzium und Magnesium aufweisen – »eine Tatsache, die vor allem in den Bergwerksrevieren der Tschechoslowakei zu beobachten ist«.[24] Sorgfältig angestellte Untersuchungen in den dortigen Bergwerks- und Industriegebieten haben gezeigt, daß »der Boden allmählich unfruchtbar wird und ständig geringere Jahreserträge abwirft.«[25] Ähnliches gilt auch für die Vereinigten Staaten. Berichten zufolge soll eine in Pennsylvanien aufgetretene, schwere Erosion auf Fabrikrauch zurückzuführen sein, der »den Boden dermaßen ansäuerte, daß dadurch das Pflanzenwachstum beeinträchtigt und später ganz unmöglich wurde«.[26]

Schädliche Wirkungen der Luftverunreinigung zeigen sich auch daran, daß schon bei geringem Schwefelsäuregehalt der Luft eine weitere Erhöhung des Säuregehalts zu einer völligen Vernichtung des Pflanzenlebens führen kann. Nach Stoklasa »kann mit Sicherheit gesagt werden, daß bereits das Vorhandensein von 0,002 % Schwefelsäure in der Luft zu einer dauernden Schädigung aller Kulturpflanzen im weitesten Sinne des Wortes führen... etwa an Weizen, Roggen, Gerste, Hafer, Mais, Buchweizen, Erbsen, Linsen, Wicken, Bohnen, Saat- und Ölraps, Mohn, Senf, Hopfen, Tabak, Flachs, Hanf, Kartoffeln, Zuckerrüben, Luzerne, rotem Klee und Wiesengräsern«.[27]

Die Untersuchungen in der Umgebung einer großen Fabrik (die Aluminium, Salpetersäure, sowie ihre eigenen Elektroden für die elektrolytische Gewinnung von Aluminium herstellte) lieferten interessante Beweise für die schädlichen Wirkungen der Luftverschmutzung auf das tierische Leben. Die Ausscheidungen dieser Anlage (sowohl Rauch als auch Gase) vergifteten das Gras, das Bauern in der Nähe der Fabrik als Viehfutter oder Streu verwendeten. Tiere, welche dieses verseuchte Futter selbst in kleinen Mengen fraßen, gingen alle ein. »Man braucht die Tiere nicht einmal damit zu füttern; es genügt, das verseuchte Gras als Streu zu verwenden. Die Tiere verzehren in diesem Fall, bei der Erneuerung der Streu, kleine Mengen von dem verseuchten Gras oder Heu...«[28]

Neuere biochemische und physiologische Untersuchungen aus Riverside, Kalifornien, zeigen, daß Smog die Respiration der Pflanzen etwa um das Zwei- bis Dreifache erhöht und die Photosynthese vermindert.

»Dies bedeutet, daß an Tagen mit Smogeinwirkung, die Pflanzen mehr Nahrung für ihr eigenes Wachstum benötigen, als sie produzieren. Forschungen haben gezeigt, daß luftverunreinigende Substanzen die Durchlässigkeit der Zellmembranen derart verändern, daß die Nahrung sich in den Zellen ansammelt und nicht normal transportiert wird, da die Wasserzirkulation behindert ist.«[29]

Die Luftverunreinigung soll in Kalifornien zu einer Ertragsreduktion bei »Alfalfa, Futtergräsern, Zuckerrüben und Tomaten führen. Sie vermindert das Wachstum der Orangen bis zu einem Drittel, erhöht den Laubfall bei Zitronen um das Siebenfache des Normalen und reduziert die Fruchtqualität der Aprikosen und Trauben durch erhöhten Blattverlust. Der Proteingehalt der Luzerne, welche in schmutziger Luft wächst, ist kleiner als beim Wachstum in sauberer Luft. Viele Blumenkulturen wachsen weiter bei verunreinigter Luft, haben aber kleine Blüten und vergilbte Blätter, sind also von minderer Qualität. Schnittblumen verwelken schneller, wenn sie in verschmutzter, als wenn sie in sauberer Luft wachsen. Einige Früchte, die in verschmutzter Luft gelagert werden, reifen schneller nach als gewünscht, wobei ihre Lagerfähigkeit und Verkaufsqualität vermindert wird.«[30]

Schätzungen der Verminderung des Pflanzenwachstums in Gebieten mit Luftverschmutzung variieren zwischen 30 und 90 % in der Tschechoslowakei[31], um 50 % in Großbritannien und um 50 % bei Laboruntersuchungen an Tomaten, die künstlichem und natürlichem Smog ausgesetzt wurden.[33]

Korrosion und Verschleiß von Material

Die Luftverschmutzung greift eine Vielzahl von Materialien an und führt zu vorzeitiger Wertverminderung, so daß ernsthafte, wirtschaftliche Verluste entstehen. Die nachteiligen Auswirkungen der Luftverschmutzung sind wiederum nicht notwendigerweise auf einen einzigen Schadstoff zurückzuführen, sondern oft das Resultat der chemischen Reaktionen von Substanzen unter gewissen atmosphärischen Bedingungen. Die verschiedenen Schwefelverbindungen, die im Rauch enthalten sind, korrodieren Steine und Metalle, in dem sie »praktisch alle Arten von Baumaterial (Schiefer und Granit vielleicht ausgenommen)« angreifen oder zersetzen. »Marmor läuft zuerst grün, dann schwarz an, Kalkstein zerfällt sehr schnell und wird infolge seiner starken Affinität zu Schwefel zu Gips. Die Absorption von Schwefel verursacht eine Schwellung des Steins, so daß er löslich und pulverförmig wird, wobei Teilchen ausgewaschen oder vom Winde verweht werden.«[34]

Materialien wie Stein, Mörtel, Beton usw., werden »durch Ruß verschmutzt und die notwendige Säuberung mit Drahtbürsten, Reinigungsmitteln, Sandstrahlgebläsen oder anderen drastischen Methoden ist nicht nur teuer, sondern schadet dem Stein selbst«.[35] Wenn Metalle verrauchter Luft ausgesetzt werden, leiden sie nicht nur unter Ruß und Teer, sondern auch unter Gasen und Säuredämpfen. Während »die Zerstörung von

Eisen am augenfälligsten ist, weil es das am häufigsten verwendete Metall ist und leichter korrodiert als die meisten anderen Metalle« gibt es kaum ein Metall, das nicht der ätzenden Wirkung des Rauchs ausgesetzt wäre. Tatsächlich »schwärzt, verunstaltet oder befleckt der im Rauch enthaltene Schwefelwasserstoff nahezu alle Metalle.[36] Kupfer und Bronze werden schnell dunkel..., Aluminium wird durch die verschiedenen Dämpfe und Säuren angegriffen, viele Metalle werden durch elektrochemische Einwirkungen zerfressen, selbst Gold und vergoldete Gegenstände werden matt.«[37]

Anstriche mit Schutzfarben werden durch die in der Luft vorhandenen Kohlepartikel sowie durch Staub verunreinigt, was ihre Schutzwirkung beeinträchtigt, so daß häufiges Reinigen nötig wird.

Versuche haben gezeigt, »daß Eisen ohne Schutzanstrich unter dem Einfluß der Stadtluft sechsmal schneller korrodiert als in reiner Landluft«.[38] Ein weiterer Hinweis auf die zerstörende Wirkung, die Rauch auf Metalle ausübt, zeigt sich darin, daß in der rauchhaltigen Luft von Pittsburgh Metallflächen zweimal so oft gestrichen werden müssen, als dies in rauchfreier Umgebung der Fall ist.

Darüber hinaus wird durch rauchhaltige Luft auch die Inneneinrichtung von Häusern und Wohnungen beschädigt. Klima- und Ventilationsanlagen sind der schädlichen Wirkungen besonders ausgesetzt und können wegen rauchhaltiger Luft schon nach drei Monaten versagen.[39] Auf ähnliche Weise beeinträchtigt der Fabrikrauch Qualität und Wert aller Art von Waren und verursacht damit im Groß- und Kleinhandel erhebliche Verluste. Zudem entstehen als Folge der Luftverschmutzung soziale Verluste durch den notwendigen Mehraufwand für Reinigung und Wäsche.[40]

Die beschleunigte Zerstörung und vorzeitige Wertverminderung von Baumaterialien, Metallen, Farbanstrichen und Handelswaren erhöht die Ausgaben für das Reinigen, Waschen, für Neueinrichtungen und Streichen.[41] Diese erhöhten Kosten des Sauberhaltens, zusammen mit den ernsten Auswirkungen der Luftverschmutzung auf die Gesundheit, haben viele Stadtbewohner dazu bewogen, wegzuziehen und sich in überfüllten Vororten niederzulassen, was zum Wertzerfall der städtischen Liegenschaften führt.

Die verunreinigte Atmosphäre verkürzt den Tag und verursacht erhöhte Ausgaben für künstliche Beleuchtung. Verminderte Sichtweite infolge der erhöhten Dichte und Dauer der städtischen Smogperioden verursacht kostspielige Verzögerungen im Verkehr, insbesondere im Luft- und Schiffsverkehr, und ist für höhere Unfallhäufigkeiten verantwortlich.

Einige quantitative Schätzungen der durch Luftverunreinigung verursachten Sozialkosten

Sobald wir die Frage nach den Gesamtkosten der Luftverunreinigung für die Gesellschaft aufwerfen, stoßen wir auf erhebliche Ungewißheiten. Bis zu einem gewissen Grade ist dies dem Fehlen von Informationen zuzuschreiben. Denn, wie wir aufgezeigt haben, werden Statistiken selten für die Ermittlung der Sozialkosten der Produktion ausgearbeitet. Aber die Dürftigkeit und Unsicherheit der Informationen ist auch auf grundlegendere Schwierigkeiten zurückzuführen. Erstens: Der Verursachungsprozeß ist kumulativ. Zweitens: Kosten können in einer zirkulären Kette von einer Gruppe auf eine andere abgewälzt werden und eine Schätzung ihrer Verteilung ist schwierig, wenn nicht unmöglich. Hinzu kommt, daß die Kosten zweimal oder sogar mehrmals gerechnet werden könnten. Ferner: Sollte man bei den Gesamtverlusten die Kosten für die Wiedergutmachung der durch die Luftverschmutzung verursachten Schäden einschließen, und wenn ja, wie verfährt man mit jenen Schäden, die nicht behoben werden können? Nachteilige Auswirkungen auf die Gesundheit und vorzeitiger Tod oder höhere Sterberaten sind qualitative Verluste; sie in quantitative Geldwerte umzusetzen scheint höchst problematisch. Letztlich müssen wir uns mit allgemeinen Schätzungen jener Sozialkosten begnügen, die vermieden werden könnten, wenn entweder strengere Kontrollmaßnahmen eingeführt oder (als theoretische Annahme) die Luftverschmutzung vollständig beseitigt würde. Solche Maßnahmen können weitreichende Auswirkungen auf die Produktion und auf den Standort von Industrien haben; sie können in der Tat den wirtschaftlichen Wachstums- und Entwicklungsprozeß mit unerwünschten Folgen verlangsamen. Es könnte die Frage nach den Kosten der Verhinderung von Sozialkosten gestellt werden. Dies sind ernsthafte Probleme, die sorgfältig studiert werden müssen. Aber eine solche Bestandsaufnahme ist ohne Sammlung einschlägiger Daten unmöglich, und um diese Daten zu beschaffen, wäre mehr Forschung vonnöten. Vorläufig haben die Ökonomen wenig Interesse für dieses wichtige sozio-ökonomische Problem gezeigt. Wie wir in diesem Kapitel gesehen haben, sind wir noch am Anfang einer ernsthaften Bewertung der sozialen Folgen der industriellen Revolution.

Wie zu erwarten, variieren die Schätzungen der Gesamtkosten der Luftverschmutzung von Ort zu Ort beträchtlich. Die frühesten und eingehendsten Schätzungen der Sozialkosten der Luftverschmutzung wurden 1913 angestellt. Nach der »*Smoke Investigation*« des »*Mellon Institute of Industrial Research*« an der Universität Pittsburgh beliefen sich die durch Rauch verursachten Schäden in Pittsburgh auf ungefähr 9 944 740 Dollar pro Jahr.[42] Neuere Schätzungen veranschlagen die in Pittsburgh durch Rauch verursachten Verluste auf $ 9,36 pro Person und Jahr.[43] Später angestellte Untersuchungen haben das Pittsburgher Institut davon überzeugt, »daß die Kosten für jeden Mann, jede Frau und jedes Kind in der Stadt ohne weiteres auf etwa 15 Dollar pro Jahr veranschlagt werden dürfen.«[44] In anderen Städten, wie New York, Chicago, Cincinnati, Salt Lake City, Boston und Baltimore stellte man Verluste in Höhe von »10–30 Dollar pro Kopf«[45] fest. Schätzungen für Cleveland beziffern die Verluste auf nicht weniger als 80 Dollar pro Familie.[46] Die in New York durch Rauch verursachten Gesamtkosten wurden 1932 auf ungefähr 100 Millionen Dollar geschätzt.[47]

Das sind frühere Schätzungen der Sozialkosten der Luftverschmutzung. Es wäre jedoch ein Irrtum zu glauben, daß das Problem an Bedeutung verloren hat. Freilich ist die Industrie veranlaßt worden, die Verantwortung für die Beseitigung der Luftverschmutzung bis zu einem gewissen Grad selbst zu übernehmen, und es wird geschätzt, daß die Ausgaben der Industrie hierfür, in den USA, 300 Mio. Dollar übersteigen. Aber die Verpflichtungen werden nicht überall akzeptiert und die örtliche Gesetzgebung reicht selten aus, um die Einführung teurer Kontrolleinrichtungen durchzusetzen. Es überrascht daher nicht, daß das Ausmaß der Luftverschmutzung insgesamt nicht abgenommen hat. Im Gegenteil, alle erhältlichen Daten führen zum Schluß, daß die Luftverschmutzung dauernd zunimmt, wie auch die damit verursachten Gesamtverluste. In der Tat ist zu erwarten, daß die Luftverschmutzung eine immer weiter um sich greifende Bedrohung der menschlichen Gesundheit darstellen wird, da jährlich neue Industrieverfahren und eine große Anzahl neuer Produkte eingeführt werden. Die industrielle Expansion führt zu einer fortschreitenden Verschmelzung von Wohn- und Industriegebieten, die sich im Falle der Ostküste der Vereinigten Staaten bereits über einige hundert Meilen ausgeweitet haben.

Neuere Schätzungen der Kosten der Luftverschmutzung bewegen sich zwischen 2 und 7,5 Milliarden Dollar pro Jahr in den Vereinigten Staaten (bei jährlichen Ausgaben von 500 Mio. Dollar für Abhilfemaßnahmen). Durchschnittliche Pro-Kopf-Kosten, die noch vor 10 Jahren etwa 10 Dollar pro Person betrugen, werden (1940) auf nahezu 65 Dollar geschätzt.[48]

Die Luftverschmutzung und die Zukunft

Die vorangegangene Analyse hat zu zeigen versucht, daß die Luftverschmutzung das Ergebnis eines uneingeschränkten und ungeregelten sozialen Wachstums- und wirtschaftlichen Entwicklungsprozesses ist. Eine neue Technologie, der Einsatz von Kohle und Öl aus Hauptenergiequellen, zunehmende Bevölkerungsdichte, Massenproduktion, die Zusammenballung sehr vieler Menschen in riesigen Großstadtregionen, die schnell wachsende Zahl von Lastwagen und Automobilen als Transportmittel – dies sind alles Faktoren, die in Verbindung mit meteorologischen Bedingungen zu einer Konzentration von Schadstoffen in der Luft vieler Zentren der Industrieproduktion geführt haben. Von Zeit zu Zeit und je nach den Umständen, kann die Verunreinigung durch industrielle und andere Schadstoffe stark genug sein, um zu Verlusten an Menschenleben zu führen, wie sie die katastrophalen Ereignisse in Donora und in anderen hochindustrialisierten Gebieten kennzeichneten.

Diese dramatischen Ereignisse weisen zwar mit aller Deutlichkeit auf die potentiellen Gefahren der Luftverschmutzung hin, aber sie vermitteln nur ein unvollständiges Bild der zweifelsohne wichtigsten Folgen einer längerfristigen Einwirkung der verunreinigten Atmosphäre: der langsamen Unterminierung der Gesundheit und Lebenskraft der Menschen, was in den Städten, im Vergleich zu ländlichen Gebieten als höhere Sterblichkeitsrate und Anfälligkeit sowie für eine Reihe chronischer Krankheiten (einschließlich Krebs) seinen Ausdruck gefunden hat. Andere Verluste, die durch die Luftverschmutzung verursacht werden, sind Schäden an der Vegetation und am Tierbestand, vorzeitige Entwertung und Korrosion vieler Materialien, die Notwendigkeit des häufigeren Beschichtens und Bemalens von Flächen, erhöhte Ausgaben für Reinigung, Abnahme der Sichtweite mit den sich daraus ergebenden kostspieligen Verzögerungen im Luft- und Straßenverkehr.

Man hat allen Grund zur Annahme, daß der künftige Energiebedarf in einer wachsenden Wirtschaft, das Auftreten neuer Produkte und neuer Verfahren das Bevölkerungswachstum und die weitere Expansion städtischer Agglomerationen die Gefahren der Luftverschmutzung erhöhen werden. Chemische Wechselwirkungen können neue Gefahren hervorrufen und alte, noch nicht richtig verstandene Auswirkungen verschlimmern. Es ist daher nicht von der Hand zu weisen, daß die Luftverschmutzung an Umfang und Schärfe eher zu- als abnehmen wird. Mit ihr werden gewisse Krankheiten wahrscheinlich häufiger werden. Während akute und dramatische Zuspitzungen nicht unbedingt häufig eintreten müssen, werden die schleichenden und unsichtbaren Auswirkungen der langfristigen Einwirkung von Schadstoffen in niedriger oder mäßiger Konzentration durch das zunehmende Auftreten verschiedener chronischer Krankheiten in den immer noch wachsenden Produktions- und Großstadtzentren der Industrieländer erkennbar.

So stehen wir vor einer paradoxen Situation. Während wir – wenigstens in den meisten »fortgeschrittenen« Industriestaaten – mit Erfolg eine große Anzahl von ansteckenden Krankheiten ausgerottet haben, hat die uneingeschränkte und kumulative Konzentration der industriellen Produktion in einigen wenigen großen Fabrikationszentren die Häufigkeit chronischer Krankheiten erhöht und den Menschen in der Industriezivilisation neuen Gefahren ausgesetzt. In Anbetracht der Schwierigkeiten, denen die unterentwickelte Welt bei der Ausschaltung der stets wiederaufflammenden Cholera- und Typhusepidemien gegenübersteht, dürfte diese über die faktische Abwesenheit solcher früheren Geißeln der Menschheit in der industrialisierten Welt staunen. Gleichzeitig aber könnte die unterentwickelte Welt erkennen, daß das Problem der Luftverschmutzung mit ihren Gefahren für die Gesundheit, etc., den Industrieländern übermäßige soziale Verluste verursacht.

In welchem Sinne sind denn diese Auswirkungen auf Gesundheit und die sozialen Verluste durch Luftverschmutzung Beispiele der Sozialkosten der Marktwirtschaft? Es versteht sich, daß private, industrielle Tätigkeit nicht mehr die einzige Quelle der Luftverschmutzung in den Industrieländern ist. Neben den industriellen Hauptquellen der Luftverschmutzung gibt es heute die Schornsteine der öffentlichen Werke, die Müllverbrennungsanlagen, die Kamine von Wohnhäusern und vor allem die Auspuffrohre von Lastwagen und Automobilen, die feste, flüssige und gasförmige Stoffe in immer zunehmender Menge ausstoßen. In Anbetracht der Tatsache, daß private Verbraucher und Automobile als Luftverschmutzer eine Rolle spielen, kann argumentiert werden, daß die Sozialkosten der Luftverschmutzung nur teilweise der privaten Industrie zuzuschreiben sind. Man könnte weiter sagen, daß ein Teil der Kosten der Luftverschmutzung durch das private Unternehmertum insofern getragen wird, als die höheren Kosten, die durch vermehrte Krankheitsanfälligkeit entstehen, die Ausgaben für häufigere Schutzanstriche, die Entwertung von Handelswaren, die Schäden an Pflanzen und Vieh, die Verzögerungen im Luft- und Straßenverkehr auch die Kosten des privaten Unternehmers erhöhen.

Solche Argumente übersehen die grundlegende Natur der kumulativen Verursachung. In einer kumulativen Verursachungskette gibt es notwendigerweise eine Wechselwirkung zwischen vielen Faktoren; die Tatsache, daß das Endresultat eines kumulativen sozialen Prozesses immer vom Zusammenwirken der Umstände abhängt, macht es möglich, einen Teil der Lasten auf den einen oder den anderen Faktor abzuwälzen. Während dies immer möglich sein wird und vielleicht zur Rechtfertigung seinen Zweck erfüllt, steht es der Suche nach der Wahrheit im Wege. Tatsächlich ist es der ganze kumulative Prozeß der uneingeschränkten Industriekonzentration und der daraus sich ergebenden städtischen Agglomerationen, der zur Verunreinigung der Atmosphäre führt, über die Grenze der Schadstoffkonzentration hinaus, die gesundheitlich noch tragbar wäre. Es ist dieser Prozeß der uneingeschränkten Konzentration, ohne Rücksicht auf Klima und Topographie, welcher zu Sozialkosten führt.

Weder die Privatautos noch die Kamine der Privatwohnungen von Donora, und ebensowenig die wiederholte Temperaturinversion und die Topographie des Tales, in dem Donora liegt, kann man vernünftigerweise für die Luftverschmutzung und ihre schädlichen Auswirkungen verantwortlich machen. Was die Luftverschmutzung hervorgerufen hat, ist die

Konzentration von Industrien an diesem Ort. Was für Donora gilt, gilt gleichermaßen für Pittsburgh, New York, London, Tokio, für das Maas-Tal, für die Städte des Ruhrgebietes oder für die Papierfabriken von Cornerbrook in Neufundland, die Bergwerkstädte in den Anden und es könnte morgen für Kalkutta[49] oder die in Entstehung begriffenen Industriezentren in Afrika gelten. Tatsächlich wird es auch für die Industriezentren der Sowjetunion und Chinas zutreffen, wenn zugelassen wird, daß die Konzentration der Industrieproduktion ohne Rücksicht auf gesundheitliche Schäden und Sozialkosten weitergeht. Der soziale Charakter dieser Kosten wird in keiner Weise dadurch berührt, daß einige dieser Sozialkosten von einer Anzahl von Firmen auf andere Konzerne abgewälzt werden (oder jenen Firmen zusätzliche Ausgaben verursachen, die in erster Linie zur Luftverschmutzung beitragen). Sie sind vermeidbar, sowie die organisierte Gesellschaft, d. h. die Regierungen, die notwendigen Schritte unternehmen und die Bestimmungen durchsetzen würde, welche die Situation verlangt.

Bevor wir uns den praktischen Maßnahmen zuwenden, lohnt es sich aufzuzeigen, wie die Prinzipien der Marktwirtschaft das Entstehen der Sozialkosten der Luftverschmutzung begünstigen. Die anfängliche Konzentration der Industrieproduktion in wenigen Zentren, wie auch die Standortwahl der Industrien unter Bedingungen des unbehinderten Wettbewerbs überhaupt, richtet sich nach privatwirtschaftlichen Kosten/Nutzen-Rechnungen. Einmal etabliert, erweitert eine Industrie den Markt für eine Vielzahl anderer Industrien; sie bietet Anstellungs- und Verdienstmöglichkeiten für Arbeitskräfte und Kapital; sie erweitert die Steuerbasis für die entstehenden Stadtgemeinden und die erforderlichen öffentlichen Dienste. Die Ortschaft wird allgemein attraktiver für zusätzliche Investitionen, für Unternehmer und Arbeitskräfte und für städtische Siedlung. Es ist dieser expansionistische Schwung, der die »Polarisierung« der industriellen Entwicklung an gewissen Knotenpunkten bewirkt, was bald zu sekundären und tertiären Auswirkungen in Form von größeren Absatzmöglichkeiten für landwirtschaftliche Erzeugnisse und Verbrauchsgüter im allgemeinen führt.

Im Lichte der traditionellen ökonomischen Theorie scheint dieser Prozeß in Übereinstimmung mit dem Prinzip der sozialen Effizienz vor sich zu gehen. Denn schließlich koppeln sich interne Einsparungen mit externen (im engen Marshallschen Sinne), und lassen es rationell erscheinen, die Produktion in bereits bestehenden Zentren zu konzentrieren, und es besteht Gewißheit, daß die notwendigen sozialen Investitionen (für Straßen, Schulen, Verkehrs- und Meldewesen) durch eine größere Siedlung getragen werden. Übersehen wird, daß die Konzentration der Industrieproduktion zu »externen« Schäden führen kann, die völlig neue und unverhältnismäßig große Gemeinkosten verursachen, die zu bezahlen niemand bereit ist. Indem sie sich auf die Analyse der »internen« und »externen«

»diseconomies« konzentriert und davon Abstand nimmt, das Konzept der Sozialkosten der uneingeschränkten Industriekonzentration zu übernehmen, unterstützt die traditionelle Theorie stillschweigend die Idee der Gesamtrationalität der kumulativen Wachstumsprozesse, gleichgültig welche sozial gefährlichen Folgen diese haben können. Was könnte schließlich »rationaler« sein als die Verfügbarkeit von »internal« und »external economies« im weitesten Ausmaß auszunützen? Solange Sozialkosten nicht anerkannt werden und solange wir uns nach Kosten richten, die firmen- oder industrieintern sind, so lange werden wir außerstande sein, sozial relevante Kriterien zu entwickeln.

Man mag einwenden, die Vernachlässigung der Sozialkosten könne zwar zum kumulativen Wachstumsprozeß beitragen, aber dies erkläre immer noch nicht den unvollständigen und ineffizienten Verbrennungsprozeß, der die Immission von Schadstoffen in die Atmosphäre hervorruft. Denn, wenn die Luftverschmutzung ein Zeichen der unzulänglichen und unvollständigen Verbrennung von Kohle oder Öl ist, muß gefragt werden, warum die Wirtschaft solche Verschwendung weiterhin zuläßt? Die Antwort liegt einfach darin, daß die technologische Verschwendung gleichzeitig wirtschaftlich sein kann; denn es können nicht nur die Sozialkosten ungestraft abgewälzt werden, sondern auch vor allem deshalb, weil diskontierte Privaterträge (oder Einsparungen), welche durch die Verhütung technologischer Ineffizienz und Sozialkosten zu erzielen sind, nicht hoch genug sein können, um die privaten Kosten von erforderlichen Abhilfemaßnahmen zu kompensieren. Die Tatsache, daß die sich ergebende Verschmutzung der Atmosphäre Sozialkosten verursachen kann, welche die Kosten der Abhilfemaßnahmen weit übertreffen, wird in die traditionellen Kosten/Nutzen-Berechnungen der Marktwirtschaft nicht einbezogen. Es ist auch nicht zu erwarten, daß die Marktwirtschaft dies kann. Die Kosten der Durchsetzung bestehender Verordnungen gegen Luftverschmutzung würden (in Ontario) nach einer Untersuchung Aufwendungen von nur 15 Cents pro Kopf mit sich bringen, während die jährlichen wirtschaftlichen Verluste, die auf diese Weise eingespart werden könnten, zwischen 10 und 20 Dollar pro Person betragen würden.[50]

Es überrascht daher nicht, daß die Verhütungsmaßnahmen der Luftverschmutzung hinter der Entstehung neuer Gefahren zurückbleiben. Gemeinden mögen neue Regelungen erlassen und die Industrie selbst kann aufgerufen werden, stets größere Beträge für Verhütungsmaßnahmen auszugeben, aber die Industrialisierung und die Motorisierung können noch schneller vor sich gehen. In der Tat, mit der Ausdehnung der Einzugsgebiete von Großstädten über z.B. mehrere Bundesstaaten der USA, ist es klar geworden, daß das Problem der Luftverschmutzung nicht nur ein lokales ist, sondern in Ausmaß und Charakter überregional und zwischenstaatlich geworden ist. Nur eine weite Gesetzgebung, die auf überregionaler Basis durchgeführt wird, könnte einige Gewähr für eine wirkungsvolle Kontrolle und Verhütung der Gefahren und Verluste infolge der Luftverschmutzung bieten.

Die wesentliche Frage gilt jedoch nicht der Form, sondern dem Inhalt oder Umfang der erforderlichen Kontrollmaßnahmen. Denn es ist klar, daß es bei der Kontrolle der Luftverschmutzung nicht genügt, Gesetze über den Bau höherer Schornsteine und die Installation von Filtern, welche die Immission von Staub- und Feststoffpartikeln verhindern sollen, zu formulieren. Jede wirkungsvolle Unterbindung der Luftverschmutzung in den industriellen Ballungszonen der Welt kann sich nicht länger auf das Verhüten der Rauchentwicklung und die Verminderung der Feststoffablagerung in der Atmosphäre beschränken. Die Luftverschmutzung ist hauptsächlich eine Frage der festen und flüssigen Kleinstpartikel und der Gase, die während einer langen Zeit in die Atmosphäre abgegeben werden und unter dem Einfluß des Sonnenlichtes miteinander chemisch reagieren.

Letztlich »liegt der Schlüssel zur Kontrolle der Luftverschmutzung in vielen Fällen in guten Einrichtungen, die richtig entworfen, richtig eingebaut, richtig unterhalten und richtig betrieben werden.[51]« Dies kann die Aufstellung verbindlicher Normen für neue Einrichtungen und deren Unterhalt, wie auch die Kontrolle von alten Einrichtungen und die Durchsetzung vollständiger Treibstoffverbrennung erfordern. Ebenso kann es erforderlich sein, Vorschriften zu erlassen über die Konzentration von Schadstoffen bei der Emission aus Schornsteinen in die umliegenden Gebiete, die Verbreitung oder Behandlung überschüssiger Gase, die systematische Änderung einiger Industrieverfahren, die Behandlung der Treibstoffe in Hinblick auf eine geringere Rauch- und Kohlenwasserstoff-Entwicklung, den Gebrauch höherwertiger, synthetischer Treibstoffe bei Automobilen, die Verlagerung einiger Industrien aus den Städten heraus oder gar das Anpflanzen von Schutzbarrieren wie Stauden und Bäumen.[52]

Während der Ersatz des Menschen und des Pferdes als Energiequellen durch Kohle und Öl während der letzten 100 Jahre von der Verschmutzung der Luft in vielen unserer Industriezentren begleitet war, muß die Technologie des 20. Jahrhunderts, die aufgrund unseres zunehmenden Verständnisses von thermonuklearen Reaktionen entwickelt wird, die Natur und das Ausmaß der Luftverschmutzung ändern. Aus einem weitgehend örtlichen oder zumindest regionalen Problem wird sich die Luftverschmutzung wahrscheinlich zu einem Problem von weltweitem Umfang entwickeln. Radioaktive Abfallstoffe könnten in die Atmosphäre eindringen und durch die Luft überall hingelangen, was die Luftverschmutzung zu einer mehr oder weniger ständigen Gefahr macht, die an keinen Grenzen halt macht.

In der Tat, in unserem Zeitalter der thermonuklearen Energie werden viele Probleme, einschließlich der Sozialkosten der Luftverschmutzung wahrscheinlich weltweite Ausmaße annehmen, da die vermehrte Einwirkung von Radiodaktivität jeglicher Herkunft stets kumulative, schädliche Auswirkungen zeigt, nicht nur auf die Gesundheit der heutigen Generation, sondern wegen der Beeinflussung der Mutation des Erbgutes, auch auf die Gesundheit künftiger Generationen.

Auf lange Sicht erfordern die Gefahren der Luftverschmutzung und die mit ihr verbundenen Sozialkosten einen radikal neuen Ansatz zur Lösung aller industriellen Standortfragen. Saubere Luft ist im Begriff, in den Industriezentren der Welt zu einer Mangelressource zu werden. Daß heißt, daß die Erhaltung sauberer Luft in den übervölkerten Zentren der Industrieländer bald zu einer Hauptsorge der Regierungen wird. Der Tag mag nicht fern sein, an dem der Mensch in der industrialisierten Welt sein »unveräußerliches Recht« auf saubere und nicht verunreinigte Luft geltend machen wird. Die Dringlichkeit der Konservierung von Luft könnte es notwendig machen, daß man die Erarbeitung und Anwendung objektiver Normen für die Formulierung der Standortpolitik (d. h. Normen der maximal annehmbaren Konzentration von Schadstoffen in der Atmosphäre) in Betracht zieht. Solche Normen werden in Übereinstimmung mit allgemeinen Wohlfahrtsüberlegungen auszuarbeiten sein, welche die biologischen Bedürfnisse des Menschen und die Voraussetzungen für einen angemessenen Gesundheitszustand berücksichtigen. Mit anderen Worten: Die Bestimmung der Industriestandorte wird in Zukunft weit über die Veranschlagung des internen und externen Nutzens und der privaten, d. h. internen Kosten (nach Marktbedingungen) hinaus gehen müssen. Industriestandorte müssen zu einer politischen Frage werden – nicht nur aus militärischen und Verteidigungsgründen, sondern auch wegen ihres Einflusses auf Luftverschmutzung und der Notwendigkeit der Erhaltung reiner Luft.

Was erforderlich sein wird, ist ein Vergleich alternativer Standorte in bezug auf ihr jeweiliges Luftverschmutzungspotential. Gebiete mit häufiger Temperaturinversion und deren Dauer sind bestimmbar. Richtung und Geschwindigkeit vorherrschender Winde können festgestellt werden. Wenn der Wind vorwiegend von Norden bläst, würde daraus folgen, daß Industriegebiete südlich der Wohngebiete angesiedelt werden sollten. Die Standortpolitik und die Stadtplanung werden ein Konzept der maximalen städtischen Ballung berücksichtigen müssen, damit Gewähr für Existenzbedingungen besteht, die mit dem menschlichen Wohlergehen und angemessener Gesundheit vereinbar sind. Nur auf diese Weise wird es möglich sein, das notwendige Gleichgewicht zwischen der Tätigkeit des Menschen, seinen Technologien und der natürlichen Ordnung der Dinge aufrechtzuerhalten, nach welcher der Mensch sich schließlich richten muß, wenn er die Basis des menschlichen Überlebens nicht vernichten will.

5. Die Sozialkosten der Wasserverschmutzung

Während saubere Luft in vielen Industrieregionen durch Verschmutzung zusehends zu einer Mangelressource wird, ist die Knappheit an sauberem Wasser seit langem bekannt. Sie wirkt sich bei Standortfragen für Industrie und Wohnungsbau als ein wichtiges Hindernis aus. Industrie und Landwirtschaft benötigen Wasser in großen Mengen und die schnelle Ausweitung der Produktionstätigkeiten hat, in den letzten Jahrzehnten, in vielen Regionen eine ernsthafte Wasserknappheit hervorgerufen.

»Die USA verbrauchen seit der Jahrhundertwende, siebenmal mehr Wasser, und, noch bemerkenswerter, der Verbrauch hat sich zwischen 1945, dem Jahr mit der Spitzenleistung industrieller Produktion im 2. Weltkrieg, bis 1960 verdoppelt... ja er wird sich, im Jahr 1980, nach zuverlässigen Berechnungen, noch einmal (auf die astronomische Zahl von 1,7 Milliarden Kubikmeter) verdoppelt haben!«[1]

In der Tat ist Wasser für jeden praktischen Zweck eine Mangelressource geworden. Aus diesem Grund mußten schon im 2. Weltkrieg Pläne für den Bau von mindestens 300 industriellen oder militärischen Einrichtungen aufgegeben bzw. modifiziert werden. In einigen Regionen überstiegen die für industrielle und kommunale Zwecke benötigten Wassermengen die verfügbaren Reserven und das Wasser mußte mehrmals aufbereitet und verwendet werden, was jedes Mal mit hohen Kosten für Behandlung und Reinigung verbunden war. Für die Welt als Ganzes und über die Jahre hin bleibt die verfügbare Wassermenge natürlich konstant. Wenn jedoch die Nachfrage, wie erwähnt, regional zunimmt, kann das Gleichgewicht zwischen Angebot und Nachfrage in industriellen Gebieten bald so ungünstig werden, wie dies seit langem in einigen Trockengebieten der Welt der Fall ist. Vielleicht werden künftige Generationen einen erheblichen Teil ihrer Gesamtaufwendungen der Beschaffung zusätzlicher Wassermengen widmen müssen, so wie in der Vergangenheit, in Kulturen mit großen Bewässerungsnetzen, erhebliche öffentliche Investitionen für Staubecken und Verteilungsanlagen notwendig waren. Die heutigen Bemühungen um die Lösung des Problems der Entsalzung von Meerwasser weisen auf kommende Schwierigkeiten hin. Selbst wenn die Kosten reduziert werden[2], was zweifellos der Fall sein wird, ist die benötigte Wassermenge so groß, daß die Gesamtkosten eine erhebliche Belastung der Lebenskosten sein werden.

Das Problem der Wasserverschmutzung muß im Zusammenhang mit dem wachsenden Ungleichgewicht zwischen einem konstanten Vorkommen von und der zunehmenden Nachfrage nach Wasser gesehen werden. In der Tat, die Verschmutzung des Wassers durch industrielle und kommunale Abwässer, welche allem Anschein nach in steigendem Maße anfallen, und das zu einer Zeit, in der einige Regionen schon unter akutem Wassermangel leiden, zeigt zur Genüge, daß diese Verunreinigungen die bereits begrenzte Versorgung mit sauberem Wasser weiterhin reduzieren. Die Wasserverschmutzung ist demnach ein integraler Teil des Problems der Konservierung, Verwaltung und Erschließung der Wasserressourcen. Darüber hinaus ist die Verunreinigung des Wassers, ebenso wie die der Atmosphäre, ein zusätzlicher Beweis dafür, daß der industrielle Mensch im Begriff steht, seine natürliche Umwelt radikal zu verändern.

Die Ursachen der Wasserverschmutzung

Die Verschmutzung von Bächen, Flüssen und Seen gleicht in vielem der Verschmutzung der Luft. Wie diese hat die Verunreinigung des Wassers Charakteristiken eines zirkulären Prozesses, in dem mehrere Faktoren sich gegenseitig, und in gleicher Richtung, beeinflussen. Auch könnte die Verschmutzung des Wassers vermieden und minimiert werden, wenn Industrien, Dörfer und Städte die in die Seen und Flüsse geführten Abwässer vorher klären würden. Wie bei der Luftverschmutzung tragen jene, die direkt für die Verunreinigung der Gewässer verantwortlich sind, nicht die nachteiligen Auswirkungen und monetären Verluste, und aus diesem Grunde sind sie vielfach nicht daran interessiert, die entstandenen Schäden zu minimieren, ja sie sind mehr daran interessiert, Investitionen für die Behandlung ihrer Abfallprodukte zu vermeiden. Durch Verminderung ihrer internen Kosten neigen sie dazu, Sozialkosten abzuwälzen und sogar zu maximieren. Tatsächlich wären die Kosten für eine Kontrolle der Wasserverschmutzung durch vorherige Behandlung der Schadstoffe oder durch anderweitige Entsorgung wahrscheinlich viel geringer als die Sozialkosten, die durch die Vernachlässigung dieser Maßnahmen entstehen. Die verursachten Schäden verteilen sich auf eine große Anzahl Menschen, die entweder unfähig oder auch nicht daran interessiert sind, gegen die Verursacher gerichtlich vorzugehen, da es in der Regel schwierig und teuer ist, eine Haftpflicht für die Schäden vor Gericht zu beweisen.

»Ein juristischer Präzedenzfall erfordert den genauen Nachweis eines Schadens, seines Ausmaßes und den Hinweis wer genau betroffen wurde – also nicht allgemeine Angaben, wie immer relevant sie auch sein mögen. Und da die natürliche Qualität des Wassers, der Gehalt und die Zusammensetzung von verunreinigenden Substanzen sich ja ändern, wird das Verfahren der Beweisführung erschwert und kompliziert.«[3]

Sogar wenn Schäden und Haftpflicht nachgewiesen sind, muß gezeigt werden, daß praktische Vorkehrungen möglich wären, bevor eine gerichtliche Verfügung überhaupt erlangt werden kann. Dies hat zusätzliche Kosten und weitere Verzögerungen zur Folge – so wirken die weite Verbreitung der Schäden und die übermäßigen Gerichtskosten als Abschreckung gegen die Eliminierung der Wasserverschmutzung in den modernen Industrienationen. Doch sind die wichtigsten Sozialkosten der Wasserverschmutzung nicht die von einzelnen erlittenen Schäden an Gesundheit, an Eigentum oder von Freizeitwerten, sondern eher jene Sozialkosten, welche durch die Erschöpfung einer wichtigen wirtschaftlichen Ressource hervorgerufen werden.

Die zunehmende Wasserverschmutzung in vielen Industrienationen, ist wie die Luftverschmutzung, das Resultat eines *circulus vitiosus* von interdependenten Variablen wie zunehmende Konzentration der Schwerindustrie in wenigen Zentren, neue Technologien, d. h. neue Produkte und Verfahren, das Wachstum der Bevölkerung und ihre Ansiedlung in Großstädten. Die Verschmutzung der Gewässer findet durch das Ablassen (oft ohne adäquate Behandlung) von industriellen und kommunalen Abwässern statt. Aus der Perspektive des Prozesses der kumulativen Verursachung ist es zwecklos zwischen industriellen und kommunalen Abwässern zu unterscheiden. Denn das Problem der kommunalen Abwässer ist nicht nur die Folge der ungehinderten Konzentration von Industrie und Bevölkerung in wenigen Agglomerationen, sondern die Industrieabwässer gehen tatsächlich zu einem erheblichen Grad in die kommunalen Kläranlagen. So führt die fortdauernde Eingemeindung vorstädtischer Industriegebiete zu einer stetigen Zunahme des »Belastungsfaktors« der kommunalen Abfallbeseitigungssysteme. Z. B. benötigen über 50 % der Betriebe der USA große Wassermengen und produzieren flüssige Abfälle, die in anliegenden Gewässern enden. 80 % der industriellen Betriebe in den USA sind den kommunalen Kläranlagen angeschlossen, und es wird geschätzt, daß ein Drittel der organischen Abfälle, die in städtischen Kläranlagen behandelt werden, industriellen Ursprungs sind.[4]

Ein Zehntel der Betriebe sind »unabhängig« und können ihre Abwässer direkt in verschiedene Gewässer ablassen, wobei bemerkenswert ist, daß diese direkten Abwässer sowohl dem totalen Volumen, wie auch der Konzentration nach, weitaus wichtiger sind als die Abwässer jener Industrien, die in kommunale Kläranlagen eingeführt werden.[5]

Dies sind natürlich nur grobe Schätzungen, aber sie dienen als Ausgangspunkt für eine Erörterung der allgemeinen Bedeutung des Wasserverschmutzungsproblems in den Vereinigten Staaten.

Wir können industrielle und kommunale Abwässer klassifizieren, je nachdem sie nachhaltige, abbaubare oder andere Stoffe enthalten. Nachhaltige[6] chemische, mineralische oder radioaktive Stoffe bleiben durch bestehende Behandlungsmethoden größtenteils unverändert. Abbaubare werden z. B. durch die Wirkung von anaerobischen Bakterien zu stabilen Verbindungen geklärt. Zu den anderen Schadstoffen gehören krankheitsübertragende Organismen, mineralische Substanzen, die als Dünger unangenehme Wasserpflanzen in übermäßigen Mengen nähren können, und Abwärme, welche die im Wasser gebundene Menge Sauerstoff vermindert. Obwohl industrielle oder kommunale Abfälle, die in Gewässer eingeführt werden, einen, mehrere oder alle dieser Verunreinigungsarten enthalten können, ist es für eine Analyse der Verursachungsbeziehung von besonderem Vorteil, wenn wir zwischen einigen Hauptschmutzstoffen und deren Auswirkungen unterscheiden.

Eine der wichtigsten Quellen der Wasserverschmutzung sind Industrieverfahren, die chemische oder mineralische Substanzen von nachhaltigem Charakter ablassen. Es stimmt, daß diese Schadstoffe und ihre Wirkungen noch nicht völlig verstanden, die Untersuchungsmethoden für ihre Evaluierung und Entfernung relativ neu sind, dennoch wird die Menge dieser Stoffe ständig erhöht. Und nicht nur wird die industrielle Produktion in den nächsten Jahrzehnten mehrfach wachsen, sondern es wird erwartet, daß technologische Entwicklungen neue Schadstoffe in immer größer werdender Zahl hervorbringen werden.[7]

Unter diesen Stoffen befinden sich Säuren, Eisensalze, Alkalien, giftige Säuren, eine Vielfalt von Hilfschemikalien, Salzsole und radioaktive Stoffe. Hauptverantwortlich für die Produktion und das Ablassen dieser Abfälle sind die Papier- und Zelluloseindustrie, die Eisen- und Stahlwerke, Ölraffinerien und die begrenzte aber zunehmende Anzahl Uran- und Thoriumerz verarbeitender Anlagen. Für unsere Zwecke wird es genügen, wenn wir den kumulativen Prozeß der Wasserverschmutzung mit einigen Beispielen illustrieren. Wir untersuchen daher den Bergbau und die Erdölförderung. In vielen Fällen sind »Sand- und Kalksteinformationen mit Salzwasser und Sole gesättigt. Wenn solche Schichten durch Öl-, Gas- oder Bohrungen für andere Zwecke durchstoßen werden, kann – sofern die richtigen Vorkehrungen nicht getroffen werden – Salzsole durch die Bohrlöcher an die Oberfläche gelangen oder in Schichten aufsteigen, die Süßwasser enthalten.«[8] Ältere Bohrstellen fördern erhebliche Mengen Salzwasser zu Tage, besonders »bei Ölfeldern, wo die Salzsole unter den Ölschichten lagert...«[9]

Die relative Menge des geförderten Salzwassers ist, je nach Bohrstelle und Ölfeld, recht unterschiedlich. Während einige Bohrstellen nur 1 Teil Wasser auf 27 Teile Öl fördern, können andere hundertmal mehr Salzsole hervorbringen als Öl.[10] Nach Schätzungen des Bureau of Mines fördern die Ölfelder in dem Mittleren Westen und am Golf von Mexiko täglich annähernd 10 Millionen Barrel (1 Barrel = 119,22 l) Salzsole – das sind ungefähr 3 Barrel Sole für je ein Barrel Öl.[11]

Ohne entsprechende Vorkehrungen, wie z. B. die Verwendung von Pfropfen, das Auszementieren und Ausbessern von Bohrlöchern, oder die richtige Ableitung der an die Oberfläche geförderten Sole, besteht die Möglichkeit, daß Salz in Flüsse und Seen fließt und die Süßwasserversorgung ernsthaft gefährdet.

Im Kohlenbergbau entsteht durch bestimmte Spülprozesse ein Wasser, »das feine Kohle- und Schlackenteilchen, bekannt als Kohlengrus, in die Flüsse befördert.«[12] Ferner weist Wasser, das aus Stollen gepumpt wird oder aus stillgelegten Bergwerken abfließt, einen hohen Säuregehalt auf, der ebenfalls zur Wasserverschmutzung beiträgt. Obwohl keine detaillierten Schätzungen oder Berechnungen der Menge des ständig von den Kohlerevieren in die Gewässer abgeleiteten kohlengrus- und säurehaltigen Wassers erhältlich sind, steht fest, daß diese Abwässer zur Verstopfung der Flußbetten beigetragen haben, wodurch die Schiffbarkeit der Flüsse beeinträchtigt und der Wasserspiegel bei Hochwasser erhöht worden ist. »Schwefelsäure entsteht in den Kohlengruben dort, wo schwefelhaltige Mineralien mit Wasser und Luft zusammenkommen. Wasser, das durch die Grube fließt oder zur Oberfläche gepumpt wird, trägt die Säure in die Flüsse.«[13] In den frühen dreißiger Jahren entstanden, schätzungsweise, jährlich 2,7 Millionen Tonnen Schwefelsäure in Kohlengruben.

Durch hydraulische Förderung und Baggerungen entstehen andere Arten von Abraum. Wenn diese in Flüsse abgeleitet wird, tragen sie erheblich zur Verschlammung und Verunreinigung der Flußbetten bei. So wurden z. B. seinerzeit in Kalifornien die Flüsse durch Schutt aus Goldminen versandet und aufgefüllt, so daß die Schiffahrt gefährdet wurde. Verschiedene Maßnahmen, die auf Anordnung der Bundesregierung getroffen wurden (wie z. B. die Anlage von Dämmen zur Ablagerung von Geröll, von Uferbefestigungen und Barrieren) vermochten zwar hier die schädlichen Wirkungen der Gewässerverschmutzung in Kalifornien wesentlich zu mildern, doch wurden durch hydraulische Baggerungen z. B. in Idaho und in einigen Staaten des Westens der USA die Flüsse weiter verunreinigt und die Flußbetten versandet.

Die Ablagerung radioaktiver Substanzen aus der friedlichen Nutzung der Atomenergie bringt Gefahren von weltweitem Ausmaß, wie im Falle von radioaktivem Fall-Out. Hauptsächlichste Quellen von radioaktivem Abfall sind Förderungs- und Anreicherungsanlagen, die Uran und Thorium verarbeiten, Reaktoren und Anlagen, welche angereicherte radioaktive Substanzen für medizinische und andere Forschungszwecke benützen. Während der Großteil der radioaktiven Substanzen am verbrauchten Erz gebunden bleibt, kann der verbleibende Teil ausgewaschen oder in Gewässer abgeleitet werden und ernsthafte Gesundheitsschäden verursachen. Die höchstzulässige Konzentration von Radium im Trinkwasser beträgt 4 micromicrogram pro Liter.[14]

Jede Ausweitung der Anreicherungs- und Verarbeitungskapazität für

Spaltmaterial wird zu einer Erhöhung der radioaktiven Abfallstoffe führen, für deren Ablagerung man Sorge tragen muß. Dieses Problem wird durch die Langlebigkeit einiger dieser radioaktiven Abfälle weiter kompliziert, wie auch dadurch, daß viele radioaktive Substanzen durch Wasserpflanzen und in Sedimenten auf ein Niveau angereichert werden, das um ein Vielfaches höher ist als die Konzentration im umliegenden Wasser.[15]

Die Größe und der kumulative Charakter dieses Problems wird durch die Tatsache, daß sogar die Beseitigung radioaktiver Abfälle durch ihre Verdünnung im Ozean die Möglichkeit einer Konzentration spezifischer Spaltprodukte durch im Wasser lebende Organismen, akzentuiert. Ton sowie einige Mineralien können Radioaktivität absorbieren. Ferner bleibt das physische und finanzielle Problem, für eine geschätzte Menge von 100000 Hektoliter radioaktiver Abwässer im Jahre 1980 und für etwa zehnmal soviel im Jahre 2000 Lagerstätten zu finden.[16] Wir werden die zusätzlichen Risiken, durch die bei Unfällen und durch menschliche Unzulänglichkeiten, unbehandelte radioaktive Stoffe in die Gewässer geleitet werden könnten, nicht in Betracht ziehen. Und es muß kaum auf die kumulativen Gefahren für Gesundheit hingewiesen werden, wenn zu den Quellen natürlicher Radioaktivität jene aus der Beseitigung radioaktiver Abfälle kommt.

Negative Folgen der Wasserverschmutzung

Verglichen mit den Auswirkungen der Strahlenbelastung durch Atommüll sind die anderen nachhaltigen Stoffe relativ »harmlos«. Ihre weitere Ableitung in die Gewässer kann aber deswegen kaum mit Gleichmut betrachtet werden. So kann Salzsole nicht nur das Wasser für Mensch und Tier unbenützbar machen, sondern die Qualität und Fruchtbarkeit des Bodens beeinträchtigen. Die ganze Vegetation könnte in der Tat vernichtet werden. Ebenso schadet die Ableitung von Sole in die Gewässer der Wasserversorgung für kommunalen und industriellen Gebrauch. Die Reinigung wird schwieriger und kostspieliger. Das Abfließen saurer Abwässer aus Bergwerken erhöht den Säuregehalt der Flüsse und verursacht greifbare Schäden an Beton- und Metallstrukturen wie Kesseln, Brükkenpfeilern, Rohren, Wehren und anderen Metallkonstruktionen.

Weitere nachhaltige Substanzen, die durch normale Aufbereitung und Klärung nicht einfach zu entfernen sind, sind jene synthetischen Chemikalien, die zunehmend als Bakterizide, Pflanzenschutzmittel, Lösungsmittel einschließlich Wasch- und Netzmittel, im Gebrauch sind. Die Verwendung dieser nachhaltigen Substanzen nimmt stetig zu. »Über 250000 Tonnen synthetischer organischer Pestizide wurden 1957 hergestellt. Dazu kamen noch anorganische Pflanzenschutzmittel wie Arsenverbindungen, Kupfer- und Zinksulfat, Natriumchlorat, Bor und Schwefel. Die Farmer der USA gaben 1957 231 Millionen Dollar für Agrochemikalien (Düngemittel nicht gerechnet) aus.«[17]

Einige dieser toxischen Stoffe wandern in die Gewässer ab und passieren unverändert die Kläranlagen und gehen in die Trinkwasserversorgung. Lange bevor sie den Menschen als Verbraucher erreichen, können sie gewisse Pflanzen und Tiere schwer schädigen oder gar vernichten. Neue Untersuchungen haben das Vorhandensein von Insektiziden in den Hauptflüssen der USA aufgezeigt. In dieser Hinsicht ist die Wasserverschmutzung ernsthaft genug, um den Ruf nach einem »Weg von der verbreiteten, allgemeinen Verwendung von Insektiziden«, aufkommen zu lassen. Der öffentliche Gesundheitsdienst der Vereinigten Staaten schlägt vor, daß »das langfristige Ziel wohl eher die Entdeckung oder Entwicklung verschiedener parasitärer Insekten und Organismen als natürliche Mittel zur Insektenkontrolle sein könnte als die Verwendung toxischer Chemikalien.«[18] Die zunehmende Verwendung von Detergenzien, die in die Brunnen und städtischen Wassersysteme gelangen, scheint kurzfristig keine ernsthafteren Folgen zu haben, als das Wasser zum Schäumen zu bringen. Dies ist jedoch die kurzfristige Auswirkung. Die langfristigen Folgen der Verschmutzung durch diese relativ neuen synthetischen Produkte sind noch nicht bekannt.

Industrielle und kommunale Abwässer können auch mineralische Substanzen enthalten, die als Nahrung oder Dünger eine große Vielfalt von Wasserpflanzen zu größter Fülle und Üppigkeit wachsen lassen. Wenn diese Pflanzen absterben und verrotten, kann eine »sekundäre« Verschmutzung den Geschmack und den Geruch des Wassers beeinträchtigen. Bei gewissen Arten von Algenflor kann nicht nur ein See zum »Blühen« kommen – durch Bildung dicker Algenmassen, die sich schnell ausbreiten, an die Ufer geschwemmt werden und schließlich absterben –, sondern strychninartige Gifte können sich entwickeln, die schon Vieh und Wild getötet haben. »Die Folgen nährstoffreicher Gewässer sind erhöhtes Vorkommen von Algenflor in Verbindung mit verstärkten Geschmacks- und Geruchsproblemen in den Kläranlagen, wie auch das unnatürliche ›grünsuppige‹ Aussehen der Flüsse und Seen, das Sterben der Fische, der starke Geruch von angeschwemmten, verfaulenden Wasserpflanzen an den Ufern und die Beeinträchtigung von Schwimmen, Segeln, Wasserskifahren etc.«[19]

Der Gebrauch von Wasser zu Kühlzwecken, in Kraft- oder Stahlwerken, Erdölraffinierien etc., kann ernsthafte Folgen in bezug auf die Wasserverschmutzung haben. Die physische Umwelt des aquatischen Lebens wird verändert und dieser Gebrauch vermindert die Sauerstoffmenge im Wasser, so daß Abfälle nicht mehr vollständig zu stabilen Verbindungen abgebaut werden. Einmal mehr stehen wir vor einem typischen *circulus vitiosus* der sozialen Verursachung: Eine Erhöhung der industriellen Produktion und insbesondere eine Erhöhung der Stromerzeugung erhöhen die Wärmeverschmutzung unserer Gewässer. Diese Verschmutzung hat zur Folge, daß der im Wasser gelöste Sauerstoff rasch erschöpft und so die Fähigkeit organische Abfälle abzubauen vermindert wird, was eine erhöhte industrielle und kommunale Klärung der Gewässer verlangt. Kurz, Wasserverschmutzung aus diesen Quellen erhöht sich nicht proportional, sondern geometrisch, falls nichts unternommen wird, um dem Trend entgegenzuwirken. In der Tat, heutige Projektionen (1960) sehen eine achtfache Zunahme der thermischen Verschmutzung bis zum Jahre 2000 voraus, unabhängig davon, ob konventionelle Brennstoffe oder Atomenergie zur Anwendung kommen, da in beiden Fällen Kühlwasser zur Kondensierung des Dampfes benötigt wird.[20]

Die in fortgeschrittenen Gesellschaften am wenigsten auftretende Art der Wasserverschmutzung ist die häufigste und ernsthafteste in der unterentwickelten Welt – die Verseuchung von Gewässern und Grundwasser durch eine Vielzahl von Organismen, welche Epidemien wie Typhus, Cholera und andere Darmkrankheiten, Tuberkulose und scheinbar auch Virusinfektionen übertragen und weiter verbreiten. In Ländern mit Kläranlagen und systematischer Desinfizierung des Trinkwassers durch Chlor und andere Substanzen scheint diese Gefahr, wenn nicht völlig eliminiert, mindestens erheblich vermindert.

Bis jetzt haben wir die Folgen einiger nachhaltiger Wasserschadstoffe und ihre industriellen Quellen behandelt. Unser nächstes Problem ist die Auswirkung von Abwässern, die den Sauerstoffgehalt des Wassers mindern. Diese Folgen werden besser verstanden als die obigen und sie können quantitativ erfaßt und ausgedrückt werden. Industrielle und auch kommunale Abwässer – mit oder ohne Klärung – sind verantwortlich. Ihr Sauerstoffbedarf kann berechnet werden, was erklärt, warum eine quantitative Bewertung der zukünftigen Größe der Verschmutzungsprobleme dieser Art möglich ist. Auch kann die zukünftige Belastbarkeit der Gewässer unter verschiedenen Wachstumsbedingungen geschätzt werden und damit die Zahl und Größe der notwendigen Kläranlagen – doch sind solche Berechnungen nur gültig für die Abfälle, welche durch Sauerstoff abgebaut werden und nicht für die oben genannten Schadstoffe nachhaltiger Art wie chemische, mineralische und radioaktive Substanzen.

Die Sozialkosten der Wasserverschmutzung

Wir werden nicht, im Detail, die verschiedenen nachteiligen Folgen der Verschmutzung der Bäche, Flüsse und Seen auf die menschliche Gesundheit, auf Eigentumswerte und Erholungsmöglichkeiten, diskutieren, da spezifische und zuverlässige Schätzungen nicht vorliegen. Daß diese nachteiligen Folgen sowohl greifbarer Natur als auch wichtig sind, wird jedoch kaum bestritten. Viele sind noch unerforscht, wie beispielsweise die Auswirkungen radioaktiver Abwässer, von Detergenzien und Viren. Daneben besteht die Gefahr, daß die industrielle Nutzung und Verschmutzung der Gewässer die Zeit näher bringen wird, in der in immer mehr Gebieten kostspielige Wasserkonservierungs- und Nutzungssysteme erstellt werden müssen, um die Qualität des Trinkwassers zu gewährleisten. Hinzu kommen noch die Folgen der Wasserverschmutzung für Vegetation und Nutztiere, Fische sowie eine breite Skala von Erholungs- und ästhetischen Werten. Während keine quantitativen Schätzungen über die Sozialkosten der Wasserverschmutzung bestehen, ist es sicher, daß die Verschmutzung der Bäche, Flüsse und Seen ein typischer kumulativer Prozeß mit weitreichenden, heimtückischen Folgen ist, die sich über einen weiten Bereich menschlicher Tätigkeiten erstrecken. Es ist auch sicher, daß sowohl die Anzahl als auch das Volumen der Schadstoffe im Steigen begriffen sind und daß technologische Fortschritte, wachsende Bevölkerung und Verstädterung das Problem der Wasserverschmutzung – wie dasjenige der Luftverschmutzung – zu einer der hauptsächlichen Erscheinungen der Sozialkosten der modernen Industrienationen machen werden.

Was wäre ein möglicher Ansatz für die Evaluierung der Sozialkosten der Wasserverschmutzung? Die Antwort auf diese wichtige Frage hängt vom gewählten Bezugsrahmen ab. Wollten wir die Wasserverschmutzung und die Sozialkosten lediglich im Rahmen des Nutzen/Kosten-Kalküls der Marktwirtschaft betrachten, müßten wir versuchen, zu einem monetären Wert der verschiedenen Verluste und Schäden zu gelangen, die durch die Verunreinigung der Gewässer verursacht werden. Während dies in einigen Fällen möglich ist, wäre es unter anderen Bedingungen ein vergebliches Unterfangen. Es ist möglich, die Marktwerte der erhöhten Kosten der Unterhaltung und Reparatur von Strukturen zu berechnen, die durch die aus einer flußaufwärts liegenden Fabrik abgeleiteten Chemikalien vorzeitig gefährdet oder zerstört werden. In ähnlicher Weise wäre es möglich, den Marktwert der Verluste der Nutztiere, der Vernichtung der Ernten, den Verlust an Bodenfruchtbarkeit oder auch an gewissen Erholungseinrichtungen zu schätzen. Daten dieser Art sind vorhanden.[21]

Sie sind jedoch bei weitem nicht befriedigend, da sie nicht nur unvollständig, sondern auch irreführend sind. Sie leiten die Aufmerksamkeit nur auf jene Werte, die in Mark und Pfennigen geschätzt werden können und die Daten neigen auch dazu, das Mißverständnis zu verstärken, daß das Problem der Wasserverschmutzung im wesentlichen »lediglich einen örtlichen Schaden« verursacht, der durch einen allgemeinen Appell an die »Verantwortung« der Unternehmer und der lokalen Steuerzahler korrigiert werden kann. Wie wir in der vorliegenden Analyse jedoch aufzeigen wollten, kann das Problem der Wasserverschmutzung nur verstanden werden, wenn es im Rahmen einer sozialen Ökologie und des drohenden Ungleichgewichts zwischen einem gegebenen Angebot an und einer rasch zunehmenden Nachfrage nach Wasser, in praktisch allen Weltteilen, betrachtet wird. Wasser- und Luftverschmutzung wälzen nicht nur einen Teil der Produktionskosten auf andere ab, die nicht direkt örtlich beteiligt sind, sondern sie schaffen eine neue physische Umwelt für den Menschen.

Statt der natürlichen Umwelt, in welcher der Mensch jahrhundertelang gelebt hat, hat die stetige Revolution der Technologie eine künstliche Umwelt geschaffen, deren Auswirkungen auf die Gesundheit und das menschliche Überleben noch wenig verstanden werden. Wir fangen ja nur an zu realisieren, daß diese künstliche Umwelt überaus schädlich für alles Leben auf diesem Planeten sein könnte. Diesbezüglich ist die potentiell größte Gefahr, das unzulängliche Beseitigen radioaktiver Abfälle und der radioaktive Fall-Out. Was diesen Risiken ihren einmaligen und dramatischen Charakter gibt, sind die aus ihnen entstehenden kumulativen Auswirkungen auf die Gesundheit und das Überleben jedes Menschen während seiner ganzen Lebensspanne. Es ist gesagt worden, daß wir auf dem Gebiete der öffentlichen Gesundheit – wie in anderen Bereichen des menschlichen Wissens – »an der mikrochemischen und mikrophysikalischen Grenze stehen«[22], und daß jenseits dieser Grenze die Lösung vieler der Probleme der heute noch unheilbaren und chronischen Krankheiten liegen dürfte. Die kumulative Wirkung einer künstlichen Umwelt auf die menschliche Gesundheit ist das Maß der hauptsächlichen und bedeutendsten Sozialkosten. So stehen wir heute am Anfang einer systematischen Untersuchung, die schließlich die Basis für die Ausarbeitung wissenschaftlicher Normen und die Evaluierung der Beeinträchtigung des menschlichen Lebens durch die Wasserverschmutzung liefern können.

Das drohende Ungleichgewicht zwischen einem, im wesentlichen konstanten Angebot an und einer rasch zunehmenden Nachfrage nach Wasser eröffnet noch eine weitere Perspektive der Sozialkosten der Wasserverschmutzung. Eine zuverlässige Versorgung mit sauberem Wasser ist für die Landwirtschaft und für industrielles Wachstum unentbehrlich. Regionen, die ihren Wasservorrat nicht hegen können oder erlauben, daß ihr Wasser durch menschliche Tätigkeit verschmutzt wird, vernichten eine der Produktivkräfte, worauf ihre heutige und zukünftige Prosperität beruht. Die Verschmutzung dieser Ressource, wie die Verschmutzung der Atmosphäre, ist ein Beispiel für Sozialkosten, das voll erfaßt werden muß. Zugegeben, die sozialen Werte dieser Produktivkräfte können weder nach individuellen Wohlfahrtskriterien noch nach Marktwerten eingeschätzt werden. Sie stellen einen Nutzen für die Gesellschaft dar, für den der Marktkalkül bestenfalls einen vorläufigen und gewiß keinen unumstößlichen Maßstab liefert. Soziale Nutzwerte dieser Art verlangen eine Bewertung aller sozialen und politischen Konsequenzen des Handelns, bzw. des Unterlassens. Im Falle der Wasserverschmutzung verlangen sie Kenntnisse über Ursachen und Wirkungen der Verunreinigung bestimmter Gewässer, so daß die Konsequenzen und vergleichbaren Kosten verschiedener Maßnahmen (einschließlich der Politik des Unterlassens) festgestellt und so zur Grundlage einer rationalen politischen Aktion gemacht werden können.

Nur systematische Forschung, die unter unparteiischer wissenschaftlicher Leitung durchgeführt wird, kann die Basis für eine, in ihrer Genauigkeit annehmbare, Schätzung der Sozialkosten der Wasserverschmutzung liefern. Wenn eine wissenschaftliche Erforschung der Ursachen, des Ausmaßes und der Folgen der Wasserverschmutzung nicht durchgeführt wird, und man bei der Berücksichtigung der Auswirkungen neuer Schadstoffe (das Resultat der sich immer ändernden Technologien) nicht ständig den neuesten Stand der Erkenntnisse berücksichtigt, dann ist es nicht möglich, von allumfassender Messung der Sozialkosten der Wasserverschmutzung oder allgemein, der Umweltschadstoffe zu sprechen. Eine solche wissenschaftliche Erfassung würde schließlich zur Ausarbeitung von wissenschaftlichen Normen der maximal zulässigen Konzentration der verschiedenen Arten von Umweltverunreinigungsstoffen führen. Diese Normen könnten nicht nur als Basis für die Messung der Umweltverschmutzung dienen, sondern auch als objektive Kriterien für die Formulierung von Hygiene-Normen und von Programmen für die Erhaltung einer Umwelt, die den biologischen Erfordernissen der Gesundheit, des Lebens und Überlebens entsprechen. Anstelle eines passiven Sich-Anpassens an eine schädliche Umwelt, kann der wissenschaftliche Mensch seine Umwelt gestalten und diese, seine künstliche Umwelt, seinen Zwekken anpassen.

Wir wollen uns hier nicht mit den wirtschaftlichen oder administrativen Aspekten der Schutzmaßnahmen beschäftigen, aber darauf hinweisen, daß der Wunsch nach mehr Information nicht derselbe ist wie die Aussage, daß wir passiv bleiben müssen, bis alle Untersuchungen durchgeführt worden sind. Es ist genug Information vorhanden, um in spezifischen Fällen Abhilfemaßnahmen zu rechtfertigen. Verzögerungen werden künftiges Handeln nicht nur kostspieliger machen, sondern die gegenwärtige Sozialkosten erhöhen. Und wie früher aufgezeigt, dürfen die Kosten rechtzeitiger Schutzmaßnahmen reichlich gerechtfertigt werden im Vergleich zu den künftigen Sozialkosten der Vernachlässigung rechtzeitiger Abhilfe. Während die Gesellschaft nie die Sozialkosten der Vernachlässigung vermeiden kann, können diese Kosten von einzelnen Firmen auf andere und auf die Zukunft abgewälzt werden. Die Sozialkosten der Wasserverschmutzung werden denn auch in einem erheblichen Maße durch die flußabwärts lebenden Menschen getragen. Dies kompliziert das Problem der Schutzmaßnahmen und die Wasserverschmutzung wird zu einem regionalen Problem.

Vor allem wirft es die Frage der Verteilung von Kosten und Nutzen auf. Eine Schutzpolitik kann nicht nur von der örtlichen Zahlungsfähigkeit oder der Art der örtlichen Steuerzahler abhängig gemacht werden. Sie muß regional finanziert werden und zwar als Teil eines allgemeinen Versuchs, eine nationale oder regionale Ressource zu erhalten. Nur ein regionales Programm, bei dem die Regierungen eine weitgehende Verantwortlichkeit übernehmen, kann die Erhaltung der Wasserressourcen garantieren. (Die traditionelle Formel, wonach Staatszuschüsse von der Einhaltung minimaler Normen abhängig gemacht werden, d. h. es werden Gemeinden, welche die Normen nicht einhalten, oder Maßnahmen verzögern, Gelder vorenthalten, könnte ihrem Zweck wieder dienen.[23])

Wir können die Sozialkosten der Wasserverschmutzung indirekt abschätzen, indem wir nach den Kosten fragen, welche nötig wären, Gewässer relativ sauber zu halten. Schätzungen der Kosten der Verhütung vermitteln einen approximativen Preis, zu dem Verunreinigung von Gewässern und die daraus sich ergebenden sozialen Verluste eliminiert und vermieden werden können. Gleichzeitig zeigen die Schätzungen den Teil der Kosten auf, welchen private Zahlungen nicht decken können. Neuere Schätzungen des öffentlichen Gesundheitsdienstes der USA veranschlagen die Gesamtkosten der Eliminierung der Verschmutzung für die nächsten 10 Jahre auf 10,6 Milliarden Dollar. Etwas mehr als die Hälfte müßte von der Privatindustrie für die Erstellung von Kläranlagen aufgewendet werden. Keine Daten sind vorhanden, um den wahrscheinlichen Fehlbetrag zwischen benötigten und tatsächlichen Ausgaben zu messen.[24]

Detaillierte Schätzungen aus dem Jahre 1935, obwohl offensichtlich veraltet, sind nichtsdestoweniger ihres methodischen Ansatzes wegen, bedeutsam. Die Schätzungen vergleichen den Produktionswert einiger Großindustrien mit den geschätzten Kosten der Behandlung ihrer Abwässer.

I *Industriezweig*	*II* *Produktionswert*	*III* *Geschätzte Kosten der Abwasserklärung*
Lebensmittel und Getränke	8 830 896 000	205 400 000
Textilien	2 516 157 000	54 000 000
Chemikalien	1 366 311 000	28 300 000
Erdölraffinierien	1 823 793 000	30 000 000
Eisen u. Stahl	1 902 909 000	20 000 000
Andere Metalle	382 526 000	21 600 000
Gummi	469 400 000	1 000 000
Papier	822 719 000	129 000 000
Gas	203 751 000	5 000 000
	18 318 461 000	494 300 000

Obwohl diese Tabelle[25] nur ein allgemeines Bild des Wertes der Produktion und der Kosten der Verhütung der Wasserverschmutzung einiger Industriegruppen vermittelt, zeigt sie die großen Unterschiede in der finanziellen Last, welche diese Kosten für einzelne Industrien mit sich bringen würden. So betragen die geschätzten Kosten der Klärung bei der Papierherstellung fast ein Siebtel des Produktionswertes von 1935, während die Hersteller von Gummiwaren mit 1/468 auskommen würden.

Noch bedeutsamer als diese allgemeinen Vergleiche sind Schätzungen der Kosten, die in einzelnen Anlagen und bei spezifischen Herstellungsverfahren für die Behandlung industrieller Abwässer anfallen und ihr Verhältnis zu den Gesamtinvestitionen und den jährlichen Produktionskosten. Solche Schätzungen enthüllen nicht nur die jeweilige finanzielle Belastung, welche die erforderlichen Vorkehrungen für den einzelnen Produzenten mit sich bringen würden, sondern sie zeigen auch, welche Industrizweige und -Produkte am ehesten mit Schwierigkeiten zu kämpfen hätten, wenn sie die Kosten des Klärens selbst tragen müßten. Die große praktische Bedeutung einer solchen Unterscheidung führte zur folgenden, versuchsweisen Einteilung der wichtigen Industrien in bezug auf die Kosten der Abwässerklärung. Dabei stellte sich die Frage, ob eine angemessene Reinigung »nicht ins Gewicht fallend«, »ziemlich groß«, oder »extrem hoch« ist.

1. Industrien, bei welchen die Kosten der Abwässerreinigung nicht ins Gewicht fallen würden: »Kleine, einzelne Anlagen für Molkereiprodukte und Konserven; kleine Wäschereien; gewisse chemische Industrien mit wenig Abwasser: einige Textilzweige, wo durch eine Sortierung der Abwässer die zu behandelnde Menge verkleinert werden könnte; Betriebe mit kleinen Mengen säurehaltiger Abwässer und großen Auffangbecken...; Anlagen, bei welchen Sumpfgas als verwendbares Beiprodukt entsteht oder wo das Gas sich in großen Gewässern verflüchtigen kann; Fabriken, deren Abfälle an Ort und Stelle entsprechend behandelt und sicher in Kläranlagen geleitet werden können.«[26]
2. Industrien, bei welchen die Klärung umfangreiche und daher kostspielige Einrichtungen erfordern würde: »Fleischkonserven- und andere Konservenfabriken, Zuckerrübenverarbeiter, Branntweinbrennereien, Brauereien, bestimmte Getreide verarbeitende Betriebe, ferner Textilfabriken, Gerbereien, Kokereien und Produktionseinheiten, bei welchen phenolhaltige Abwässer entstehen – auch Papierfabriken, sofern sie nicht Sulfide oder Sulfat-Zellulose erzeugen, sowie Schmelz- und Verarbeitungsanlagen von Buntmetallen.«[27]
3. Industrien, bei welchen entsprechende Vorkehrungsmaßnahmen nur mit einem außerordentlichen Kostenaufwand möglich wären: »Sulfide- und Sulfat-Zellulose Hersteller, gewisse Spirituosenfabriken, ferner chemische Anlagen mit einem Ausstoß von hochkonzen-

trierten und komplexen Abfallprodukten, Stahlwerke, bei welchen große Mengen ätzender Laugen ausgestoßen werden.«[28]
Zu diesen Industrien muß man auch die Erdölindustrie rechnen, wo sich der erforderliche Kapitalaufwand für eine sachgemäße Ableitung der Salzsole, nach vorsichtigen Schätzungen (1960) auf mindestens 100 Millionen Dollar beläuft; dabei sind die jährlichen Betriebskosten, die gleichfalls sehr hoch wären, nicht eingerechnet. Sie dürften etwa 18–33 Prozent der gesamten Investitionen betragen.[29]

Falls neuere und detaillierte Kostenanalysen die obigen Feststellungen bekräftigen sollten und beweisen würden, daß durch eine Abwasserreinigung gewisse wohletablierte Industriezweige finanziell ernsthaft gefährdet würden, wäre daraus ersichtlich, daß ganze Industriegruppen ihre jetzige wirtschaftliche Stellung nur darum behaupten können, weil sie nicht die gesamten Produktionskosten tragen, sondern die Möglichkeit haben, einen wesentlichen Teil dieser Kosten auf andere Personen und auf die Gesellschaft abzuwälzen.

6. Sozialkosten und erneuerbare Ressourcen

In den vorangegangenen Kapiteln über Luft- und Wasserverschmutzung sind wir wiederholt auf das Problem der Erhaltung bzw. Erschöpfung dieser Ressourcen gestoßen. Wir machten klar, daß sauberes Wasser und unverschmutzte Luft nicht mehr kostenlose Gaben der Natur sind. Besonders in den stärker industrialisierten Gebieten sind diese wesentlichen Voraussetzungen menschlichen Lebens zu echten wirtschaftlichen Ressourcen geworden, deren Erschöpfung oder Erhaltung ein öffentliches Anliegen geworden ist, weil ihre zunehmende Zerstörung die Kontinuität menschlicher Existenz gefährdet.

Wir sprachen von Begriffen wie »natürliches Gleichgewicht«, »maximal zulässige Konzentration«, »sichere Minimalnormen« und »objektive gesundheitliche Erfordernisse«. Die grundlegende Idee, die dabei zum Ausdruck kommt, ist auch für das Studium der Sozialkosten von Bedeutung, die bei der Nutzung erneuerbarer Ressourcen wie des Wildbestands, der Fruchtbarkeit des Bodens und des Nutzens der Wälder entstehen können. Wenn also die Intensität der Nutzung irgendeiner dieser Ressourcen eine sichere Grenze überschreitet, dann kommt es nicht nur zu rascher und kumulativer Erschöpfung, sondern zu einem irreversiblen Prozeß, der weitreichend schädliche Wirkungen auf das Bestehen ganzer Industrien, Dörfer und Städte haben kann. Genau wie der Begriff der maximal zulässigen Konzentration von Schadstoffen objektiv definiert werden kann, so ist es möglich, ein »soziales Limit« zu formulieren, jenseits dessen jede Nutzung erneuerbarer Ressourcen eine Reihe von sozialen Verlusten verursacht. Tatsächlich kann in extremen Fällen die Erschöpfung dieser oder jener Ressource das Wirtschaftswachstum beschränken und eine ganze Region mit Stagnation und einer dauernden Strukturkrise bedrohen. So kann es dazu kommen, daß ganze Ortschaften verlassen und aus blühenden Siedlungen Geisterstädte werden.

Eng verknüpft mit dem Begriff des Schwellenwertes ist jener des natürlichen Gleichgewichts. Die meisten natürlichen Ressourcen kommen zusammen mit anderen Elementen wie Pflanzen und Mineralien vor und bilden ein natürliches System von großer Komplexität und Anfälligkeit. Wenn dieses ökologische Gleichgewicht gestört ist, können die Auswirkungen kumulativ, weitreichend und praktisch irreversibel sein, auch wenn die Wiederherstellung des *Status quo ante* – zumindest auf lange Sicht und zu prohibitiven Kosten – technisch möglich sein sollte. Wir wollen nun diese zwei Begriffe, den des ökologischen Gleichgewichts und des Schwellenwerts, eingehender erklären.

Das ökologische Gleichgewicht

Der Begriff des ökologischen Gleichgewichts bezieht sich auf das empfindliche System von Wechselbeziehungen zwischen dem Boden und seiner Pflanzendecke. Die natürliche Vegetation in einem bestimmten Gebiet wird u. a. durch die Bodenbeschaffenheit, die Stärke und die Verteilung der Niederschläge und die topographische Gestalt bestimmt. So schließen z. B. lange Dürreperioden oder solche mit geringem Regenfall das Wachstum von Wäldern, die eine verhältnismäßig große Feuchtigkeitsmenge erfordern, aus. Aber gleichzeitig bestimmt die Pflanzendecke eines Gebiets die Fähigkeit des Bodens, Niederschläge aufzunehmen. Sie regelt die Aufnahmefähigkeit von Wasser, hält den richtigen Grundwasserspiegel aufrecht und reguliert das Abfließen in kleinen und großen Gewässern. Die natürliche geologische Erosion des Bodens wird auf ein Minimum beschränkt oder soweit gemildert, daß sie den Pflanzenwuchs und den langsamen Prozeß der Bodenbildung nicht gefährdet.

Alles, was dieses natürliche Gleichgewicht zerstört, beeinträchtigt die Schutzfunktion der Vegetationsdecke. Beispielsweise kann das ökologische Gleichgewicht durch die Neuerschließung unberührten Bodens, durch Entwässerung von Teichen oder andern Feuchtgebieten, durch das Umpflügen der natürlichen Grasnarbe oder durch Kahlschlag von Wäldern gestört werden. Alle diese Eingriffe können schädliche Wirkungen haben, die von denjenigen nicht berücksichtigt werden, die an der Vergrößerung der Ackerfläche interessiert sind. Wenn dies in großem Maßstabe und ohne Schutzmaßnahmen stattfindet, um eine rasch wachsende Nachfrage nach Ackerbauprodukten zu befriedigen, kann das Umpflügen von unberührtem Boden geradezu den Wohlstand untergraben, der dadurch gefördert werden sollte.

Ähnlich steht es mit unsachgemäßer Landnutzung und gewissen forstwirtschaftlichen Praktiken wie einseitige Ausforstung, »wiederholtes Abbrennen und zu starkes oder unzeitige Beweidung. Diese Maßnahmen können das Gleichgewicht in einem solchen Ausmaß stören, daß wertvolle Arten gänzlich durch weniger wertvolle ersetzt werden«.[1]

Andererseits kann das Abschlagen des Waldes häufigere Überschwemmungen, das Verschlammen von Strömen und Staubecken, die Senkung des Grundwasserspiegels, die Verschmutzung von Flüssen, die Zerstörung von Bewässerungsanlagen, die Schädigung durch Sandstürme und das Verschwinden des Wildtierbestandes zur Folge haben. Diese weitreichenden und oft irreversiblen Folgen menschlicher Tätigkeit sind alle der Tatsache zuzuschreiben, daß sie das komplexe und höchst empfindliche Gleichgewicht stören, das zwischen Boden und Pflanzendecke besteht.

Das ökologische Gleichgewicht definieren bedeutet nicht seine Aufrechterhaltung zur Norm zu machen. Es ist unnötig anzuführen, daß jeder Bevölkerungszuwachs die Erhaltung des ökologischen Gleichgewichts erschwert. Auch abgesehen von der Bevölkerungsvermehrung kann es andere wichtige Gründe geben, aus denen dieses Gleichgewicht nicht erhalten werden kann, beispielsweise bei Naturkatastrophen oder in Zeiten nationalen Notstands. Doch jede solche Störung hat langfristig kumulative Folgen, die man weitgehend voraussehen kann, und es ist stets unvorsichtig, sie im Interesse der kurzfristigen Ertragsmaximierung oder Kostenminimierung zu mißachten.

Die »kritische Zone« in der Nutzung erneuerbarer Ressourcen

Genau so, wie bei der maximal zulässigen Konzentration von Schadstoffen in der Luft und im Wasser, über die hinaus die Verschmutzung sozial schädlich ist, gibt es auch bei erneuerbaren Ressourcen eine gewisse Grenze, jenseits derer eine weitere Intensivierung der Nutzung einen kumulativen und irreversiblen Prozeß der Zerstörung und Erschöpfung in Gang setzt. Genauer gesagt, es gibt eine kritische Zone, die man definieren könnte als »ein mehr oder weniger klar begrenzter Bereich von Nutzungs-Intensitäten, deren Überschreitung unter den gegebenen technischen Bedingungen eine nicht rückgängig zu machende Verminderung der Erträge bewirkt«.[2]

Noch bevor die Ressource völlig erschöpft ist, kann ein Zustand wirtschaftlicher Irreversibilität eintreten, deren Überschreitung unter den gegebenen technischen Bedingungen eine nicht rückgängig zu machende Verminderung der Erträge bewirkt. Wirtschaftliche Irreversibilität heißt nicht unbedingt technische Irreversibilität. Unter gewissen Nachfrage- und Kostenbedingungen kann es lohnend werden, kahlgeschlagenes oder mit Gestrüpp bewachsenes Gelände wieder aufzuforsten oder einen ausgelaugten oder erodierten Boden wieder zu voller Produktivität zu bringen. Eine solche Wiederaufforstung und Bodenverbesserung wird ein langsamer Prozeß sein und erhebliches Kapital erfordern, weil das verlorene ökologische Gleichgewicht wiederhergestellt werden muß.

Wo immer die Nutzungsrate die kritische Grenze überschreitet, verringert sich der Bestand, und die Ressourcen mögen schließlich die Fähigkeit einbüßen, sich zu erneuern. Sie hören auf zu bestehen. Im Falle wildlebender Tiere bewirkt die Vernichtung der Fortpflanzungsbasis oder des natürlichen Habitats, das Ende der Vermehrung und macht die Erschöpfung unumkehrbar. »Die Bodenverarmung kann wirtschaftlich irreversibel werden, wenn eine schützende Pflanzendecke durch Anbau, übermäßige oder unzeitige Beweidung, wiederholtes Abbrennen zerstört worden ist, wo durch Topographie, Klima oder Boden ein bestehendes Gleichgewicht zwischen erodierenden Kräften (Wasser, Wind) und der stabilisierenden Kraft der Pflanzendecke gefährdet ist.«[3] Gewisse Arten von Erosion machen es überhaupt unmöglich, die Fruchtbarkeit des Bodens für den Pflanzenwuchs zu nutzen. In der Forstwirtschaft führen starkes Abholzen und wahllose Nutzung rasch zu einer Störung des ökologischen Gleichgewichts, und es kann dabei zu einer wirtschaftlichen Degeneration der Pflanzen- oder Tierarten oder zu einem völligen Verschwinden des Waldes und seiner Schutzfunktion kommen.

Anders ausgedrückt: Es gibt eine Schwelle der Nutzung der Ressourcen, über die hinaus jede Intensivierung der Nutzung zu wirtschaftlich irreversibler Erschöpfung führt, die mit empfindlichen, sozialen Verlusten einhergeht. Offensichtlich variiert die Art und Größe dieser Verluste je nach der Art der Ressourcen. Gewiß gibt es Unsicherheitsfaktoren, die sowohl das Zustandekommen als auch das Ausmaß der Verluste beeinflussen. So ist zum Beispiel die Anpassung an den Verlust einer bestimmten Ressource und ein Wandel in der Beurteilung durchaus möglich. Weiter gibt es keine unumstößliche Gewißheit, daß der Erschöpfungsprozeß nicht doch noch umkehrbar wäre, es sei denn im Falle des Aussterbens einer Tierart. Gleichwohl sind die sozialen Verluste erheblich und zwar sowohl vom Gesichtspunkt ihrer sozialen Konsequenzen als auch verglichen mit den Kosten der Vermeidung. So hat die Zerstörung erneuerbarer Ressourcen ausnahmslos zur Folge, daß die Alternativen, die sich einer sozialen Gruppe für ihre Tätigkeit darbieten, eingeengt werden. Eine solche Erschöpfung begrenzt die Entwicklung und fördert die Spezialisierung, nicht die Diversifikation. Sie behindert die wirtschaftliche Entwicklung und führt schließlich zu einem toten Punkt. Aus der Sicht der Gesellschaft müssen erzwungene Spezialisierung und aufgehaltenes Wachstum als ernsthafte Einengung der Entwicklungsmöglichkeiten der Gesellschaft angesehen werden. Aus diesem Grund trifft es zu, daß jede Erschöpfung irgendeiner Ressource einen erheblichen sozialen Verlust darstellt.[4]

Verglichen mit diesen potentiellen Sozialkosten, sind die tatsächlichen Kosten für die Vermeidung dieser nachteiligen sozialen Konsequenzen verhältnismäßig gering. Dieser Schluß ist gerechtfertigt, wenn wir uns vor Augen halten, daß in vielen Fällen nur die Auswahl der Verfahren der Ressourcennutzung geändert werden muß, um mit den Lebens- und Wachstumszyklen solcher Ressourcen – etwa des Wilds, der Fische und Wälder – zu harmonieren. In allen diesen Fällen wird die Nutzungsrate nicht auf null vermindert werden müssen, sondern nur bis auf einen gewissen Abstand von der kritischen Zone. Außerdem würde eine Nutzungsrate, die die Erschöpfung über die sichere Minimalnorm treibt, zu einem gänzlichen Versiegen des Ressourcenflusses führen. Dieser Punkt ist jedoch überraschend früh erreicht. Die Gesellschaft hätte dann ganz ohne diese Naturschätze auszukommen.[5]

Es muß wiederum darauf hingewiesen werden, daß die »kritische Zone«, jenseits welcher die Erschöpfung praktisch nicht mehr umkehrbar wird, einen Orientierungspunkt darstellt und nicht eine Norm, die unausweichlich ist, und zu jeder Zeit die Nutzungsrate bestimmen muß. Es mag dringende Gründe dafür geben, daß gewisse Ressourcen und »Lebensräume« der Expansion der Siedlungsfläche und der Zivilisation geopfert werden müssen. Außerdem ist die Einhaltung einer sicheren Minimalnorm – definiert in physischen Größen (z. B. als sichere Erträge) – immer noch dem wirtschaftlichen Erfordernis der Kosten-Minimierung untergeordnet. Wenn also alternative Verfahren zur Bewahrung der Ressourcen bestehen, dann wäre die Methode zu wählen, welche die geringsten (privaten und sozialen) Kosten verursacht.[6]

Alles in allem ist die sichere Minimalnorm für die Nutzung erneuerbarer Ressourcen ein praktikables, definierbares soziales Optimum, das als Anhaltspunkt für die Formulierung und Bewertung der Politik und der Nutzung dienen kann. Sie umfaßt die Wirkung der irreversiblen Zerstörung auf die Nutzungsrate und die kritische Zone der Ressourcenbasis. Die soziale Minimal-Norm lenkt überdies, als konkrete Größe, unsere Aufmerksamkeit auf die Wirkung verschiedener institutioneller Anordnungen und Praktiken, welche die Nutzungsrate der Ressourcen beeinflussen. Sie kann dem Sozialwissenschaftler als Werkzeug bei der Untersuchung der Sozialkosten dienlich sein, die aus der Nutzung der Ressourcen entstehen können.

Institutionelle Vergleiche

Welches sind die Wirkungen der verschiedenen institutionellen Einrichtungen auf die Nutzungsrate einer Ressource? Bei dieser Frage muß man natürlich im Auge behalten, daß institutionelle Faktoren nie die einzigen sind, die diese Raten bestimmen. Die Nachfrage und der technologische Stand müssen berücksichtigt werden. Denn offensichtlich erhöhen Bevölkerungsvermehrung und verbesserte technische Leistungsfähigkeit die Nutzungsrate. Tatsächlich beeinflussen diese dynamischen Faktoren nicht nur die Nutzungsrate, sondern auch die Frage, ob bestimmte Elemente in der natürlichen Umwelt des Menschen wirklich Ressourcen oder »kostenlose Geschenke der Natur« sind.

Die traditionellen Gesellschaften waren im wesentlichem statisch und nichtkommerziell. Sie konnten sich weitgehend selbst versorgen. Der Hausgebrauch oder die örtlichen Märkte begrenzten die Ressourcennutzung. Soweit wie Ackerland und Weiden kostenlose Güter oder Gemeinbesitz waren, wurde ihre Nutzung durch Gewohnheiten und feste Beschränkungen genau geregelt. Wie die einst weitverbreitete Dreifelderwirtschaft beweist, waren sich diese Gesellschaften der Notwendigkeit von Maßnahmen zur Erhaltung der Fruchtbarkeit wohl bewußt. Wo Ländereien und Wälder im feudalen Europa Eigentum von Gutsbesitzern waren, sorgte das Interesse und das System der einheitlichen Bewirtschaftung durch den Eigentümer dafür, daß die Nutzung sich in Grenzen hielt. Die Technik war primitiv und vorindustriell, die Bevölkerungsdichte meist gering und stationär, daraus läßt sich mit Sicherheit schließen, daß die traditionellen Gesellschaften bei der Nutzung ihrer erneuerbaren Ressourcen ein sicheres soziales Minimum einhielten. Ihre institutionellen Vorkehrungen schlossen ernsthafte Schädigungen von Ressourcen aus. Asiatische Gesellschaften, die in großem Maßstab künstliche Bewässerung durchführten, müssen sich der Notwendigkeit von Schutzmaßnahmen besonders bewußt gewesen sein. Tatsächlich hing ihr Überleben von der Fähigkeit ab, die Bewässerungskanäle, Deiche, Hochwasserdämme, Terrassen usw. so zu bauen und die Nutzungsrate so zu beschränken, daß eine gefährliche Schwelle nicht überschritten wurde. Die Tatsache, daß diese Abhängigkeit von größeren Anlagen sie fremden Eroberern gegenüber so verletzlich machte, bestätigt die Hypothese, daß Zerstörung durch Eroberung und nicht innere Störungen oder übermäßige Ausnutzung die Hauptrolle bei ihrem schließlichen Niedergang und Verschwinden spielten.

Stämme oder Dörfer mit gemeinschaftlichem Landbesitz dürften in ihren Nutzungspraktiken noch konservativer gewesen sein. Wenn Land kein Gut ist – d. h. wenn es von Individuen oder Familien zwar genutzt, aber weder verkauft noch verpfändet werden kann – dann wird es nach dem Beitrag gewertet, den es zum Lebensunterhalt der Gruppe leistet. Nach rechtlichen oder religiösen Vorstellungen mag das Land dem Stamm, den Ahnen oder einfach allen früheren, gegenwärtigen und künftigen Familiengliedern gehören. Jede Familie hat dabei das Recht, etwas Land anzubauen und zu beweiden. Das Land kann dabei ein Investitionsmittel und eine Quelle des Wohlstandes sein und für große Viehherden benötigt werden, die den Wohlstand sichern. Gleichwohl wird das Land nicht im Sinne der Maximierung eines Bareinkommens gewertet und verwendet, sondern zur Erhaltung des Einzelnen oder der Gruppe. Praktisch muß sich das wie eine eingebaute Schranke auswirken, die den Boden für den zukünftigen Gebrauch sichert. Im Interesse der lebenden oder der künftigen Generationen können alle möglichen primitiven Konservierungspraktiken zur Anwendung kommen.

Für das Studium der Sozialkosten, die aus der wettbewerbsmäßigen Nutzung erneuerbarer Ressourcen (ja der Ressourcen überhaupt) erwachsen, ist es lehrreich, den Wirkungen nachzugehen, die eine kommerzielle Durchdringung durch fortgeschrittene Marktwirtschaften auf die Art der Nutzung bei traditionellen Gesellschaften zeigt. Sicher findet dieser Kontakt unter speziellen Bedingungen statt. Politische und institutionelle Hemmnisse fehlen, was sie besonders zerstörerisch macht. Gleichwohl bringt die Untersuchung dieser zerstörerischen Auswirkungen die Faktoren und Kräfte mit besonderer Klarheit zutage. Die Kolonialherrschaft ändert die Nutzungsrate radikal. Auch wenn keine festen Grenzen gezogen und keine privaten Eigentumsrechte an Boden geschaffen werden, hat die Berührung mit der Kolonialmacht, ihrer Wirtschaft und dem Weltmarkt für landwirtschaftliche Rohstoffe unvermeidlicherweise weitgehende Wirkungen auf die Landnutzung. Der Boden wird nun wertvoll und eine Quelle von Geldeinkommen. Der Anbau wird systematischer und kontinuierlicher. Wird Land ein Vermögenswert, besteht die Tendenz, ausschließliche Eigentumsrechte einzuführen. Hand in Hand mit diesen Rechten geht die Befugnis, den Boden nach Belieben zu übertragen und ihn einzelnen Familiengliedern zu übergeben. Das Ergebnis ist eine weitgehende Zerstückelung. Wachsender Bevölkerungsdruck, niedrige Einkommen, schwankende Preise, ausgeprägte Zeitpräferenz wirken als Anreize, das laufende Einkommen zu maximieren. Das Resultat wird eine intensive Nutzung des Acker- und Weidelands sein, welche die Zerstörung der Fruchtbarkeit, Überweidung und Erosion zu allgemeinen Kennzeichen der Landnutzung werden läßt. Der bekannte *circulus vitiosus* von Armut, geringem Einkommen, Unwissenheit und Bodenerschöpfung wird den Prozeß zum Abschluß bringen und sich in äußerst geringen Erträgen in der Landwirtschaft widerspiegeln, die für viele unterentwickelte Länder charakteristisch geworden sind.[7]

In allen diesen Fällen stehen wir einem kumulativen Prozeß gegenüber, der zur Mißachtung der kritischen Zone führt. Ein ähnlicher Vorgang spielte sich während der frühen Periode des Übergangs von der traditionellen zur kommerziellen Landwirtschaft in den heutigen hochentwickelten Ländern Westeuropas ab. Auch dort wurde das Optimum weitgehend mißachtet und dies mit erheblichen sozialen Rückwirkungen. Die Suche nach einem pragmatisch-technischen Optimum veranlaßte verschiedene Agronomen (wie Liebig, Charles Comte, Johnston), die Möglichkeit einer rationellen Landwirtschaft unter den Bedingungen des Privateigentums zu bezweifeln. Es blieb Marx vorbehalten, zu betonen, daß die Umwandlung von Stammeseigentum, feudalem Landbesitz und Kleinbauerntum in ein System der modernen Landwirtschaft das Agrarpreissystem und die Landnutzung im allgemeinen *ad absurdum* führe.[8]

Was laut Marx das Preissystem in der Landwirtschaft problematisch macht, ist die Tatsache, daß natürliche Ressourcen in den Prozeß der Wertreproduktion im wesentlichen als unentgeltliche Gaben der Natur eingehen. Wenn der Boden, der eine unerläßliche Bedingung der menschlichen Existenz und des Fortbestehens darstellt, zerstört wird, dann werden künftige Generationen zusätzliche Investitionen für Dünger, Bewässerungs- und Drainagesysteme usw. aufgebürdet. Die zukünftigen Kosten und Preise werden höher sein, weil die Voraussetzungen für die Aufrechterhaltung des natürlichen Gleichgewichts nicht beachtet wurden. Spätere Generationen können den Folgen dessen nicht entgehen, was Marx die Ausbeutung der Kraft des Bodens oder die Vernichtung der natürlichen Produktivität der Arbeit nannte.

Marx glaubte nicht, daß das Ergebnis davon abhängig sei, ob die Landwirtschaft in kleinem oder in großem Maßstab betrieben wird. Bei hohem anfänglichem Landwert (der die kapitalisierte Rente darstellt, die für den Boden zu bezahlen ist) kann der kleine Landwirt sich die Investitionen nicht leisten, die für einen rationellen Anbau erforderlich sind. In der Großlandwirtschaft, wo der Pachtbesitz eine Rolle spielt, sind die Investitionen des Pächters für Verbesserungen ebenfalls begrenzt; weil er befürchten muß, daß Ertragssteigerungen nicht ihm, sondern dem Eigentümer in Form von höheren Pachtzinsen oder Abgaben zugute kommen werden. In beiden Fällen bewirkt die Abhängigkeit des Bauern von den Marktpreisen und dem Pachtverhältnis (oder dem »gemeinschaftlichen, ewigen Eigentum«, das die Grundlage der freien »natürlichen« Arbeitsproduktivität ist), daß Land »vergeudet« wird, und da kommt es zu einem »unheilbaren Riß... in dem Zusammenhang des gesellschaftlichen und durch die Naturgesetze des Lebens vorgeschriebenen Stoffwechsels«.[9]

Diese frühere Analyse des Zusammenhangs zwischen dem Preissystem – insbesondere den schwankenden Preisen für landwirtschaftliche Erzeugnisse – und der wirtschaftlich irreversiblen Zerstörung des Bodens hat nichts von ihrer Bedeutsamkeit eingebüßt. Doch kommen zu den Preisen und den Pachtbedingungen noch institutionelle Faktoren wie Ungewißheit, Agrarkredite, Steuern und steigende Bodenwerte hinzu, die ebenfalls ungünstige soziale Wirkungen aufweisen. In der folgenden Erörterung wollen wir kurz auf diese allgemeinen Beziehungen eingehen.

Wechselnde und gedrückte Agarpreise können die Anwendung schonender Ackerbaumethoden unrentabel und damit unwahrscheinlich machen. Hohe und schwankende Inputkosten (für Dünger, Saatgut, Geräte usw.) haben dieselbe Wirkung. Doch wie die Erfahrungen während beider Weltkriege lehrten, können auch hohe und besonders steigende Preise gewisser Anbauprodukte zur Bodenerschöpfung führen, wenn die daraus resultierende Vergrößerung der Anbaufläche das Optimum verläßt und das natürliche Gleichgewicht stört. Unter diesen Umständen scheint die Wirkung der Preise auf die Landnutzungsrate verschiedenartig zu sein und kann nicht mit irgendeinem Anspruch auf allgemeine Geltung formuliert werden.[10]

Dagegen kann man einwenden, daß unstabile Preise die Ungewißheit vergrößern, die alle Entscheidungen in der landwirtschaftlichen Betriebsführung umgeben. Indem sie das Risiko und damit die notwendige (Kosten-)Vergütung erhöhen, verteuern schwankende Preise die Maßnahmen zur Bodenerhaltung. In diesem Zusammenhang ist es notwendig, auf den eigentümlichen *circulus vitiosus* einer zunehmenden Nachfrage nach Agrarprodukten hinzuweisen, welche die Folge einer rasch wachsenden Bevölkerung ist und konstante oder sogar steigende Einkünfte bringen kann. Diese steigenden Einkünfte können kurzfristig über die sinkende physische Ertragskraft des Bodens in Verbindung mit der Erschöpfung der Fruchtbarkeit hinwegtäuschen. Außerdem kann es, solange die Einkünfte die Kosten übersteigen, ganz einfach rentabler sein, mit den ausbeuterischen Anbaumethoden fortzufahren, besonders wenn der Landwirt arm ist und eine starke Präferenz für sofortigen Konsum hat. Auch wenn er merken sollte, daß er nach und nach den Boden zerstört, wird der Landwirt kaum schonendere Anbauverfahren anwenden, solange ausgelaugtes Land aufgegeben und dafür weniger entwerteter oder unberührter Boden unter den Pflug genommen werden kann. Unter diesen Bedingungen – die in den Vereinigten Staaten bis vor kurzem herrschten – kann die Nutzung von Ackerland von einer allmählichen und weitverbreiteten Minderung der Fruchtbarkeit begleitet sein, auch wenn der einzelne Landwirt mit Gewinnen arbeitet. Ebenso werden bodenverbessernde Maßnahmen unterbleiben und öfter zerstörerische Anbaumethoden angewendet werden, wo Pachtverträge mit kurzer Laufzeit und unstabile Bodenbesitzverhältnisse ganz allgemein keine ausreichende Sicherheit für die vom Pächter beabsichtigten Verbesserungen bieten. Denn offensichtlich kann »ein Pächter, der nicht die Zusicherung hat, daß er das Land dauernd bewirtschaften wird, es sich selten leisten, mehr Dünger zu verwenden, als er durch die unmittelbaren Erlöse kostenmäßig decken kann; auch wird er nicht in der Lage sein, bodenverbessernde Kulturen anzupflanzen«.[11]

Agrarkredit und Steuersysteme beeinflussen ebenfalls die Bodennutzungsrate. Sie können die Ungewißheit und die Unbeweglichkeit der landwirtschaftlichen Betriebsweise erhöhen. Während ausreichende Kreditmöglichkeiten die Vorbedingung für die Verbesserung der Anbaumethoden sind, kann es bei wiederholter Zahlungs-Unfähigkeit, besonders in Zeiten eines Preiszerfalls, dazu kommen, daß dem Bauern die Veräußerung von Vermögenswerten und die Aufkündung des Darlehens droht, und das zu einer Zeit, wo eine solche Liquidation – wenn überhaupt – nur zu katastrophal gedrückten Preisen erfolgen kann. »Diese Gefahr muß den Nutzungsplan beeinflussen. Das Einkalkulieren dieser Ungewißheiten muß zur Bodenerschöpfung führen. Mit andern Worten: der Eigentümer mag es für ratsam halten, durch Ausbeutung des Bodens soviel wie nur möglich vom derzeitigen Wert seiner Ressourcen zu liquidieren, bevor der Verfall der Hypothek ihn daran hindert, sein Kapital zu realisieren.«[12]

Auf ähnliche Weise kann eine hohe Steuerbelastung dazu führen, daß die Landnutzungsrate gesteigert wird, um von den Investitionen möglichst viel zu realisieren und das Geld zu erhalten, das für die Bezahlung der Steuern nötig ist. Wenn außerdem die Nachfrage nach Land und Agrarprodukten steigt, dann hat auch der Wert des Landes eine Tendenz zum Steigen, er wird aber nicht nur die gegenwärtige, d. h. tatsächliche, sondern auch die zukünftige, d. h. antizipierte Ertragskapazität widerspiegeln. Steuern, die auf Land aufgrund dieses Schätzungswertes erhoben werden, bewirken eine intensive Nutzung. Tatsächlich werden die Bauern in ihrem Bestreben, soviel wie möglich aus ihren Investitionen zu realisieren und die relative Steuerlast auf ein Minimum zu senken, möglicherweise die Landnutzung bis zu einem Punkt treiben, wo die Bodenerschöpfung wirtschaftlich irreversibel wird.

Bisher haben wir institutionelle Faktoren berücksichtigt, die zu sozialen Verlusten führen, und entweder sich in höheren Anbaukosten (oder geringeren Einnahmen) und höheren Preisen äußern. Andere Sozialkosten in der Landwirtschaft kann der einzelne Bauer weitgehend auf die Gesellschaft abwälzen und muß sie deshalb auch nicht in Rechnung stellen. Dies sind die sekundären und tertiären Schäden der vom Menschen verursachten Bodenerosion. Über diese Art von Schäden ist man sich verhältnismäßig im klaren. Solange der Boden durch seine natürliche Pflanzendecke geschützt ist, wird es aller Wahrscheinlichkeit nach zu keiner schwerwiegenden Erosion kommen. Eine natürliche Vegetation ist imstande, eine günstige Absorption und stetige Versickerung der Niederschläge zu gewährleisten. Die bodenbindende Eigenschaft der Pflanzenwurzeln verhindert jedes oberflächliche Ablaufen des Regens. Sobald aber diese Schutzdecke entfernt wird, wird die Absorptionsfähigkeit des Bodens und das Einsickern des Wassers vermindert und der Boden ist direkt der Erosion durch Wasser und Wind ausgesetzt. Dasselbe geschieht, wenn Hänge so gepflügt werden, daß die Furchen vertikal verlaufen, besonders wenn das Land mit Pflanzen wie Mais und Baumwolle bestellt wird, die in Reihen, anfänglich ohne andere Bodendeckung angelegt werden. In allen diesen Fällen kann das Ablaufen des Wassers den Boden auflösen und den Hang hinunterschwemmen.

Die Art und das Ausmaß der schädlichen Folgen der Bodenerosion hängen von natürlichen Faktoren wie der Zusammensetzung des Bodens, der Niederschlagsmenge und -verteilung und der Topographie des Landes ab. Je sandiger der Boden, je ausgiebiger die Niederschläge, je steiler die Hänge, desto stärker die Erosion. Diese Faktoren sind jedoch gegeben und unterliegen keiner menschlichen Kontrolle. Mit andern Worten, um die Erosion zu vermeiden, müssen die Anbaumethoden den Bedingungen der natürlichen Umwelt angepaßt sein. Wenn der Landwirt dies nicht beachtet und wenn infolge eines Zusammenspiels von natürlichen Faktoren und preisbedingter Anbaupraktiken eine rasche Erosion einsetzt, so müssen offensichtlich die letzteren als Ursache für die Verwüstung angesehen werden und nicht die starken Regenfälle und die Steilheit des Hanges.

Es können zwei Arten von Erosion unterschieden werden, je nachdem diese durch Wasser oder durch Wind verursacht wird. Während beide den Boden angreifen und damit die privaten Kosten des Landwirts erhöhen, können ihre indirekten Wirkungen noch bedeutend weitreichender sein. Da es die Erosion durch Wind ist, die den größten Teil dieser Sozialkosten verursacht, mag es angebracht sein, kurz auf sie einzugehen.

Sobald die Oberfläche des Bodens durch Pflügen oder zu starke Beweidung verändert ist, nimmt seine Durchlässigkeit ab. Infolgedessen wird das Ablaufen des Wassers beschleunigt, und die Häufigkeit und Höhe der Überschwemmungen zunehmen. Die verminderte Durchlässigkeit erodierter Böden läßt nicht nur Überschwemmungen häufiger und stärker werden, sondern hemmt gleichzeitig die natürliche Wiederherstellung des Grundwasserspiegels, was wiederum den Wasservorrat für den Hausgebrauch und die Bewässerung mindert. Schließlich kann die Ablagerung von Erosionsschutt zur Sedimentierung von tieferliegenden Böden, Reservoirs und Kanälen führen. In trockenen Gebieten »... heben die über die entblößte, trockene Landfläche wehenden Winde die kleinen und leichten Partikel und tragen den Staub über weite Entfernungen weg... Die größeren, wenig produktiven Erdteilchen, die bei diesem Trennungsprozeß zurückbleiben, rollen oder springen über die Erdoberfläche, bis sie durch ein Hindernis aufgehalten werden. So werden gute Felder überdeckt und Zäune und Gebäude begraben«.[13] Andere erhebliche Schäden infolge Winderosion treten als Anhäufungen auf Feldern, den Zäunen entlang, auf den Straßen und Bahndämmen auf; Gräben werden zugeweht, landwirtschaftliche Maschinen und Gebäude bedeckt. Großer Schaden entsteht auch durch das Abscheuern jungen Getreides durch den Sand und durch die Versandung von Weideland, auf dem dann nur Unkraut nachwächst.

Diese zerstörerischen Wirkungen der Winderosion bekommen nicht nur die dafür verantwortlichen Landwirte zu spüren, sondern sie können sich in entfernteren Gegenden zeigen. Das Entstehen der Sand- bzw. Staublandschaft (dust-bowl) in den trockenen Regionen der amerikanischen Ebenen, was zur Abwanderung von Hunderttausenden von verarmten Bauern aus den Staaten des mittleren Westens an die pazifische Küste führte, wurde durch die Anbau- und Weidepraktiken der früheren Siedler verursacht, durch das Sinken des Grundwasserspiegels infolge des Trockenlegens von Sümpfen in einem Umkreis von mehreren hundert Kilometern und durch das Umpflügen der natürlichen Grasdecke. Diese Anbaumethoden waren eine Reaktion auf die starke Steigerung der Nachfrage nach Weizen während des ersten Weltkrieges. Während einzelne Landwirte ihre privaten Auslagen vielleicht herauswirtschaften konnten, versagte der Preismechanismus insofern vollkommen, als er die Zerstörung des ökologischen Gleichgewichts und die damit verursachten sozialen Verluste nicht berücksichtigte.

Entwaldung

Die Waldressourcen haben eine natürliche Wachstumsrate, die als Maßstab für die Bewertung der tatsächlichen Forstpraxis gelten kann. Wenn die Abholzungsrate diesen jährlichen Neuzuwachs übersteigt, dann wird die Ressourcenbasis geschmälert und vom Kapital gezehrt. Wir wollen damit wiederum nicht sagen, daß die Nutzungsrate unter allen Umständen innerhalb der Grenzen bleiben muß, die die natürliche Wachstumsrate setzt.[14] Doch hat sich die Wettbewerbswirtschaft weder an diese Grenzen gehalten, noch die sozialen Verluste einkalkuliert, die durch die rasche Erschöpfung der vorhandenen Holzreserven entstehen. Wie wir oben bereits gezeigt haben, besteht die Tendenz, den Erschöpfungsprozeß zu verstärken und dadurch den Weg für eine kumulative Erschöpfung zu ebnen. Die Zeit spielt in diesem zirkulären Prozeß eine wichtige Rolle, d. h. die vielen Jahre, die für das Wachsen der Bäume notwendig sind. Bäume, die heute gepflanzt werden, erlangen ihre »Reife« (d. h. die minimale Größe, bei der das Fällen einen Ertrag abwirft) erst in einem halben Jahrhundert. Es gibt Arten, bei denen es hundert Jahre dauert, bis einzelne geschlagen werden können. Aus diesen Gründen sind Baumschulen langfristige Investitionen, die erst sehr spät Profite abwerfen. Wie wir in Zusammenhang mit dem fiktiven Optimum zeigen werden, bewirkt jede Erhöhung der Zeitpräferenz (d. h. Höherbewertung der Gegenwart gegenüber der Zukunft) des Besitzers oder jede Zunahme der Ungewißheit eine Verringerung des gegenwärtigen Werts der erwarteten zukünftigen Erträge. Damit steht einer fortschreitenden Erschöpfung nichts mehr im Wege, die damit verbundene Verringerung der Kapitalbasis wird nicht bedacht. Der Wunsch der Waldeigentümer, so schnell wie möglich ein maximales Einkommen aus ihren Anfangsinvestitionen zu realisieren, hat wiederholt zu einer raschen Expansion der Ausbeutung des Waldes geführt und den Konkurrenzkampf in der Holzindustrie in den Vereinigten Staaten verschärft. Der Wettbewerb zwischen den verschiedenen Holz produzierenden Regionen wird ruinös und die daraus resultierenden niedrigen Preise verstärken ihrerseits die zerstörerischen Nutzungsmethoden. Anstatt ausgewählte Bäume zu fällen und systematische Aufforstung zu betreiben, ohne die sich der Wald verschlechtert und früher oder später erschöpft, findet es die Holzindustrie profitabler – jedenfalls kurzfristig gesehen – die Bäume wahllos abzuholzen. In einigen Fällen werden nur die besten Bäume abgeholzt, in anderen ist es gewinnbringender, auch kleinere und jüngere zu fällen, besonders wenn sie leichter zugänglich sind. Außerdem machen es niedrige Holzpreise schwierig, Schutzmaßnahmen zu ergreifen, wie z. B. die Entfernung der Abfälle an Rinde, Ästen etc. (die ein erhöhtes Brandrisiko darstellen), die Bekämpfung von Schädlingen und Baumkrankheiten und die Verhütung von Waldbränden. Im privaten amerikanischen Forstwesen sind es nicht einmal so sehr die großen Eigentümer wie die Zellulose- und Holzindustrie, sondern gerade die Bauern und anderen Kleinbesitzer, deren Ausbeutungspraktiken entweder ganz oder weitgehend die natürliche Reproduktion des Waldes verhindern. Hier wie im Falle anderer Sozialkosten ist der industrielle Sektor, der überwiegend aus Kleinbetrieben besteht, der Haupttäter.

Die fortschreitende Entwaldung hat dazu geführt, daß die Kosten, insbesondere für hochwertiges Bauholz, gestiegen sind, so daß es notwendig wurde, minderwertigere Sorten zu gebrauchen. Außerdem mußte in weit von den Hauptmärkten entfernt liegenden Gegenden geholzt werden – was nicht nur zu höheren Frachtkosten führte, sondern ganze Holzindustrien zum Abwandern veranlaßte. Der Abzug dieser Industrien hat viele Gemeinden in Waldgebieten geschädigt und nicht selten vollkommen verarmen lassen.

Das ganze Ausmaß der sozialen Verluste, die sich durch die wettbewerbsmäßige Ausbeutung privater Wälder ergeben, tritt erst dann zutage, wenn man sich darüber klar wird, daß Wälder nicht nur Nutzholz liefern, sondern auch wichtige Schutz- und andere wirtschaftliche Funktionen erfüllen, die den Menschen im ganzen Einzugsgebiet zugute kommen. Mehr noch als irgendeine andere Vegetationsdecke »verlangsamen die Wälder den Abfluß des Wassers während heftiger Regenfälle oder in Zeiten rascher Schneeschmelze und vergrößern die Wassermenge, die in den Boden einsickert«.[15] Diese Eigenschaften des Waldes und die Fähigkeit der Wurzeln, den Boden zu festigen, verhindert nicht nur Erosion und beschränkt die Sedimentärlast von Flüssen und Seen, sondern gleicht auch die Wasserführung aus und vermindert die Häufigkeit und das Ausmaß von Hochwasser.[16] Wälder bilden den Standort, die Nahrungsbais und die Zufluchtstätte für Wildtiere mit ihren wichtigen wirtschaftlichen und Erholungswerten. Dazu kommt der Nutzen der Wälder für das Vieh[17] und das Einkommen, das Tausende von Menschen durch die kommerzielle Erzeugung verschiedener weniger wichtiger Nebenprodukte der Forstwirtschaft ziehen, wie Terpentinöl, Nüsse, Früchte, Zucker, Sirup, Gerbrinde, Faulbaumrinde, Farbstoffe, Heilmittel usw. Wälder können auch das Wetter verbessern, indem sie eine günstige Wirkung auf Windgeschwindigkeit, Feuchtigkeit und Temperaturen haben. Die Bedeutung der Wälder als Windschutz ist durch sowjetische Erfahrungen und durch die systematische Anlegung von Baumzonen entlang der westlichen Grenze der amerikanischen Ebene bestätigt worden.

Viele dieser Vorzüge und Schutzfunktionen des Waldes sind für den privaten Waldeigentümer nicht nutzbar. Er erhält für die Bodenfestigungs- und Hochwasserverhütungskraft seiner Bäume keine Bezahlung. Es ist deshalb nicht überraschend, daß er diesen Vorteil außer acht läßt und ihn möglicherweise zugunsten einer intensiven Abholzung opfert.

Die Mißachtung der Schutzfunktionen des Walds kann alle die weitreichenden negativen Folgen haben, die bereits im Zusammenhang mit dem

Erosionsproblem zur Sprache kamen. So wird nach der fortschreitenden Rodung des Landes das Einsickern der Niederschläge zurückgehen; es fließt mehr Wasser oberflächlich ab, und dabei wird wertvolle Erde weggewaschen. Bei schweren Regenfällen oder während der Schneeschmelze entsteht dadurch Hochwassergefahr. »Erde, Sand und Steine werden weggeführt, füllen Bewässerungsanlagen, Staubecken und Trinkwasserreservoire, behindern den Schiffverkehr, nehmen den Fischen Lebensraum weg und vermindern den Erholungswert des Gewässers. Während einer Überschwemmung kann dieser Erosionsschutt auf fruchtbare Bauerngüter in den Tälern abgelagert und dadurch der Boden ruiniert oder schwer geschädigt werden.«[18]

Wenn das Abholzen rascher vor sich geht als das gewonnene Neuland bebaut wird, so entstehen weite von Holzabfall bedeckte Kahlschlagflächen. Diese sind besonders brandgefährdet, und das Feuer zerstört dann nicht nur das stehengebliebene Unterholz, sondern schädigt auch Streu und Humus. Die von solchen Bränden angerichteten Verheerungen beschleunigen wiederum das Ablaufen des Wassers und richten Schaden an, indem sie den Boden der Erosion preisgeben.

Die private Profitmaximierung in diesen Industrien führt dazu, daß wichtige Schutzfunktionen des Waldes übersehen und geopfert werden, wodurch erhebliche Sozialkosten entstehen. Was diese Sozialkosten verursacht, ist nicht ein Mangel an Bewußtsein oder Unkenntnis der physischen Wechselbeziehungen zwischen Wald, Erosion, Überschwemmungen und Waldbränden[19], sondern vielmehr die mangelnde Berücksichtigung jeden sozialen Nutzens, wie es für das Preissystem typisch ist.

Wild- und Fischbestand

Wild und Fische gelten nach amerikanischem Gesetz als freie Güter, bis sie gefangen bzw. erlegt sind. Die Tatsache, daß Eigentumsrecht nur auf erlegte und gefangene Tiere geltend gemacht werden können, macht diese »flüchtigen« Ressourcen besonders anfällig für die Ausbeutung durch private Jäger und die kommerzielle Fischerei. Die Tatsache, daß Ressourcen frei und weder Gemein- noch Privateigentum sind, verleitet den einzelnen Jäger oder Fischer dazu, seinen Fang zu maximieren, weil ihm sonst sein Konkurrent zuvorkommt.

Wild und Fische sind sich selbst erneuernde, aber gefährdete Ressourcen. Die Zerstörung der zur Fortpflanzung nötigen Basis oder die Zerstörung des Lebensraumes dieser Ressourcen macht ihr Verschwinden endgültig. Moderne Jagd- und Fischfangmethoden ermöglichen es dem Menschen, diesen Zustand relativ mühelos zu erreichen. Nur solange die Fang- bzw. Abschußrate die Vermehrung dieser tierischen Ressourcen nicht übersteigt, kann ihr Bestand (und der sich daraus ergebende wirtschaftliche Ertrag) auf die Dauer erhalten bleiben. Doch selbst wenn einzelne Jäger und Fischer den Tierbestand schonen, wäre wohl kaum zu erwarten, daß sie dies auch tun würden, wenn ihre Konkurrenten aus Gründen der Marktbedingungen die Ausbeute intensivieren. Weit davon entfernt, die Erschöpfung und möglicherweise die Ausrottung erneuerbarer Ressourcen zu verhindern, würde eine Politik der Schonung durch einzelne Jäger oder Fischer es Konkurrenten lediglich ermöglichen, ihre Stelle einzunehmen und einen größeren Anteil der gesetzlich »freien«, wenn auch begrenzten tierischen Ressource zu nützen. Tatsächlich führen nicht einmal fallende Preise und Erträge auf Grund der allzugroßen Nutzung zur Verminderung der Ausbeutung. Ganz im Gegenteil: geringere Erträge mögen gerade ein Anreiz zu größeren Anstrengungen für einzelne Fischer oder Jäger sein und dazu führen, daß die verringerten Einnahmen durch größere Fänge und Abschüsse wettgemacht werden. In diesem Bemühen werden sie durch äußerst leistungsfähige Fischfang- und Jagdmethoden unterstützt, mit denen die verfügbaren tierischen Ressourcen in bemerkenswert kurzer Zeit dezimiert und ausgerottet werden können.

Zusammenfassung und Schlußfolgerungen

Das vorliegende Kapitel hat sich mit weiteren Mängeln des Preissystems befaßt: der Tendenz, die Nutzungsrate der erneuerbaren Ressourcen über die kritische Schwelle hinaus zu steigern sowie der Vernachlässigung der physischen Wechselbeziehungen, die wir als ökologisches Gleichgewicht beschrieben haben. Es ist nicht mangelnde Einsicht in diese Beziehungen zwischen Pflanzendecke und ihrer Schutzfunktion, zwischen Wäldern, Wiesen und Flüssen, sondern die systembedingte Gleichgültigkeit des Privateigentümers gegenüber allem sozialem Nutzen, die zu diesen Mängeln des Preissystems führen. Hinzu kommt, wie wir in unserer Anmerkung zum *»fiktiven Optimum«* zeigen werden, daß die institutionalisierte Verfälschung der individuellen Zeitpräferenzen dazu führt, die Nutzungsrate über ein sicheres Maß hinaus zu beschleunigen.

Indem wir vom Begriff des ökologischen Gleichgewichts ausgingen, entwickelten wir das »pragmatische technische Optimum«, d. h. eine kritische Schwelle, jenseits derer jede weitere Zunahme der Ausbeutungsrate zu einer nicht wieder gutzumachenden und unumkehrbaren Erschöpfung der Ressourcen führt. Der Begriff kann mit relativer Genauigkeit definiert werden. Obwohl als Ziel bescheiden, dient er doch als Warnungssignal, das die organisierte Gesellschaft nur überschreiten kann, wenn sie bereit ist, eine Einengung ihres eigenen Spielraums für weiteres Wachstum und weitere Diversifikation zu akzeptieren und sich damit in gewissen Fällen der Stagnation auszusetzen. Wie wir gesehen haben, bietet das Preissystem keine Garantie, daß dieser *kritische Punkt* nicht erreicht wird. Der Erschöpfungsprozeß kann unter bestimmten Bedingungen sich selbst verstärken und kumulativ werden. Diese Tendenz wird durch die Tatsache erhärtet, daß einige natürliche Ressourcen vor ihrer Nutzung »freie« Güter sind. In diesen Fällen fehlt jeder Anreiz, die Erschöpfung des verfügbaren Bestandes als Minderung eines wertvollen Kapitals zu betrachten, und sogar die allmähliche Zerstörung der Ressource bleibt im wesentlichen unbeachtet. Aber auch wenn Eigentumsrechte an erneuerbaren Ressourcen vor ihrer Nutzung begründet werden können, wie bei Boden und Wald, ist es noch keineswegs sicher, daß der Bauer eine Nutzungsrate einhalten will oder kann, welche die Fruchtbarkeit des Bodens sichert oder Entwaldung verhütet.

Genauso wie die Fruchtbarkeit des Bodens sich erschöpft, wenn keine geeigneten Maßnahmen zu ihrer Erhaltung ergriffen werden, so können auch Wälder vernichtet werden, wenn die Abholzung das normale Nachwachsen von Bäumen und anderen Pflanzen hindert. Die Tatsache, daß sowohl die Fruchtbarkeit des Bodens als auch das Wachsen der Bäume (im Gegensatz zu Erdöl und Kohle) dauernd sichere Erträge bietet, solange gewisse ökologische Beziehungen ungestört sind, entlarvt den unwirtschaftlichen Charakter einer Produktionsmethode, die zur Erschöpfung und Vernichtung der eigenen Produktionsbasis führt.

Während die sozialen Verluste durch die Vernichtung der wild lebenden Tiere weitgehend auf ihren Marktwert beschränkt bleiben und nach ihm bemessen werden, können die den Boden erschöpfenden Anbaumethoden und die Entwaldung Folgen haben, die ihrer Größenordnung und Bedeutung nach über den unmittelbaren Verlust der Produktionsbasis hinausgehen. In allen diesen Fällen kann gesagt werden, daß das Preissystem in dreifacher Hinsicht versagt:

1. es ist nicht imstande, eine optimale Abbaurate der erneuerbaren Ressourcen anzugeben und durchzusetzen,
2. es nimmt auf den sozialen Nutzen keine Rücksicht und verfehlt deshalb, Sozialkosten zu vermeiden oder zu minimieren, die von Drittpersonen oder der Gesellschaft getragen werden müssen,
3. es beschleunigt die Nutzungsrate der Ressourcen, wobei aufgrund der allgemeinen Tendenz zur Gewinnmaximierung und Kostenminimierung die Nutzung von der Zukunft in die Gegenwart verlegt wird. Daß dies der Weg zu maximalen zukünftigen Kosten und minimalen Erträgen ist, wird von jenen, die ihr Vertrauen ins Preissystem setzen, entweder stillschweigend übersehen oder offen geleugnet.[20]

Notiz zum fiktiven Optimum

Die institutionelle Betrachtungsweise der Rohstofferschöpfung basiert auf einem pragmatischen Konzept des technischen Optimums. Dieses Konzept schließt den Begriff des ökologischen Gleichgewichts ein und kann in der Form einer sozialen Mindestnorm ausgedrückt werden. Diese Norm kann in anwendbaren Konzepten definiert werden. Die Konzepte des sozialen Minimums oder der kritischen Zone ermöglichen es, die Wirkung verschiedener institutioneller Anordnungen auf die Nutzungsrate erneuerbarer Ressourcen aufzuzeigen, und sie können ebenfalls als Grundlage für die Formulierung alternativer Politik und Praxis angewandt werden. Es ist zwar nicht ein Ziel der Politik, wohl aber ein Richtungshinweis, der die politisch maßgebenden Stellen in die Lage versetzt, private und öffentliche Verhaltensweisen zu bewerten. In diesem Sinne kann von der sozialen Mindestnorm gesagt werden, daß sie ein ordnendes Prinzip für das Verständnis der wirtschaftlich-sozialen Wirklichkeit ist und als Basis für die Voraussagungen über die allgemeine Richtung sozialer Prozesse unter verschiedenen institutionellen Bedingungen dienen kann.

Im Gegensatz dazu ist die Definition des Optimums, die von der traditionellen Wirtschaftstheorie vorgebracht wurde, rein formal und praktisch nicht anwendbar. Die Auswirkungen institutioneller Bedingungen und Verhaltensweisen, die nicht auf dem Maximierungsprinzip beruhen, will sie und kann sie nicht berücksichtigen. Sie muß Unsicherheitsfaktoren außer Betracht lassen und muß ein Optimum aufgrund der stillschweigenden Voraussetzung, daß von Ungewißheit und institutionellen Verhaltensmustern abgesehen werden kann, aufstellen, ohne dadurch die Untersuchung sozialer Prozesse zu verzerren. Was also als vorsätzliche Vereinfachung und legitime Fiktion beginnt, wird in der Folge zur dogmatischen Identifikation von Fiktion und Wirklichkeit.[21]

Im Verlaufe dieser formalen und zunächst rein fiktiven Fixierung des privaten Optimums wird die Nutzung von Ressourcen durch Privateigentümer als ein Prozeß der Einkommensmaximierung aus materiellen Vermögenswerten betrachtet. Um unter diesen Umständen das Optimum zu definieren, wird es notwendig, die voraussichtlichen Nettoeinnahmen zu maximieren, die im Verlaufe der Zeit anfallen. Das Optimum wird mit der Maximierung des gegenwärtigen Werts künftiger Einkommen identifiziert, die so lange entstehen, als die Ressource imstande ist Einkommen zu bringen. Dazu ist eine Schätzung der wirtschaftlichen Lebenserwartung des physischen Kapitals und die Umrechnung der Einnahmen auf ihren gegenwärtigen Wert erforderlich. Eine solche Vorwegnahme bedingt notwendigerweise einen Zinssatz, mit dem die für die Zukunft erwarteten, wahrscheinlichen Einkommen auf heutige Werte abgeschrieben werden. Das Optimum unter Wettbewerbsbedingungen ergibt sich als die Nutzungsrate, die es dem Privateigentümer (oder Benützer) physischer Kapitalwerte ermöglicht, den gegenwärtigen (d. h. diskontierten) Wert der zu erwartenden Nettoeinnahmen zu maximieren. Diese Rate ist eine theoretische Konstruktion, von der man annimmt, daß sie sich als analytisches Instrument für die Erklärung des Entscheidungsprozesses bei der Bestimmung der Nutzungsrate natürlicher Güter unter den Bedingungen des Preissystems eignet.[22]

Wir haben es hier nicht mit der Frage zu tun, ob eine solche »Maximierung« tatsächlich erfolgt und ob der individuelle Eigentümer einer Ressource diese Rechnung durchführt, welche die Theorie als Vorbedingung für die Erlangung des formalen Optimums ausgearbeitet hat. (Es ist wahrscheinlicher, daß die Unternehmer auf dem Gebiete der Ressourcennutzung, wie in vielen andern Bereichen auch, einfach ihren Eingebungen und Gewohnheiten folgen, statt sorgfältig zu maximieren und zu diskontieren). Bedeutsam ist für uns die Frage des operationellen Charakters und der logischen Konsequenz dieser Konstruktion. Es liegt uns also nicht daran, das Maximierungsprinzip im Lichte gegenteiliger empirischer Befunde zu widerlegen, sondern die praktischen Auswirkungen dieses Konzepts des privaten Optimums zu prüfen. Wir wollen feststellen, was notwendig ist, um einem Konzept, das mit dem maximalen Gegenwartswert künftig erwarteter Nettoeinnahmen operiert, praktische Bedeutung zu geben.

Um die erwähnten Nettoeinnahmen zu diskontieren, müssen diese entweder bekannt oder doch in Erfahrung zu bringen sein. Das ist unseres Erachtens gänzlich ausgeschlossen. Zukünftige Nettoeinnahmen sind ihrer Natur nach unbestimmbar, denn weder sind die künftigen Preise noch die künftigen Kosten im voraus bekannt, noch könnten sie es sein. Künftige Nettoeinnahmen über sehr lange Sicht können keiner rationalen Vorwegnahme oder vernünftigen Berechnungen unterliegen, weil eine solche Kenntnis eine Reihe künftiger Entwicklungen in sich schließen müßte, die nicht bestimmbar sind: die künftige Nachfrage, Entdeckung von Reserven, technische Fortschritte in der Suche nach und der Wiedergewinnung von Rohstoffen, technische Neuerungen im Gebrauch der Ressourcen und die Entwicklung und Verfügbarkeit von Ersatzprodukten sind einige dieser unbekannten Größen. Nur wenn diese Faktoren kontrolliert und im voraus bestimmt werden könnten, wäre es möglich, sie »vorwegzunehmen« und in die Berechnung der künftigen Einnahmen des Eigentümers aufzunehmen. Mangels einer solchen bewußten Planung sind die künftigen Nettoeinnahmen durch Ungewißheit und Unbestimmbarkeit charakterisiert.

Man glaubt manchmal, daß die künftige Nachfrage aufgrund früherer Wachstumsraten oder aufgrund der Abhängigkeit der Rohstoffnachfrage vom Sozialprodukt berechnet werden kann. Eine solche Annahme ist kaum zulässig. So haben beispielsweise neuere Untersuchungen zweifelsfrei nachgewiesen, daß das Verhältnis zwischen Energiezufuhr und Gesamtproduktion (BSP) stark schwankt, daß sich die Wachstumsrate des Energiekonsums von Jahrzehnt zu Jahrzehnt und von Jahr zu Jahr weitgehend verändert und das Modell der Nutzung verschiedener substituierbarer Ressourcen im Laufe der Jahre ständigen und radikalen Wandlungen ausgesetzt gewesen ist.[23] Desgleichen müssen, bei praktisch allen anderen Nutzungen der Ressourcen, ähnliche Schwankungen der Input-Output-Verhältnisse über die Zeit, besonders aber bei verschiedenen wirtschaftlichen Entwicklungsniveaus, angenommen werden.

Wenn schon die Nachfragestruktur der Zukunft nicht mit einiger Sicherheit vorauszusehen ist, so gilt das um so mehr von der zukünftigen Entdeckung neuer Reserven und vom technologischen Fortschritt im Gebrauch der Ressourcen. Einmal mehr stehen wir vor einem, in der Tat, kumulativen sozialen Verursachungsprozeß. In dem Maße wie der Abbau der bekannten Ressourcen voranschreitet und von steigenden realen Kosten und Preisen begleitet ist, gibt es zweifellos Anreize, neue und bessere Explorationstechniken zu entwickeln, die es ermöglichen, weniger wertvolle, früher ungenutzte Lagerstätten auszubeuten. Wenn hochwertige Reserven erschöpft sind und die Abbautechnik Fortschritte macht, wird es wirtschaftlich verantwortbar, Ressourcen von geringerer Qualität zu erschließen. Da diese minderwertigeren Vorkommen häufiger zu sein scheinen als die hochwertigen, folgt: »wenn wir auf die weniger wertvollen Anteile einer Ressource übergehen, wird die Menge des potentiell verwendbaren Materials in der Regel größer.«[24]

Kurz, der einzelne Besitzer eines physischen Vermögenswerts, dessen Nutzung weit in die Zukunft reicht, steht Faktoren und Bedingungen gegenüber, die jede vernünftige Schätzung künftiger Nettoeinnahmen ausschließen. Das heißt, der Besitzer ist außerstande, dem zukünftigen Einkommen irgendeinen wahrscheinlichen Wert beizumessen. Er mag willkürlich einen Wert annehmen, aber jede einzelne Annahme ist beinah so gut wie die andere. Wenn der Besitzer nicht imstande ist, die künftigen Nettoeinkünfte zu schätzen, dann lassen sich diese auch nicht diskontieren.

Aber selbst wenn der wahrscheinliche künftige Ertrag zuverlässig bestimmt werden könnte, dann wäre dessen gegenwärtiger Wert nur aufgrund von Diskontberechnungen zu ermitteln, die den künftigen in den gegenwärtigen Wert umsetzen. Je höher der gewählte Zinssatz, desto kleiner der Gegenwartswert zukünftiger Erträge. Das heißt, je höher die Zeitpräferenz, desto geringer wird der Wert, der für erwartete Nettoeinnahmen angenommen wird. Das führt dazu, daß Einnahmen eher für die Gegenwart als für die Zukunft angestrebt werden. Mit andern Worten, die Nutzungsrate wird erhöht und durch eine Heraufsetzung des Zinssatzes auf die Gegenwart verschoben.[25]

Die tatsächlichen Bedingungen, welche die marktmäßige Bewertung künftiger Einnahmen bestimmen, verzerren unweigerlich den Diskontsatz zugunsten der gegenwärtigen Einnahmen und zwar aus verschiedenen Gründen. Erstens führen das Risiko und die Ungewißheit, mit denen die erwarteten Einnahmen unvermeidlicherweise verbunden sind, zu einer Erhöhung des Diskontsatzes mit dem künftige und gegenwärtige Einnahmen ausgetauscht und gegeneinander abgewogen werden müssen. Zweitens ist der Zeithorizont des einzelnen Besitzers bei Berechnungen dieser Art notwendigerweise enger als der der Gesellschaft. Das heißt, die erwarteten Einkünfte werden um so höher diskontiert, je höher die »Lebenserwartung« des Kapitals. Drittens werden institutionelle Faktoren einen wichtigen Einfluß auf den Zinssatz ausüben, der für die Diskontierung zur Anwendung kommt. Unter diesen Faktoren ist an erster Stelle der Einfluß der Werbung auf die Zeitpräferenz des Verbrauchers und des Produzenten zu nennen. Tatsächlich erhöht das Zusammenspiel von Konsumenten- und Produzenteninteressen bei der augenblicklichen Befriedigung und Schöpfung »künstlicher« Bedürfnisse durch die Werbung noch zusätzlich die allgemeine Zeitpräferenz über die ohnehin hohe Zeitpräferenz, welche der einzelne sowieso hat. Während in der unterentwickelten Welt die Armut eine hohe Rate der Zeitpräferenz unterstützt, führen in der modernen Wohlstandsgesellschaft die kombinierten Zwänge und Interessen der Produzenten zu künstlichen Bedürfnissen der Konsumenten, die ebenfalls in die Richtung einer relativ hohen Bewertung des laufenden Verbrauchs drängen. Während die organisierte Gesellschaft wichtige Gründe hätte, einen verhältnismäßig hohen Wert auf die kontinuierliche Befriedigung der Lebensbedürfnisse der kommenden Generationen zu legen, wirken sich die verschiedenen, oben genannten Faktoren zugunsten relativ hoher Diskontsätze aus, wodurch die Tendenz entsteht, die gegenwärtige Nutzungsrate zu erhöhen. Das unvermeidliche Ergebnis muß eine vertiefte Kluft zwischen privater und sozialer Zeitpräferenz sein. In der Tat ist es die private und nicht die gesellschaftliche Zeitpräferenz, die den Diskontsatz bestimmt.

Eine Wirtschaft, die alles Wachstum mit Konsum identifiziert und diesen mit allen nur denkbaren Mitteln fördert, einschließlich der mächtigen Überzeugungs- und Manipulationsmittel der modernen Massenmedien, kann zu nichts anderem führen als zu einem ungehemmten Wachstum des Verbrauchs. Eine solche Wirtschaft wird die Menschen dazu bringen, jeder nur vorstellbaren Laune, jedem Gelüst nachzugeben, ungeachtet der erforderlichen Mengen an Stahl, Energie und anderen Rohstoffen. Unter solchen Bedingungen dürfte die Abbaurate der Ressourcen beschleunigt werden. Je mehr eine derartige Wirtschaft dem Prinzip der künstlichen Obsoleszenz von Gebrauchs- und Luxusgütern nachlebt, desto eher wird sie sich vom Motto leiten lassen: »produzieren, kaufen, wegwerfen« und desto schneller wird die Erschöpfung der Ressourcenbasis einer Nation fortschreiten.[26]

Wir kommen so zu der Schlußfolgerung, daß das theoretische Optimum, im Sinne des Maximierungsprinzips, untauglich für die Definition eines sozialen Optimums der Rate der Ressourcennutzung ist. Das theoretische Optimum schafft die Illusion einer genauen Quantifikation, die jedoch rein formal ist (d. h. ohne Inhalt oder praktische Substanz). Es ist mehr als zweifelhaft, ob es etwas zum Verständnis der Entscheidungsprozesse unter den vorherrschenden Bedingungen der Ungewißheit beitragen kann; es berücksichtigt nicht die institutionellen Verhaltensmuster und Bedingungen, die in jedem Augenblick die Nutzungsrate der Ressourcen bestimmen. Ein formales Optimum, das nicht imstande ist, diese institutionellen Faktoren einzubeziehen, erweist sich bei näherer Untersuchung als eine reine fiktive Norm, deren formaler und abstrakter Charakter jede praktisch-operationelle Nützlichkeit zur Ausarbeitung einer Politik ausschließt. In der Tat ist es – wie andere Optima der Wirtschaftstheorie – was Veblen »Großtaten wissenschaftlicher Einbildungskraft« (»feats of the scientific imagination«) nannte, die anfänglich zwar nicht als völlig zutreffende Wiedergabe der Wirklichkeit angenommen, dann aber doch als wissenschaftlich fundierte Aussagen einer der Realität entsprechenden Tendenz angesehen werden.[27]

Die auf dem Maximierungsprinzip beruhende Norm ist zu einem Dogma geworden, das illegitimerweise politische Eingriffe als Verletzung des Prinzips der Wirtschaftlichkeit brandmarkt. Wenn dieser Norm nachgelebt, d. h. wenn das theoretische Optimum tatsächlich die Rate der Ressourcennutzung ohne irgendwelche institutionellen Beschränkungen bestimmen würde, dann hätte es nur einen Effekt: nämlich die Nutzungsrate natürlicher Ressourcen weit über jedes Maß hinaus zu beschleunigen, das von der organisierten Gesellschaft im Lichte einer vernünftigen Sorge für das Wohl künftiger Generationen geduldet werden könnte.

Wenn die wahrscheinlichsten Werte späterer Einkünfte nicht ermittelt und diskontiert werden können, weil die bestimmenden Faktoren an sich unbestimmbar sind, wenn die private Zeitpräferenz und die Diskontsätze durch ein System verzerrt werden, in dem die Verbrauchsrate zunehmend durch Produzenten und Verkäufer beeinflußt wird, und wenn außerdem die Lebenserwartung und damit die Diskontierungsperiode für reale Vermögenswerte je nachdem 10 bis 100 Jahre betragen kann, dann wundert man sich, ob der ganze fiktive Begriff eines privaten Optimums, das im Sinne der Maximierung des Gegenwartswerts künftig zu erwartender Nettoeinnahmen definiert wird, nicht in Tat und Wahrheit einer Flucht aus der Wirklichkeit gleichkommt, die es ermöglicht, angesichts gestörter sozialer Verhältnisse ein Gefühl der Sicherheit zu bewahren.[28]

7. Erschöpfbare Ressourcen und Sozialkosten

Erschöpfbare Ressourcen weisen keine »kritische Zone« auf, jenseits derer ein irreversibler Erschöpfungsprozeß einsetzt. Sie sind im vornherein mengenmäßig begrenzt. Je höher die Nutzungsrate, desto rascher wird die Erschöpfung erreicht. Es existiert keine Nutzungsrate, bei der gesagt werden kann, daß die Ressourcen aufs neue zu fließen beginnen. Es gibt auch keine natürliche Reproduktionsrate innerhalb des Zeithorizonts der menschlichen Geschichte. Die Tatsache, daß viele dieser erschöpfbaren Ressourcen wie Öl, Kohle und Metalle die Grundlage der industriellen Zivilisation des Menschen geworden sind, macht die Gefahr ihrer Erschöpfung zu einem ebenso schwerwiegenden, wenn nicht noch ernsteren sozialen Problem wie der Verlust der erneuerbaren Ressourcen.

Während diese Ressourcen definitionsgemäß unwiederbringlich erschöpfbar sind, wird ihre Bedeutung für die moderne Industrie durch den technologischen Wandel beeinflußt. Kurz, sie können durch andere Güter ersetzt werden. Es wird behauptet, daß wegen der Substitutionsmöglichkeiten durch die Technologie es überflüssig ist, sich darüber Gedanken zu machen, wie schnell die moderne Industriegesellschaft ihre nicht erneuerbaren industriellen Ressourcen aufzehrt.

Diese Einstellung vereinfacht das Problem jedoch weitgehend, indem sie nicht nur bedeutende wirtschaftliche Verluste übersieht, die mit der kommerziellen Ausbeutung dieser Ressourcen verknüpft sind, sondern auch die Kosten und die Risiken, die alle Phasen des technischen Fortschritts begleiten. Technologischer Fortschritt ist weder automatisch, noch ist er kostenlos. Ohne beträchtliche öffentliche Investitionen und Förderungsmaßnahmen gäbe es heute viele Ersatzprodukte nicht und viele Güter wären knapp und prohibitiv teuer. Nicht die Marktwirtschaft und der Marktanreiz haben schließlich die Grundlagenforschung angeregt, die uns die drei wichtigsten Substitute des zwanzigsten Jahrhunderts gebracht haben: den synthetischen Stickstoff, den synthetischen Kautschuk und die Atomenergie.[1]

Die jetzige Forschungsarbeit auf dem Gebiete der Entsalzung des Meerwassers, der Sonnenenergie, der Entwicklung von Raketenbrennstoffen und der Verwendung der Atomenergie für industrielle Zwecke wird fast ausschließlich aus öffentlichen Mitteln finanziert. Die Entwicklung von Ersatzstoffen ist möglich – jedoch zu einem bestimmten Preis – und das Ergebnis der Forschung steht keineswegs im voraus fest. Außerdem kann nicht bestritten werden, daß wachsende Knappheit und steigende Preise von schwindenden Ressourcen einigen Eigentümern privater Reserven zugute kommen, während die Entwicklung von Ersatzstoffen jedoch kein Gebiet ist, das privaten Unternehmern ausreichende Anreize bietet. Aus diesem Grunde kann die Entwicklung von Ersatzstoffen ein weiterer Bereich sein, in dem Entscheidungen aufgrund technischer Berechnungen und Voraussagen zu fällen sind, die den relativen Erschöpfungszustand verschiedener Ressourcen in Rechnung stellen. Der Nationalökonom, der gewohnt ist, mit einem in privaten Grenzkosten und privaten Grenzerträgen ausgedrückten wirtschaftlichen Optimum zu operieren, mag genötigt sein, relevantere Kriterien zu entwickeln, wenn er auf diesem wichtigen Gebiet öffentlicher Politik einen Beitrag leisten will.

Steigende private Kosten und Preise können als Anreiz zur Entwicklung neuerer, besserer Explorations- und Abbauverfahren dienen. Es kann sich deshalb lohnen, Lagerstätten mit geringerem Gehalt abzubauen, was die Menge der potentiell verwendbaren Rohstoffe steigen läßt. Ebenso wie der Begriff der kommerziell verwendbaren Rohstoffe von laufenden Kosten und Preisen abhängt, so wird die »verfügbare Reserve« von den künftigen Kosten und Preisen bestimmt. Diese sind ihrerseits abhängig von verschiedenen Faktoren wie dem technologischen Fortschritt und der Nutzung des vormals submarginalen Ersatzes (wie z. B. der Atom- oder der Sonnenenergie). Auf jedem Gebiet, das von großer Ungewißheit umgeben ist, ist es immer möglich, zu diametral entgegengesetzten Ergebnissen zu belangen. Doch kann kein verantwortungsbewußter Sozialwissenschaftler die Tatsache übersehen, daß die linearen Projektionen und Annahmen, die in gesellschaftlichen Zusammenhängen stets riskant sind, auf dem Gebiet der erschöpfbaren Rohstoffe ganz besonders gewagt sind. Außerdem: welche Ersatzstoffe auch in der Zukunft vorhanden sein mögen, wissen wir nicht und wir müssen die Wahrscheinlichkeit ihrer künftigen Verfügbarkeit diskontieren; auch ist die Tatsache zu berücksichtigen, daß die Entwicklung von Ersatzstoffen erhebliche Investitionen und eine zielbewußte Forschungspolitik voraussetzt. Vor allem muß der Zeithorizont der organisierten Gesellschaft in allen mit der Rohstoffbasis verknüpften Problemen weitergefaßt werden als der einer Einzelperson oder einer Privatfirma.

Die Vorstellung, daß die Menschheit oder ein Land wie die Vereinigten Staaten infolge der raschen Erschöpfung ihrer Bodenschätze einer Katastrophe entgegengehen, war immer ein Gespenst. Trotzdem bleibt die Tatsache bestehen, daß die verfügbare Rohstoffmenge eine feste Gegebenheit und damit eine Grenze darstellt, die von Preis- und Kostenerwägungen und vom technologischen Fortschritt unabhängig ist. Wenn es stimmt, daß die »nachgewiesenen«, d. h. kommerziell abbaufähigen Reserven zweifellos unterschätzt werden, weil lediglich *laufende* Kosten/Preis-Verhältnisse berücksichtigt werden, dann können die tatsächlichen verfügbaren Reserven eine verhältnismäßig ausreichende und sichere Ressourcenbasis darstellen, jedenfalls aus der Perspektive der nächsten fünfzehn – oder auch fünfzig – Jahre. Die Aussichten sind dagegen weniger beruhigend, wenn man die nächsten hundert oder zweihundert Jahre miteinbezieht.

Sogar die nächsten fünfzig Jahre mögen eine derartige Ausweitung der Weltnachfrage nach erschöpfbaren Rohstoffen bringen (durch eine kumulative, rasche Expansion der Produktion in den industriell unterentwickelten Ländern), die alle früheren Steigerungen überholt. Wenn also der kurz- und mittelfristige Ausblick noch relativ vertrauenerweckend sein mag, gilt das keineswegs von einer langfristigen Perspektive. Denn dies ist der Zeitraum, in dem nach allen Voraussagen eine enorme Nachfragesteigerung nach Rohstoffen zu erwarten ist, nicht nur von den hochentwickelten Ländern, für die eine steigende Tendenz zur »Verschwendung« und geplanter Obsoleszenz kennzeichnend geworden zu sein scheint, sondern auch von den heute in Entwicklung begriffenen Ländern mit ihrem schnellen Bevölkerungszuwachs. In tausend Jahren »wird niemand sagen, daß man sich auf Kohle und Erdöl als Energiebasis für die Weltwirtschaft stützen kann. Und es sei denn, es könnte lohnend werden, Kernbrennstoffe zu brüten, würden auch nicht mehr genügend wirtschaftliche Uranvorkommen vorhanden sein. Dies ist der Alptraum: daß unsere Zivilisation wie einst die der Mayas untergehen könnte, weil sie die wichtigsten Naturschätze aufgezehrt hat, die im Bereich ihres technischen Wissens liegen.«[2]

In den nächsten fünfzig Jahren wird sich die Erschöpfung bestimmter Ressourcen in einer allmählichen Steigerung der (realen) Kosten geltend machen, weil Abbau und Erschließung sich auf weniger zugängliche und weniger konzentrierte Vorkommen verlagern müssen. Das Prinzip der steigenden Kosten wird sich bemerkbar machen, lange bevor der Punkt der Erschöpfung erreicht ist, und ohne Rücksicht darauf, daß neue Schürfungen (wenigstens für die absehbare Zukunft) wachsende Mengen kommerzieller Vorkommen mit geringem Mineralgehalt zutagefördern werden. Außerdem werden sich vielleicht sowohl die Industrie- als auch die Entwicklungsländer darauf einstellen müssen, Rohstoffe einzuführen, wenn der Erschöpfungsprozeß so weitergeht. Die Konsequenzen einer solchen Entwicklung für die nationale Verteidigung wirft weitreichende Fragen auf, insbesondere für ein Land wie die Vereinigten Staaten, das bei den meisten, wenn auch nicht allen Rohstoffen lange Zeit relativ autark gewesen ist.

Die derzeitigen Berechnungen der Rohstoffreserven der Vereinigten Staaten scheinen die Auffassung zu unterstützen, daß die Kurve des einheimischen Erdölangebots, die sich (zu gegebenen realen Preisen) ständig nach außen verschoben hatte, sich nunmehr konsolidiert hat, so daß sich die Produktion bei jedem zehnprozentigen Anstieg des Realpreises um ebenfalls etwa zehn Prozent vergrößert.[3] Im Gegensatz dazu scheinen Steinkohle und Anthrazit eine gekrümmte Angebotskurve aufzuweisen, »vor allem wegen steigender Lohnkosten, jedoch spielt bei Anthrazit die Erschöpfung eine wesentliche Rolle«.[4] Eisenerz soll stabile Angebotskurven zeigen, wobei eine zehnprozentige Veränderung der realen Preise eine zehnprozentige Produktionssteigerung nach sich zieht. Die Versorgungslage bei Kupfer und Blei ist weniger günstig, da die Entwicklung des Abbaus hinter der Realpreissteigerung zurück bleibt.[5] Wie im Falle der Wasser- und Luftverschmutzung, reichen die verfügbaren Daten nicht aus, um die wahren Auswirkungen der wachsenden Abbaukosten und der Milliarden von Dollar an indirekten Subventionen zu ermitteln, die in Form besonderer Zuschüsse und steuerlicher Vergünstigungen ausgegeben werden.

Schätzungen möglicher Preissteigerungen wichtiger Mineralien (in realen Größen) bewegen sich, in den Vereinigten Staaten, zwischen 25 % für Rohöl und 40 %, 45 % bis 50 % für Aluminium, Steinkohle, Eisenerz und Kupfer.[6] Zugegeben, diese Schätzungen beruhen auf Projektionen früherer Zuwachsraten des Bruttosozialprodukts und des Rohstoffverbrauchs. Die Konkurrenz zwischen Amerika und der Sowjetunion und die Expansion der Wegwerf-Philosophie sind geeignet, alle früheren Input-Output-Verhältnisse in Frage zu stellen, die für die Konsumrate der nicht regenerierbaren Ressourcen maßgebend gewesen sind.

Andererseits könnte der kommerzielle Einsatz der Atomenergie für den Betrieb von Fabriken und den Transport, für Beleuchtung und Heizung diese Voraussagen drastisch beeinflussen und möglicherweise dem »Erschöpfungsalptraum« ein Ende setzen. Es scheint sicher, daß die Kernenergie Aussichten auf eine ausgiebige Energieversorgung für industrielle Zwecke eröffnet. Atomkraftwerke könnten Energie und Wärme für Städte und Fabriken, für Schiffe und abgelegene Orte liefern, d. h. Fälle, in denen die Transportkosten von Öl oder Kohle prohibitiv wären. Die Vorteile der Atomenergie scheinen primär auf der »außerordentlich niedrigen Rate des Brennstoffverbrauches im Verhältnis zur freiwerdenden Energie« zu beruhen und »den daraus resultierenden niedrigen Basiskosten des Brennstoffs im Vergleich mit der freiwerdenden Energie und der großen Flexibilität und leichten Kontrollmöglichkeit des freiwerdenden Energiepotentials. Das unbedeutende Gewicht des Urans verglichen mit Kohle und anderen nichtnuklearen Brennstoffen und der daraus erhältlichen Wärmeenergie mag in Gebieten mit hohen Transportkosten auch eine Rolle spielen.«[7]

Doch hängt die Verwendung der Atomenergie für industrielle Zwecke noch immer von der Lösung vieler technischer Probleme ab. Ihre Anwendung für friedliche Zwecke ist erst in den Anfängen. Nicht das unwichtigste dieser Probleme, das dem Einsatz der Atomenergie für industrielle Zwecke im Wege steht, ist die Notwendigkeit massiver Abschirmung gegen die Radioaktivität, die zumindest heute noch die Verwendung der Atomenergie für den Betrieb von Autos oder Flugzeugen gewöhnlicher Größe ausschließen. Während es dem Sozialwissenschaftler und vielleicht sogar dem Physiker nicht möglich ist, alle Möglichkeiten der Atomforschung vorauszusehen, ist es wahrscheinlich, daß die wirtschaftliche Anwendung der Atomenergie in der Industrie noch um Jahre, wenn nicht Jahrzehnte verzögert werden dürfte. Aber auch wenn ein unvorhergesehener Fortschritt in der Forschung diese Zeit erheblich verkürzen sollte, erscheint es wahrscheinlich, daß die Atomenergie den Gebrauch von Kohle und Erdöl nicht völlig verdrängen wird. Diese Überlegungen und die Tatsache, daß die Bereitstellung von Ersatzstoffen für die beschränkten Erdölressourcen der Vereinigten Staaten noch im Versuchsstadium steckt, wecken nicht nur beim Naturschützer, sondern auch beim Nationalökonomen die Besorgnis, die Energieressourcen könnten vorzeitig aufgebraucht werden.

Eine institutionelle Betrachtungsweise des Problems der Nutzung nichtregenerierbarer Rohstoffe zeigt, daß erhebliche Sozialkosten im Sinne technisch und wirtschaftlich vermeidbarer Verschwendung beim wettbewerbsmäßigen Abbau entstehen. Es gibt also nicht nur vermeidbare Doppelspurigkeiten im Kapitalinput und unnötig hohe laufende Abbaukosten, sondern auch unwiederbringliche Verluste an Reserven, ebenso wie typische kumulative Prozesse, welche die Abbaurate beschleunigen und dabei wichtige künftige Verwendungszwecke zugunsten von gegenwärtigen, die bestenfalls eine niedrige Priorität genießen, opfern.

Der wettbewerbsmäßige Abbau von Erdölressourcen

Wie das Wild, so sind auch Erdöl und Naturgas bewegliche Ressourcen, d. h. sie sind imstande, ihren Standort zu wechseln. Rohöl fließt überall »dorthin, wo der Druck des Reservoirs nachläßt. Es fließt also in Richtung jeder Bohrstelle«.[8] Überdies sind Rohöl und Naturgas auch »freie Güter«. Eigentumsrechte werden erst nach der Inbesitznahme anerkannt. Genauso wie das Wild dem Jäger zugehört, der es tötet, gehört Rohöl dem Besitzer der Ölquelle, aus der es fließt, auch wenn das Öl aus einem Gelände stammt, auf das ein anderer Rechte besitzt.[9] »Wenn deshalb ein neues Ölfeld entdeckt wird, beeilt sich jeder Unternehmer, das Feld leerzupumpen, bevor das Öl ›weggewandert‹ und durch ein benachbartes Bohrloch gefördert wird.«[10] Selbst wenn ein einzelner Eigentümer die Absicht hätte, die Produktion in Erwartung künftiger höherer Preise aufzuschieben, wird er dies unterlassen, weil dies wahrscheinlich den Verlust des ganzen Vorkommens bedeuten würde.

Deshalb ist es nicht überraschend, daß die Entdeckung neuer Reserven gewöhnlich zu einem Wettbohren führt, bei dem die Konkurrenten ihre Bohrlöcher so anlegen, daß sie einander ein Höchstmaß von Öl wegpumpen. Nicht nur werden zu viele Löcher in jedes neuentdeckte Feld gebohrt, sondern ihre Lage und der Abstand der Bohrstellen voneinander wird durch den Wunsch jedes Unternehmers diktiert, soviel Öl wie nur möglich in seinen Besitz zu bringen.[11] Je mehr die Oberfläche eines solchen Ölfeldes eigentumsmäßig aufgesplittert ist, desto intensiver sind die Anstrengungen, Öl aus so vielen Bohrstellen wie nur möglich zu fördern. Diese Praxis des möglichst schnellen Leerpumpens von Ölvorkommen wird zusätzlich durch das Pachtsystem noch gefördert. In der Mehrzahl der Fälle erhält der Eigentümer eines ölführenden Geländes einen Ertragsanteil für das geförderte Öl und ist deshalb am Verfahren und dem Ausmaß der Ölausbeute auf seinem Terrain finanziell interessiert. Nicht selten enthält der Pachtvertrag besondere Bedingungen, welche die Ölfirma zur Produktion und zur Bohrung von ›Abfang‹-Bohrstellen verpflichten. Mit anderen Worten: Wenn der Pächter sich entschließen sollte, die Erzeugung zu verlangsamen, würde er nicht nur »eine Reduktion der Menge erleiden, sondern auch seine Pacht selbst verlieren, weil er die Interessen des Verpächters vernachlässigt hätte«.[12]

Infolge der allgemeinen schnellen Ausbeutung des Rohöls aller bestehenden Felder (der USA) kann die Produktion der Nachfrage soweit vorauseilen, daß der Bau neuer großer Lager erforderlich wird.[13] Das Überangebot an Öl, das sich aus der wettbewerbsbedingten Expansion der Produktionsanlagen ergibt, drückt auf die Preise und kann zur Schließung oder zur völligen Aufgabe von Marginalbetrieben führen.[14] Die dadurch entstehenden sozialen Verluste gehen weit über die Kapitalverluste hinaus, welche bei einer Überexpansion der Produktionsanlagen gewöhnlich entstehen. Denn die verfrühte Aufgabe von Bohrstellen kann dazu führen, daß Öl und Gas aus produktiven Schichten in Gebiete fließt, in denen sie nicht mehr förderbar sind, oder sie kann das Einströmen von Oberflächen- oder Grundwasser in den Ölsand zur Folge haben. Außerdem »kann es möglich sein, daß eine einmal stillgelegte Bohrstelle nicht wieder geöffnet werden kann, (selbst wenn) die Preise über die Betriebskosten hinaus steigen«.[15]

Außerdem zwingen niedrige Preise für Öl und Ölprodukte die Produzenten dazu, ihre Kapitalaufwendungen zu drosseln, indem sie billigere und weniger effiziente Ausrüstungen einsetzen oder indem sie zu technisch weniger ergiebigen Ausbeutungsmethoden Zuflucht nehmen.[16] Schließlich führen gedrückte Preise zum Gebrauch von Öl und Ölprodukten für Zwecke, für die bei höheren Ölpreisen regenerierbare Ressourcen gebraucht würden. Andere soziale Verluste ergeben sich, wenn Öl zusammen mit Naturgas gefördert wird.

In vielen Fällen werden Öl und Naturgas tatsächlich im Verbund produziert, d. h. »die Produktion von Naturgas und Öl kann nicht getrennt werden, sodaß das Gas nicht zurückgehalten werden kann, ohne zugleich auch auf das Öl zu verzichten«.[17] Wie häufig bei Kuppelproduktion können Gewinnerwägungen ein Produktionsniveau verlangen, bei dem eines oder mehrere der verbundenen Produkte geopfert werden müssen, weil keine angemessenen Absatzkanäle vorhanden sind oder weil Nachfrage nach dem betreffenden Nebenprodukt gänzlich fehlt. Wenn also in einem bestimmten Augenblick mehr Gas erzeugt wird, als die Konsumenten abzunehmen bereit sind, mag die Rentabilität der Ölproduktion den Unternehmer veranlassen, das »nutzlose« Gas vollständig entweichen zu lassen. In anderen Fällen ließ man Gas in die Luft ausströmen, bis Öl nachkam; bei solchen »in Gang geblasenen« Förderstellen ließ man das Gas ins Freie strömen, um möglichst viel Öl in kürzester Zeit aus dem gemeinsamen Vorkommen zu gewinnen. Statt zuerst geeignete Lager und Absatzmärkte für Gas (wie Reservoire, Pipelines und Verarbeitungsbetriebe) einzurichten, vergeudete man eines der beiden Kuppelprodukte. Die damit verbundenen Verluste beschränken sich nicht auf soundsoviel Kubikmeter Gas, die man entweichen läßt. Sie gehen wesentlich weiter, weil der Verlust von Naturgas den Druck im Ölreservoir senkt. Dadurch werden »die Kosten der Ölgewinnung stark erhöht, weil früher gepumpt werden muß. Auch die Gewinnung des Restteils des Rohöls erfordert mehr Zeit, was größeren Arbeits- und Kapitalaufwand bedeutet«.[18] Der vorzeitige Druckverlust im Ölreservoir vergrößert auch den Anteil des Öls, das im Boden gelassen werden muß und zwar in Schichten, aus denen es gar nicht gefördert werden kann. Trotzdem kann das Ablassen von Gas in die Luft für den Unternehmer rentabler sein als jedes andere Verfahren. Und zwar deshalb, weil eine langsamere Produktion gleichbedeutend wäre mit dem Abwandern von Öl und Gas in benachbarte Felder, mit anderen Worten mit dem völligen Verlust für den Besitzer des betreffenden Geländes.

Wie im Fall der erneuerbaren Ressourcen kann nur eine Untersuchung der institutionellen Bedingungen die Aufmerksamkeit auf die erheblichen Sozialkosten lenken, die mit der wettbewerbsmäßigen Ausbeutung dieser wichtigen Energiequellen verbunden sind. Tatsächlich zeigt eine derartige Analyse wichtige Einsparmöglichkeiten, wenn die Erzeugung an technischen Normen orientiert werden könnte. Nicht nur könnten die Abbaukosten je Einheit reduziert werden, wenn die Vorkommen als das behandelt würden, was sie tatsächlich sind – nämlich als geologische Einheiten –, sondern der abbaubare Anteil des gesamten Vorkommens könnte erhöht werden. Einer ähnlichen Situation begegnen wir bei der Ausbeutung von Kohlereserven.

Der wettbewerbsmäßige Abbau von Kohlereserven

Der Abbau von Kohle findet unter Bedingungen statt, die sich nur wenig von denen unterscheiden, die in der Ölindustrie vorherrschen. Im Gegensatz zu Rohöl und Wild haben Kohlereviere einen festen Standort, und deshalb können Eigentumsrechte klar abgegrenzt und begründet werden, bevor die Kohle gefördert wird. Infolgedessen ist es einem Produzenten nicht möglich, Kohle unter dem Boden des Nachbarn zu fördern, ohne sich des Diebstahls schuldig zu machen und auf Schadenersatz verklagt zu werden. Trotzdem führen die Bedingungen des Wettbewerbs und der Technologie, unter denen Kohle abgebaut wird, zu einer Produktionsrate und zu Förderverfahren, die in vielerlei Hinsicht die gleiche Wirkung haben, wie die Erdölförderung. Starke Streuung des privaten Landeigentums an der Oberfläche und die verhältnismäßig große Zahl der in Betrieb befindlichen Minen, der Wunsch der Privateigentümer und Unternehmer, ihr Eigentum lieber heute als morgen in Geld umzusetzen, die privaten Kosten (im Sinne von Zinsen und Steuern), die der Unterhalt von nicht ausgebauten Kohlereserven mit sich bringt, ferner der Ausbau von Eisenbahnanlagen nach abgelegenen Kohlerevieren zusammen mit der Gewährung von Sonderfrachtsätzen für solche Gebiete und die hochmechanisierten Fördermethoden – all diese Faktoren[19] sind dafür verantwortlich gewesen, daß Kohlenschächte eröffnet und Kohlenreviere ausgebaut worden sind, die eine über die tatsächlichen Bedürfnisse weit hinausgehende Förderkapazität haben. Es braucht kaum hinzugefügt werden, daß eine solche Überexpansion die periodischen Krisen der amerikanischen Kohlenindustrie verschärft hat.
Die sozialen Verluste, die sich aus dieser Überentwicklung ergeben, resultieren in erster Linie in der Erschöpfung unersetzbarer Kohlereserven, was verschiedene negative Folgen für die Zukunft hat. Sie finden ihren Ausdruck in Überinvestitionen, in niedrigen Preisen und der Tendenz, Kohle für weniger dringliche Zwecke zu verwenden. Nicht nur das: die niedrigen Kohlepreise, sowie die allgemeine Unsicherheit der Industrie gestatten es oft nicht, die Förderung ebenso wirtschaftlich zu planen und zu betreiben, wie es bei höheren Kohlepreisen möglich wäre. So finden es einzelne Unternehmer unter dem Druck der Konkurrenz profitabel, die laufenden Auslagen zu minimieren, »indem sie nur die am leichtesten zugänglichen Flöze bearbeiten... obwohl das Endresultat entweder in höheren Abbaukosten oder in einer erzwungenen Verlegung der Förderprozesse an einen neuen Standort bestehen wird«.[20]

Das Ziel eines sinnvollen Lagerabbaus wird auch verfehlt, wenn die Förderung von Kohle aus reicheren Schichten in der Tiefe den Abbau von darüber liegenden, aber weniger ergiebigeren Lagern unmöglich macht. »Diese abbaufähigen Flöze müssen in der Regel so abgebaut und durch ein entsprechendes Anbringen der Decken- und Bodengesteine so abgestützt werden, daß das darüber liegende dünnere Flöz häufig entweder überhaupt nicht oder nur mit einem großen Kostenaufwand abgebaut werden kann.«[21] Es kann vorkommen, daß während einer Depression die Minen »nicht intensiv ausgenützt werden können, um einen ausreichenden Unterhalt der Betriebsanlagen zu gewährleisten«.[22] Niedrige Preise führen zu Abbaumethoden, die gewissen technischen Minimalanforderungen nicht genügen. Diese Anforderungen könnten erfüllt werden, wenn die Umstände keine beschleunigte Expansion des Abbaus verursachen würden.[23]

Ein allgemeiner Preiszerfall mag schließlich zur Schließung von Marginalbetrieben führen, wobei entweder hohe Unterhaltskosten oder eine vorzeitige Aufgabe oder beides die einzige Wahl darstellen. Dabei führt die vorzeitige Räumung eines Kohlebergwerkes (genau wie eines Ölfeldes) zu fortschreitendem Verfall. Denn »Stützbalken brechen, Schächte stürzen ein, Wasser sammelt sich an; der Zerfallsprozeß kann in wenigen Jahren so weit fortgeschritten sein, daß allein durch die damit verbundenen Gefahren die erneute Inbetriebnahme fraglich werden kann«.[24]

Wir werden unsere Untersuchung der institutionellen Bedingungen nicht auf andere, nicht regenerierbare Rohstoffe wie Blei, Kupfer, Eisenerz, Phosphat, Kali oder Uranium ausdehnen. Die wettbewerbsmäßige Ausbeutung dieser wichtigen Industrie-Ressourcen ist ebenfalls mit erheblichen Verlusten verknüpft.[25]

Zusammenfassend kann gesagt werden, daß die aus der wettbewerbsmäßigen Ausbeutung von Energieressourcen resultierenden Sozialkosten sich widerspiegeln in

1. unnötiger Vervielfachung von Kapitalauslagen
2. dem Verlust von Reserven, wenn Überkapazitäten und Preiszerfall die Unternehmer zwingen, technisch weniger leistungsfähige Produktionsmethoden zu wählen und Ölfelder bzw. Bergwerke vorzeitig zu räumen,
3. der vorzeitigen Erschöpfung von Öl- und Kohlereserven mit ihren negativen Folgen für künftige Generationen.

Es ist unmöglich, die gesamten Sozialkosten, die aus der allzu frühen Erschöpfung der Energieressourcen erwachsen, und deren wahrscheinliche Größenordnung auch nur einigermaßen abzuschätzen. Zum Teil weil es nicht bekannt ist, wie lange die gegenwärtigen Energiereserven ausreichen werden. Denn offensichtlich hängt deren »Lebenserwartung« von so unberechenbaren Faktoren ab wie der Entdeckung neuer Reserven, der Verbesserung der Abbau- und Verwertungsmethoden, der Entwicklung von Ersatzstoffen und der zukünftigen Nachfrage. Außerdem ist die Größe der durch die vorzeitige Erschöpfung nicht regenerierbaren Öl- und Kohlereserven bedingten Sozialkosten weitgehend vom Wert abhängig, den diese Ressourcen in Zukunft besitzen werden. Dieser zukünftige Wert kann jedoch nicht ermittelt werden, denn er hängt seinerseits weitgehend ab von Ersatzstoffen und anderen potentiellen Energiequellen (z. B. Atom-, Wasser-, Wind-, Gezeitenenergie) als aktive Energieressourcen.

Obwohl die vorangehenden Überlegungen zusätzliche Unsicherheitsfaktoren in die Diskussion um den Abbau und die Erhaltung von Rohstoffen gebracht haben, wäre es doch eine Illusion zu glauben, daß die Probleme der gegenwärtigen Ausbeutung der Energieressourcen ausschließlich künftige Generationen betreffen. Vor allem übersieht eine solche Annahme, daß lange vor der völligen Erschöpfung der Abbau stets teurer wird, weil die Bohr- bzw. Schürftätigkeit auf immer unergiebigere Vorkommen ausgedehnt in tiefere bzw. schwerer zugängliche Lagen vorgetrieben werden muß. So wurde z. B. geschätzt, daß die Bohrkosten mehr oder weniger geometrisch anwachsen, wenn die Bohrlöcher tiefer getrieben werden. Dieser rapide Kostenanstieg beruht auf verschiedenen Faktoren wie der Notwendigkeit zusätzlicher und schwererer Ausrüstung, den größeren Risiken, dem Verlust von Bohrmaterial und einer Reihe von zeitraubenden und teuren Verzögerungen.[26]

Mit anderen Worten, die weitere Gewinnung von Öl und Kohle ist nur unter steigenden Kosten möglich. Unnötig zu betonen, daß Energieressourcen wie Erdöl und Kohle eine strategische Rolle in den modernen Industriegesellschaften spielen und zwar sowohl für die zivile Produktion als auch für den Betrieb von Flugzeugen, Panzern und Schiffen in Kriegszeiten. Diese Tatsache allein macht es für jedes Land riskant, die Erschöpfung der Energiereserven zuzulassen, solange keine zufriedenstellenden und billigeren Ersatzenergiequellen zur Verfügung stehen. Jedenfalls kann die organisierte Gesellschaft ihre Politik gegenüber der Ausbeutung erschöpfbarer Ressourcen nicht mit der Doktrin begründen, daß die Zukunft für sich selber sorgt und daß Engpässe in Notzeiten zur Entwicklung der erforderlichen Ersatzstoffe für knappe Ressourcen und Materialien führen werden.

8. Die Sozialkosten der Ressourcennutzung: Beweise und Schätzungen

Die beiden vorangehenden Kapitel galten einer institutionellen Untersuchung der Sozialkosten der wettbewerbsmäßigen Nutzung der Ressourcen. In diesem Zusammenhang haben wir die grundlegenden Kriterien für die Bestimmung diser Sozialkosten erarbeitet. Im Falle der erneuerbaren Ressourcen haben wir die Bedeutung eines technisch-sinnvollen Optimums hervorgehoben, das durch die Begriffe des ökologischen Gleichgewichts und der »kritischen Zone« begründet ist. Im Falle der nicht-erneuerbaren Ressourcen betonten wir die Probleme der zukünftigen Nachfrage, der Entwicklung von Ersatzstoffen, der besseren Abbau- und Verwendungsmethoden von Mineralien, die alle immer mit großen Unsicherheitsfaktoren verbunden sind. Vielleicht mögen diese Ungewißheiten, auf lange Sicht, die Risiken einer raschen Erschöpfung nicht-erneuerbarer Ressourcen vermindern, oder auch nicht – auf alle Fälle dürfen wir die Gefahr einer total ausgebeuteten Erde nicht übersehen. Hinzu kommen die spezifischen Kosten, welche die wettbewerbsmäßige Nutzung von nicht-erneuerbaren Ressourcen hervorruft. Sie gleichen, ihrem Charakter und ihrer Entstehungsweise nach den sozialen Verlusten, die bei der Nutzung erneuerbarer Ressourcen auftreten. In diesem Kapitel werden einige Beweise vorgebracht und Schätzungen der Verluste beim Rohstoffabbau angestellt.

Viele dieser Angaben gehen auf ein bereits abgeschlossenes Kapitel der Wirtschaftsgeschichte zurück. In einigen Fällen ist die Erschöpfung bereits eingetreten und kann nicht rückgängig gemacht werden. In anderen haben, mehr oder weniger zwingende institutionelle Einschränkungen den offenkundigsten sozialen Verlusten ein Ende gesetzt, die sich aus der raschen Ausbeutung von Rohstoffen ergaben, welche die zunehmende Nachfrage einer wachsenden Bevölkerung und durch die »Verbesserung« der Technologien der Ausbeutung und des Abbaus bedingt war. Wo keine institutionellen Beschränkungen eingeführt wurden – z. B. in der wettbewerbsmäßigen Ausbeutung einiger Fischarten in internationalen Gewässern – geht der Erschöpfungsprozeß auch heute noch weiter.

Wild- und Fischbestand

Ein klassischer Fall der Erschöpfung über ein kritisches Maß hinaus ist die kommerzielle Ausbeutung vieler Wild- und Fischbestände. Die Zerstörung der Lebensbasis von Tieren führt zu ihrem unwiderruflichen Aussterben. Genau das ist in den USA und einigen anderen Ländern geschehen. Zugegeben, die Tierbestände Amerikas hätten nicht unvermindert erhalten werden können. Die fortschreitende Besiedlung des Kontinents, das Wachstum der Bevölkerung, die Beseitigung der Waldflächen, um Acker- und Bauland zu gewinnen, die Nutzung der Prärien zu Getreideanbau und Viehzucht, machten diese früheren Domänen wildlebender Tiere mehr oder weniger untauglich für ihren Weiterbestand. Doch besteht kein Zweifel darüber, daß die Ausbeutung der Bestände an Fischen, Wild und Pelztieren weit über das Maß hinausging, was im Verlaufe der Besiedlung des Kontinents hätte geopfert werden müssen.

Zuerst waren es die Pelztiere, die in den USA durch den Wettbewerbsprozeß dezimiert wurden. Wie Veblen sagte: »Die Wettbewerbswirtschaft hat jenen Bereich des Naturreichtums, den die Pelztiere darstellen, mit beispielhafter Gründlichkeit und Eile durchlaufen und nichts hinter sich zurückgelassen. Es ist dies ein... abgeschlossenes Kapitel in der Geschichte der amerikanischen Wettbewerbswirtschaft.«[1]

Die sozialen Folgen des Ausrottens von Pelztieren ging weit über die Zerstörung wertvollen Kapitals hinaus. Denn »indirekt und unbeabsichtigt, jedoch ebenso rasch wie gründlich verwandelte das Treiben der Pelzhändler die durchaus friedliche und zurückhaltende Eingeborenenbevölkerung in einander fanatisch befehdenden Existenzen und führte außerdem zu unerträglichen Verwicklungen im Verkehr mit der weißen Bevölkerung«.[2]

Wie wirkungsvoll in der Vergangenheit die Ausbeutung der Wildbestände tatsächlich war, kommt am besten in den Resultaten gewisser Jagd- und Fangmethoden zum Ausdruck: »Der Handel mit Wild kam nach dem Bürgerkrieg auf und erreichte wahrscheinlich in den Achtzigerjahren seinen Höhepunkt. Während dieser Zeit wurden jährlich ungezählte Millionen von Wildtauben, Prärie- und Waldhühnern, Enten, Gänsen, Regenpfeifern, Schnepfen, Wachteln und anderem Geflügel von Jägern auf den Markt gebracht, die mit Ausnahme weniger Sommermonate das ganze Jahr hindurch Wild jagten und in Schlingen fingen.«[3]

In der Literatur finden sich viele Angaben. Es möge genügen, zwei Beispiele zu zitieren: »Im Winter 1902 erlegten in Südkalifornien zwei Jäger mit automatischen Gewehren in einer Stunde 218 Gänse und ihre Tagesbeute betrug 450 Gänse.«[4] »Bei Nachtjagden wurden früher große Mengen von Tieren getötet. Man konnte ein Boot mitten in die Schar schlafender Enten vorschieben und mit einer einzigen Salve Dutzende von Tieren erlegen. Viele von ihnen wurden hoffnungslos verkrüppelt, wenn sie vom Jäger nicht aufgefunden wurden.«[5]

Es bedarf keiner ausführlichen Untersuchung um zu zeigen, daß diese und ähnliche höchst wirkungsvolle Jagdmethoden nicht nur für ein reichliches Angebot an Wild auf dem Markte sorgten, sondern auch für niedrige Fleisch- und Fellpreise[6], die wiederum die Nachfrage nach diesen Produkten stimulierte. Die Erschöpfung der Tierbestände nahm auf diese Weise die Form eines kumulativen und sich selbst vorantreibenden Prozesses an.

Das Endergebnis spiegelt sich im folgenden nostalgischen Bericht über die gegenwärtige Lage der Tierwelt in den USA, »die großen Büffelherden verdunkeln nicht mehr die weiten Ebenen... Die Millionen von Antilopen wurden soweit dezimiert, daß sich ihre Zahl auf Tausende statt auf Millionen beläuft. Elche sind seit langem aus dem Osten verschwunden und ihr Vorkommen ist auf die westlichen Gebirge beschränkt. Im Osten sind sie derartig rar geworden, daß ihr gelegentliches Auftreten sogar von den Zeitungen vermerkt wird. Unsere Pelztiere sind weitgehend dezimiert worden. Marder, Wiesel und Otter sind jetzt selten. Der Vielfraß ist aus unseren Wäldern beinahe verschwunden. Biber verschwanden seit der Abholzung der Wälder. Gewöhnliche Pelztiere wie Moschustiere, Nerze, Waschbären und Stinktiere haben an Zahl stark abgenommen. Das wunderschöne und eindrucksvolle Schauspiel ungeheurer Taubenschwärme ist nur noch eine Erinnerung... Die großen Scharen der Wildvögel sieht man nicht mehr; höchstens da und dort einige überlebende Arten. Die letzten der einst so zahlreichen Birkhühner starben 1931. Auch Kranich und Schwan scheinen zum Aussterben verurteilt zu sein.«[7]

Kein Wunder, daß Veblen, der die letzten Stadien dieser Erschöpfung des Naturreichtums miterlebt haben muß, den »mit aller Eile und Hast vollbrachten« Vorgang als eine widerrechtliche Aneignung »beispielloser Naturschätze durch einen »absentee« Eigentümer, der zu Werke ging, sobald die Schätze wertvoll genug waren, um ausgebeutet zu werden«.[8] Gewiß ist dieser Prozeß nicht typisch amerikanisch. »Im Grunde genommen wird der Unterschied zwischen Amerikanern und Angehörigen anderer zivilisierter Nationen nur durch die Möglichkeiten bestimmt, und da ist in der Tat kein großer Unterschied. Diese amerikanische Methode ist ganz einfach eine althergebrachte Praxis, die auf eine Aneignung öffentlichen Gutes zu privatem Nutzen auf dem Wege der legalisierten Beschlagnahme hinausläuft.«[9]

Eine ähnliche »Methode der legalisierten Beschlagnahme« führte zur raschen Verminderung weiterer freier Naturgüter wie der Seehunde und Wale, die einst die Grundlage blühender Industrien waren. Seehunde gab es einst in großer Zahl auf den Pribilof-Inseln. »Man schätzt, daß vor dem Kauf Alaskas durch die USA im Jahre 1867 mehrere Millionen Seehunde diese Inseln bevölkerten.«[10] Infolge übermäßiger Abschlachtung »wurden die Tiere dezimiert und drohten tatsächlich auszusterben«[11], bis der Fang von Seehunden im Nordpazifik durch ein internationales Abkommen zwischen den USA, Japan, Rußland und Großbritannien 1911 geregelt wurde. Seit jener Zeit »haben sie sich wieder vermehrt – von etwa 125 000 Tieren im Jahre 1911 auf mehr als 1 800 000 im Jahre 1937«.[12]

Im Gegensatz zur Begrenzung der Seehundjagd ist die rasche Ausrottung der Wale noch in vollem Gang.[13] Die praktische Ausrottung des Wals in Gebieten, wo er früher häufig war, zeigt die wachsende Leistungsfähigkeit der internationalen Walfangindustrie. Diese »Effizienz« des modernen Walfangs wird durch die Tatsache illustriert, daß heute »die Wale mit Flugzeugen und Funkgeräten aufgespürt, gemeldet und sodann mit elektrischen Harpunen erlegt werden«.[14] Die konkurrierenden Walfangflotten Großbritanniens, Norwegens, Deutschlands, der Sowjetunion und der Vereinigten Staaten sind »große stählerne Schiffe, die zu eigentlichen schwimmenden Fabriken ausgebaut worden sind... Jedes der Mutterschiffe setzt eine Anzahl kleiner, aber starker Jagdboote ein. Mit einer norwegischen Erfindung, der Foyn-Harpunenkanone, die auf der Spitze der Harpune einen Sprengkopf trägt, werden die Wale gejagt und vom Mutterschift ins Schlepptau genommen. Der Kadaver wird über einen Laufsteg auf den Ausschlachtboden des Schiffes gezogen, wo er binnen zwei Stunden vollständig verarbeitet werden kann... Eine einzige gute Walsaison in der Antarktis kann pro Schiff Erzeugnisse im Wert von zwei Millionen Dollar einbringen.«[15]

Obwohl von einem kurzfristigen privatwirtschaftlichen Preis-Kostenkalkül aus betrachtet profitabel, haben diese Jagdmethoden zu einem Abschlachten geführt, das weit über die natürliche Reproduktionsrate der Tiere hinausgeht, sodaß die Bestände nicht mehr aufgefüllt werden. Dieser internationalen Konkurrenz um kommerziell wertvolle Tiere und deren schließliche Ausrottung kann lediglich durch internationale Abkommen ein Ende gesetzt werden.[16]

Der Niedergang des Alsen- und Lachsfischfangs an der atlantischen und pazifischen Küste der USA ist ein weiteres Beispiel für erhebliche soziale Verluste, die durch die hemmungslose Ausbeutung wertvoller Naturschätze bis an die kritische Zone oder darüber hinaus verursacht werden. Die Laichgewohnheiten machen diese beiden Arten für die Ausrottung besonders anfällig. Während ihre Nahrungsgründe im Salzwasser liegen, müssen sowohl der Lachs als auch die Alse den Ozean verlassen, um in Flüssen zu laichen. Dies ist die Zeit, wo sie in großer Zahl gefangen werden. Die Lachskonservenfabriken liegen an der Küste von Nordkalifornien bis nach Westalaska, gewöhnlich an Flußmündungen. »Mit Hilfe von Fallen, Fangnetzen und Kiemennetzen werden die Fische zu Tausenden gefangen und an die Konservenfabriken geliefert, wo der größte Teil der Arbeit von Maschinen erledigt wird.«[17] Einige der Ströme Alaskas »waren so vollkommen von Fallen blockiert, daß praktisch kein Fisch zum laichen kam. Nach einigen Jahren großer, aber wenig einträglicher Ausbeute an jungen Lachsen versiegte der Zustrom und die Konservenfabriken mußten aufgegeben werden.«[18]

Entlang der kleinen Küstenflüsse von Nordkalifornien, Oregon und Washington erlebte 1911 die Lachskonservenindustrie mit einer Produktion von 250000 Dosen ihre Hochblüte. In demselben Gebiet betrug die Produktion von 1936 nur noch 29000. »Der Columbia River, der sechzig Jahre lang stetig produziert hatte, lieferte das Maximum 1895 mit 634000 Dosen. Seither sind die wimmelnden Laichzüge auf einen Bruchteil ihrer früheren Größe zusammengeschrumpft.«[19]

Ähnliche Hinweise auf einen Niedergang könnten für den pazifischen Heilbutt, für den Schellfisch und den Riesenstör der Chesapeake-Bucht aufgeführt werden, »der rücksichtslos des Rogens wegen abgeschlachtet wurde, wobei die Fischleichen oft am Strand verfaulten«.[20] Der Riesenstör ist nun vom Aussterben bedroht. Die Süßwasserfischerei ist nicht viel anders verfahren.

Man mag argumentieren, die Zerstörung einer erneuerbaren Ressource sei im wesentlichen nichts anderes als die wirtschaftliche Wertminderung und physische Verringerung eines gewöhnlichen Vermögenswertes. Doch während die Wertminderung privater Vermögenswerte sich durch die Abschreibung auf die Kosten auswirkt, bleibt die Erschöpfung tierischer Ressourcen in den Kostenrechnungen des einzelnen Jägers oder Fischers weitgehend unberücksichtigt. Was sich zunächst als höchst lukrative Ausbeutung von Fisch- und Wildbeständen ausnimmt, mag in Wirklichkeit ein äußerst kostpieliger und verschwenderischer Prozeß des Kapitalverbrauchs sein. Wenn beispielsweise durch Leerfischen oder übermäßiges Bejagen die Ressource völlig vernichtet werden, dann zerstören wir einen Kapitalwert, der in Geld ausgedrückt werden kann. Dasselbe kann von anderen Ressourcen gesagt werden, so etwa von Wäldern, vom Boden oder sogar von nicht erneuerbaren Bodenschätzen. Sie alle sind Einkommen bringende Kapitalwerte. Jedermann kann ihren Geldwert berechnen, indem er den Wert ihres alljährlichen Ertrags durch einen Zinssatz dividiert. So etwa:

»Bei einem Zinssatz von 5 % stellt ein Jahresfischfang im Wert von 100 Dollar einen Kapitalwert von 2000 Dollar dar. Wenn wir aber für 200 Dollar Fische fangen, und dadurch keine Fische mehr zum Laichen kommen, vernichten wir einen Kapitalwert von 2000 Dollar um ein sofortiges Einkommen von zusätzlichen 100 Dollar zu realisieren.«[21]

Außer dem Kapitalwert des alljährlichen Ertrags der Naturschätze gibt es jedoch noch andere Sozialkosten, die noch wichtiger sein können, aber schwieriger zu messen sind. Es sind die vielfältigen Folgen der Verringerung der wirtschaftlichen Möglichkeiten, die aus dem Verschwinden von Ressourcen folgen. Wir haben gesehen, daß die Erschöpfung unwiderruflich wird und dadurch die Kontinuität des Wirtschaftslebens einer ganzen

Gegend bedroht werden kann. Doch schon bevor die Region zum Notstandsgebiet wird, steigen die Lebenskosten, während Beschäftigungsgrad und Einkommen fallen.

Rodung

Das Schwinden der Holzreserven der USA ist ein anderes, schlagendes Beispiel für Sozialkosten, die mit der Nutzung erneuerbarer Naturschätze verbunden sind. Wiederholte Erhebungen über die Nutzung der Privatwälder haben ergeben, daß das jährliche Fällen den Nachwuchs noch immer übersteigt und dies trotz wiederholter Warnungen der Forstexperten. Bezeichnenderweise sind die schlechtesten Rodungspraktiken in den Wäldern der Kleinbesitzer zu finden. Tatsächlich hat eine, 1946 durchgeführte Zählung durch den US Forest Service ergeben, daß 64 % aller Abholzungen in Privatwäldern ertragsmindernd und nur 8 % vertretbar waren. Nur 4 % der Nutzungen von Kleinbesitzern können als »gut« oder »besser« bezeichnet werden (d. h. Qualität und Quantität der Erträge stehen in Übereinstimmung mit der Ertragskapazität des Waldes und Bodens.) – bei den Großeigentümern betrug diese Zahl immerhin 29 %. Die Wirkung dieser Abholzungspraktiken auf die zukünftige Holzversorgung des Landes wird klar, wenn man sich vor Augen hält, daß Privatforste »75 % der kommerziellen Waldfläche ausmachen und auch die besseren Wälder umfassen – bis vor kurzem sind ca. 90 % des Holzes aus Privatwäldern gekommen«.[22]

4200000 Bauern und andere Kleineigentümer besitzen 76 % aller Wälder. 71 % von ihnen betreiben eine Abholzpraxis, die als »schlecht« und »schädlich« (d. h. nicht ertragssichernd) bezeichnet wird. Außerdem sind 37 % aller privaten kommerziellen Forstparzellen entweder schlecht (unterdurchschnittlich) oder gar nicht gegen Brände geschützt. In den dreißiger Jahren »überstieg der gesamte Abgang durch Fällen, Waldbrände, Insektenfraß, Krankheiten usw. in dem vereinten Forstkapital der U.S. den Zuwachs an Säge- und Klafterholz um 500 Millionen Kubikmeter. Der Ausfall an Sägeholz betrug schätzungsweise 15 Milliarden Laufmeter, das sind 5 Milliarden oder 50 % mehr als der Zuwachs. Der Abgang überwog das Wachstum in jeder größeren Waldregion außer dem Nordosten. Wegen schlechter Qualität, ungeeigneten Arten und entfernten Standorten kann nicht jeder Zuwachs wirklich mitgezählt werden. Das effektive Wachstum wird vom Verlust um weitere 1,5 Milliarden Laufmeter übertroffen.«[23]

1961 bestätigte der Präsident der USA im wesentlichen die früheren Ermittlungen über den unbefriedigenden Stand der Nutzungsrate der amerikanischen Wälder und setzte hinzu, daß die meisten Voraussagen über die Entwicklung des Holzbedarfs eine Verdoppelung des Konsums von 1960 bis zum Jahre 2000 voraussagen.[24] Die wichtigsten Folgen dieser Erschöpfung der Wälder sind steigende Kosten und Holzpreise, obwohl Ersatzbaumaterialien an Bedeutung gewinnen und die wirtschaftlichen Chancen für einige Industrien und ganze Dorf- und Stadtgemeinschaften in einigen Gegenden des Landes zurückgehen. Der heutige Notstand in den Bergbaugebieten hatte seinen Vorläufer in den verarmten Gemeinden und Geisterstädten der Forstregionen in Michigan und im Nordwesten.

Der typische Ablauf der Ereignisse und die Mannigfaltigkeit der mit der völligen Abholzung verknüpften Sozialkosten werden durch den folgenden Bericht veranschaulicht:

»Während im nördlichen Teil Michigans die Holzfällerei blühte, wuchs die Bevölkerung stetig, es entstanden Dörfer und Städte, und Tausende von Siedlern ließen sich nieder. Ihre Farmprodukte setzten sie in Holzfällerlagern und den Sägereizentren ab. Aber nach einigen Jahrzehnten war der Urwald bis auf wenige zerstreute Reste durch Abholzen und Waldbrände zerstört. Die Zahl der in den Camps und Sägewerken beschäftigten Arbeitskräfte fiel von Tausenden im Jahre 1889 auf wenige hundert im Jahr 1929. Viele Eisenbahnlinien wurden stillgelegt und die Siedler blieben ohne ausreichende Transportmöglichkeiten. Während die Kosten von Straßen, Schulen und anderen staatlichen Diensten stiegen, verminderte sich der Steuerwert des landwirtschaftlichen Grundbesitzes, und das Einkommen der örtlichen Gemeinwesen sank notwendigerweise stark. Viele Siedler, die im Winter keine Arbeit mehr im Wald fanden und ihre Erzeugnisse nicht mehr auf dem örtlichen Markt absetzen konnten, verließen die Gegend... Während die Holzindustrie zerfiel und die Siedler verarmten, verloren auch die Dörfer und Städte ihre wirtschaftliche Basis und schwanden dahin. Ein ödes Kahlschlaggebiet aus unfruchtbarem Land oder Buschwildwuchs, verlassene oder armselige Bauernhöfe und geisterhaft leere Orte kennzeichneten dieses Endstadium der fortschrittlichen Ausbeutung nichtlandwirtschaftlichen Landes, eine Periode, die nur 25 bis 40 Jahre in Anspruch nahm.«[25]

Ähnliche Verluste werden aus anderen Gegenden gemeldet: »Im pazifischen Nordwesten hinterließ die wahllose Abforstung 76 Geisterstädte. In weiteren 77 Gemeinden ging die Bevölkerung in dem Maße ständig zurück, als die Sägereien wegen der schwindenden Versorgung schlossen... Millionen von Hektaren kahlgeschlagenen Landes sind in Steuerverzug geraten und aufgegeben worden.«[26]

»Die Ozark-Region im Missouri umfaßt 35 Kreise, die ursprünglich von prächtigen Kiefer-, Eichen- und Hickorybeständen bedeckt waren. Sobald diese abgeholzt waren, zog sich die Holzindustrie zurück und hinterließ eine große, von ihr abhängige Bevölkerung, die außerstande war, sich anständig zu ernähren. Die Landwirte verloren sowohl die nahen

Märkte für ihre Erzeugnisse, als auch die Möglichkeit, im Winter etwas hinzuzuverdienen. Mehr als 20 % der landwirtschaftlichen Bevölkerung fiel der öffentlichen Fürsorge zur Last, der Rest lebte kümmerlich dahin... In vielen Ozark-Counties werden für 30 bis 50 % des Landes keine Steuern mehr bezahlt. Die Auslagen für die wichtigsten Straßen, Schulen und öffentliche Dienste der Gemeinden machen nur ein Drittel dessen aus, was vernünftigerweise zu erwarten wäre.«[27]

Bodenverschlechterung und Erosion

Die Hinweise auf die Sozialkosten von Erosion und Auslaugen des Bodens gehen auf eine Zeit zurück, in der noch nichts von den Wirkungen der entschlossenen Aufklärungs- und Forschungspolitik der Zentral-Regierung in Washington und Regierungen der einzelnen Staaten zu spüren war. Diese wurden unternommen, um den kumulativen Prozeß aufzuhalten, der die Fruchtbarkeit des Bodens zu vernichten drohte, auf welchem die amerikanischen Bauern die Nahrungsmittel und Rohstoffmaterialien für eine wachsende Bevölkerung im In- und Ausland produzieren mußten. »Heute, nach fünfzig Jahren, beginnen sich die Früchte der Bemühungen zu zeigen, die 1908 eingeleitet wurden. Es hat fast dreißig Jahre gebraucht, bis sie Resultate zeigten, aber dann zahlten sie sich aus.«[28]

Die Ergebnisse der organisierten Forschung, der Beratung für alle Landwirte (agricultural extension work) und der Mechanisierung nahmen die Gestalt eines noch nie dagewesenen Produktivitätszuwachses an, die es ermöglichte, größere Erträge auf weniger Land und mit weniger Arbeitskräften zu erzielen.

Während die Bedeutung der folgenden Angaben über die Bodenverschlechterung und Erosion historisch gesehen werden muß, illustrieren sie doch die Resultate der privaten Landausbeutung vor dem Einsetzen des größten und erfolgreichsten Versuchs, die amerikanischen Ernteerträge zu verbessern. Trotz gewisser Fortschritte in der Boden- und Erntebehandlung waren von 1865 bis 1908 die Hektarerträge unverändert geblieben, erst danach begannen sie zu steigen.[29]

Obwohl sich die Lage dank dem bewußten Eingreifen öffentlicher Instanzen verändert hat, wäre es doch ein Irrtum anzunehmen, daß alle Böden der amerikanischen Landwirtschaft verbessert worden sind. In vielen Teilen des Landes verarmen sie weiter, obwohl Methoden zur Erhaltung der Bodenproduktivität bekannt sind.[30] Wir haben hier in erster Linie mit Angaben über Verarmung des Bodens und der Erosion zu tun, die für die Stagnation und das unverhältnismäßig langsame Anlaufen der Ertragssteigerungen bis zum Zweiten Weltkrieg verantwortlich waren.

1934 wurde nachgewiesen, daß 180 Millionen Hektar, d. h. 34,8 % des gesamten Landes, von der Erosion betroffen waren (mit einem Verlust von einem bis drei Vierteln der Humusdecke). Flächenerosion verschiedener Intensität gab es auf über 350 Millionen Hektar, wobei auf beinah 100 Millionen Hektar, d. h. 10 % der gesamten Landfläche mehr als drei Viertel der Humusdecke verloren gegangen war. Der größere Teil der so erodierten Böden war zum Pflügen ungeeignet. Starke Rinnenbildung (»mit häufiger und tiefer Durchschneidung von genutztem, abgeholztem und brachgelassenem Land«) wurde auf einer Fläche von beinah 150 Millionen Hektar festgestellt, während Winderosion auf weiteren 130 Millionen Hektar Schaden angerichtet hatte.[31]

Nach H. H. Bennett waren über 100 Millionen Hektar entweder zerstört oder schwer beschädigt, und »von weiteren 300 Millionen Hektar hat die Erosion mehr oder weniger große Teile der fruchtbaren Ackerkrume abgetragen. Wenn man lediglich Ackerland in Betracht zieht, so sind etwa 20 Millionen Hektar einer weiteren Bebauung entzogen worden, und, um eine Fläche von weiteren 20 Millionen Hektar Ackerland steht es nicht viel besser. Fast 400 Millionen Hektar wurden zwar noch weitgehend bebaut, aber sie sind durch den Verlust von mehr als der Hälfte der Ackerkrume schwer geschädigt. Auf mindestens weiteren 400 Millionen Hektar Ackerland ist die Erosion aktiv am Werk.«[32] Die Erosion hat jährlich mindestens drei Milliarden Tonnen festen Materials weggespült, das große Mengen wertvoller Pflanzennährstoffe wie Phosphor, Kalium, Stickstoff, Kalzium und Magnesium enthielt.[33]

Infolge dieser Abtragung fester Stoffe sind große Flächen fruchtbaren Landes zugrunde gerichtet und kostspielige Bewässerungsanlagen beschädigt oder zerstört worden. Besondere Ablagerungsstudien des U.S. Soil Conservation Service schätzen, daß die jährlichen Verluste infolge von »Schäden und Unterhaltskosten, die ausschließlich durch die Auswirkungen der Bodenerosion an Bewässerungseinrichtungen entstehen, sich auf Dutzende von Millionen Dollar belaufen«.[34] Wir werden jedoch nicht weiter auf die Folgen der beschleunigten Erosion durch ungeeignete Anbaumethoden und Entwaldung eingehen, wie etwa der wachsenden Häufigkeit der Hochwasserkatastrophen und dem dadurch angerichteten Schaden.

Sozialkosten der Erdölförderung

Bei den nicht erneuerbaren Ressourcen konzentrieren wir uns auf den Nachweis der Doppelspurigkeit beim Kapitaleinsatz und gewisser technischer Mängel, die bewirken, daß die Erdölvorkommen vorzeitig und beschleunigt versiegen und ungenügend ausgeschöpft werden.

Unnötige Bohrungen. Wie bereits gesagt, führt der Rückgang der Ölvorräte zu einem Konkurrenzkampf um den Abbau. Um den individuellen Ausstoß zu maximieren, mißachten die Konkurrenten bei der Plazierung der Bohrlöcher technische Erfordernisse der Lagerstätte, was die Ausbeute verteuert und die Gesamtausbeute verringert. Belege für dieses unwirtschaftliche und technisch unzureichende Vorgehen, das für den Abbau dieses wichtigen Rohstoffes kennzeichnend ist, lassen sich überall nachweisen.

Im Ost-Texas-Feld wird geschätzt, daß »3000 Bohrstellen für die Erzeugung ausgereicht hätten und daß mit dem Bohren von weiteren 21 000 bis Mitte 1937 vielleicht 300 Millionen Dollar verschwendet worden sind. Zudem werden alljährlich neue und unnötige Löcher gebohrt, die Kosten in der Höhe von 13 bis 20 Millionen Dollar verursachen.«[35] Im Oklahoma-City-Feld hätten schätzungsweise 360 statt der 677 tatsächlich in Betrieb gehaltenen Bohrungen genügt, um das Öl zu fördern. Bei einem durchschnittlichen Kostenaufwand von 100 000 Dollar pro Bohrstelle beliefen sich also die unnötigen Ausgaben für die 317 überzähligen Bohrstellen auf 31,7 Millionen Dollar.[36]

Ein noch schlagenderes Beispiel für die hohen Kosten des Abbaus unter Marktbedingungen lieferte das Golden-Lane-Feld in Mexiko. »Im konkurrenzmäßig bewirtschafteten Teil dieses Feldes hat das Öl Förderkosten in der Höhe von 19,3 Cents pro barrel* verursacht, im wettbewerbsfreien dagegen nur 5,9 Cents.«[37]

Nach vorsichtigen Schätzungen soll die Gesamtzahl der überflüssigen Bohrstellen in den Vereinigten Staaten 4000 bis 5000 betragen und jährlich 100 Millionen Dollar kosten, was einer selbstaufgelegten Bruttoerzungssteuer in der Höhe von etwa 10 Cents pro Barrel Öl gleichkäme.[38] Wenn das Verhältnis zwischen unnötigen und insgesamt gebohrten Quellen im Ost-Texas- Feld repräsentativer ist – 21:3 – und wenn wir die Betriebs- und Unterhaltskosten dieser Bohrstellen mit berücksichtigen, dann würden die jährlichen Zusatzkosten und damit die Produktionssteuer erheblich höher ausfallen.

Die Schätzungen der Verluste durch Verschwendung von Naturgas bewegen sich zwischen 10 % und 12 % der gesamten Gaserzeugung.[39] Die Gesamtverluste an Gas kamen fast einem Drittel des totalen Gasverbrauchs in den Jahren 1922 bis 1934 gleich.[40]

Das ist noch nicht alles. Die technischen Unzulänglichkeiten und Verluste durch überflüssige Bohrstellen sowie das Entweichen von Gas führen zu einem verfrühten Druckabfall in der Lagerstätte. Wie wir bereits gezeigt haben, treibt dies wiederum die Kosten der Ölförderung in die Höhe, weil früher gepumpt werden muß und weil unter Umständen ein erheblicher Teil des Öls gar nicht erfaßt werden kann. Die endgültig verlorenen Reserven liegen schätzungsweise bei einem Drittel der gesamten Vorkommen.[41] Ganz anders steht es mit den Ölfeldern, die als Einheit

* 158,76 Liter Petroleum

ausgebeutet werden, wo die Bohrstellen betrieben werden, bis die Ölreserven ausgeschöpft sind, und das Lager nun Gas abgibt.[42]

Im Lichte der bisherigen Erörterungen scheint es, daß sowohl die Kostenminimierung als auch die Förderrate eine engere Bindung an technische Kriterien verlangen als sie bei der wettbewerbsmäßigen Ausbeutung von Erdölreserven beobachtet wird.

Überkapazität und vorzeitige Aufgabe von Kohlenbergwerken

Die überzähligen Bohrstellen in der Erdölindustrie haben ihr Gegenstück in der konkurrenzbedingten Überkapazität im Kohlenbergbau. Die erste Erhebung von 1880 ergab, daß im amerikanischen Kohlebergbau ein Kapazitätsüberhang bestand. Während der folgenden Jahre »ist die Kapazität stets schneller als die Nachfrage gewachsen und während 1890–1915... waren die Kohlenbergwerke des Landes durchschnittlich an nur 213 Tagen pro Jahr im Betrieb«.[43]

»Eine Periode der Kohlenknappheit und hoher Preise während des Krieges und der Wiederaufbaujahre (1916–1923) führte zu einem weiteren Ausbau der Minenkapazität, die in einer drastischen Liquidation und in akuter Krise endete, lange bevor die Weltwirtschaftskrise von 1929 ausbrach. Infolgedessen wurden mehr als 200 Millionen Tonnen Minenkapazität aus der Produktion verdrängt, und 3274 Bergwerke wurden geschlossen. Die Schließung dieser Minen war mit der verfrühten Preisgabe einiger hundert Millionen Tonnen... bester Kohle verbunden, von der viel unter dem Boden blieb, unter Bedingungen, die eine spätere Förderung nur unter stark erhöhten Kosten (wenn überhaupt) möglich machen.«[44] Während der darauf folgenden 10 Jahre wurden allein östlich des Mississippis und außerhalb Ohios nicht weniger als 4802 Bergwerke aufgegeben, bevor die Vorkommen ausgeschöpft waren.[45]

Natürlich trifft es zu, daß einige dieser Verluste nicht zu vermeiden sind, weil auch mit den fortschrittlichsten Abbauverfahren die Reserven nicht zu 100 % gefördert werden können. Es ist immerhin bemerkenswert, daß Ingenieure, die 1923 für die U.S. Coal Commission gearbeitet haben, in der Lage waren, zwischen diesen unvermeidbaren und den vernünftigerweise vermeidbaren Verlusten zu unterscheiden, wobei sie zu der Schlußfolgerung gelangt sind, »daß die Verluste an Kohle innerhalb der in Betrieb befindlichen Bergwerke von 34,7 auf 15,3 % und diejenigen an Anthrazit von 38,9 auf 30 % herabgesetzt werden konnten«.[46] Würden neuere, leistungsfähigere Fördermethoden als Norm für die Unterscheidung zwischen vermeidbaren und unvermeidbaren Verlusten gewählt, so wäre der Prozentsatz der vermeidbaren Verluste erheblich höher.

Andere soziale Verluste im Kohlebergbau ergeben sich aus der Tatsache, daß die leichter zugänglichen obersten Flöze oft zuerst abgebaut werden. Wenn solche Minen geräumt werden, kann es zu Senkungen, Einbrüchen, grubenförmigen Vertiefungen und Spaltbildungen in der Bodenoberfläche kommen, auch wenn stützende Pfeiler unterirdisch stehen bleiben. Ein solches Unterminieren und Absinken der Landoberfläche kann Hausbesitzern und Bauern großen Schaden zufügen. Das Problem ist im Bergwerkrevier von Pennsylvanien auch heute noch akut.

Zusammenfassung und Schlußfolgerungen

Eine Zusammenfassung unserer Angaben zeigt, daß unter Wettbewerbsbedingungen keine Gewähr dafür besteht, daß die Ausbeutung der freilebenden Tiere nicht über das kritische Maß hinaus betrieben wird, wenn Jagd, Fallenstellen und Fischen die natürliche Reproduktion der Ressource in Frage stellen. Die Geschichte der Seehund- und Waljagd und das fast völlige Aussterben einiger Tierarten in den Vereinigten Staaten verdienen in diesem Zusammenhang genannt zu werden.

Aber selbst wenn wir die erneuerbaren Boden- und Holzressourcen betrachten, an denen klar umschriebene Eigentumsrechte bestehen, bietet die Marktwirtschaft keinerlei Sicherheit vor sozialen Verlusten durch Bodenverschlechterung und Entwaldung. Es bedurfte der bewußten Anstrengungen der Regierungen der einzelnen Staaten und des Bundes, um den Trend umzukehren, der jahrelang jede größere Steigerung der landwirtschaftlichen Erträge unmöglich machte. In der Forstwirtschaft hält der Erschöpfungsprozeß auch heute noch an, besonders in kleinen Waldparzellen, die den Großteil der forstwirtschaftlich genutzten Fläche ausmachen. Im Fall der nicht erneuerbaren Ressourcen wie Kohle und Erdöl, trägt eine Vielzahl von Faktoren zu einer im wesentlichen ähnlichen Beschleunigung der Erschöpfung bei. Wird berücksichtigt, daß Eigentumsrechte an Öl erst anerkannt werden, nachdem man fündig geworden ist, und infolgedessen dann das Reservoir so rasch wie möglich leergepumpt wird, und wenn wir bedenken, daß die Eigentumsrechte an Kohlereserven weit zerstreut sind, und auch hier jeder Besitzer dazu neigt, die Bodenschätze so schnell wie möglich zu verwerten, wird offensichtlich, daß diese weitgehend institutionell bedingten Faktoren sich in einer Vernachlässigung der zukünftigen Bedürfnisse auswirken müssen. Dazu kommt, daß eine ungeregelte Ausbeutung dieser Ressourcen zu einer Reihe von sozialen Verlusten führen, die die Form von Doppelspurigkeiten der Investitionen (unnötige Bohrungen), Überkapazität (im Kohlenbergbau), Verlust von Naturgas und von Reservoirdruck sowie der verfrühten Preisgabe von Bergwerken annehmen. Weit davon entfernt, die allzu frühe Erschöpfung der Energieressourcen zu verhindern, führt der Preismechanismus in der Realität zu einer Beschleunigung des Abbaus. Sogar gedrückte Öl- und Gaspreise führen nicht unbedingt zu einer Drosselung der Produktion, weil der Betrieb von Bohreinrichtungen bei äußerst geringen (Grenz)-Kosten möglich ist. Tatsächlich tragen niedrige Preise von Energieressourcen und -produkten eher zu einer Steigerung als zu einer Senkung der Nutzungsrate der verfügbaren Reserven bei. Denn niedrige Preise animieren nicht nur den Konsumenten zum Verbrauch von Öl und Kohle für weniger dringende Zwecke, sondern sie machen es für den einzelnen Produzenten geradezu unrentabel, technisch leistungsfähigere Produktionsmethoden einzusetzen, die eine höhere Ausnutzungsrate der gegebenen Reserven zulassen würden.

Die kombinierte Wirkung der konkurrenzmäßigen Erschöpfung der Rohstoffe tritt, wie wir gezeigt haben, in einem späteren Kosten- und Preisansteig in Erscheinung und in einer Verringerung der Wahlmöglichkeiten, die sich den nächsten Generationen bieten. Infolge der Tatsache, daß die Zukunft unbestimmt ist und von vielen Faktoren abhängt, und auf Grund der Schwierigkeiten, die einer Abschätzung künftiger Interessen und Vorteile innewohnen, scheint jede Quantifizierung dieser Sozialkosten schwierig, wenn nicht unmöglich zu sein.[47]

Aber die eigentliche Frage lautet, ob eine derartige Quantifizierung für praktische Zwecke notwendig ist. Erfordert die Formulierung der öffentlichen Politik im Hinblick auf die Erhaltung der natürlichen Reichtümer wirklich den Grad exakter Messung und Quantifizierung, die das fiktive Optimum vorauszusetzen, und dem der Kanon der herkömmlichen wissenschaftlichen Methoden angemessen zu sein scheint? Die Antwort ist ganz eindeutig negativ. Der Schutz der Fortpflanzungsbasis der wildlebenden Tiere, die Verhütung der Bodenentwertung und Entwaldung, die optimale Förderrate bei niedrigsten Kosten durch richtige Anordnung der Bohrstellen, die maximale Ausnutzung der Kohlereserven in einer bestimmten Schicht, die Verhinderung von Bodensenkungen – das sind pragmatisch-technische Forderungen, die aufgestellt werden können, die aber nicht den hohen Präzisionsgrad quantitativer Messungen verlangen, der für die Formulierung theoretischer Optima kennzeichnend ist. Was wir brauchen, ist die Bestimmung der Richtung, in der wir uns zu bewegen haben. Eine solche Festsetzung ergibt sich schon aus den technischen Notwendigkeiten der sozialen Mindesterfordernisse und der Definition der kritischen Zone im Falle der erneuerbaren Ressourcen, und schließlich aus einer allgemeinen Schätzung des möglichen künftigen Bedarfs und Angebots im Falle der erschöpfbaren Ressourcen.[48]

Es ist auch nicht schwer, die angemessenen Methoden der Erhaltung zu wählen, die in jedem Fall notwendig sind. Eine große Vielfalt von Maßnahmen – von erzieherischer Aufklärung über die Festsetzung von Schonzeiten für Jagd und Fallenstellen zu besonderen Verboten, Subventionierung von reichlich vorhandenen Ersatzstoffen, Besteuerung, Preiskontrollen, Rationierung und völlige Sperrung gewisser Materialien für überflüssigen Verbrauch, etc. sind bekannt und verfügbar. Wer gegen diese Politik der Umverteilung gewisser Ressourcen zugunsten der Zukunft den Einwand erhebt, sie laufe der »Souveränität« und der Wahlfreiheit der gegenwärtigen Verbraucher zuwider, übersieht, daß wir ohne eine derartige Politik die Wahlfreiheit späterer Generationen beschränken. Auch die Freiheit hat eine Zeitdimension, und »der Preis einer breiten Auswahl in der Gegenwart ist eine stark eingeschränkte Auswahl in der Zukunft«.[49]

9. Die Beeinträchtigung des menschlichen Produktionsfaktors

Ein altes und allgemein anerkanntes Beispiel von Sozialkosten ist die Beeinträchtigung der körperlichen und geistigen Gesundheit des arbeitenden Menschen. Man könnte sagen, daß die Sozialversicherungen und insbesondere die Sozialgesetzgebung, welche eine obligatorische Entschädigung bei Arbeitsunfällen vorsehen, diese Sozialkosten in Unternehmerausgaben übertragen. Dabei wird angenommen, daß das Prinzip der obligatorischen Entschädigung mit der Garantie einer adäquaten Wiedergutmachung gleichgesetzt werden kann. Jedoch haben Arbeitsschutzgesetzgebungen eine adäquate Wiedergutmachung nie garantiert, und betrachtet man die Anwendung der Gesetze in den USA, drängt sich die Vermutung auf, daß der relative Anteil an Sozialkosten, welcher durch den Arbeiter getragen wird, zunimmt. Obwohl die Gesetze erweitert wurden, kann die optimistische Annahme, daß nun die Sozialkosten der Schädigung des menschlichen Faktors eliminiert würden, nicht aufrechterhalten werden.

Die »menschlichen Kosten« und das Preissystem

Die wirtschaftlichen Auswirkungen der Beeinträchtigung der menschlichen Gesundheit und Arbeitskraft durch den Produktionsprozeß unterscheiden sich nicht von der graduellen Abnützung der dauerhaften Produktionsmittel. Beide verlieren in ihrer wirtschaftlichen Nützlichkeit ganz oder teilweise an Wert. Fehlt aber ein umfassendes Systen von sozialen Gesetzen, so behandelt die Marktwirtschaft, die in einem festen Rahmen von vertraglich festgelegten Verpflichtungen operiert, die beiden Arten von Entwertung wertvoller Produktionsverfahren in grundsätzlich verschiedener Weise. In der Tat wäre kein Eigentümer dauerhafter Produktionsgüter bereit, irgendwelche Kapitalgüter einzusetzen, wenn nicht die Möglichkeit bestände, die Abnützung seiner Aktiva durch Abschreibungen zu kompensieren. Sie sichern das Kapital für den Ersatz der Produktionsmittel. Durch die Abschreibungen bleibt »der Wert der ursprünglichen Investition erhalten«.[1] Für den einzelnen Prodzenten sind deshalb Abschreibungen eine günstige Methode der Buchführung für den Teil der

Produktionskosten, welcher durch die Nutzung dauerhafter Güter entsteht, sodaß er in der Lage ist, seine Gesamtkosten derart zu gestalten, daß sie nicht höher sind als der Erlös der produzierten Güter und Dienste.

Ganz anders behandelt die Marktwirtschaft die Beeinträchtigung der Produktionsfähigkeit des Menschen. Der Unterschied beruht weitgehend darin, daß Arbeiter, als Menschen, kein Eigentum sein können. Sie sind frei und ihre Dienste können erworben werden, aber sie müssen selbst für ihren Lebensunterhalt aufkommen. Werden diese freien Arbeiter durch den Produktionsprozeß geschädigt, so hat niemand (außer vielleicht der Arbeiter selbst) ein Interesse an der Festlegung eines entsprechenden »Abschreibungssatzes« zugunsten seiner körperlichen und geistigen Schäden. Tatsächlich wird der Unternehmer, welcher bestrebt ist, seine Produktionskosten so niedrig wie möglich zu halten, nur ungern die Schädigung seiner Arbeiter als Teil seiner Betriebskosten berücksichtigen[2]

Das Widerstreben, die Gesundheitsschäden der Arbeiter zu berücksichtigen, wird um so größer sein, je größer die Zahl der Arbeitslosen und je geringer die benötigte Fähigkeiten und Ausbildung ist. Unter solchen Bedingungen kann der Produzent leicht »abgenützte« Arbeiter durch neue ersetzen. Solche Bedingungen herrschen in den weniger entwickelten Ländern, wo kein ausgebautes Gewerkschaftssystem und ausgebaute Sozialgesetzgebung bestehen. Die große Arbeitslosigkeit und Unterbeschäftigung dieser Länder hält die Löhne nahe am oder unter dem Existenzminimum und ermöglicht den systematischen Ersatz verunfallter oder kranker Arbeiter aus dem großen Heer der Arbeitslosen. Der einzelne Arbeiter wird es, wegen seiner schwachen Verhandlungsposition, sehr schwer finden, seine Forderungen auf Entschädigung bei arbeitsbedingten Unfällen und Krankheiten beim Unternehmer durchzusetzen. Er und seine Familie werden den größten Teil der Sozialkosten tragen müssen, die aus der Schädigung seiner Gesundheit und der daraus folgenden Arbeitslosigkeit entstehen.

Etwas anders ist die Lage in wirtschaftlich fortgeschritteneren Ländern. Durch geringere Arbeitslosigkeit und stärkeren Einfluß der Arbeiter auf den politischen Entscheidungsprozeß wird die entgegenwirkende Macht der Arbeiterschaft verstärkt. Die Sozialgesetzgebung zwingt den Unternehmer, zumindest einen Teil der sozialen Produktionskosten in seine Kalkulation mit einzubeziehen. Während der relativ seltenen Perioden der Vollbeschäftigung und des akuten Arbeitermangels (z. B. in Kriegszeiten oder Perioden des Wiederaufbaus nach einem Krieg) können die Löhne hoch genug sein und einen erheblichen Teil der Schädigungen des menschlichen Produktionsfaktors decken. Aber selbst unter diesen Bedingungen dürfen drei wichtige Einschränkungen nicht übersehen werden! Erstens – die Frage, sind die Kompensationsvorschriften angemessen? Nicht einmal die fortschrittlichste Arbeitsschutzgesetzgebung – mit

Ausnahme, möglicherweise, einiger skandinavischer Länder – deckte alle Arbeiter und alle Berufe. Zweitens – selbst jene Arbeiter, die nach Unfällen und Krankheiten maximal kompensiert wurden, (in Lohnprozenten oder maximaler Auszahlung) sehen ihren Lebensstandard ernstlich gefährdet durch die allmähliche Erosion ihrer Kompensation durch jährlich steigende Preise. In Zeiten der Arbeitslosigkeit neigen selbst die hochentwickelten Länder dazu, ihre »ausgedienten« Arbeiter durch Arbeitslose zu ersetzen. Drittens – es gibt immer veraltete Industrien und Berufe, wo die Arbeiter, insbesondere geschädigte und ältere, sich in einer prekären Lage befinden und weder durch lange Zugehörigkeit zur Firma noch durch starke Gewerkschaften ausreichend geschützt sind. Die Stärke der Gewerkschaften wird in diesen Industrien ständig in Frage gestellt und die traditionelle Gesetzgebung zur Sozial- und Arbeitsschutzversicherung gibt nur begrenzten Schutz.

Man könnte annehmen, daß die Unternehmer aus eigenem Interesse für gesunde und sichere Arbeitsbedingungen sorgen, weil sonst die Leistungsfähigkeit der Arbeiter vermindert und die Produktionskosten erhöht werden. Doch dieses Argument übersieht zweierlei: erstens muß der Unternehmer Arbeiter mit unbefriedigender Leistung nicht halten. Er kann sie durch neue ersetzen, deren Gesundheit durch ungünstige Arbeitsbedingungen noch nicht angegriffen worden ist. Zweitens beeinflussen Maßnahmen des Arbeits- und Gesundheitsschutzes die laufenden Kosten des Unternehmers und damit seine Konkurrenzfähigkeit – obwohl sie letztlich doch die Arbeitseffizienz steigern und damit zu einer Senkung der Produktionskosten führen. Oder es mag einfach profitabler sein, ohne Sicherheitsvorkehrungen zu produzieren – auch wenn ungünstige Auswirkungen auf die Arbeiter die Folge sind –, und obwohl man doch annehmen könnte, daß die Einführung von Sicherheitsmaßnahmen durch größere Leistungsfähigkeit und einem besseren Arbeitsklima sich positiv auf die »Gewinne« auswirken würden.

Hier wie in zahlreichen anderen Fällen, wo die Einführung angepaßter Arbeitsbedingungen die Gewinn- und Verlustrechnung des Unternehmers beeinflussen, wird eine Beeinträchtigung und sogar Zerstörung der menschlichen Arbeitskraft zu einer chronischen Erscheinung der Marktwirtschaft, es sei denn, eine umfassende Sozialgesetzgebung wirke dagegen. Die entstehenden Kosten trägt entweder der betroffene Arbeiter direkt, oder indirekt der Steuerzahler in Form höherer Ausgaben für medizinische Betreuung und soziale Unterstützung. Die Tatsache, daß diese Verluste, dort wo eine umfassende Sozialgesetzgebung fehlt, nicht in die Produktionskosten des privaten Unternehmers eingehen, sondern größtenteils vom Arbeiter oder von der Gesellschaft getragen werden, macht sie zu typischen Sozialkosten im Sinne unserer Studie. Der wichtigste Aspekt der »menschlichen Kosten« der Produktion ist die Tatsache, daß sie in hohem Grade vermeidbar sind. Nach dem Urteil zuständiger Experten könnten 70–90 % aller Arbeitsunfälle durch angemessene Sicherheitsvorkehrungen verhindert werden. Wenn man Unfälle trotzdem entstehen läßt und Sozialkosten in großem Ausmaße verursacht, so ist das die Folge der mangelnden Kenntnis der Unfallkosten und der fehlenden Bereitschaft oder Unfähigkeit einzelner Firmen, die Kosten von Fürsorge- und Verhütungsprogrammen zu tragen. Wo unkompensierte Sozialkosten als Resultat der Beeinträchtigung des menschlichen Produktionsfaktors entstehen, kann deshalb gesagt werden, daß die Arbeiter oder die Gesellschaft die Produktion subventionieren.

Während im allgemeinen der Wert der ursprünglichen Kapitalanlagen durch Abschreibungen erhalten bleibt, gibt es keine automatische Methode, den »Kapitalwert« der Arbeit als Produktionsfaktor unter Bedingungen des freien Wettbewerbs zu bewahren. Wenn durch Epidemien und wiederholte Krankheiten statt 20 000 Arbeiter ebensoviel Stück Vieh dem sicheren Tod ausgesetzt wären, hätte man eine leicht berechenbare Grundlage und einen Anreiz für die Einführung von notwendigen Schutzmaßnahmen. Die Tatsache, daß Arbeit bzw. der Mensch keinen Kapitalwert haben, benachteiligt sie in einer Marktwirtschaft gegenüber Maschinen oder Vieh – es sei denn, starke Gegenwirkungen und politische Kräfte greifen in das freie Wirken des Wettbewerbsprozesses ein.

Die menschlichen Sozialkosten: Beweise und Schätzungen

Man kann nur ungenau die mögliche Größe der sozialen Verluste aufzeigen, welche durch die Schädigungen des Menschen in der modernen Industriegesellschaft verursacht werden. Veröffentlichte statistische Daten über Zahl, Häufigkeit und Auswirkungen von Betriebsunfällen und Berufskrankheiten geben ein unvollständiges Bild des Umfanges der aus ihnen entstehenden Sozialkosten. Die meisten Daten bezwecken das Aufzählen der Anzahl verunglückter Personen, des Verlustes an Arbeitsstunden und der Verminderung der Jahreslohnsumme. Sie sagen jedoch nichts aus über den Umfang, in dem diese Verluste auf den betroffenen Arbeiter und seine Angehörigen abgewälzt und von ihnen und der Gesellschaft getragen werden.

Letztlich hängen die Sozialkosten, die aus Beeinträchtigungen des menschlichen Faktors durch Betriebsunfälle und Berufskrankheiten entstehen, vom vorhandenen Schutz der Arbeiter durch Gesetze und die Angemessenheit der erhaltenen Entschädigungen ab. Angesichts der Tatsache, daß selbst »angemessene« Entschädigungen die lebenslängliche Schädigung eines Arbeiters nicht rückgängig machen – und sicherlich den tödlich verletzten Menschen ihr Leben nicht zurückgeben können – ist es nicht irrelevant, das Ausmaß der Betriebsunfälle in der modernen Industriegesellschaft nach ihrer Häufigkeit und Schwere festzustellen.

In den Jahren 1954–1958 hat die Zahl der Betriebsunfälle, die zu totaler Arbeitsunfähigkeit führten, in den USA, jährlich stets um 1,9 Millionen betragen.[3] Es gab 13300 tödliche Unfälle und etwa 80000 führten zu dauernden körperlichen Schäden – Verlust oder vermehrte Funktionsunfähigkeit der Augen, Hände, Finger, Beine. Im Jahre 1958 gingen 38 Millionen Arbeitstage durch zeitweilige Arbeitsunfähigkeit verloren. Unter Berücksichtigung der kumulativen Auswirkung der dauerhaften Schäden oder des Todes beträgt der Gesamtverlust ca. 160 Millionen Arbeitstage, was der jährlichen Vollbeschäftigung von 515000 Arbeitern entspricht.[4] Berechnet auf die 60 Millionen Arbeiter entspricht der Verlust von 160 Millionen Arbeitstagen einem Anteil von 9%.

Es sei hinzugefügt, daß seit dem Ende des 2. Weltkrieges eine kontinuierliche Abnahme sowohl der Häufigkeit (Betriebsunfälle mit körperlichen Folgen pro Million Arbeitsstunden) und des Ausmaßes (Verlust von Arbeitstagen pro Million Arbeitsstunden), zu verzeichnen ist. Die Häufigkeit betrug 1959 6,47 gegenüber 13,11 in den Jahren 1935–1939 und das Ausmaß im Jahre 1959 754 gegenüber 1550 für 1935–1939.[5] Ebenso hat die Zahl der tödlichen Unfälle eine ständige Abnahme gezeigt (von 43 pro 100000 im Jahre 1937 auf 22 in 1959).[6] Der National Safety Council bewertete, für 1959, den Gesamtverlust durch Betriebsunfälle auf 4,2 Milliarden Dollar, wobei 1,2 Milliarden Dollar als Lohnverluste angegeben wurden. (Das entsprach ca. 9% des Bruttosozialproduktes).[7]

Betriebsunfälle verursachen eine Reihe direkter sowie indirekter Sozialkosten: Zunächst die direkten Kosten der ärztlichen Behandlung und Spitalpflege; weiter die indirekten Kosten in dem Betrieb, wie der Verlust an Arbeitszeit während des Unfalls, die darauf folgende Unterbrechung der Arbeit, vorübergehend stillgelegte Maschinen, sowie deren Beschädigungen, Materialverluste, Verlust an Effizienz durch den Ersatzmann und durch das Anlernen neuer Arbeiter. Diese indirekten Kosten betreffen den Unternehmer. Hierzu kommen die Rückwirkungen des Unfalls auf den Arbeiter und seine Familie. So können Betriebsunfälle den betroffenen Arbeiter ganz oder teilweise arbeitsunfähig machen und seine Erwerbsfähigkeit mindern. Dies wiederum kann schwerwiegende Folgen für die wirtschaftliche und soziale Lage der Familie haben und nachhaltige Auswirkungen auf Familienleben, Gesundheit und Erziehung der Kinder und anderer Angehörigen. Eventuell müssen die Angehörigen durch öffentliche Mittel unterstützt werden. Und für Tod und körperliche Leiden als Folge von Betriebsunfällen gibt es überhaupt keine Entschädigung.

Die Kosten für ärztliche Behandlung, Spitalpflege, sind – ob direkt bezahlt oder indirekt in der Form von Versicherungsbeiträgen – Teil der Unternehmerausgaben und können daher nicht als Sozialkosten betrachtet werden. Dasselbe gilt für den Zeit- und Materialverlust, bzw. die Beschädigung von Betriebsanlagen. Diese Verluste werden durch die Privatfirmen getragen und sind nicht Sozialkosten. Man darf jedoch nicht glauben, daß der einzelne Unternehmer eine klare Vorstellung vom Umfang der durch Betriebsunfälle verursachten Kosten hat. Die meisten indirekten Unfallkosten werden nicht offen erfaßt, beeinflussen aber viele, wenn nicht alle Produktionsprozesse. Die Arztkosten und Entschädigungen, welche Versicherungen bezahlen, werden vom Unternehmer kaum beachtet. »Er weiß, daß Versicherungsprämien aufgrund der Erfahrung festgelegt worden sind. Da jedoch die Erfahrung des einzelnen Unternehmers nur einen kleinen Teil jenes Erfahrungsbereiches darstellen, auf welchen sich die Berechnungen der Prämien stützen, und da ein beträchtlicher Teil seiner Prämie dem Aufwand und den Gewinnen der Versicherungsgesellschaften dient, kann er nur schwerlich eine Herabsetzung seiner Prämien erwirken, welche in vernünftiger Relation zur Senkung der Unfallzahlen in seinem Betriebe stehen würde. Private Versicherungsgesellschaften betrachten es als undurchführbar, eine fallgerechte Anpassung der Prämien für jene Risiken vorzunehmen, deren Prämiensumme unter 500–700 Dollar pro Jahr liegt... Daher zeigt der normale Inhaber einer kleinen Versicherungspolice wenig, durch finanzielle Überlegungen erzeugte Neigung, die Unfallrate in seinem Betrieb zu senken – es sei denn, er müßte mit einer erhöhten Prämie oder dem Entzug der Police rechnen. Er glaubt, ohne sich um die indirekten Kosten zu kümmern, daß seine Prämienzahlungen praktisch alle Unfallkosten decken und daß deren Senkung eine Sache der Versicherungsgesellschaft ist.«[8]

Es stimmt, seit 1929 sind die Unternehmerausgaben für im Betrieb geleistete ärztliche Betreuung gestiegen – von 30 Millionen Dollar in den dreißiger Jahren auf über 200 Millionen pro Jahr seit 1954[9], und Erhebungen der National Association of Manufacturers und der Liberty Mutual Insurance Co. zeigen, daß zwischen 10 und 20 Dollar pro Jahr für Arbeitsschutz- und Arbeitshygieneprogramme ausgegeben wurden. Die Problematik dieser Daten liegt nicht in ihrer Richtigkeit, sondern, daß sie die falsche Frage beantworten – abgesehen davon, daß sie nur Großbetriebe berücksichtigen und die kleineren Firmen (ohne institutionalisierte Sicherheitsprogramme) außer acht lassen. Was aber aus der Sicht einer Studie der Sozialkosten der Produktion wesentlich ist, sind nicht die Ausgaben für Sicherheitsmaßnahmen und ihre positiven Auswirkungen, sondern die Angemessenheit bzw. Vernachlässigung dieser Maßnahmen. Ohne die heutigen Ausgaben zur Verhütung von Betriebsunfällen und -krankheiten wäre die Beeinträchtigung des Menschen zweifellos größer. Doch folgt daraus nicht, daß die bestehenden Maßnahmen ausreichend sind oder daß Sozialkosten in der Form neuer und bislang nur unvollständig erforschter Gesundheitsrisiken bei neu entstehenden Technologien vermieden werden. Nach Schätzungen des U. S. Bureau of Labor Standards »ereignen sich die meisten Unfälle in Betrieben, insbesondere kleineren, die kein festes Sicherheitsprogramm haben«.[10]

Dies illustriert wohl am besten die Unzulänglichkeit bestehender Einrichtungen. Die Tatsache, daß die Kosten entsprechender Maßnahmen für Kleinbetriebe prohibitiv sind, erklärt wohl den langsamen und ungenügenden Fortschritt von Betriebssicherheit und Arbeitshygiene in den USA. Sollte dies tatsächlich zutreffen, bildet diese Frage einen der problematischsten Aspekte des Kleinbetriebs und dessen Fortbestandes. Jedenfalls bestätigt die »President's Commission on the Health Needs of the Nation« indirekt unsere Daten über die unbezahlten »menschlichen Kosten« von Betriebsunfällen in der amerikanischen Industrie, wie auch unsere Zweifel an der Zulänglichkeit der amerikanischen Sozialgesetzgebung – »Die Erforschung, Kontrolle und Verhütung arbeitsbedingter Gesundheitsrisiken in den Vereinigten Staaten kann noch nicht mit den Anstrengungen anderer Länder verglichen werden.«[11]

Während in den letzten Jahrzehnten die Unfallquoten in zahlreichen Großbetrieben um mehr als 90 % gesunken sind, trifft es immer noch zu, daß Kleinbetriebe nur einen geringen Fortschritt aufweisen.[12]

Und es ist wichtig, in diesem Zusammenhang darauf hinzuweisen, daß die größte Zahl der amerikanischen Arbeiter in kleineren Betrieben (mit weniger als 500 Arbeitern) beschäftigt sind. In den Werken dieser relativ kleinen Firmen, die vom Fortschritt des Arbeiterschutzes ungenügend erfaßt worden sind, ereignen sich die Mehrzahl aller Betriebsunfälle. Und der Leiter der zuständigen Behörden spricht von einem »Fehlen der elementarsten Programme für industrielle Arbeitshygiene in mehr als der Hälfte aller Betriebe in den USA«.[13]

Bei der Einführung von Schutzmaßnahmen haben Kleinbetriebe besondere Probleme. Sowohl die Pro-Kopf- als auch die Durchschnittskosten solcher Maßnahmen sind in Kleinbetrieben höher und der Versuch, medizinische Vorsorge für die Arbeitnehmer in Kleinbetrieben nach jenen der Großunternehmungen auszurichten, mag unrealistisch sein. Solange also nur Großunternehmer betriebliche Schutz- und Sicherheitsvorkehrungen bieten, muß erwartet werden, daß der größte Teil der arbeitenden Bevölkerung bestenfalls eine Notversorgung erhält.

Wie angemessen ist die Entschädigung, welche ein bei einem Unfall verletzter Arbeiter oder seine Familie unter den bestehenden Gesetzen erhält? Um die Angemessenheit dieser Gesetze realistisch einzuschätzen, muß man ihre geschichtliche Entwicklung in den USA kennen. Sie war von einer augesprochenen Abneigung, Arbeitsunfälle als einen Teil der Produktionskosten anzusehen, gekennzeichnet. Eine enge Interpretation der Gewohnheitsrechte hat es jahrzehntelang möglich gemacht, diese Kosten auf den Arbeiter und seine Familie abzuwälzen. Als endlich das Prinzip einer Entschädigung bei Betriebsunfällen anerkannt war, wurde die alte Abneigung und Angst, eine finanzielle Bürde juristisch zu verankern, in die neuen Gesetze hineingetragen. Durch die Versuche einzelner Bundesstaaten, ihre Industrien vor einer Benachteiligung im Wettbewerb mit den Industrien anderer Staaten zu schützen, wurde diese Angst verstärkt. Das Recht jedes einzelnen Bundesstaates, eigene Schutzgesetze zu erlassen, durchkreuzte damals und noch heute die Ziele einer angemessenen Deckung und Entschädigung bei sozialen Verlusten des menschlichen Produktionsfaktors.

Um die Frage nach der Angemessenheit befriedigend zu beantworten, muß festgestellt werden, wieweit die bestehenden Statuten der Sozialversicherung und der Gesetze über die Kompensationen die Sozialkosten der Produktion in Unternehmerkosten verwandeln. Mit anderen Worten: Es ist notwendig, das Verhältnis der vorgesehenen Entschädigungen zur Gesamtsumme der erlittenen Verluste festzustellen. Die verfügbaren Daten und die Vielfalt bestehender Gesetze ermöglichen keine Schätzung dieses Verhältnisses. Nur die bezahlten Entschädigungen für Lohnverluste können errechnet werden. Die wichtigsten Gründe für unzulängliche Entschädigungen liegen in der Beschränkung der Versicherung auf bestimmte Arbeitsarten und Unternehmer, sowie auf bestimmte Verletzungen. Weiter sind kurzfristige Beeinträchtigungen ausgeschlossen und die abgestuften Entschädigungsraten sind unzureichend.

Trotz der ständigen Erweiterung der Zuständigkeit der Entschädigungsgesetze zeigen die Berechnungen der Statistiken in den USA von 1940, daß nur 27,2 Millionen Arbeitnehmer oder 53 % aller damals Beschäftigten unter die verschiedenen Gesetze fielen. Nach neueren Schätzungen – 1952 – sind es beinah 80 % aller Arbeiter und Angestellten (mit Ausnahme des Eisenbahnpersonals und der selbständigen Berufe).[14] Die bedeutendste Gruppe nicht geschützter Arbeiter sind Hausangestellte und landwirtschaftliche Arbeiter. In einigen Bundesstaaten werden auch andere Kategorien nicht erfaßt – z. B. Arbeiter in ungefährlichen Berufen, Angestellte kleiner Betriebe, Gelegenheitsarbeiter und öffentliche Angestellte. Der Ausschluß der »ungefährlichen Berufe« und spezielle Ausnahmen in einigen Bundesstaaten führen oft zu willkürlichen Situationen und bedingen eine zunehmende Veralterung der Gesetze.[15] Zum gleichen Resultat führen auch die unterschiedlichen Definitionen entschädigungsberechtigter Unfälle und Berufskrankheiten, welche ursprünglich von den meisten Gesetzen nicht erfaßt waren.

Alle Entschädigungsgesetze sehen außerdem eine Wartefrist von drei Tagen bis zwei Wochen vor. Dann erst kann eine Entschädigung beantragt werden. Die offizielle Erklärung stützt sich darauf, daß vorübergehende Schädigungen, Anträge mit betrügerischer Absicht sowie hohe Gemein- und Administrationskosten vermieden werden sollen. Man schätzt, daß »für das Land als Ganzes... 44 % aller kurzfristigen Schäden nicht anerkannt werden, ... während weitere 45 % nur unter Abzug der Wartefrist beglichen werden«.[16] Beinah alle Gesetze sehen Fristen für die Einreichung von Entschädigungsgesuchen vor. So soll der Mißbrauch und Betrug ausgeschlossen werden. Diese Fristen bewirken jedoch auch, daß die zunehmend wichtige Gruppe der langsam entstehenden und chronischen Krankheiten, die oft erst viele Jahre nach der Schädigung erkannt werden, eliminiert werden. Solche Krankheiten, z. B. Krebs und Strahlenverseuchung, oft das Resultat kumulativer Effekte über Jahrzehnte hinweg, werfen schwerwiegende medizinische und juristische Fragen auf, die nur durch ein System der umfassenden, kostenlosen medizinischen Versorgung zufriedenstellend gelöst werden können.[17]

Schwere Unzulänglichkeiten ergeben sich, neben der unzureichenden Deckung, aus der Tatsache, daß die Gesetze die Zahlungen nach oben begrenzen. Die Höchstsätze sind unzureichend oder werden es, wenn Löhne, Kosten medizinischer Pflege und Rehabilitation sowie Lebenshaltungskosten steigen. Mit steigenden Preisen decken die Auszahlungen, die Pflege- und Rehabilitationsbeiträge nur einen ständig schrumpfenden Teil der vom Arbeiter erlittenen Verluste. Mit andern Worten: Der Anteil der Sozialkosten nimmt zu.

Kompensationssätze für Einkommensverluste sind je nach Bundesstaat verschieden. Sie variieren nach Art der Verletzung, d. h. des Schadens (temporär, bleibend, bleibend – partiell oder tödlich). Ein maximaler Prozentsatz des durchschnittlichen Wochenlohns des bei einem Unfall Verletzten ist gemäß allen Gesetzen Grundlage für die Festlegung der Sätze. Wöchentliche Auszahlungen sind begrenzt, ebenso die Gesamtauszahlungen und die maximale Dauer der Zahlungen (als Ausnahme kennen einige Staaten lebenslängliche Zahlungen für bleibende, umfassende Schäden). Die Entschädigungen betragen, für Angehörige tödlich verunglückter Arbeiter, zwischen weniger als 35 und 66 % des Wochenlohns (für Witwen mit Kindern zwischen 75 % in North Dakota und 97,5 % in Minnesota), und die Zahlungen sind meistens in ihrer Dauer und der maximalen Gesamtsumme begrenzt, und zwar ohne Berücksichtigung der Lebenserwartung oder der Zeit, während welcher der Arbeiter noch hätte arbeiten können.[18]

Es muß kaum betont werden, welche begrenzende Wirkung diese Gesetze haben. Bei steigenden Löhnen werden die Prozentlimits durchschnittlicher Wochenverdienste rasch durch die niedrigeren, gleichbleibenden Wochenmaxima ersetzt. Minima verlieren, aufgrund der steigenden Preise, ihre Schutzfunktion. War der verunglückte Arbeiter zufälligerweise in der den Durchschnittswochenverdienst bestimmenden Zeit ganz oder teilweise arbeitslos, so wird er bestraft. Die charakteristischen Wartezeiten bedeuten, daß in einigen Bundesstaaten die Auszahlungen erheblich reduziert werden.[19] Unter diesen Umständen bleiben die Kompensation für alle Schädigungen hinter den wirklich erlittenen Verlusten der verunglückten Personen und ihrer Angehörigen zurück.

Die Entschädigung für dauernde totale Arbeitsunfähigkeit bleibt weit hinter dem Einkommensverlust, den der betroffene Arbeiter für den Rest seines Lebens erleidet, zurück. Auch liegt die Entschädigung weit unter dem Durchschnittsverdienst der letzten Zeit und die Sätze sind in Zeit und Höhe beschränkt, wobei wiederum die Lebens- und Arbeitserwartung nicht berücksichtigt wird. Auch bei dauernder Teilarbeitsunfähigkeit sind die Kompensationen beschränkt. Die einschneidendsten Mängel bestehen bei Entschädigungen von »weniger als 66 2/3 % des früheren Verdienstes, wöchentlichem Maximum von... $ 25 und Beschränkungen der Zeit und Summe, die in schweren Fällen unter den Lebens- und Erwerbserwartungen des Arbeiters liegen«.[20]

Die Unterschiede in der Gesetzgebung zwischen den einzelnen Staaten führen zu chaotischen und widersprüchlichen Bestimmungen im System der Entschädigungen. So beträgt bei bleibender und teilweiser Invalidität »die maximal zulässige Entschädigung beim Verlust eines Fußes in New Mexico 100, in Wisconsin hingegen 250 Wochen. Bei gänzlichem Verlust des Gehörs variiert die Periode zwischen 65 Wochen in Maine und der fünffachen Zeit in Oregon. Der Gehörverlust an einem Ohr ist in Oregon höher bewertet als der gänzliche Gehörverlust in fünf anderen Staaten. Einc Hand ist in New Jersey wertvoller als ein ganzer Arm in Alabama und 24 anderen Staaten. Die maximale monetäre Entschädigung für den Verlust des Armes bis zur Schulter kann $ 37850 betragen – nach dem Gesetz für Bundespersonal, oder 18500 nach dem Gesetz in Wisconsin – in Maine nur $ 3600. Ein Auge wird in Wisconsin mit $ 10175 bewertet, in Arizona hingegen mit $ 1650. Unterschiede von 50 % und mehr zwischen einzelnen Bundesstaaten sind charakteristisch.«[21]

Bei Todesfällen variieren die Zahlungen zwischen $ 3500 und $ 20000 und in bezug auf Dauer zwischen 200 und 780 Wochen. »In vielen Bundesstaaten wird die Entschädigung des verletzten Arbeiters (für einen Unfall, der tödlich verläuft) von der Entschädigung für den Todesfall abgezogen. Die Familie eines Arbeiters, dessen Rückgrat gebrochen wurde und der noch einige Jahre lebte, wird so um den Betrag der zu seinen Lebzeiten ausbezahlten Entschädigungen bestraft. Ein empörter Gewerkschafter sagte hierzu: »Am Ende erhalten die Witwe und die Kinder häufig nichts... Die Familie des Ehemannes und Vaters, welcher schnell stirbt, erhält einen Bonus... In solchen Situationen wird die Entschädigung der Arbeiter zur zynischen Farce.«[22]

Auch die Unterstützungssätze für ärztliche Behandlung sind zeitlich und in der Höhe begrenzt. In 18 Staaten mit Zeitlimits variiert die Maximaldauer der vorgeschriebenen ärztlichen Behandlung von 4 Wochen in Texas bis zu 9 Monaten in Montana. Die Maximalzahlungen betragen weniger als $ 1000 in den meisten Bundesstaaten und variieren zwischen $ 225 in Pennsylvanien und $ 2500 in Kentucky. [23]

Im extrem heterogenen Entschädigungssystem für Arbeitsunfälle der USA wird nur ein Teil, und sogar ein abnehmender Teil der Sozialkosten des menschlichen Produktionsfaktors in Unternehmerkosten verwandelt. Ein sich ständig vergrößender Anteil wird weiterhin vom verunglückten

Arbeiter und seiner Familie getragen. Trotz wiederholter Liberalisierung der gesetzlichen Bestimmungen ist es in der Tat zweifelhaft, ob die Entschädigungen sich dem Existenzminimum auch nur annähern und ob er nicht verhungern müßte, wenn er allein von der Entschädigung abhängig wäre. Diese Zweifel werden unterstrichen von der Lage in Pennsylvanien, wo die maximale Entschädigungszahlung weit unterhalb der maximalen öffentlichen Sozialunterstützung liegt – Um $ 16.40 bei einer vierköpfigen Familie, $ 38 bei einer fünf- und $ 48 bei einer sechsköpfigen Familie.[24]

Dies ist die unausweichliche Folge eines Gesetzessystems, das maximale Entschädigungen als Bruchteil durchschnittlicher Verdienste ansetzt und darüberhinaus eine Grenze beim »Maximum« festlegt – nicht zu vergessen weitere Einschränkungen und Ausklammerungen. Bei steigenden Preisen und Löhnen nähert sich, als Endresultat, »die Gesetzgebung über Arbeiterentschädigungen einem Pauschalsummensystem auf niedriger Stufe, und das mittelst komplexer Reglementierung«.[25]

Noch unzulänglicher scheinen die Entschädigungen bei Lohnverlusten zu sein. Nach einer detaillierten Berechnung von Prof. A. H. Reede, hat der relative Anteil an Lohnverlusten seit 1913/14 ständig abgenommen. So verringerten sich die wöchentlichen Maximalauszahlungen in Illinois von 98 % in 1913 auf 34 % in 1952, berechnet auf den wöchentlichen Durchschnittsverdienst.[26] Für einige Kategorien von Arbeitsunfällen wurden, nach amtlichen Angaben, die folgenden Anteile der Lohnverluste tatsächlich vergütet: 5,6 % bei Todesfällen, 13,4 % bei bleibend-totalen, 14 % bei bleibend-partiellen, 30,5 % bei temporären, im Schnitt 13,4 %.[27] Zwischen 1940 und 1952 verringerte sich der durchschnittliche Anteil der entschädigten Lohnverluste in North Carolina von 26,4 auf 22,1 %. Eine Tabelle von Prof. Reede zeigt folgende Fakten:

In North Carolina entschädigter Anteil des Lohnverlustes, 1940 und 1952 (theoretisch)[28]

Invaliditätsgrad	*Entschädigter* *1940*	*Anteil* *1952*
Tödlich	19,6	15,5
Bleibend-total	24,2	21,2
Bleibend-partiell	24,4	21,3
Temporär	47,7	41,7
Durchschnitt	26,4	22,1

Erstellt nach Reede, *op.cit.*, 1947, S. 207 und neuen Berechnungen für 1952 von Reede, zitiert nach Somers und Somers, *op.cit.*, S. 81; eine detaillierte Ausführung der diesen Schätzungen zugrunde liegenden Methode, siehe Reede, *op.cit.*, 1947, S. 195–210.

Im Lichte dieser Daten, die durch ähnliche und sogar in einzelnen Fällen noch ungünstigere Schätzungen bestärkt werden können, scheinen die

Sozialkosten der Arbeitsunfälle bis zu 75 % von den verunglückten Arbeitern getragen zu werden. Ja, im Falle der tödlich verlaufenden bleibend-totalen Schäden, trägt der Arbeiter bzw. seine Angehörigen allein 86 und 79 % des totalen Lohnverlustes. Diese Unvollkommenheiten und Ungleichheiten können durch die Notwendigkeit, Simulanten fernzuhalten und betrügerische Forderungen zu verhindern, kaum gerechtfertigt werden. Tote simulieren schließlich nicht, ebensowenig Vollinvalide, und doch sind es gerade solche Fälle, die den höchsten Prozentsatz an ungedeckten Kosten aufweisen.

Die obigen Zahlen beziehen sich auf soziale Verluste aus Arbeitsunfällen. Sie schließen aber nicht Verluste aus den Konkursen privater Versicherungsgesellschaften ein, welche den betroffenen Arbeitern und ihren Familien entstehen. (Auch in solchen Fällen übernimmt ja der Unternehmer keine Kosten.) Zugegebenermaßen hängt dieses Problem mit der besonders unzulänglichen und unwirksamen Lösung von Entschädigungsverpflichtungen in den USA zusammen – schließlich besteht kein zwingender Grund, es sei denn Tradition und das Festhalten am Prinzip kommerzieller Versicherung, ein System der Entschädigungen für verunglückte Arbeiter über eine Vielzahl privater Versicherungsgesellschaften zu organisieren.[29] Private Versicherungsgesellschaften haben häufig Konkurs gemacht und sowohl den Arbeitern, Witwen und Angehörigen[30], als auch den versicherten Arbeitgebern – in Fällen, wo der Arbeitgeber bei einem Konkurs der Versicherungsgesellschaft gemäß Gesetz haftbar wurde – schwere Verluste zugefügt.

Berufskrankheiten und Sozialkosten

Die ursprünglichen Gesetze enthielten keine Bestimmungen für den Schutz des Arbeiters im Falle von Berufskrankheiten. Sogar heute noch werden Berufskrankheiten, die in einem Staat anerkannt sind, von einem anderen nicht akzeptiert. Viele Krankheiten liegen außerhalb der gesetzlichen Regelung. Ähnliche Uneinheitlichkeit besteht hinsichtlich der Anerkennung und Behandlung bereits bestehender oder sich verschlimmernder Krankheiten, die nur indirekt mit dem Beruf zusammenhängen. Eine gründliche Untersuchung, warum Arbeiter bei Berufskrankheiten ohne Entschädigung bleiben, würde eine eingehende Erörterung der rechts- und verwaltungstechnischen Probleme erfordern, wie sie im Zusammenhang mit der jeweiligen Auslegung der Entschädigungsgesetze auftreten. Eine solche Analyse liegt außerhalb des Rahmens dieser Studie.[31] Es genügt darauf hinzuweisen, daß die verschiedenen Gesetze – soweit sie bestimmte Erkrankungen überhaupt anerkennen – in vielen Fällen nur für eine beschränkte Anzahl von genau spezifizierten Krankheiten

Anwendung finden und Höchstgrenzen für Höhe und Dauer der Entschädigungen festlegen.

Die Ausschlüsse und Einschränkungen – von Bundesstaat zu Bundesstaat verschieden – können schließlich so überwuchern, daß vom Entschädigungsgesetz für Berufskrankheiten für Colorado festgestellt worden ist: »Ein arbeitsunfähig gewordener Arbeiter wäre besser gestellt, wenn das Gesetz abgeschafft worden wäre. Früher konnte ein Arbeiter den Arbeitgeber nach dem Gewohnheitsrecht verklagen – jetzt gibt das Gesetz dem Arbeitgeber völligen Schutz vor jeglicher Haftung im Falle von Berufskrankheiten.«[32]

Während gesagt werden muß, daß eine angemessene Deckung bei Berufskrankheiten zu Forderungen von unmeßbarer Größe führen könnte und der Weg für endlose Prozesse und übermäßige Rechtskosten frei würde, bleibt es dennoch unbefriedigend, besonders da in den USA ein nationales Krankenversicherungssystem fehlt, sodaß die durch Berufskrankheiten verursachten Verluste auf die Schultern der geschädigten Arbeiter und ihrer Familien abgewälzt werden.

Es ist schwierig, den möglichen Umfang des Problems der Berufskrankheiten in der modernen Industriegesellschaft aufzuzeigen. Schätzungen für die USA geben zwischen 200000 und 400000 Fälle von Berufskrankheiten pro Jahr an, die leicht festzustellen waren[33], das sind ca. 3–6 % der arbeitenden Bevölkerung. Das Bureau of Labor Statistics schätzt den Verlust an Arbeitstagen durch Berufskrankheiten auf 2 % des Verlustes an Arbeitszeit durch alle Krankheiten.[34]

Diese Daten berücksichtigen jedoch nicht, daß die Berufsbedingtheit vieler Krankheiten nur unvollständig, wenn überhaupt, erkannt wird. Berufskrankheiten gleichen den Umwelterkrankungen durch Luft- und Wasserverschmutzung – sie entwickeln sich langsam und weisen eine lange Latenzperiode zwischen Erkrankung und der zutage tretenden Wirkung auf. Bis zum Auftreten der Symptome können Jahre, ja Jahrzehnte vergehen. Unser Verständnis dieser Krankheiten ist noch rudimentär.

Zu den älteren berufsbedingten Gesundheitsrisiken kommt in zunehmendem Maße die industrielle Strahlengefährdung hinzu, die chronische Krankheiten mit langen Latenzperioden hervorrufen kann. Auch die gesundheitlichen Auswirkungen der Automatisierung sind noch unbekannt. Wird der Arbeiter in automatisierten Fabriken einer größeren Nervenbelastung durch vermehrte Konzentration ausgesetzt oder ist er stärkerer Langeweile und Monotonie unterworfen mit den von den bewegungsarmen Berufen bekannten Gesundheitsproblemen? Wird eine größere Nervenbelasung mehr Herzkrankheiten, Magengeschwüre und Gefäßkrankheiten verursachen? Oder wird die automatisierte Fabrik der Zukunft Berufskrankheiten und Betriebsunfälle dank leichterer und saubererer Arbeitsbedingungen vermindern? Was für psychologische Gefahren birgt tatsächlich ein stark automatisierter Arbeitsprozeß? Auf diese Fragen kennt man heute noch keine klaren Antworten. Der Hinweis, daß die Rolle von Streß und Belastung allgemein anerkannt wird, mag genügen. So folgen körperlichem und nervösem Streß oft schädliche Müdigkeit, nervöse Störungen, größere Anfälligkeit für Berufs- und allgemeine Krankheiten und Unfälle sowie andere physische Schädigungen. Auch kennt man nicht die negativen Folgen unregelmäßiger Beschäftigung und »die körperlichen und seelischen Schäden, welche der Arbeiter als Folge des ständigen Wechsels von übermäßiger Anstrengung und Müßiggang erleidet«.[35]

Auch Fabriklärm illustriert die speziellen Schwierigkeiten bei der Suche nach den Kausalbeziehungen zwischen beruflicher Schädigung und Krankheit. So kann industrieller Lärm nicht nur den allgemeinen Streß und die Arbeitsbelastung vergrößern, sondern auch das Hörvermögen herabsetzen. Ist man nur kurz starkem Lärm ausgesetzt, so kann der Gehörverlust vorübergehender Natur sein – er kann aber auch bestehen bleiben als Resultat starker, langer Lärmbelastung.[36]

Obwohl Schutzmaßnahmen entwickelt wurden, gibt es jedes Jahr Bleivergiftungen. Im Jahre 1960 wurden nicht weniger als 10000 verschiedene chemische Verbindungen industriell benützt. Von diesen waren 20 Jahre zuvor nur einige Hundert bekannt.[37] Viele dieser Verbindungen sind giftig oder potentiell giftig und rufen, in immer größerer Anzahl, spezifische Syndrome von Berufskrankheiten hervor. Die Größe des Problems der Berufskrankheiten in der modernen Industriegesellschaft ist weder genügend erforscht noch richtig erkannt. Während die älteren Ursachen einiger Berufskrankheiten recht gut bekannt sind, bringen neue Technologien, Produkte und Verfahren kontinuierlich weitere toxische Substanzen in den Produktionsprozeß. Von den altbekannten Gefahr sind industrielle Gifte und nicht-toxischer Staub weiterhin Hauptursachen von Berufskrankheiten. Schon 1935 wurde festgestellt, daß es Gifte gibt, d. h. »Rohmaterialien und Produkte, Nebenprodukte und Abfallstoffe, die während der Gewinnung, Herstellung und Benützung in industriellen Prozessen, auch wenn alle übliche Vorsicht angewandt wird, ihren Weg in den Körper des Menschen finden, wo sie durch chemische Wirkung die Gesundheit des Arbeiters gefährden«.[38]

»Eines dieser industriellen Gifte, Blei, wird täglich von ca. 150 Berufen benützt. Es verursacht Verstopfung (Maler-Kolik), Gelenkschmerzen, usw., sogar den Tod. In Industrien, wo Staub anfällt, von der Seidenweberei bis zur Arbeit im Steinbruch, verursacht das Einatmen des ungiftigen Staubes mechanische Reizungen, die zu verschiedenen Lungenkrankheiten führen. Von diesen Krankheiten ist die Silikose die am weitesten verbreitete Schädigung und was menschliches Leiden und Entschädigungskosten betrifft, eine der wichtigsten Berufskrankheiten in den USA geblieben.«[39]

Die Sozialkosten der Frauen- und Kinderarbeit

Über den allgemeinen Charakter der sozialen Verluste, die durch Frauen- und Kinderarbeit verursacht werden, bestehen heute kaum noch Meinungsverschiedenheiten. »Die besonderen physischen Eigenschaften der Frau machen sie gegenüber gewissen Schädigungen der industriellen Arbeit empfindlicher als den Mann. Lärm und Erschütterung beeinträchtigen wahrscheinlich das Nervensystem der Frau mehr als dasjenige des Mannes; langes Sitzen oder Stehen ist nachweislich für Frauen und Kinder schädlich; Überanstrengung verursacht bei der Frau mit größerer Wahrscheinlichkeit organische Störungen als beim Mann; nach ärztlicher Ansicht sind Frauen gegenüber gewissen industriellen Giften anfälliger als Männer.«[40] In Anbetracht dieser Tatsachen überrascht es nicht, daß die Sterblichkeit der arbeitenden Frauen wesentlich höher ist als die der nicht arbeitenden und daß die Säuglingssterblichkeit bei Kindern arbeitender Frauen ebenfalls höher ist als bei denjenigen Frauen, die keiner Arbeit nachgehen.[41]

Nicht zu übersehen sind die Sozialkosten, welche durch die Beschäftigung von Kindern und Jugendlichen entstehen. »Wenn Kinder die Schule früh verlassen um Arbeit zu suchen, verringert sich die Wahrscheinlichkeit einer normalen körperlichen Entwicklung... Auch das normale Familienleben wird häufig gestört und arbeitende Kinder geraten in eine Umgebung, wo Härte, Rohheit und Mißachtung der menschlichen Rechte die Regel sind, werden häufig delinquent und fallen der Gesellschaft zur Last.«[42] Da die erwerbsmäßige Beschäftigung von Kindern in der Regel ihre Ausbildungsmöglichkeiten beschränkt, bleiben ihre geistigen Fähigkeiten unentwickelt. Vermindert wird auch ihre Anpassungsfähigkeit an spezifische Arbeitsbedingungen. Die spätere Leistungsfähigkeit sinkt. Nicht nur steigt die Unfallrate in Industriezweigen, welche Kinder beschäftigen, die Arbeit während der Kindheit ist auch für den reduzierten Gesundheitszustand dieser Arbeiter in späteren Jahren verantwortlich, denn »unentwickelte Muskeln und Nerven sind den Belastungen, denen Kinder in vielen Industrien ausgesetzt sind, nicht gewachsen...«[43]

So führen Frauen- und Kinderarbeit zu sozialen Verlusten, welche weit größer sind als die Nachteile, welche die einzelne Frau oder das arbeitende Kind erleiden. Weil das Familienleben gestört und die volle geistige Entfaltung von jungen Menschen behindert wird, hat die Beschäftigung von Frauen und Kindern besonders weitreichende, nachteilige Auswirkungen für die Gesellschaft und die künftigen Generationen.

Das Ausmaß und die Arten von Frauen- und Kinderarbeit sind von Kultur zu Kultur verschieden. In Entwicklungsländern müssen sowohl Frauen als auch Kinder arbeiten. Aber es ist eine Tatsache, daß das Industriesystem dieser Beschäftigung kein Ende gesetzt hat. Bestehende Gesetze weichen immer noch stark voneinander ab »in den Bedingungen, unter welchen Jungen und Mädchen beschäftigt werden dürfen. Auch sind sie sehr unterschiedlich in der Art der Beschäftigungen, auf die die sich beziehen. Einige Vorschriften beziehen sich auf alle Arten erwerbsmäßiger Beschäftigung, viele beschränken sich jedoch auf spezielle Tätigkeiten und Berufe oder machen Ausnahmen für andere Tätigkeiten wie z. B. für Landwirtschaft, Hausangestellte oder den Verkauf und das Verteilen von Zeitungen und Zeitschriften. So kann sogar in ein und demselben Bundesstaat ein Gesetz über die Kinderarbeit nur auf bestimmte Kinder und nicht auf alle Anwendung finden.«[44]

Zusammenfassung und Schlußfolgerungen

Nach den vorausgegangenen Untersuchungen neigt die moderne Industrieproduktion dazu, den Arbeiter in seiner physischen und geistigen Gesundheit schwer zu schädigen. Betriebsunfälle, Berufskrankheiten sowie Frauen- und Kinderarbeit sind die Ursachen der wichtigsten Sozialkosten dieser Art. Die Beeinträchtigungen der physischen und geistigen Gesundheit des Menschen unterscheiden sich in den wirtschaftlichen Folgen nicht von der materiellen Wertverminderung dauerhafter Produktionsmittel. Während diese Entwertungen jedoch durch Abschreibungen berücksichtigt werden, bleiben die Schädigungen an Menschen in den Kalkulationen der Unternehmer unberücksichtigt, wenn der Wettbewerbsprozeß sich selbst überlassen ist. Ohne Arbeiterschutzgesetzgebung und gesetzlich geregelte Sozialversicherung würden diese Sozialkosten nicht nur auf den einzelnen Arbeiter abgewälzt, sondern sie wären auch weit höher, als sie es unter dem Druck der Gesetzgebung sind. Da diese Gesetze den Arbeitgeber, ohne Rücksicht auf die Schuldfrage, für Unfälle aus dem Arbeitsprozeß verantwortlich machen, müssen eine Reihe menschlicher Produktionskosten in den Ausgaben des Unternehmers enthalten sein. Obwohl jedoch eine bemerkenswerte Erweiterung der Sozialgesetzgebung in den letzten Jahrzehnten stattgefunden hat, beweisen alle Fakten, daß der Wirkungsbereich und die Handhabung der Gesetze es immer noch möglich machen, daß der größere Teil der produktionsbedingten »menschlichen Kosten« auf den Arbeiter und seine Angehörigen bzw. auf die Gesellschaft abgewälzt werden.

Die Tatsache, daß die Sozialkosten des menschlichen Faktors hoch geblieben sind und wahrscheinlich auch in Zukunft noch steigen werden, wird durch die Verringerung der Rate der Berufsunfälle und die absolute Abnahme bestimmter Berufskrankheiten nicht widerlegt. Wie wir gezeigt haben, hat sich in den letzten 15 Jahren die Unfalltendenz nach unten bewegt. Sowohl in bezug auf Häufigkeit als auch auf Schwere haben sich die Unfallraten vermindert. Diese Abnahme unterstützt die Schlußfolgerung, daß viele Arbeitsunfälle vermeidbar sind, und daß der industrielle Fortschritt nicht mit dem Preis von zunehmenden Sozialkosten in Form einer hohen Zahl geschädigter Menschen und dem Verlust menschlichen Lebens bezahlt werden muß. Viele Berufsrisiken sind schon eliminiert oder vermindert worden. Die Entschädigungsgesetze sind nicht ohne Wirkung geblieben. Die Wirtschaft hat begriffen, daß Maßnahmen im Bereich der Arbeitshygiene und -sicherheit wirtschaftlich selbsttragend werden können, und es gibt Fälle, welche auf dramatische Weise die Auswirkungen eines aktiven Sicherheits- und Unfallverhütungsprogrammes demonstrieren.[45]

Trotzdem ist festzustellen, daß die verbliebenen Schwächen der Sozialgesetzgebung auf die Schwierigkeiten und Hindernisse zurückzuführen sind, die der Wettbewerbskalkül gegen die Entwicklung einer angemessenen Gesetzgebung entgegenstellt. Solange einzelne Firmen der Erhaltung ihrer relativen Wettbewerbsposition Vorrang geben müssen, solange die Parlamente der einzelnen Bundesstaaten ihre Industrien zu schützen versuchen, solange Sicherheitsprogramme und deren Administration und Durchführung auf Staats-, Lokal- und Bundesebene unkoordiniert und dezentralisiert bleiben, kurz, solange Programme für die Gesundheit der arbeitenden Bevölkerung von wettbewerbsmäßigen Kosten-Preis Überlegungen gelenkt werden, so lange bleiben sie ungenügend, und die Beeinträchtigung des Menschen wird weder verhindert noch auf ein angemessenes Minimum beschränkt.[45]

10. Technologischer Wandel, Arbeitslosigkeit und Sozialkosten

Im vorliegenden Kapitel werden wir uns mit den Sozialkosten konjunktureller Schwankungen beschäftigen und insbesondere mit den sozialen Verlusten, die sich aus dem technologischen Wandel ergeben und zu Arbeitslosigkeit und wirtschaftlicher Instabilität führen. Obwohl hierüber eine große wissenschaftliche Literatur vorliegt, die sehr zu unserem Verständnis der konjunkturellen Veränderungen und ihrer möglichen Kontrollen durch fiskal- und währungspolitische Maßnahmen beigetragen hat, hat das Problem der wirtschaftlichen Instabilität seine praktische Bedeutung nicht eingebüßt. Denn es bleibt die Tatsache bestehen, daß trotz eingebauten und automatisch wirksamen antizyklischen Mechanismen und einer ganze Reihe von steuer- und währungspolitischen Maßnahmen, Perioden der Arbeitslosigkeit und brachliegender Kapazität mit Perioden von verhältnismäßig hohem Beschäftigungsniveau abwechseln. Wenn unfreiwillige Arbeitslosigkeit sieben bis zehn Prozent der gesamten Arbeiterschaft in Mitleidenschaft zieht und wenn mehr als acht Prozent der versicherten Arbeitslosen gezwungen sind, von der Arbeitslosenunterstützung zu leben, kann kaum bestritten werden, daß periodische wirtschaftliche Schwankungen ein kennzeichnender Zug der Marktwirtschaft geblieben sind. Auch wenn diese Schwankungen nicht chronisch werden, sind sie doch von allgemeiner Bedeutung, wenn sie sich in einer weniger dramatischen, aber durchaus feststellbaren Art und Weise durch verlangsamtes Wachstum oder einer lange dauernden Rezession auswirken, während deren die Arbeitslosigkeit bei fünf Prozent oder mehr liegt.

Wir brauchen uns nicht mit den Ursachen der Konjunkturschwankungen befassen, um die Sozialkosten des technischen Wandels und der Arbeitslosigkeit zu erörtern. Wir stimmen mit jenen Nationalökonomen überein, die der Meinung sind, daß die Wettbewerbswirtschaft die Bedingungen für stets neue Krisenperioden schafft und daß die Konjunkturzyklen sogar dann eintreten würden, wenn besondere Umstände wie etwa extreme Einkommensunterschiede völlig fehlen würden.

Unter modernen technologischen Produktionsbedingungen können Unternehmungen die erforderlichen Realinvestitionen meist nur dadurch finanzieren, daß sie durch die Ausgabe börsenfähiger Wertpapiere volkswirtschaftliche Ersparnisse mobilisieren. Wie Veblen vor langer Zeit darlegte[1], kann dieser Prozeß zu einer kumulativen Ausdehnung der wirtschaftlichen Tätigkeit führen, so daß Realinvestitionen unter Einschluß des Erwerbs dauerhafter Produktionsgüter zu einer Erhöhung der Gesamtnachfrage beitragen, woraus steigende Preise und steigende Gewinne resultieren können. Letztere erlauben eine Höherbewertung der Einkommenskapazität der Unternehmungen, was diesen eine weitere Mobilisierung von Finanzierungsmitteln erleichtert.

Die durch die Erhöhung der Nachfrage entstehende inflatorische Tendenz hat nach Veblen in einer Phase wirtschaftlichen Aufschwungs zur Folge, daß die Gewinnerwartungen – auf einen antizipierten weiteren Anstieg des vorherrschenden Trends bezogen – ansteigen und zu einer Überbewertung der Ertragskraft der Unternehmungen führen, was sich in einer Überbewertung der börsenfähigen Wertpapiere widerspiegelt. Da Preisansteig und Börsenkurse aufeinander bezogen sind, und letztere durch einen intensivierten Börsenhandel weiter in die Höhe getrieben werden, besteht die Gefahr, daß in diesem kumulativen Prozeß die Unternehmensbewertung die Beziehung zu den realen Bedingungen, insbesondere den realen Produktionsanlagen verliert. Dieser auf Erwartungen beruhende Expansionsprozeß, den Veblen als »Gewebe monetärer Scheinbewertung« (»a pecuniary fabric of ›make-believe‹«) bezeichnet hat, wird unter Wettbewerbsbedingungen, die noch durch Preiskonkurrenz gekennzeichnet sind, kontinuierlich von drei »eingebauten« Gegenkräften bedroht, die zu einem Zusammenbruch der Aufschwungphase und damit zu Arbeitslosigkeit und leerstehenden Produktionsanlagen führen können. Es handelt sich erstens um den Kapazitätseffekt der Investitionen d. h. um die in Anschluß an Investitionen, erfolgende Ausdehnung der Produktion, zweitens um den technischen Fortschritt und drittens um die Strategie einzelner Unternehmungen, ihre Marktposition dadurch zu stärken, daß sie versuchen, ihre Konkurrenten durch Preisunterbietungen auszuschalten (»halsabschneiderische Konkurrenz«).

Technologischer Wandel und Sozialkosten

Wie wir soeben dargelegt haben, geht die kumulative Inflation aller monetären Werte nicht endlos weiter, denn sie ist stets bedroht von den gegenwirkenden Kräften, unter denen die Verbesserung der industriellen Verfahren eine wichtige Rolle spielt. Der technologische Wandel gefährdet das Wachstum der Investitionen, der Preiserhöhungen und erhöhten Abschreibungen, weil er die Verdienstkapazität all jener Firmen untergräbt, deren Wettbewerbssituation durch Neuerung bedroht wird. Die Verbesserung der Produktionstechnik ist deshalb ein zweischneidiges Schwert. Während sie einerseits zu niedrigeren Preisen und zur Entwicklung neuer Produkte beiträgt, verursacht sie andererseits beträchtliche Sozialkosten, indem sie die Fähigkeit älterer Firmen, sich im Geschäft zu halten, vermindert und zu Arbeitslosigkeit führt. Diese Probleme haben unter Nationalökonomen schon lange zu ernsten Auseinandersetzungen Anlaß gegeben. Die heutigen Besorgnisse über die Automatisierung haben diese Kontroverse erneut belebt.

Die frühe Auseinandersetzung

Nach Adam Smith – und später J. B. Say – führt die Einführung neuer Maschinen zu geringeren Kosten und Preisen und ebnet dadurch den Weg für eine größere Produktion. Diese Produktionserhöhung bleibt nach Say nicht auf diejenigen Industrien beschränkt, welche die neuen Maschinen herstellen und verwenden, sondern die sich ergebenden Kosten- und Preisreduktionen sollen es den Verbrauchern ermöglichen, auch mehr Güter und Dienstleistungen anderer Industrien zu kaufen. Die daraus resultierende Produktionssteigerung in allen Industrien macht es nach Say möglich, mehr Arbeiter einzustellen als ursprünglich durch die neue Produktionsmethode freigesetzt worden waren. Die Wirkungen technologischen Fortschritts werden so als eindeutig vorteilhaft dargestellt, nicht nur vom Standpunkt der Gesellschaft aus, sondern auch von dem des einzelnen Arbeiters, dessen zeitweiliger Arbeitsplatzverlust mehr als ausgeglichen wird durch den Gewinn, den er als Verbraucher davonträgt.[2]

Mehr als hundert Jahre, nachdem Say dies schrieb, kamen P. H. Douglas[3] und W. I. King[4] aufgrund statistischer Untersuchungen im wesentlichen zu demselben, wenn auch vielleicht nuancierteren Schluß. King faßt zusammen: »Keine der bis jetzt aufgedeckten Tatsachen oder Zahlen lassen irgendeinen Zweifel an der weitgehenden Gültigkeit der von der orthodoxen Theorie postulierten Aussagen aufkommen, wonach der technische Fortschritt zwar eine Freisetzung von Arbeitskräften verursacht, zugleich aber auch zusätzliche Nachfrage nach neuen Gütern schafft, und daß die Produktion dieser neuen Güter in der Regel etwa die gleiche Zahl neuer Arbeitskräfte erfordert, die durch den technischen Rationalisierungsprozeß freigesetzt worden sind. Daraus ergibt sich, daß arbeitsparende Neuerungen die Produktion erhöhen, ohne daß dadurch dem Arbeiter die Gelegenheit genommen würde, einen neuen Arbeitsplatz zu finden; sie sind daher für die Gesellschaft als Ganzes entschieden von größerem Vorteil als von Nachteil.«[5]

Diese optimistischen Schlußfolgerungen fanden nicht einmal unter den klassischen Nationalökonomen einhellige Zustimmung. Ricardo revidierte in den späteren Auflagen der »Principles« (Kapitel 31) seine ursprüngliche Auffassung, wonach eine dauernde Verdrängung von Arbeitskräften durch Maschinen unmöglich sei. Wichtige Einschränkungen der orthodoxen Lehre wurden von John Stuart Mill und J. C. Cairnes vorgebracht. Offenen Widerspruch gegen die Doktrin Smiths und Says meldeten einige der frühesten Kritiker der klassischen Nationalökonomie an, nämlich Sismondi und Malthus.[6]

Es blieb jedoch Marx vorbehalten, die Einführung technischer Verbesserungen in Verbindung mit der zyklischen Instabilität des Kapitalismus zu bringen. Nach Marx ist die Einführung neuer und besserer Maschinen ein integraler Bestandteil des kapitalistischen Prozesses und der entscheidende Faktor des fortwährenden Strukturwandels, welcher die kapitalistische Produktion seit der industriellen Revolution am stärksten kennzeichnete. Technologischer Fortschritt wird als die Waffe betrachtet, mit deren Hilfe die Unternehmer immer mehr Mehrwert akkumulieren und sich im Wettbewerbskampf behaupten. Gleichzeitig eröffnet der technologische Fortschritt neue Möglichkeiten für eine erweiterte Investition des verfügbaren Mehrwerts (oder Profits). Während einer derartigen Expansion bewirken technologische Verbesserungen ein zeitweiliges Schrumpfen der Reserve von Arbeitslosen und die Löhne steigen über das Existenzminimum an. Doch löst der Prozeß auch gegenteilige Tendenzen aus. Durch die Erhöhung der Kapitalintensität (die organische Zusammensetzung des Kapitals) senken neue Maschinen die relative Nachfrage nach Arbeitskräften, was einen niedrigeren Mehrwert, verminderte Investitionen und schließlich eine Vergrößerung der Reserve an Arbeitslosen und eine gleichzeitige Senkung der Löhne unter das Existenzminimum bewirkt. So ist nach Marx die Verdrängung von Arbeitern durch den technischen Fortschritt nicht nur funktionell mit dem zyklischen Prozeß verwandt, sondern sie erhöht die Zahl der Arbeitslosen und hält die Löhne auf dem Minimum. Mit andern Worten: »Die kapitalistische Akkumulation produziert vielmehr, und zwar im Verhältnis zu ihrer Energie und ihrem Umfang, beständig eine relative, d. h. für die mittleren Verwertungsbedürfnisse des Kapitals überschüssige, daher überflüssige oder Zuschuß-Arbeiterbevölkerung.«[7] Diese relative Überschußbevölkerung kann »nun die auffallendere Form von Repulsion bereits beschäftigter Arbeiter (annehmen) oder die mehr unscheinbare, aber nicht minder wirksame, erschwerte Absorption der zuschüssigen Arbeiterbevölkerung in ihre gewohnten Abzugskanäle«.[8] Kurz, »mit der durch sie selbst produzierten Akkumulation des Kapitals produziert die Arbeiterbevölkerung also in wachsendem Umfang die Mittel ihrer eigenen relativen Überzähligmachung«.[9]

Es ist hier nicht der Ort, um die besonderen Bedingungen zu erörtern, die während der zweiten Hälfte des 19. Jahrhunderts vorherrschten, und die zu einer Verstärkung statt zu einer Verminderung des Beschäftigungsgrads, ebenso zu einem höheren statt zu einem niedrigeren Lebensstandard führten. Was Marx, der während der ersten fünfzig Jahre der technisierten Produktion in England schrieb, nicht voraussah und vielleicht nicht voraussehen konnte, das waren in erster Linie vier Faktoren: erstens, die stark expansionistische Entfaltung des Kapitalismus über den Rest der Welt; zweitens die Sonderrolle, die der wirtschaftlichen Entwicklung Amerikas sowohl als Markt für Güter wie auch als Auffangbecken für die Überschußbevölkerung Europas bis ins frühe 20. Jahrhundert zukam; drittens die Auswirkungen der Gewerkschaften und der kollektiven Lohnverträge auf die Intensität des Wettbewerbs unter den Arbeitern und auf die Verteilung des Sozialprodukts; und viertens die Verbesserung der Arbeitsbedingungen durch die Sozialgesetzgebung. Sogar ohne eine ins einzelne gehende Analyse dieser Faktoren wird klar, daß die Auswirkungen des technologischen Wandels nicht unbedingt zu allen Zeiten dieselben sein müssen. Es kann kaum ein Zweifel darüber bestehen, daß die Bedingungen, die während der zweiten Hälfte des neunzehnten und den ersten Jahrzehnten des zwanzigstens Jahrhunderts zu einer raschen Ausdehnung der Produktion führten, außerordentlich günstig für eine rasche Wiedereingliederung verdrängter Arbeitskräfte waren.[10]

Die Fähigkeit, technische Wandlungen zu assimilieren, hängt außerdem von einer Anzahl von Bedingungen ab, die nicht immer in allen Sektoren der modernen Industriewirtschaften gegeben sind. So ist die Wiedereingliederung der von neuen Maschinen verdrängten Arbeiter, wie Say früher darlegte, abhängig von der späteren Ausdehnung der Produktion, sei es in derselben Industrie oder in jenen Wirtschaftszweigen, die indirekt von den neuen Produktionsmethoden profitieren. Diese Fähigkeit zur Produktionsausdehnung und zur Wiedereingliederung von Arbeitslosen hängt jedoch wiederum davon ab, ob und in welchem Umfang die erzielte Kostensenkung in Form von Preisabschlägen tatsächlich an den Verbraucher weitergegeben wird, und wie groß die Nachfrageelastizität nach den verbilligten Produkten ist. Der Grad, bis zu dem Einsparungen an Produktionskosten dem Verbraucher zugute kommen, hängt vom Charakter des Wettbewerbs ab, der in einer bestimmten Branche herrscht. Im allgemeinen kann man sagen, daß Monopolbedingungen und monopolistischer Wettbewerb den Konkurrenzdruck mildern, unter dem Kosteneinsparungen in Form niedrigerer Preise ihren Weg zum Verbraucher finden. Mit andern Worten, solche Bedingungen führen nicht zu einer Produktionsausdehnung, die auf technischen Fortschritt folgen sollte. In der Tat beschränken alle Begleiterscheinungen des monopolistischen Wettbewerbs wie fixierte Preise, besonders bei den Kostenpreisen, Produktdifferenzierung, Produktionsbeschränkung sowie der versperrte Zutritt zum Markte usw. die Fähigkeit des Industriesystems, Arbeiter wieder in den Produktionsprozeß einzugliedern, die irgendwo durch technische Verbesserungen überflüssig geworden waren. Daraus folgt, daß einer reibungslosen Anpassung des Produktionsprozesses an stattgefundene technische Änderungen erhebliche Hindernisse im Wege stehen, und daß diese Hindernisse unter den modernen Wirtschaftsbedingungen eher zu- als abnehmen.

Ein anderer bedeutungsvoller Faktor, der die automatische und rasche Einführung verbesserter Produktionstechniken zu hemmen pflegt, ist die Unbeweglichkeit der entlassenen Arbeiter. Denn offensichtlich wird ein Arbeiter, je spezialisierter seine Fachkenntnis und Beschäftigung und je stärker er durch familiäre Beziehungen oder Hausbesitz an seinen Wohnort gebunden ist, um so weniger gewillt sein, sich Veränderungen und Ortswechseln zu unterwerfen, welche die neuen Produktionsmethoden ihm auferlegen.

Schließlich können die sozialen und wirtschaftlichen Auswirkungen des technischen Fortschritts nur dann ganz verstanden werden, wenn sie im Zusammenhang mit den zyklischen Schwankungen der modernen industriellen Wirtschaft betrachtet werden. Tatsächlich sind die Auswirkungen technologischer Veränderungen eng mit Zu- und Abnahme der Produktion verbunden, so daß es schlechterdings unmöglich ist, sie in der Praxis zu isolieren. Möglicherweise gehen die günstigen Wirkungen technologischer Verbesserungen auf die Arbeitskräfte der Einführung neuer Produktion voraus oder parallel zu ihr. So ist vermutet worden, daß »der größte Einfluß auf die Nachfrage nach dem Produktionsfaktor Arbeit mit der technischen Neuerung einhergeht, d. h. dann entsteht, wenn die erforderlichen Neuanlagen erstellt werden; dieser günstige Nachfrageeffekt nach Arbeitskräften wird also vom Aufbau neuer Anlagen und von allen übrigen Impulsen, die ein allgemeiner Wiederaufschwung mit sich bringt, ausgelöst. Je größer das Volumen dieser Neuinvestitionen und die davon ausgehenden Nachfrage nach Kapitalgütern ist, um so stärker wird der dadurch ausgelöste wirtschaftliche Aufschwung und daher auch die zusätzliche Nachfrage nach dem Produktionsfaktor Arbeit sein.«[11] Mit anderen Worten – worauf Marx hinwies – die tatsächliche Freisetzung von Arbeitern nach der Einführung von technischen Veränderungen dürfte erst während der nächstfolgenden Depression spürbar werden.

Die vorangegangenen Erörterungen führen zu einer Reihe wichtiger Schlußfolgerungen. Zunächst einmal muß es klar sein, daß die Auswirkungen technologischer Fortschritte viel komplexer und zuweilen erheblich weniger erfreulich sind, als oft angenommen wird. Auf alle Fälle, »ein leichtfertiges Abtun des Problems aufgrund der Annahme, daß eine automatische Anpassung an jede Strukturwandlung zustandekommt, wobei alle verdrängten Produktionsfaktoren wieder verwendet werden, ist nicht mehr möglich«.[12]

Zweitens können die Auswirkungen des technischen Fortschritts nicht durch Recherchen und statistische Erhebungen ermittelt und gemessen werden. Die Auswirkungen beschränken sich nicht nur auf denjenigen Industriezweig, in welchem eine technische Neuerung zuerst eingeführt worden ist, sondern erstrecken sich auch auf benachbarte Industriezweige; sie sind mit anderen Faktoren und den Konjunkturschwankungen im allgemeinen dermaßen eng verknüpft, daß weder statistische Aufstellungen über die Arbeitslosigkeit noch Untersuchungen über Arbeitsproduktivität, Freisetzung und Wiedereinstellung von Arbeitskräften und schon gar nicht Umfragen und Interviews mit den entlassenen Arbeitern[13] die Auswirkungen des technischen Fortschritts auch nur annähernd zu erfassen vermögen.

Drittens scheint die herkömmliche theoretische Behandlung des technischen Fortschritts die ganze Diskussion in eine Sackgasse geführt zu haben, indem sie die Aufmerksamkeit auf das Problem der Anpassung lenkte. Denn wenn auch neue Produktionsmethoden schließlich durch irgendwelche Vorgänge neutralisiert werden, und selbst wenn sie einen zunehmenden Bedarf nach Arbeitskräften in irgendeinem Teilbereich der Wirtschaft zur Folge haben, bleibt doch die eigentlich wichtige Frage, in welcher Zeitspanne und wie glatt eine solche Absorption von Arbeitskräften und eine Anpassung an die neuen Verhältnisse zu erwarten ist. Unsere bisherigen Untersuchungen haben gezeigt, daß die außerordentlich günstigen Bedingungen für eine rasche Übernahme der freigesetzten Arbeiter nicht mehr vorhanden sind, und daß gewisse monopolistische Praktiken die Anpassungsfähigkeit der Marktwirtschaft an technische Veränderungen beträchtlich herabgesetzt haben. Es ist daher nicht nur möglich, sondern sogar wahrscheinlich, daß technische Neuerungen zu länger anhaltenden Anpassungsschwierigkeiten und zu Arbeitslosigkeit führen werden.

Diese Schlußfolgerungen werden noch bestärkt, wenn berücksichtigt wird, wie der Marktmechanismus darüber entscheidet, ob eine bestimmte technische Neuerung eingeführt wird oder nicht. Dabei sind zwei Fälle zu unterscheiden: Unter Bedingungen des freien Wettbewerbs, ohne Angebotsbeschränkungen und bei freiem Zutritt neuer Firmen zum Markt, werden technische Erfindungen ohne Rücksicht auf eventuelle (private) Verluste eingeführt, welche durch Entwertung bestehender Kapitalausrüstung verursacht werden. Unternehmer, die die Einführung neuer Produktionstechniken bis zur vollständigen Amortisation ihrer alten Anlagen hinausschieben (oder, was auf dasselbe hinausläuft, so lange warten, bis die von der neuen Produktionsmethode anfallenden Kostensenkungen groß genug sind, um eine Abschreibung des restlichen Wertes der alten Kapitalanlage zu gestatten), werden von neuen Firmen verdrängt, die nicht mit einer überalterten Anlage belastet sind. Unter den Bedingungen des freien Wettbewerbs werden technische Neuerungen eingeführt, sobald die erwarteten Durchschnittskosten niedrig genug sind, um eine Amortisation des neuen Kapitals in relativ kurzer Zeit zu gewährleisten. Kurz gesagt: Keinerlei Beachtung finden die finanziellen Verluste, welche sich aus der Entwertung schon investierten Kapitals ergeben.[14]

Sobald der Markt nicht mehr richtig spielt, d. h. die Unternehmer auf irgendeine Weise die Angebotsmengen kontrollieren und neuen Firmen und Investitionen kein freier Zugang zum Markt gewährt wird, erfahren die finanziellen Auswirkungen vorzeitiger Abschreibungen sehr wohl eine entsprechende Berücksichtigung. Obwohl diese Verluste nicht nach Maßgabe des ursprünglich investierten, sondern nur in der Höhe des noch nicht abgeschriebenen Kapitals zu veranschlagen sind, können sie dennoch erheblich sein. Der Umstand, daß vom Unternehmer die durch Überalterung der Kapitalausstattung entstehenden Verluste in Betracht gezogen werden, kann dort leicht aufgezeigt werden, wo die ursprüngliche Investition durch Ausgabe von Obligationen finanziert worden ist. Denn hier bleiben die Zinsen und Amortisationsbeiträge fix, ob nun die alte Anlage durch eine neue ersetzt wird oder nicht. Die Dinge liegen im wesentlichen gleich, wenn die ursprüngliche Investition durch Ausgabe von Aktien finanziert wurde. Neue Produktionsanlagen werden demzufolge erst dann erstellt, wenn man sicher ist, daß die zu erwartenden Kostensenkungen groß genug sind, um jene finanziellen Verluste auszugleichen, die durch das Ausscheiden veralteter Anlagen entstehen. Unter den Bedingungen des unvollständigen Wettbewerbs werden neue Produktionsmethoden daher langsamer eingeführt als bei vollständiger Konkurrenz.

Für die Analyse der Sozialkosten ist entscheidend, daß neue Produktionsmethoden sowohl bei vollkommener Konkurrenz als auch unter monopolistischen Bedingungen innerhalb des marktwirtschaftlichen Systems aufgrund eines Kostenkalküls eingeführt werden, der zwei wichtige Arten der Sozialkosten des technischen Fortschritts unberücksichtigt läßt: die durch die Wertminderung der bestehenden Kapitalanlagen bei anderen Unternehmen verursachten Verluste, sowie die Nachteile, die der Arbeiterschaft bei der Einführung von technischen Änderungen entstehen können.

Um die Verluste beurteilen zu können, die den Ersatz bestehender Produktionsanlagen hervorrufen, müssen wir weiter ausholen. Nach der vorherrschenden Auffassung soll sich die Zweckmäßigkeit kostensenkender Neuerungen danach bestimmen lassen, wie hoch die zu erwartenden Durchschnittskosten (einschließlich der Ersatz- und Betriebskosten der neuen Anlage) im Vergleich zu den Betriebskosten der alten Anlage zu stehen kommen; eventuelle Verluste, die durch die Obsoleszenz bestehender Produktionsanlagen entstehen, bleiben dabei grundsätzlich unberücksichtigt. Diese Auffassung wird gewöhnlich durch den Hinweis unterstützt, daß der bei den Eigentümern alter Maschinen entstehende Verlust wettgemacht wird durch einen entsprechenden Gewinn der Konsumenten, die ihre Waren zu niedrigeren Preisen erhalten.[15]

Ein solcher Vergleich von Gewinnen und Verlusten mag für die Zwecke einer statischen, also das Zeitelement nicht beachtenden Analyse dienlich sein; allein die Ergebnisse einer solchen Betrachtung bieten dem geschädigten Unternehmer nur wenig Trost, und sicherlich wird ihm keine praktische Hilfe durch die Erklärung gewährt, daß die Verluste, die ihn in den Bankrott trieben, durch die Gewinne der Konsumenten aufgewogen werden, die nun ihre Waren zu einem Preis erhalten, der unter dem Niveau der gesamten Durchschnittskosten liegt. Sobald man die Rückwirkungen berücksichtigt, welche die mit alten Produktionsanlagen operierenden Unternehmen zu erleiden haben, erscheinen technische Neuerungen – sofern sie ohne Rücksicht auf die Entwertung bestehender Anlagen eingeführt werden – in einem etwas anderen Licht. In dem Ausmaß, in dem solche periodisch auftretenden Einkommensminderungen bestehender Unternehmungen zum Zusammenbruch der Schwachen führen, verschmelzen die Sozialkosten des technischen Fortschritts mit den volkswirtschaftlichen Kosten der Rezession und können von ihnen nicht getrennt werden.[16]

Diese Feststellungen sollen jedoch auf keinen Fall der Meinung Vorschub leisten, daß dauerhafte Anlagen erst dann aufgegeben werden sollten, wenn sie vollständig abgenutzt und abgeschrieben sind. Wir möchten nur hervorheben, daß unter Wettbewerbsbedingungen von den Privatunternehmungen lediglich ein kleiner Teil der durch neue Maschinen verursachten Verluste berücksichtigt wird; der größte Teil dieser Verluste muß in Form einer fortschreitenden Kapitalentwertung von anderen Firmen getragen werden.[17]

Wenn wir die Wirkungen berücksichtigen, die der technische Fortschritt auf den Arbeiter ausübt, treten noch weitere Sozialkosten auf. Ganz abgesehen von der direkten Entwicklung, die der technische Fortschritt auf die gesamte Beschäftigungslage und die Sicherheit des Arbeitsplatzes ausübt, scheint doch eines sicher zu sein: produktionsverbessernde Erfindungen sowie die ständig zunehmende Verwendung von Maschinen haben die Anforderungen an das handwerkliche Können in der modernen Industrieproduktion wesentlich herabgesetzt. Bestimmte Handwerksberufe sind in der Tat überflüssig geworden, und bestimmte Berufe, die früher nur von einer begrenzten Zahl besonders ausgebildeter Arbeiter ausgeübt wurden, können jetzt von wenig geschulten Arbeitern ergriffen werden. Damit wird nur darauf hingewiesen, daß sich durch diese Entwicklung der Konkurrenzkampf unter den Arbeitern verschärft, – eine Tatsache, die schließlich zu Lohnsenkungen führen muß. Das bedeutendste historische Beispiel in dieser Beziehung wird vermutlich die Einführung der Maschine in den Anfängen der industriellen Revolution bleiben. Damals eröffnete sich den Frauen und Kindern der Zugang zum Produktionsprozeß; der Konkurrenzkampf unter den Arbeitern ist noch härter geworden und führte schließlich zu einer Senkung der Löhne bis unter das Existenzminimum. Es wäre jedoch verfehlt anzunehmen, daß die Einführung der Maschine nur während der industriellen Revolution solche Folgen zeitigte. Ihrem Wesen nach wirkt jede technische Neuerung in dieser Richtung: sie macht bestimmte handwerkliche Fertigkeiten obsolet und gewisse Berufe unnötig, was den Konkurrenzkampf unter den Arbeitern erhöht. Facharbeiter, die solchen »überholten« Berufsgattungen angehören, werden zeitweilig, wenn nicht gar dauernd, Schwierigkeiten haben, eine neue Anstellung zu bekommen. Für ältere Arbeiter kann es überhaupt unmöglich werden, irgendeine Beschäftigung zu finden. Jüngere Arbeiter werden zur Umschulung gezwungen. Wenn durch den technischen Fortschritt ganze Industrien verschwinden und die Wiedereinstellung nur anderswo möglich ist, müssen die freigesetzten Arbeiter nicht nur umlernen, sondern auch noch die Kosten des Wohnungswechsels auf sich nehmen. In einigen Fällen gingen infolge des technischen Fortschritts ganze Gemeinden und Industriegebiete unter, es entstanden die »Geisterstädte«.[18] Es erübrigt sich, besonders hervorzugeben, daß die erwähnten Übergangskosten, wie sie durch den technischen Fortschritt entstehen, keinesfalls in der privaten Buchhaltung erscheinen und daher die Entscheidungen des Unternehmers in bezug auf die Einführung einer technischen Neuerung auch nicht beeinflussen.[19]

Die Tatsache, daß technologischer Wandel zu ernsthaften Sozialkosten führt, welche normalerweise von den freigesetzten Arbeitern und ihren Familien getragen werden, hat in der Europäischen Montanunion späte Anerkennung gefunden. Aus der Überlegung heraus, daß diese Sozialkosten auf die wirtschaftlich schwächeren Elemente der Gesellschaft abgewälzt werden, unter denen sie gerechtfertigte Opposition gegen den Wandel und erschwerte Beziehungen zum Sozialpartner hervorrufen, sieht der Gründungsvertrag der Europäischen Gemeinschaft »Anpassungs«-Zahlungen vor. Diese Zahlungen sind nicht nur dazu bestimmt, die Entwicklung von Notstandsgebieten zu verhüten, sondern auch dafür zu sorgen, daß die freigesetzten Arbeiter wiederbeschäftigt werden und reibungslos von einer Stelle zur anderen wechseln können. Im Hinblick auf diese Zielsetzung führte der Vertrag eine neue Politik ein, die folgendes vorsieht:

1. die Zahlung von »Wartegeldern« bis zu fünfzehn Monaten, welche erheblich höher als normale Arbeitslosengelder sind und *nicht* von irgendwelchen früheren direkten Beitragsleistungen der betroffenen Arbeiter abhängen, sondern aus den allgemeinen Reserven der Montanunion und von den betreffenden Regierungen bestritten werden;
2. Unterstützungen zur Umschulung;
3. Reise-, Umzugs- und Wiederansiedlungsentschädigungen;
4. Investitionsdarlehen für neue Industrien, die Arbeitskräfte auch außerhalb der Kohle- und Stahlbranche unterbringen können;
5. Wohnbauprogramme und die Einführung einer Europäischen Arbeitskarte, welche die Mobilität der Arbeitskräfte erleichtern soll.

Diese Politik der Europäischen Montanunion, die scharf mit dem Fehlen ähnlicher Bestimmungen in andern Ländern, einschließlich der Vereinigten Staaten, kontrastiert, ist ein Maßstab des Unvermögens, die Sozialkosten des technischen Wandels ausreichend zu berücksichtigen. Man darf ohne weiteres behaupten, daß die zurzeit im Gang befindliche Umstellung auf automatisierte Fabriken in Europa und Amerika durch eine ähnliche Politik erleichtert würde.[20]

Bevor wir auf diese Art der Sozialkosten eingehen, ist es notwendig, daß wir uns nochmals mit der These befassen, wonach die volkswirtschaftlichen Kosten des technischen Fortschritts dem dynamischen Entwicklungsprozeß der Wirtschaft inhärent sind. Schumpeter vertritt zusammen mit Marx die Meinung, daß die dynamische Entwicklung der wesentlichste Aspekt des Kapitalismus ist. Nach Schumpeter ist der entscheidende Impuls, der die kapitalistische Maschine antreibt und in Bewegung hält, in den Neuerungen zu suchen, so z. B. in »neuen Konsumgütern, den neuen Produktions- oder Transportmethoden, den neuen Märkten, den neuen Formen der industriellen Organisation, welche die kapitalistische Unternehmung schafft«.[21]

Es sind diese »Neuerungen« und die Art und Weise, wie sie durch einzelne Unternehmungen eingeführt werden, die »unaufhörlich die Wirtschaftsstruktur von innen heraus revolutionieren, unaufhörlich die alte Struktur zerstören und unaufhörlich eine neue schaffen. Dieser Prozeß der schöpferischen Zerstörung ist das für den Kapitalismus wesentliche Faktum. Darin besteht der Kapitalismus und darin muß auch jedes kapitalistische Gebilde leben.«[22]

Wenn nun die Zerstörung als Folge des technischen Fortschritts Teil der kapitalistischen Wirtschaftsstruktur ist und sogar als »schöpferisch« bezeichnet werden kann, erhebt sich offensichtlich die Frage, ob man immer noch von »Sozialkosten des technischen Fortschritts« sprechen darf. Schumpeters Position scheint mehrere Interpretationen zuzulassen. Nachdem er betont, daß es nötig sei, die Leistungen des Kapitalismus in der Zeitabfolge, so wie sie sich durch Jahrzehnte oder Jahrhunderte hindurch gezeigt hat, entsprechend zu würdigen, führt er aus, daß »ein System – jedes System, nicht nur jedes Wirtschaftssystem, sondern auch jedes andere –, das zu jedem gegebenen Zeitpunkt seine Möglichkeiten möglichst vorteilhaft voll ausnützt, dennoch auf lange Sicht hinaus einem System unterlegen sein kann, das dies zu keinem gegebenen Zeitpunkt tut, weil diese seine Unterlassung eine Bedingung für das Niveau oder das Tempo der langfristigen Leistung sein kann«.[23]

Diese These scheint die ganze Konzeption der Sozialkosten in Frage zu stellen. Sie behauptet, daß die Sozialkosten als Preis für die langfristige Leistungsfähigkeit des Systems bezahlt werden müssen; ein solches System könne – offenbar wegen der darin enthaltenen Möglichkeit, Sozialkosten auf die Gesamtheit abzuwälzen – ein Maß an Sozialleistungen und an Spontaneität sowie Fortschritt auf lange Sicht aus sich hervorbringen, der es den »weniger spontanen« Systemen überlegen mache. Dies mag zutreffen oder auch nicht. Ich kenne keine Kriterien, nach welchen auf diese Frage eine zufriedenstellende und theoretisch klare Antwort gegeben werden könnte. Eine für längere Zeiträume bemessene Leistung läßt sich – dies gilt für jedes System – nur unter Berücksichtigung zahlreicher Faktoren erfassen, die Bestandteil der gesamten wirtschaftlichen, politischen und geographischen Konstellation sind, unter der ein System funktioniert. Die relative Bedeutung, das Gewicht, das jedem einzelnen dieser Faktoren zukommt, läßt sich nicht mit statistischen Mitteln messen, sondern beruht größtenteils auf subjektiver Wertung. Will man auf empirischer Grundlage zu einer Antwort gelangen, so ist die Schwierigkeit noch größer; wir müßten noch zwei oder drei Jahrhunderte im Entwicklungsgang des Sozialismus verstreichen lassen, bevor eine vergleichende Würdigung der Gesamtleistung des Sozialismus vorgenommen werden könnte.

Doch akzeptieren wir einmal Schumpeters These – mit anderen Worten, nehmen wir an, daß die in einem gegebenen Zeitpunkt nachweisbaren Sozialverluste tatsächlich langfristig die höchste Wachstumsrate gewährleisten, und daß sie zugleich ein hohes Leistungsniveau verbürgen. Es wäre dann immer noch wichtig, die Sozialkosten so vollständig wie möglich zu erfassen, ihre Bedeutung zu ermessen und sie in die theoretischen Modelle der kapitalistischen Wirklichkeit einzubauen. Darüber hinaus bleibt die Frage offen, ob die Abwälzung der Sozialkosten nicht auch zu weit gehen kann (sozusagen bis zu jenem Punkt, an welchem im Hinblick auf die langfristige Leistungsfähigkeit des Systems und die wirtschaftliche Wachstumsrate das Gesetz des abnehmenden Grenzertrags zu spielen beginnt) und ob ein System, dessen langfristige Leistungsfähigkeit mit Sozialkosten erkauft werden muß, nicht notwendigerweise unstabil und daher auch nicht voll leistungsfähig ist, zumal unter demokratischen Bedingungen die Opposition derjenigen hervorgerufen wird, die für diese Kosten aufzukommen haben.

Wir brauchen uns jedoch nicht in Spekulationen dieser Art zu verlieren. Schumpeter selbst scheint eine Antwort auf die Fragen zu geben, die er mit seinen Thesen aufwirft. In seiner Analyse der monopolistischen Praktiken weist er überzeugend und im Gegensatz zu fast allen modernen Theorien des monopolistischen und oligopolistischen Wettbewerbs nach, daß gewisse Handelsbeschränkungen eine wichtige Schutzfunktion gegenüber dem ewigen Sturm der schöpferischen Zerstörung ausüben können. Nach Schumpeter gibt es bestimmte Situationen, in welchen Handelsbeschränkungen, die von bestehenden Unternehmungen ausgeübt werden – gleichgültig ob sie durch Neuerungen direkt bedroht sind oder nicht, – durchaus positive Resultate zeigen können. Mit Schumpeters eigenen Worten:

»(1) Im Prozeß der schöpferischen Zerstörung entstehen Situationen, in

welchen manche Firmen untergehen müssen, die durchaus kräftig und nützlich hätten weiterbestehen können, wenn sie einem besonderen Sturmwind hätten trotzen können...
(2) Es entstehen auch lokale Situationen, in denen der rasche Wechsel der Daten, der für diesen Prozeß charakteristisch ist, eine Industrie für eine gewisse Zeit so desorganisiert, daß sie sinnlose Verluste erleidet und daß eine vermeidbare Arbeitslosigkeit entsteht...
(3) Es hat ja gewiß keinen Sinn, daß man eine veraltete Industrie auf unbestimmte Zeit hinaus zu erhalten sucht; es hat jedoch einen Sinn, daß man ihren plötzlichen Zusammenbruch zu vermeiden und eine wilde Flucht, die zum Ausgangspunkt kumulativer, depressiver Wirkungen werden kann, in einen geordneten Rückzug zu verwandeln sucht.«[24]

In allen diesen Situationen können Handelsbeschränkungen, einschließlich Preisregulierungen »letzten Endes nicht nur eine stetigere, sondern auch eine größere Ausdehnung der Gesamterzeugung hervorrufen, als ein völlig unkontrollierter Drang nach vorwärts gewährleisten könnte, der mit Notwendigkeit zu Katastrophen führen müßte«.[25] Im weiteren Verlauf seiner Analyse jener Geschäftspraktiken, die dazu bestimmt sind, die Anwendung kostensenkender Erfindungen aufzuschieben, um Kapitalwerte zu erhalten, führt Schumpeter aus, daß diese Praktiken, falls sie existieren – »nicht ohne ausgleichende Wirkung auf die soziale Wohlfahrt wären«.[26]

Und weiter: »Ein neuer Maschinentyp ist im allgemeinen nur ein Glied in einer Kette von Verbesserungen und kann bald veralten. In einem solchen Falle wäre es offensichtlich nicht rationell, der Kette Glied um Glied zu folgen, ohne Rücksicht auf die jedesmal zu erleidenden Kapitalverluste. Die eigentliche Frage ist daher, bei welchem Glied der Konzern tätig werden soll. Die Antwort muß eine Art von Kompromiß zwischen Überlegungen darstellen, die weithin auf Mutmaßungen beruhen. Aber sie wird in der Regel eine gewisse Wartezeit bedingen, damit man sehen kann, wie die Kette verläuft.«[27]

Das ist aber genau unsere Schlußfolgerung aus der vorangegangenen »Untersuchung der Sozialkosten des technischen Fortschritts in der Marktwirtschaft«.

Die wichtigsten volkswirtschaftlichen Verluste, die mit technischen Verbesserungen zusammenhängen, finden sich jedoch weder unter den vernachlässigten Kapitalverlusten anderer Unternehmer noch unter den Übergangskosten, die dem Arbeiter zur Last fallen; sie ergeben sich vielmehr aus den Kosten der »technischen« Arbeitslosigkeit, die unter gewissen wirtschaftlichen Bedingungen durch neue Produktionsmethoden entstehen kann.

Die Sozialkosten der Arbeitslosigkeit

Um die Sozialkosten der Arbeitslosigkeit zu verstehen, brauchen wir nur die Analyse der Betriebsunfälle und Berufskrankheiten weiterzuführen. Wir haben dort die Ansicht vertreten, daß die körperlichen und geistigen Schäden, die der Arbeiter in der modernen Industrieproduktion erleidet, sich im Grunde nicht von der Entwertung der materiellen Produktionsmittel unterscheiden. Und dennoch erfahren – im Gegensatz zu der errechenbaren Wertminderung der privaten Produktionsmittel – die körperlichen und geistigen Schäden des Arbeiters in der marktwirtschaftlichen Lohn- und Betriebsrechnung des Unternehmers so lange keine gebührende Berücksichtigung, als die Gesetzgebung kein angemessenes System der Unfall- und Gesundheitsversicherung garantiert. Ebenso wie der Mensch als Produktionsfaktor der Abnützung ausgesetzt ist, bringt seine »Produktion« und sein »Unterhalt« gewisse fixe Kosten mit sich. Es handelt sich dabei nicht nur um die Geldausgaben, die das Heranwachsen der jungen Arbeitergeneration erfordert; die jungen Menschen müssen ausgebildet werden. Eine solche Ausbildung kann von der elementaren Schulbildung eines unqualifizierten Arbeiters bis zur hochqualifizierten Spezialausbildung eines Facharbeiters oder intellektuellen Arbeiters gehen. Zusätzlich zu dieser Geld- und Zeitinvestition, kommen die Kosten für den Erhalt der Leistungsfähigkeit des Arbeiters. Sie sind wie auch die Erziehungskosten relativ konstant; ein gewisser minimaler Kostenaufwand muß ja unter allen Umständen getragen werden, »ob der Arbeiter arbeitet oder nicht; d. h. wenn sie nicht getragen werden und der Unterhalt nicht gewährleistet bleibt, erleidet die Gesamtheit durch die Einbuße an Arbeitspotential einen Verlust...«[28]

So betrachtet stellen die Arbeitskosten, oder zumindest ein großer Teil von ihnen, eine Art von Gesamtunkosten dar, und zwar nicht nur für den einzelnen Arbeiter, sondern in erster Linie für die Gesellschaft als Ganzes. Die für den Erhalt des Produktionsfaktors Arbeit aufzuwendenden Kosten sind sogar in einem viel strengeren Sinne Unkosten, als es die fixen Amortisationsquoten der Betriebsbilanz sind. Weder der Arbeiter noch die Gesellschaft können diese Kosten vermeiden, selbst wenn sie es wollten.[29]

Im Kapitalismus werden diese Fixkosten des Produktionsfaktors Arbeit in einen variablen Kostenbestandteil umgewandelt, »etwa in der Weise, wie die konstanten Kosten eines Fernsprechamtes in variable verwandelt werden, sobald der Telefonbenützer einen bestimmten Betrag pro Gespräch zu entrichten hat«.[30] Für den einzelnen Arbeiter äußert sich dies in der Tatsache, daß er unter Marktbedingungen seine Dienste als freie Person über den freien Lohnvertrag verkauft. Deshalb muß in einem solchen System die Last aller Arbeitskosten auf ihn fallen: »in unserem Gesellschaftssystem ist der Arbeiter frei und ist für seine eigene Erhaltung und die seiner Familie selbst verantwortlich; sein Unterhalt fällt daher ihm zur Last und kann nicht Verpflichtung der Industrie sein, es sei denn, es gelingt ihm, Löhne durchzusetzen, in denen die Kosten für den Arbeitsunterhalt enthalten sind.«[31] Solche Kosten unterscheiden sich grundsätzlich von den Beträgen, die der Unternehmer für den Erhalt seines Maschinenparks oder für die Zinsen des Fremdkapitals ohne Rücksicht auf die jeweilige Geschäftslage entrichten muß.[32]

An dieser Stelle werden die Sozialkosten der Arbeitslosigkeit sichtbar. Denn wenn einmal die fixen Arbeitskosten betriebsintern in variable umgewandelt worden sind, kann der Unternehmer diese fixen Kosten vollständig vernachlässigen. Er begegnet einem Rückgang der Geschäftstätigkeit daher zuerst durch eine Herabsetzung der »variablen« Kosten, d. h. der Lohnkosten, wodurch eine Welle der Arbeitslosigkeit ausgelöst wird. Für den Unternehmer ist dieses Vorgehen nicht nur das bequemste, es ist in anbetracht der Starrheit der meisten übrigen Kosten auch die einzig mögliche Methode der Kostensenkung. So wird es in der Rezession jeweils zu einer Abwälzung der fixen Gesamtkosten der Arbeit auf die Schultern des einzelnen Arbeiters, seiner Familie oder der Gesellschaft kommen.[33]

Diese Vernachlässigung der fixen Arbeitskosten ist kennzeichnend für alle Entscheidungen, die der Unternehmer im Hinblick auf die Einführung technischer Neuerungen zu treffen hat. Auch da bleiben die Aufwendungen des Unternehmers hinter den tatsächlichen Gesamtkosten zurück und werden zum Teil in Form größerer Sozialbeiträge und Arbeitslosengelder auf den Arbeiter oder die Gesellschaft abgewälzt. Dies liegt nicht – wie kaum hervorgehoben werden muß – an einer Fehlkalkulation des Unternehmers, sondern ist dem kapitalistischen Lohnsystem inhärent.[34]

Eine ähnliche Abwälzung und Vernachlässigung der Arbeitskosten liegt auch dann vor, wenn die materiellen Produktionsfaktoren nicht voll ausgenutzt werden. Dies wird deutlich, sobald man erkennt, daß die Umwandlung der fixen in variable Kosten nicht nur in bezug auf den Produktionsfaktor Arbeit möglich ist, sondern überall dort stattfinden kann, »wo jemand irgendwelche Gemeinkosten hat und Güter oder Dienstleistungen verkauft«.[35] Denn er »schlägt dann diese ›Gemeinkosten‹ auf den Preis; sie werden so für den Käufer zu ›variablen Kosten‹. Auf diese Weise verschwinden die meisten Kosten als ›konstante‹ und werden in ›direkte‹ oder ›variable‹ Kosten verwandelt...«[36]

In Rezessionen werden diese direkten Kosten vom Konsumenten her wieder zurückgewälzt. Sobald sich die wirtschaftliche Situation verschlechtert, setzt jede einzelne Unternehmung ihre variablen Ausgaben herab, indem sie ihre Einkäufe an Rohmaterial, Zwischenprodukten, Werkzeugen und anderen Produktionsgütern einschränkt. Die Fixkosten der Produktion bleiben jedoch im wesentlich unverändert. Nachdem sich jedoch diese Fixkosten auf ein niedrigeres Produktions- und Absatzvolumen zu verteilen haben, müssen die Stückkosten notwendigerweise steigen. Diese Kostensteigerung, die sich aus einem Rückgang der Nachfrage nach Zwischenprodukten von seiten der konsumnäheren Produzenten ergibt, erfährt in den privatwirtschaftlichen Dispositionen und Kostenrechnungen keine gebührende Beachtung.[37]

Umgekehrt muß der Unternehmer bei der Entscheidung, ob es sich lohnt, die Produktion unter voller Ausnützung der Anlagekapazität wieder aufzunehmen oder einen Teil der Produktionsanlage stillzulegen, die mögliche Senkung der Stückkosten, d. h. die Einsparungen, vernachlässigen. Das heißt nichts anderes, als daß der gesamte Kostenunterschied zwischen voller und nur teilweiser Kapazitätsausnützung für die Wirtschaft als Ganzes gering ist; so gering, daß sich die Produktion – ausgedrückt in Gesamtkosten und -gewinnen – so lange lohnt, als vorhandene Bedürfnisse befriedigt werden können. In der Betriebsrechnung werden also weder die Sozialkosten einer erzwungenen Stillegung der Produktionsanlagen noch die Einsparungen, bei voller Kapazitätsausnützung, erfaßt.

Durch die »individuelle« Rechnungsführung wird die gesamtwirtschaftliche Kalkulation verfälscht, und daraus erklärt sich auch die offensichtlich absurde Tatsache, daß eine völlige Produktionseinstellung einer wenigstens teilweisen Nutzung der verfügbaren Produktionsmittel vorgezogen wird. Ein weiterer Grund für die Absurdität, daß nämlich ein Nichts dem Weniger vorzuziehen ist – während Millionen Menschen nicht einmal ihre elementarsten Bedürfnisse befriedigen können – liegt darin, daß in den Anfangsstadien einer Rezession viele Selbstkostenpreise auf der Basis der Anschaffungswerte, d. h. zu den höheren Preisen der Vergangenheit und nicht zu denen der Rezessionspreisen veranschlagt sind. Mit anderen Worten, »ein Lohnsatz von drei Dollar pro Tag in der Schuhproduktion bedeutet, daß es noch andere Möglichkeiten gibt, die Arbeit im Werte von drei Dollar pro Tag einzusetzen. Wenn der Arbeiter unbeschäftigt bleibt, weil er in seiner Eigenschaft als Erzeuger von Schuhen keine drei Dollar am Tage wert ist, dann heißt das, daß es im Hinblick auf diese drei Dollar keine Alternative gibt, zumindest unter den gegebenen Umständen. Geht man unter den gegebenen Verhältnissen von der Annahme aus, daß es keinen Wert hat, Schuhe herzustellen, solange der Lohnaufwand von drei Dollar pro Tag nicht aufgebracht werden kann, dann kalkuliert man – gesamtwirtschaftlich betrachtet – falsch und verschließt sich der einfachen Tatsache, daß irgendein hergestelltes Gut mehr wert ist als gar kein Produkt. Aus der Absicht, die Produktionsmittel in der bestmöglichen Weise zu verwenden – wie auch immer eine solche Verwendung aussehen mag – folgt, daß sie überhaupt nicht ausgenützt werden, solange ihre produktive Verwendung nicht die ›Kosten‹ deckt; Kosten, die durch veränderte Verhältnisse im Rahmen der bisherigen produktiven Kombination hinfällig und darum willkürlich und irreführend geworden sind.«[38]

Dasselbe gilt für Zins und Pacht. Auch sie repräsentieren einen Wert an Kapital und Boden, wie er während der Prosperität bestand, aber sie sagen nichts darüber aus, was das Kapital und der Boden unter den neuen Verhältnissen noch wert sind. Es ist deshalb »unvermeidlich, daß Produktionspotentiale verlorengehen und daß als Folge davon keine Kaufkraft vorhanden ist, welche die Produkte der anderen Anbieter aufnehmen könnte«.[39]

Die Sozialkosten der Rezession

Die Sozialkosten der wirtschaftlichen Instabilität können direkt oder indirekt geschätzt werden. Einen direkten Maßstab bildet der Unterschied zwischen den sozialen Gemeinkosten der Arbeitskraft und den tatsächlichen Einkünften oder der Arbeitslosenunterstützung, welche die Arbeitslosen während der Krise beziehen. Ganz abgesehen von den begrifflichen und statistischen Schwierigkeiten bei der Bestimmung der sozialen Gemeinkosten der Arbeitskraft, ist die direkte Messung der Sozialkosten von Krisen und ungenützten Produktionsfaktoren wenig geeignet, um eine allgemeine Übereinstimmung zu erreichen.

Ein befriedigender Ansatz zur Messung dieser Sozialkosten bildet der Vergleich zwischen der tatsächlichen Produktion bzw. dem Volkseinkommen mit dem potentiellen Realeinkommen. Das bedeutet die Bestimmung des ökonomischen Potentials einer bestimmten Wirtschaft, welches bei bestimmten Durchschnittswachstumsraten hätte erreicht werden können. Die Sozialkosten sind allerdings um so größer, je höher die angenommenen Wachstumsraten sind. Dieses Dilemma darf nicht außer acht gelassen werden. Vielleicht wäre es die vorsichtigste Methode, wenn man die Rate aus dem durchschnittlichen Wachstum des vergangenen Jahrzehnts ableiten würde. Aber auch gegen dieses Vorgehen würde eingewendet werden, daß das Wachstum einer bestimmten Periode entweder ausnehmend gering oder ausnehmend hoch oder offensichtlich geringer als das anderer Wirtschaften hätte sein können.

Im Lichte solcher Berechnungen scheinen die Sozialkosten der Krise zwischen zehn und fünfundzwanzig Prozent der nationalen Produktion geschwankt zu haben. W. C. Mitchell und W. I. King bezifferten den depressionsbedingten Einkommensverlust für ein einziges schlechtes Jahr (1914) auf nahezu 3,5 Milliarden Vorkriegsdollar, – nicht ganz einem Zehntel des Volkseinkommens. Ausgehend von einer ersten, eher groben Annäherung, gelangten die beiden Autoren zu dem Ergebnis[40], daß »die schlimmsten Jahre eines konjunkturellen Zyklus ungefähr 15 bis 20 Prozent hinter den besten zurückbleiben; gegenüber den mäßig guten Jahren beträgt dieser Unterschied 8 bis 12 Prozent«. Das war vor der großen Depression. Im Jahre 1939 schätzte das National Resources Committee den Verlust des

Volkseinkommens, der durch die Depressionsjahre 1929 bis 1937 verursacht wurde, auf ungefähr 200 Milliarden Dollar, was etwa 25 Prozent des damaligen potentiellen Volkseinkommens darstellt. Die Sozialkosten einer Depression gleicher Stärke wie der von 1929 würde für eine Wirtschaft mit einem Bruttosozialprodukt von 500 Mrd. Dollar 125 Mrd. Dollar betragen. Schätzungen des Jahres 1961 veranschlagen den Verlust an potentiellem Einkommen auf zehn Prozent des tatsächlichen Produktionsniveaus der amerikanischen Wirtschaft[41] oder 50 Mrd. Dollar. Dies ist die Größenordnung des Verlusts an möglichen Einkommen durch die Unfähigkeit, die verfügbaren Ressourcen auszunützen. Die Bedeutung dieser Verluste ist schwer zu fassen. Bei einer Verminderung der Arbeitslosigkeit und Inbetriebnahme brachliegender Kapazität wäre es darüber hinaus möglich gewesen, das Bundesdefizit der USA in einen Überschuß von 10 Mrd. Dollar (bei damaliger Steuerstruktur) zu verwandeln.[42] Die grundlegende Bedeutung der Verluste liegt in der Tatsache, daß ihr Vermeiden es möglich machen würde, das private Einkommen und die öffentlichen Ausgaben zu steigern, und zusätzlich die mögliche Kollision zwischen privaten und öffentlichen Anliegen aufzufangen.[43]

Die Sozialkosten von Rezessionen sind nicht auf ein einzelnes Land beschränkt. Krisen, insbesondere solche in den fortgeschrittensten Zentren der Industrieproduktion, werden an die ganze Welt weitergegeben, durch verringerte Einfuhren, durch Beschränkung der Kreditgewährung ans Ausland und durch das internationale Währungssystem ganz allgemein. Krisen sind wahrhaft im Weltmaßstab kumulativ und ansteckend.

Abgesehen davon verursachen die Sozialkosten der Rezession weniger sichtbare Folgen, wie die Beeinträchtigung der Volksgesundheit, die höhere Sterblichkeit, das Ansteigen der Kriminalität und des Alkoholkonsums sowie die Senkung der Heirats- und Geburtenrate. Sie spiegeln sich in den psychologischen Wirkungen der allgemeinen Unsicherheit und der Enttäuschung der Hoffnungen von Millionen von Menschen wider. Es wird wahrscheinlich nie möglich sein, sich die Größenordnung dieser weiteren Krisenfolgen ganz vor Augen zu führen, geschweige denn sie abzuschätzen.[44]

Zusammenfassung und Schlußfolgerungen

Die Resultate des vorliegenden Kapitels können wie folgt zusammengefaßt werden: Der einzelne Unternehmer neigt bei der Einführung technischer Neuerungen dazu, zwei wichtige Arten von sozialen Verlusten zu ignorieren:

erstens die Kapitalverluste, die andere Firmen infolge der neuen Produktionstechnik erleiden,
zweitens die Verluste für die Arbeiter.

Diese Verluste ergeben sich durch verschiedene individuelle Umstände, wie zeitweiliger Arbeitslosigkeit, Umzug, Umschulung, allgemeiner Rückgang der Fähigkeiten und, noch wichtiger, sie können in lange Perioden der Arbeitslosigkeit übergehen, während deren die sozialen Gemeinkosten der Arbeitskraft auf den einzelnen Arbeiter abgewälzt werden. Mit anderen Worten: technische Verbesserungen mögen wirtschaftlich vom Standpunkt des einzelnen Unternehmers aus gerechtfertigt erscheinen (d. h. im Sinne privater Kosten und privater Erträge), obwohl eine genauere Kalkulation der Gesamtkosten der Neuerung ergeben könnte, daß ihre Einführung ungerechtfertigt, übereilt und unwirtschaftlich war.

Die sozialen Verluste durch Arbeitslosigkeit sind weitaus die wichtigsten Sozialkosten, die mit dem Funktionieren der Marktwirtschaft in Zusammenhang stehen. Sie zeigen sich in einer allgemeinen Abwälzung der Arbeits-Gemeinkosten auf die Arbeitslosen und die Öffentlichkeit, wie auch in höheren Stückkosten, weil die »variablen« Unternehmerauslagen rückwärts auf die Zwischen- und Anfangsstufen der Produktion abgeschoben werden können. Sobald die Nachfrage nach den eigenen Produkten nachzugeben beginnt, findet es jede Firma sinnvoll, die eigenen Bestellungen und »variablen« Kosten zu verringern, ungeachtet der Wirkungen, die ein solches Verhalten wahrscheinlich auf die Kosten und die Beschäftigungslage auf den vorangehenden Produktionsstufen haben wird. Mit anderen Worten: statt seinen »Teil« für die bestmögliche Nutzung der vorhandenen Produktionseinrichtungen beizutragen, findet es der einzelne Unternehmer profitabler, oder doch weniger teuer, die Erzeugung ganz einzustellen. Anderseits kann eine Privatfirma nur außer acht lassen, welche Einsparungen sich in Form von niedrigeren Kosten auf allen Produktionsstufen bei voller Kapazitätsauslastung ergeben würden, weil die Fixkosten dann wieder auf einen größeren Gesamtausstoß und -umsatz verteilt werden könnten. Auf diese Art und Weise pflegen private Auslagen die tatsächlichen Produktionskosten in Krisenzeiten zu verzerren und zu vergrößern.

Der Sinn des »deficit spending« in Zeiten der Arbeitslosigkeit beruht nicht auf irgendeiner Analogie zum »pump priming« oder dem Multiplikatoreffekt, sondern auf der Tatsache, daß die Wettbewerbsrechnung als variable Kosten behandelt, was vom Standpunkt der Gesamtwirtschaft aus fixe Kosten sind. Statt die Arbeitslosen zu unterstützen, öffentliche Mittel für sorgfältig ausgewählte öffentliche Zwecke einzusetzen, ist damit gerechtfertigt, daß der Unterhalt der Arbeitslosen eine fixe Belastung der Wirtschaft darstellt, und daß die zusätzlichen Kosten öffentlicher Arbeiten wahrscheinlich kleiner sind als die Vorteile, die sich aus solchen Arbeiten ergeben. »Es ist die Divergenz zwischen den Grundsätzen der sozialen und der privaten Buchhaltung, welche die Ursache der Ungereimtheiten der sogenannten gesunden Rechnungspraxis bildet.«[45]

11. Duplikation, Überkapazität und Sozialkosten

Wir haben schon früher auf die gleichzeitigen, sich verdoppelnden Investitionen in der Erdöl- und Kohlenindustrie hingewiesen. Diese Doppelspurigkeit stellt technisch und wirtschaftlich eine Verschwendung dar und führt zu einer beschleunigten Ausbeutung dieser nicht erneuerbaren Ressourcen. Sie veranschaulicht den Fall des übermäßigen Kapitaleinsatzes, der eine erheblich größere Rolle spielt, als man im allgemeinen annimmt. Sie unterscheidet sich von unausgenützten Kapazitäten und der Arbeitslosigkeit in Krisenzeiten durch ihre Permanenz.

Gewiß kommt keine Wirtschaft ohne eine gewisse Überkapazität aus, wenn sie ein Mindestmaß an Flexibilität aufweisen will. Außerdem bildet sie eine wichtige Reserve für Notzeiten. Doch haben wir es hier nicht mit dieser notwendigen Zusatzkapazität zu tun, die wir fluktuierende Überkapazität nennen könnten analog zum Begriff der fluktuierenden Arbeitslosigkeit. Zur Diskussion steht die Gefahr der Überexpansion, d.h. Doppelspurigkeit in gewissen Industrien. Eine derartige Situation ist schon seit langem für den Verkehr und den Handel kennzeichnend gewesen, und wir wollen anhand dieser Wirtschaftszweige das allgemeine Phänomen der Überkapazität erörtern. Wir werden in diesem Kapitel auch auf die Doppelspurigkeit in der Industrieforschung und auf die Wirkungen des Patentwesens eingehen.[1]

Die in der nachstehenden Diskussion aufgeworfenen Probleme betreffen ausnahmslos die volkswirtschaftliche Leistungsfähigkeit. Nur unter diesem Blickwinkel ist es sinnvoll von Doppelspurigkeit, von Überkapazität und mangelhafter Koordination der Investitionen zu sprechen. Während es, jedenfalls in Friedenszeiten[2], als utopisch und politisch unmöglich erscheint, praktische Konsequenzen aus dem Begriff der volkswirtschaftlichen Leistungsfähigkeit zu ziehen, ist es doch von theoretischer Bedeutung, einige Ursachen der gegenwärtigen sozialen Ineffizienz aufzuzeigen. Es gibt einige Industrien, die ihrer Natur nach eine Koordination ihrer Tätigkeit und eine technische Zusammenarbeit als Voraussetzung für jeden optimalen Betrieb verlangen – selbst unter den heutigen gesellschaftlichen Verhältnissen. Ihr chronisch krisenhafter Zustand, ausgedrückt in privaten Kosten und privaten Erträgen, mag seine Ursache darin haben, daß das Problem der technischen Koordination nie aufgeworfen wurde und deshalb ihre Organisation bis heute vom volkswirtschaftlichen Standpunkt betrachtet als mangelhaft bezeichnet werden muß. Das Ergebnis ist eine Doppelspurigkeit, die der betreffenden Industrie unnötige und verhältnismäßig hohe Fixkostenanteile aufbürdet, die von einem vermeidbaren Kapazitätsüberhang herrühren, ohne deshalb dem Konsumenten wenigstens ein Höchstmaß an Bequemlichkeit und Befriedigung zu gewährleisten. Während die Gesamtkapazität weit größer ist als die tatsächliche Produktion, machen es der Leerlauf und die anfänglich versäumte Integration der Einrichtungen unmöglich, mit den verfügbaren Betriebsmitteln eine maximale Leistungsfähigkeit zu erzielen, ganz abgesehen von der Tatsache, daß die Sozialkosten der Industrie unnötig hoch sind.

Die Unfähigkeit, das Verkehrswesen in seinem funktionellen, wirtschaftlichen Zusammenhang als Ganzes zu betrachten, oder die Frage nach dessen tatsächlichen sozialen und technischen Erfordernissen zu stellen hat zur Folge, daß Kriterien der technischen Gesamtleistung vernachlässigt und auch das Prinzip der Wirtschaftlichkeit (das Bereitstellen der notwendigen Dienstleistungen mit einem Minimum von Aufwand) verletzt werden. (Dasselbe betrifft die Entwicklung städtischer Siedlungen, die richtige Organisation des Verteilungssystems und der Aufbau von Erholungseinrichtungen.) Anstatt das soziale und technische Optimum für die Gesamtwirtschaft in den Mittelpunkt zu stellen, werden die Investitionen unter den Bedingungen der Marktwirtschaft durch Marktpreise gelenkt, die langfristig und unter Verhältnissen des wirtschaftlichen Wandels als fragwürdig gelten müssen.

Mit anderen Worten: Überlegungen, die zur Vermeidung von Sozialkosten langfristig von höchster Bedeutung sein können, werden gar nicht in Betracht gezogen. Tatsächlich sind in vielen Fällen Doppelspurigkeiten als Folge unzureichender Koordination nichts anderes als soziale Leistungsmängel, die sich aus der anfänglichen Vernachlässigung grundlegender technischer Kriterien ergeben – einer Vernachlässigung, welche die Produktionskosten erhöht. Weil frühere Generationen technische Kriterien und die objektiven Voraussetzungen eines optimalen Betriebs mißachteten, haben die folgenden Generationen den Preis dafür in Form offensichtlicher Unwirtschaftlichkeit zu zahlen.

Den theoretischen Rahmen für die folgenden Erörterungen gibt wiederum der Begriff der Sozialkosten ab. Es sei darauf hingewiesen, daß die Kriterien der mangelnden sozialen Leistungsfähigkeit nicht ausschließlich auf den bestehenden quantitativen Marktnormen begründet werden können. Wie J.M. Clark einmal gesagt hat, muß sich die Ökonomie der Effizienz ihren eigenen Maßstab aufgrund der jeweiligen Verhältnisse erarbeiten.[3]

Doppelspurigkeiten und Überschußkapazitäten im Verkehrswesen

Es gibt im wesentlichen drei Gründe, weshalb die Entwicklung und der Betrieb eines Transportsystems unter den Bedingungen des Wettbewerbs zu Doppelspurigkeiten und verhältnismäßig geringer betrieblicher Effizienz führen. Erstens verlangen moderne Transporteinrichtungen erhebliche Ausgangsinvestitionen, so daß das Verkehrswesen einen Wirtschaftszweig mit einem verhältnismäßig hohen Fixkostenanteil darstellt. Der Transport dient der Beförderung von Gütern und nicht ihrer Herstellung. Während die Fabrikation stets eine Investition in Rohstoffen erfordert, ist dies beim Verkehr nicht der Fall, weshalb der Anteil der Gemeinkosten gewöhnlich größer ist als in der Produktion. Solange die Nachfrage nach Beförderung von einem Punkt zum andern mit einer Anlage (einem Eisenbahngeleise, einem Kanal, einem Tunnel) befriedigt werden kann, wäre es höchst unwirtschaftlich, aus Wettbewerbsgründen zwei oder mehr solcher Anlagen zu errichten und zu unterhalten. Denn eine Verdoppelung der Kapazität macht es beiden Anbietern unmöglich, ihre Anlagen voll auszulasten und so ihre Gemeinkosten über eine größtmögliche Zahl von Kunden zu verteilen. Sogar wenn die Transportnachfrage eine Erweiterung der bestehenden Anlagen erfordern sollte, ist es gewöhnlich wirtschaftlicher, den Umfang des Betriebs zu vergrößern (z. B. durch den Bau eines Entlastungsgeleises oder durch Verbreiterung einer Straße) und die gesamte Betriebsausrüstung als Einheit arbeiten zu lassen, anstatt zusätzliche Einrichtungen unter selbständiger Leitung zu schaffen.

Zweitens ist festzuhalten, daß die betriebliche Leistungsfähigkeit jedes einzelnen Transportmittels auch vom Ausmaß seiner Integration in das übrige Transportsystem abhängt. Das heißt: »jeder einzelne Straßenzug muß in richtiger Verbindung stehen mit den übrigen, jede Bahnlinie, jeder Kanal muß a priori als Bestandteil des Gesamtnetzes aufgefaßt und ausgeführt sein und Eisenbahnen, Schiffahrtswege und Landstraßen müssen sich wieder systematisch einander angliedern, wenn der höchste Gesamtnutzeffekt erzielt werden soll. Würde die Zusammensetzung des Netzes beliebig sich bildenden Privatunternehmungen überlassen, so würde immer nur die einzelne Linie vom Standpunkt des *privatwirtschaftlichen* Ertrags ins Auge gefaßt, wodurch die Bemessung jeder einzelnen Anlage nach den Zwecken der Gesamtheit höchst mangelhaft zum Ausdruck käme.«[4] Die Notwendigkeit eines integrierten Verkehrssystems ist nicht auf ein einzelnes Land beschränkt, es besteht ein echtes Bedürfnis nach einer internationalen Integration und Koordination der nationalen Verkehrseinrichtungen wie Bahnen, Kanälen, Schiffahrts- und – am wichtigsten von allen – Fluglinien.

Der dritte Faktor, der das Transportsystem in eine besondere Kategorie verweist, liegt im sozialen Charakter seiner verschiedenen Leistungen.

Tatsächlich verteilt sich ein erheblicher Teil des Nutzens der Transportleistungen auf die ganze Gesellschaft, und weder der einzelne Unternehmer noch der Konsument können ihn sich direkt aneignen. Dieselbe Bahnlinie, welche die Produktion und den Austausch von Gütern erleichtert, erweitert den Markt der Fabrikanten, bestimmt den Standort von Industrien, beeinflußt Bodenpreise und dient wichtigen militärischen und kulturellen Zwecken. Viele dieser Wirkungen des Transportwesens kommen der Gesellschaft zugute und sind für den privaten Unternehmer bestenfalls von beiläufigem Interesse.

Die frühe Entwicklung des Eisenbahnetzes in den Vereinigten Staaten ist eine gute Illustration der Tendenz zur Doppelspurigkeit und Überkapazität, die bis in die Gegenwart hinein wirkt. »Das amerikanische Eisenbahnsystem eilte der Nachfrage voraus und war schließlich zu groß angelegt. Das Errichten von Zweiglinien für den Leichtverkehr und von parallelen Haupt- und Nebenlinien hat stets die durchschnittliche Verkehrsdichte verhältnismäßig niedrig gehalten. Außerdem sind, von Kriegszeiten abgesehen, wenig amerikanische Haupteisenbahnlinien auch nur annähernd bis zu ihrer theoretischen Kapazitätsgrenze ausgenutzt worden.«[5] Die Eisenbahnen sind dem Wettbewerb mit anderen Transportmitteln ausgesetzt, und in einigen Landesteilen scheinen sie ein sterbender Wirtschaftszweig zu sein, der nicht imstande ist, der Konkurrenz der Straße und der Luftlinie wirksam zu begegnen.

Unter dem Druck des Wettbewerbs »versucht jedes Verkehrsmittel Transportaufgaben an sich zu ziehen, die logischerweise ein anderes übernehmen sollte. Die Bahnen machen verzweifelte Versuche, ihre frühere Stellung wiederzugewinnen und den Nah- und Stückguttransport zu behalten, obwohl die Aufwendungen für den Verladebetrieb häufig zu einem Verlustgeschäft führen müssen. Der Lastwagen dringt in den Fernverkehr ein und nimmt dem Schienenverkehr das lukrative Geschäft weg, obwohl dieser hier wirtschaftlicher arbeitet. Die Binnenschiffahrt lenkt Verkehr über Umwege, um sich an der Fracht zu beteiligen.«[6]

Zu diesen Problemen kommt das Fehlen von einheitlichen und zentralen Bahnhöfen, was den Mangel an Integration noch verstärkt. Unter den herrschenden Umständen muß Frachtgut an weit von einander entfernten, verschiedenen Eigentümern gehörenden Bahnhöfen und Umschlagsplätzen geladen, befördert und abgeliefert werden. Das führt nicht nur zu einem beträchtlichen Zeitverlust, sondern auch zu kostspieligem Umladen und zu Problemen bei der Ablieferung, was die Kosten der Beförderung erhöht. Es wurde geschätzt, daß die Eisenbahnfracht während zwei Dritteln der Zeit, die normalerweise zu ihrer Beförderung benötigt wird – durchschnittlich etwa 15 Tage – sich auf Rangierplätzen des Bahnhofsgeländes befindet. »Die Tatsache, daß auf diese Weise ein Drittel der Bahnfrachtkosten verursacht werden, weist auf die Möglichkeiten hin, die eine Verbesserung dieser Bahnanlagen für die Wiederherstellung der

Rentabilität und eine Kostenreduktion für Passagiere und Frachtkunden bieten würde.«[7]

Es ist möglich, die sich daraus ergebenden wirtschaftlichen Nachteile quantitativ durch die Ersparnisse zu erfassen, die sich aus der Koordinierung der Güterbahnhöfe und anderer Beförderungsanlagen ergeben würden. Die vorliegenden Schätzungen beziehen sich auf die Lage vor dem Zweiten Weltkrieg in den USA. Trotzdem sind diese Angaben noch immer von Interesse, besonders weil sie eine Methode darstellen, soziale Kosten zu quantifizieren. So wurden für 1940 die gesamten jährlichen Einsparungen aufgrund bestimmter Koordinationspläne für die Eisenbahnen allein zwischen 200 Millionen und 1 Milliarde Dollar geschätzt, wobei der Betrag von einer halben Milliarde Dollar jährlich erzielbarer Einsparungen übereinstimmend für möglich gehalten wurde.

Die Bedeutung dieser Einsparungen wird durch die Tatsache erhellt, daß »jeweils 100 Millionen Dollar Einsparungen durch eine Koordination der Eisenbahnen etwa drei Prozent der Betriebskosten aller Dampfeisenbahnen im Jahre 1939 gleichkämen. Wenn diese Summe etwa eine halbe Milliarde Dollar erreicht, so würde das einen Sechstel der Betriebskosten jenes Jahres ausmachen und das Betriebskostenverhältnis würde sich von 0,729 auf 0,608 vermindern. Eine eingesparte halbe Milliarde Dollar würde auch die Nettoeinnahmen der Eisenbahnen im Jahre 1939 von 638 766 000 auf 1 138 766 000 Dollar steigern und würde damit mehr als 75 % der festen Gebühren der Unternehmer ausmachen.«[9] Dies waren lediglich die möglichen Ergebnisse einer Koordinierung der Eisenbahnen; die Schätzungen berücksichtigen nicht die gesamten Einsparungen, die sich aus der Koordinierung und Integration des gesamten Verkehrssystems der Vereinigten Staaten ergeben würden.

Die Auswirkungen solcher Doppelspurigkeiten im Transportwesen und ihr Mangel an Koordination werden durch ungleiche Subventionierung der verschiedenen Transportmittel noch verstärkt. Während Luft-, Wasser- und Straßentransporte in verschiedenem Grade mit Steuergeldern subventioniert werden, erhalten die Eisenbahnen (in den USA) keine direkte Unterstützung aus öffentlichen Mitteln. Mit andern Worten: während einige Träger nur einen Teil ihrer Kosten zu tragen haben, müssen die Bahnen ihren Tarif so hoch ansetzen, daß sie ihre gesamten Kosten decken können.[10] Infolge dieser Unterschiede in den Finanzierungsmethoden »ist soviel Passagier- und Güterverkehrsvolumen den Bahnen entzogen oder vorenthalten worden, daß sich daraus für den Bahnbetrieb ernsthafte finanzielle Konsequenzen ergeben haben... Daß die Träger im Falle des Luft- und Wassertransports wenig oder gar nichts für die Einrichtungen bezahlen, führt zum Schluß, daß die Eisenbahnen in dem Maße Opfer eines subventionierten Wettbewerbs geworden sind, als ihnen Kunden an den Luft- oder Wasser-Transport verloren gingen, Kunden, welche die Schiene benützt hätten, wenn nicht die anderen Frachtgebühren durch Zuwendungen aus öffentlichen Mitteln verbilligt worden wären.»[11] Die Unwirtschaftlichkeit einer solchen Verlagerung des Verkehrs von dem bestehenden Eisenbahnsystem weg bedarf keiner besonderen Erläuterung; sie trägt zur Unterbeanspruchung dieser Einrichtungen bei, während knappe Ressourcen weiterhin für den Bau neuer, konkurrierender Transportdienste verwendet werden.

Ein neuerer (1961) Fall der Schaffung von zusätzlichen Verkehrsmitteln und Überkapazität ist die wettbewerbsbedingte Vermehrung der Düsenflugzeuge auf dem amerikanischen und internationalen Lufttransportmarkt. In einem wilden Wettlauf um Düsenflugzeuge dehnte ein Dutzend größere Luftfahrtgesellschaften ihre Kapazität weit über die tatsächlichen Erfordernisse oder die Gesamtnachfrage (zu herrschenden Preisen) aus, mit dem Ergebnis, daß ihre Nutzlastfaktoren, (d.h. der Prozentsatz der belegten Plätze) sowohl auf dem amerikanischen als auch auf dem internationalen Markt ständig gesunken sind. Mit anderen Worten: Die wettbewerbsmäßige Einführung schneller Düsenflugzeuge, von denen ursprünglich angenommen wurde, sie steigerten die Nutzlast und den Profit, haben sich binnen weniger Jahre als Quelle hoher Kosten, Defiziten und einer potentiell ruinösen Konkurrenz erwiesen. Die erfolgten Fusionen und internationalen Zusammenarbeitsverträge zwischen verschiedenen internationalen Gesellschaften stellen ein verspätetes Eingeständnis dar, daß der Wettbewerb im Luftverkehr notwendigerweise zu Ineffizienz und zu unnötig hohen Kosten infolge von Überkapazität führt.

Ein Vergleich der relativen betrieblichen Leistungsfähigkeit des amerikanischen und des sowjetischen Eisenbahnsystems, das weitgehend als einheitliches Ganzes entwickelt worden ist, kann in diesem Zusammenhang von Interesse sein. Nicht nur ist in der Sowjetunion die allgemeine Verkehrsdichte ständig gestiegen[12], wodurch eine entsprechende Senkung der Einheitskosten möglich wurde, die Umschlagsgeschwindigkeit der Güterwagen, die in den Vereinigten Staaten fünfzehn Tage beträgt und selbst in Kriegszeiten nie wesentlich unter elf Tage fiel, soll 1958 in der Sowjetunion nur 5,83 Tage betragen haben.[13]

Internationale Vergleiche dieser Art sind nicht immer zuverlässig und ihre Aussagekraft wird angezweifelt. Schließlich bestehen weitgehende Unterschiede in der geographischen Struktur der beiden Länder, im Standort der Ressourcen und Produktionszentren, in der Bedeutung des Fernverkehrs, in den Zubringer- und Querverbindungen und ihrer Koordination mit den Hauptverkehrslinien, in der Entwicklung der verschiedenen Beförderungsmittel, in der Regelmäßigkeit des Verkehrsflusses und schließlich in der Genauigkeit der Berichterstattung. Auch wenn wir die verschiedenen Bedingungen berücksichtigen, welche die Entwicklung und den Betrieb der beiden Eisenbahnnetze bestimmt haben – des sowjetischen und des amerikanischen –, dann stellt es sich als nicht unwahrscheinlich, ja als recht überzeugend heraus, daß »die sowjetischen Bahnen heute annähernd einen Drittel mehr Frachtverkehr bewältigen als die unsrigen, und das auf einem Netz, das etwa halb so lang ist.«[14]

Es darf natürlich nicht übersehen werden, daß das amerikanische Verkehrssystem ein gemischtes System ist, das Privateigentum und Wettbewerb mit öffentlicher Kontrolle verbindet, was die Interessen des Konsumenten schützen und das nationale Interesse gewährleisten soll. Ursprünglich war beabsichtigt, eine monopolistische Ausbeutung des Verbrauchers durch übersetzte und diskriminierende Gebühren zu verhüten. Seither ist dieses System der öffentlichen Kontrolle bis zu einem Punkt ausgebaut worden, wo es neben der Festsetzung des Tarifs aufgrund des »gleicher Preise für gleichen Wert«-Prinzips auch noch die Aufsicht und Kontrolle der Transportanlagen und ihres Betriebs, der Aufrechterhaltung angemessener Dienstleistungen, der finanziellen Organisation einschließlich der Buchhaltung und des Meldewesens umfaßt. Während dieses gemischte System dazu beigetragen hat, die schlimmsten Auswüchse »natürlicher« Monopole zu verhüten, bestand niemals die Absicht, auf diese Weise jenes Minimum an technischer Koordination zu verwirklichen, das die Betriebskosten auf ein vernünftiges Maß reduziert hätte. Wegen der fehlenden notwendigen technischen und wirtschaftlichen Koordination der bestehenden Transportmittel sind die Betriebskosten unnötig hoch geblieben, während die relative technische Gesamtleistungsfähigkeit sich anscheinend nicht verbessert hat.

Sogar im öffentlichen Verkehrssektor wurde bisher weit mehr Nachdruck auf eine Bereitstellung zusätzlicher Verkehrsmittel als auf die praktische Koordination neuer Anlagen mit den bestehenden gelegt. Tatsächlich neigen die Vertreter der einzelnen öffentlichen Betriebe dazu, als besondere Fürsprecher ihrer jeweiligen Transportmittel aufzutreten. Während erhebliche Investitionen für die Erweiterung sowohl neuer als auch alter Transportmittel aufgewendet wurden, ist es immer noch schwierig, die verschiedenen Träger in einem Gesamtplan zu koordinieren.

Ein Beobachter der öffentlichen Verkehrspolitik weist darauf hin, »daß Pläne, die alle Transportzweige umfassen würden, vollständig fehlen... und ebenso allgemeine Zielsetzungen, die das Verkehrswesen direkt oder indirekt betreffen. So hat die Planung von Flughäfen keine Beziehung zu den Plänen der Autobahnen und diese wiederum nicht zu der Eisenbahnplanung, obwohl durch eine solche Koordination ungeheuere Ersparnisse und wichtige Verbesserungen der Verkehrsverhältnisse erzielt werden könnten«.[15]

Statt dessen sind verschiedene Orts-, Staats- und Bundesbehörden für die Formulierung der Verkehrspolitik zuständig und verschiedene Verkehrsmittel versuchen, den Transport an sich zu ziehen, der durch ein anderes Mittel wirtschaftlicher bewältigt werden könnte. Die Folgen dieser Lage sind verschwenderische Überkapazität, Doppelspurigkeit, zeitweise relativ geringe Verkehrsdichte und hohe Einheitskosten.[16]

Hier und auch auf andern Gebieten der öffentlichen Politik wäre es langfristig wirtschaftlicher, wenn mehr auf die Kriterien der technischen Leistungsfähigkeit als Entscheidungsbasis geachtet würde, auch wenn damit die Grenzen der Marktwirtschaft überschritten würden.

Doppelspurigkeit und Überkapazität im Einzelhandel

Das Verkehrswesen ist nicht das einzige Gebiet, wo Anzeichen von Überkapazitäten und Koordinationsmängel wahrzunehmen sind. Eine solche Tendenz zeichnet sich für andere Sektoren der Verteilung ab wie Einzel- und Großhandel, Versicherung und Liegenschaftenvermittlung, ja sogar im Bankgewerbe. Es ist nicht nötig, jeden dieser Absatzkanäle einzeln zu untersuchen. Die Ursachen der immer zahlreicher werdenden Verkaufsstellen stehen im Zusammenhang mit dem leichten Zugang und der Bevorzugung des selbständigen Erwerbs. Wir finden dieselbe Tendenz zur Vermehrung der Distributionszweige in den Stadt- und Dorfbasaren des Orients. Hier wie in den Industrieländern macht es die Leichtigkeit der Geschäftseröffnung möglich und attraktiv, trotz der bestehenden Betriebe neue zu gründen, auch wenn die Chancen des kommerziellen Überlebens über ein, zwei Jahre hinaus notorisch gering sind – im Kleinhandel in den Vereinigten Staaten trifft dies jedenfalls zu.

Aber auch dort, wo der Zugang schwerer ist und wo verhältnismäßig hohe Beträge an Vorinvestitionen erforderlich sind, um ein Detailhandelsgeschäft zu eröffnen (z.B. eine Tankstelle), sorgt die oligopolistische Marktstruktur der größeren Ölraffinerien und Verteiler für einen relativ hohen Grad an Doppelspurigkeit und Koordinationsmangel im Verkauf. Das Ergebnis ist überschüssige Kapazität, aus der der Verbraucher keinen Nutzen zieht, da die daraus resultierenden übermäßigen Fixkosten eine Labilität des Marktes bewirken, die sich in Gestalt periodischer Ausbrüche rücksichtsloser Konkurrenz – eines offenen »Benzinkriegs« – äußert, die von den größeren oligopolistischen Raffinerien unterstützt wird. Aber diese Perioden des offenen Wettbewerbs dauern jeweils nur solange, bis die größeren Verteiler wieder imstande sind, sich auf eine Preispolitik des »Leben und Lebenlassens« zu einigen, die es ihnen und ihren Detaillisten gestattet, die starke Überkapazität in Form höherer Preise auf den Verbraucher abzuwälzen.

Es ist offensichtlich, daß Elemente des Oligopols bei der Entstehung und dem Aufrechterhalten von Doppelspurigkeiten und Kapazitätsüberschüssen in der Verteilung eine wichtige Rolle spielen. Während von einem Monopol zu erwarten wäre, daß es bestehende Einzelhändler ausschalten, koordinieren und »rationalisieren« würde, scheint das Oligopol die Vervielfachung der Einrichtungen zu verstärken. Es ist richtig, daß manche dieser Kleindetaillisten ihre Weiterexistenz trotz der bestehenden Konkurrenz der Bereitschaft verdanken, zu Stundenlöhnen zu arbeiten, die oft weit unter denen liegen, welche sie als unselbständige Arbeiter verdienen könnten. Dieses Gefälle, durch das ihre Verdienstmöglichkeit vermindert wird, ist der Preis – die »opportunity costs« – für die »Selbständigkeit«, sein eigener Meister zu sein. Gleichzeitig kann der Kleinhändler – und *pari passu* jeder Verteiler – besondere Einnahmen dank der Tatsache erzielen, daß er eine oligopolistische Marktstellung genießt, dies infolge seines Standorts oder wegen der relativen Gleichgültigkeit seiner Kunden gegenüber den höheren Preisen, mit welchen die Überkapazität finanziert werden muß. Die Eröffnung zusätzlicher Detailbetriebe, obwohl die bestehenden ausreichen würden, hat zur Folge, daß sowohl die alten als auch die neuen Einzelhändler nicht ausgelastet und unfähig sind, ihre festen Unkosten zu vermindern. Das Ergebnis ist notwendigerweise ein ständiger Versuch, diese Unkosten in Form von höheren Preisen auf den Konsumenten abzuwälzen. Kurz, die Doppelspurigkeit im Einzelhandel muß am Ende vom Verbraucher bezahlt werden, wenn auch ein verstärkter Wettbewerb bestehen mag.

Die obige Analyse der sozialen Konsequenzen der Überkapazität folgt im wesentlichen den Gedankengängen Wicksells zu diesem Thema.[16a] Wicksell führt weiter aus, daß dieser Überschuß an Detaillisten der Grund dafür gewesen sei, weshalb die Abschaffung der Gebühr für die Einfuhr von Gütern in eine Stadt nie zu dem erwarteten Preisabschlag geführt hat. Solange sich die Käufer nicht selbst irgendwie organisieren, um dem Oligopol der Detaillisten entgegenzutreten – nach Wicksell das einzige richtige Mittel – »muß die Anomalie bestehen, daß die Konkurrenz manchmal die Warenpreise erhöhen kann, anstatt sie, wie man sich gern einredet, sinken zu lassen«.[17]

Man könnte einwenden, daß die Tendenz zur Doppelspurigkeit auf dem Gebiete des Einzelhandels und der Verteilung im allgemeinen ein Beweis für das Bedürfnis nach den angebotenen Diensten sei. Dieser Einwand, der nicht abstreitet, daß eine übergroße Zahl von Detaillisten jeden einzelnen daran hindert, die optimale Betriebsgröße zu erreichen, kann nicht den Beweis dafür erbringen, daß eine Nachfrage für die verschiedenen Dienstleistungen auch dann noch bestehen würde, wenn die Kosten bekannt wären, d. h. wenn der Verbraucher wüßte, um wieviel die Verteilungskosten sinken könnten, wenn sich die Betriebsgröße dem Optimum nähern würde. Obwohl es zutrifft, daß die Nachfrage der Konsumenten mindestens teilweise für das Entstehen von Ineffizienzen im Einzelhandel verantwortlich ist, kann doch nicht bestritten werden, daß der Verbraucher seinerseits das Opfer der Unwirtschaftlichkeit eines überdimensionierten Verteilungssystems wird.

Die Sozialkosten von Doppelspurigkeit und Überkapazität beschränken sich nicht auf die zusätzlichen Verteilungskosten und ihrem höheren Anteil am Umsatz in dieser Branche. Sie zeigen sich auch in erhöhten Kosten bei verwandten Wirtschaftszweigen. So bedeutet eine übermäßige Zahl von Verteilern höhere Kosten für Grossisten und Hersteller, die diese Läden beliefern müssen. »Weniger, aber dafür größere Läden würden die Zahl der Käufe verringern und auch Nebeneinsparungen wie z. B. durch billigere Versicherung und geringere Kredit- und Inkassokosten ermöglichen.«[18] Außerdem kann die stete Gefahr des kommerziellen Mißerfolgs den kleinen Verteiler zu jener betrügerischen und halsabschneiderischen Konkurrenz zwingen, deren er seine großen Konkurrenten gerne beschuldigt. Der Wettbewerb läuft so Gefahr, auf jenes moralische Niveau zu sinken, das sich als profitabler erweist, wie J. B. Clark einmal dargelegt hat.[19]

Die Marktwirtschaft fördert eine Vermehrung der Kapitalanlagen ohne unbedingt zu gewährleisten, daß der Verbraucher daraus einen Nutzen im Sinne größerer Bequemlichkeit und niedrigerer Preise ziehen kann. Auch wenn ein Teil der Kapazität brachliegt, bewirken die monopolistischen und oligopolistischen Elemente der meisten Marktstrukturen, daß die Privateigentümer gegen die Folgen des Wettbewerbs geschützt sind, die sich »normalerweise«, d. h. unter Bedingungen vollkommenen Wettbewerbs aus überschüssiger Kapazität ergeben würden. Es mag zwar theoretisch richtig sein, daß die Sozialkosten der Überkapazität streng genommen die Folge des Oligopols sind, aber praktisch sind diese oligopolistischen Elemente mehr oder weniger ein Teil des Systems der Marktwirtschaft. Unter diesen Umständen wäre es für den Konsumenten vorteilhafter und auch sozial zweckmäßiger, wenn über Investitions- und andere grundlegende Entscheide, Standorte und die technische Koordination anhand eines pragmatischen Begriffs des sozialen Optimums abgestellt würden, der technische Kriterien sowie Erwägungen über langfristige Perspektiven und objektive Kapazitätsnormen mit berücksichtigt.

Welches in jedem besonderen Falle diese Erwägungen und Normen sind, kann nicht allgemein formuliert werden. In Ermangelung eines bereits bestehenden Maßstabs für dieses Optimum – es sei denn eines rein formalen – ist es unmöglich und vielleicht sogar müßig, genaue Kriterien zu entwickeln. Sobald einmal die Ziele allgemein und in Wachstumsraten formuliert sind – beispielsweise für höhere Dienstleistungs- und Sauberkeitsnormen im Detailhandel oder für eine ausgewogenere Programmgestaltung im Fernsehen – bieten die tatsächliche Bestimmung und die Wahl der zu treffenden Maßnahmen keinerlei grundsätzliche Schwierigkeiten mehr. Sie können außerdem mit der Berechnung alternativer Kosten erfolgen. Eines ist gewiß: das Vermeiden überschüssiger Kapazitäten und unkoordinierter Vermehrung von technischen Einrichtungen ist eine Vorbedingung für ein hohes Niveau der ökonomischen Effizienz bei der Nutzung knapper Ressourcen und zwar in jeder Form der gesellschaftlichen Organisation. Wenn sie in dieser Hinsicht versagt, wird die Gesellschaft und der einzelne Verbraucher die Sozialkosten zu tragen haben, die mit Doppelspurigkeit und Überkapazitäten verbunden sind: unnötig hohe Preise und allgemeine Unstabilität.

Doppelspurigkeit in der industriellen Forschung und das Patentsystem

Doppelspurigkeit und Mangel an technischer Koordination, die zu Sozialkosten führen, sind auch in den Ausgaben für die industrielle Forschung und in der Absonderung patentierten Wissens und durch Geheimhaltung festzustellen. Dieses weitgespannte Thema kann nur im institutionellen Kontext des oligopolistischen und innovatorischen Wettbewerbs erörtert werden. Im Unterschied zum Preiswettbewerb, der die meisten Lehrbücher dominiert, greift der innovatorische Wettbewerb die Existenz jedes konkurrierenden Oligopolisten an. »In der kapitalistischen Wirklichkeit jedoch, im Unterschied zu ihrem Bild in den Lehrbüchern, zählt nicht diese Art von Konkurrenz, sondern die Konkurrenz der neuen Ware, der neuen Technik, der neuen Versorgungsquelle, des neuen Organisationstyps (zum Beispiel der größtdimensionierten Unternehmungseinheit) – jene Konkurrenz, die über einen entscheidenden Kosten- oder Qualitätsvorteil gebietet und die bestehenden Firmen nicht an den Profit- und Produktionsgrenzen, sondern in ihren Grundlagen, ihrem eigentlichen Lebensmarkt trifft.«[20] Noch mehr als rücksichtsloser Preiswettbewerb ist sie eine Form wirtschaftlicher Aggression, die eine ständige Drohung darstellt und »sie nimmt in Zucht, bevor sie angreift«.[21]

Das Dilemma, das durch das Patentsystem und die industrielle Geheimhaltung aufgeworfen wird, besteht nicht darin, daß diese als Forschungs- und Investitionsanreiz und als Aufforderung zur Anwendung der Wissenschaft auf die Industrie im allgemeinen versagen, sondern daß sie zusammen dazu führen, die Erfindung zu »isolieren«. Die Gewährung eines Patents versperrt anderen Firmen den Zugang zu diesen Resultaten wissenschaftlicher Forschung und damit ihrer praktischen Anwendung. Die Folgen davon sind, daß nicht nur alle andern Produzenten der Industrie wettbewerbsmäßig benachteiligt werden, auch die Anwendung technischer Neuerungen im allgemeinen wird verzögert und schließlich das Wachstum oligopolistischer Elemente in der Wirtschaft gefördert. Ein ausschließliches Privileg, von einer Neuerung oder Verbesserung Gebrauch zu machen, setzt alle konkurrierenden Produzenten einem wettbewerbsmäßigen Nachteil aus. Verschiedene Patente vereint stellen ein bequemes und wirksames Mittel dar, die Industrie gegen Neulinge abzuriegeln. Nicht selten ist der Patentinhaber imstande, den Markt zu beherrschen und andere Erzeuger aus dem Wettbewerb auszuschließen. Sollten trotzdem irgendwelche Außenseiter versuchen, durch den Gebrauch ähnlicher Verfahren unter anderem Patent in den Markt einzudringen, dann haben sie mit teuren, ruinösen Patentstreitigkeiten zu rechnen. Wenn im darauffolgenden Rechtsstreit nicht einer der beiden Rivalen schnell erschöpft ist und das Feld räumt, kommen vielleicht beide zu einem Übereinkommen, kraft dessen »jede der Vertragsparteien gewisse Verfahren als ihre eigenen behält, das ausschließliche Recht auf gewisse Waren erwirbt oder die ausschließliche Belieferung des Marktes in einem bestimmten Gebiet zugestanden erhält«.[22] In andern Fällen, in denen verschiedene Patente in einem bestimmten Produktionsprozeß zusammen zur Verwendung kommen, können sich die Patentinhaber entschließen, ihre Patente »zusammenzulegen« oder einander Lizenzen zu gewähren, um eine einheitliche Produktions- und Verkaufspolitik für den Artikel zu gewährleisten. Indem sie so ihre Patentrechte kombinieren, ist es den Produzenten gelungen, »eine Mauer um ihre Interessenssphäre zu errichten«.[23]

Ähnliche Ergebnisse können mit Lizenzabsprachen erzielt werden, durch welche anderen Fabrikanten das Recht zum Gebrauch des patentierten Prozesses überlassen wird. Solche Lizenzverträge können restriktive Klauseln bezüglich des Absatzgebietes, des Ausstoßes und der Preise enthalten. Mit solchen Klauseln »wird der Verkauf jedes Partners auf ein bestimmtes Territorium beschränkt und es herrscht zwischen beiden kein Wettbewerb... Allen Produzenten werden Quoten auferlegt... Lizenzbetriebe sind besonderen Beschränkungen unterworfen. Vorgeschriebene Preise für den Patentnehmer ergänzen den Vertrag. Die Patenterteilung durch den Staat sperrt den Zugang; wer immer auch in der Sparte tätig werden möchte, muß mit dem Inhaber handelseinig werden.«[24]

Man mag einwenden, daß das baldige Erlöschen der Patente auch den darauf beruhenden Patentpools oder den Lizenzverträgen ein Ende macht, und indem die Erfindung öffentliches Eigentum wird, sie schließlich in allgemeinen Besitz übergeht und allen zugute kommt. Dieses Argument geht jedoch an der Wirklichkeit der modernen Technologie und des Patentwesens vorbei. Denn es gibt vielerlei Wege, die tatsächliche Lebensdauer eines Patents über die Verjährungsfrist hinaus zu verlängern. Erstens ist es nicht ungewöhnlich, daß die offizielle Sanktionierung des Patents durch verschiedene Taktiken hinausgeschoben wird, so durch die Beschriftung des Artikels mit dem Vermerk »Patent angemeldet«.[25] Zweitens kann eine grundlegende Erfindung durch alle möglichen Methoden verbessert werden. So »kann ein neuer Dreh einer alten Erfindung eine neue Lebensspanne verschaffen; eine Verbesserung kann ein bekanntes Verfahren in ein neues verwandeln.«[26] Kein Wunder also, daß oft nicht ein Patent, sondern Dutzende von Patenten als Basis vieler neuzeitlicher Herstellungsverfahren dienen[27], und daß »eine Reihe von Patenten, zeitlich gut abgestimmt, auf unabsehbare Zeit hinaus weiterwirken«.[28] Zusammen mit der Tatsache, daß der Patentinhaber allein Gelegenheit hat, mit der Erfindung zu experimentieren, verschaffen ihm diese

Bedingungen oft einen relativ sicheren Vorsprung vor allen potentiellen Konkurrenten.

»Schließlich mag ein Unternehmen solche Sicherheit genießen, daß es nicht mehr nötig ist, für den aktiven Gebrauch Patente vom Staat zu verlangen. Das Patent an Morse für den Telegraph erlosch vor dem Bürgerkrieg, doch Western Union – mit Postal als kleiner Schwester – besteht weiter. Daß McCormick einmal ein Patent hatte, ist heute eine historische Tatsache, doch werden heute fast alle Mähmaschinen von International Harvester Co. gebaut. 1880 wurde Edison ein Patent für eine Glühbirne gewährt; aus diesem kleinen Anfang wurde General Electric. Die ursprünglichen Patente für Schuhfabrikationsmaschinen waren verfallen, als die meisten heute Lebenden noch ungeboren waren; das Verfahren ist noch stets durch offizielle Urkunden abgeschirmt, und United gebietet souverän darüber. Die Bell-Patente ermöglichten dem umstrittenen Telefon den Start; heute kommt es der »American Telephone and Telegraph« wenig darauf an, ob ihre Vorrichtungen patentiert sind oder nicht – wenigstens für ihre übliche Geschäftstätigkeit –; so oder so würde sie das ausschließliche Recht auf deren Gebrauch haben. Eine Erfindung mag eine neue Technik ermöglichen; das Patent darauf kann jahrzehntelang dazu dienen, der Öffentlichkeit den Zutritt dazu zu verwehren.«[29]

Heute scheinen alle größeren Firmen durch eine Mauer von Patenten abgeschirmt zu sein, die primär darauf angelegt sind, Außenseiter von den besonderen Verfahren fernzuhalten. Die tatsächliche Funktion des Patents besteht darin, eine Vorzugsposition auszubeuten. Patente sind somit nicht nur die wichtigsten Hindernisse für eine allgemeine Anwendung wissenschaftlicher Forschungsergebnisse in der Industrie, sie dienen gleichzeitig auch dem Zweck, den oligopolistischen Markt zu beherrschen und die Preise auf dem profitabelsten Niveau zu halten.

Es kann behauptet werden, daß alle Möglichkeiten des technischen Fortschritts im institutionellen Rahmen dieses Patentsystems verwirklicht werden. Notwendigerweise sind Doppelspurigkeiten die Ergebnisse dieses Systems der Geheimhaltung der Forschungsergebnisse, der Isolierung patentierten Wissens gegenüber andern Firmen und die Verzögerung weiterer Forschung, die nicht vom neuesten technischen Stand der Wissenschaft Gebrauch machen kann. »Von wenigen der besten Patente sind Lizenzen an Dritte vergeben worden«, und wenn es Lizenzen gibt, »wird ein Rivale die Erfindung eines andern nicht verbessern, weil der Gebrauch der Verbesserung wahrscheinlich eine Patentverletzung bedeuten würde«.[30] Die Isolierung patentierten Wissens verweist die übrige Industrie auf den Gebrauch von Kenntnissen und Verfahren, die bereits Allgemeingut sind. Darüber hinaus sorgen Patente dafür, daß in großen Teilen der zeitgenössischen Forschung darauf verzichtet wird, das neueste patentierte technische Wissen, das noch nicht allgemein zugänglich ist, praktisch anzuwenden.[31]

Während dasselbe Forschungsproblem bei verschiedenen Firmen bearbeitet werden mag, bleiben gleichzeitig die neuesten Kenntnisse und Technologien gesperrt und für weitere Forschungsarbeiten nicht verfügbar. Das verzögert unsere technische und wissenschaftliche Entwicklung. Diese Schlußfolgerung kann nicht durch Hinweise auf absolute und relative Aufwendungen für die Industrieforschung oder durch allgemeine Äußerungen des raschen Fortschreitens der technologischen Neuerungen in den letzten hundert Jahren entkräftet werden.[32]

Das »Gratiseinkommen«, das der Oligopolist aus seinen patentierten Produkten oder Verfahren zu ziehen in der Lage ist, macht nur einen Teil der Sozialkosten aus, die durch das Patentsystem und die Doppelspurigkeit in der Industrieforschung verursacht werden. Noch wichtiger ist die allgemeine Verzögerung des wissenschaftlichen Fortschritts, die dazu führt, daß man nicht den besten Gebrauch von den verfügbaren technologischen Möglichkeiten machen kann. Niemand ist imstande anzugeben, wie hoch diese Sozialkosten sind, obwohl klar sein sollte, daß die wissenschaftlichen und technologischen Leistungen der Sowjetunion in den letzten Jahren darauf hindeuten, daß die verpaßten Gelegenheiten erheblich sind. Wir können zusammenfassend sagen: Die Sozialkosten der Doppelspurigkeit erstrecken sich auf das Gebiet der wissenschaftlichen Forschung, das Patentsystem und die industrielle Geheimhaltung, die insgesamt die oligopolistische Marktstruktur stützen und stärken. Sie nehmen die Gestalt zusätzlicher, freier Einkommen an, die aus der Fähigkeit des Oligopolisten entstehen, seine Preise über den Kosten anzusetzen. Die soziale Verschwendung ergibt sich aus einer absichtlichen Minderung der Brauchbarkeit und Wünschbarkeit der Erzeugnisse und aus der mangelnden Bereitschaft der Oligopolisten, ihre Kapazität in Kriegszeiten aus Furcht vor einer Profiteinbuße auszudehnen. Einige dieser Fragen werden im folgenden Kapitel erörtert.

12. Die Sozialkosten des ruinösen Wettbewerbs, der geplanten Verkürzung der Lebensdauer von Gütern und der Verkaufsförderung

Die Ertragskraft eines Unternehmens wird in der Marktwirtschaft durch drei Faktoren bedroht: die Gefahr, daß die Produktion über die Aufnahmefähigkeit des Marktes hinaus gesteigert werden könnte, die Gefahren des technischen Fortschritts und des Ausbruchs eines ruinösen Konkurrenzkampfes. Wir haben uns im letzten Kapitel bereits mit den Gefahren der Überkapazität, der Doppelspurigkeit und mit der Rolle der industriellen Forschung befaßt. Die Sozialkosten dessen, was man als Wirtschaftskrieg bezeichnen kann, werden uns in diesem Kapitel beschäftigen.

Unter Wirtschaftskrieg verstehen wir eine Reihe von Geschäftspraktiken wie dauernde Preisunterbietungen, die geplante Verkürzung der Lebensdauer von Konsum- und Kapitalgütern (Obsoleszenz), sowie die Verführung des Konsumenten zum verschwenderischen Verbrauch, wie sie durch die Verkaufsförderung und die massive Werbung stattfinden. Wir werden uns zuerst den Sozialkosten des ruinösen Wettbewerbs und seinem Gegenstück, den Preisabsprachen, zuwenden. Dies ist der traditionelle Fall des Oligopols. Das Phänomen der geplanten oder beschleunigten Obsoleszenz ist verhältnismäßig neuen Datums und wurde teilweise durch Veblens Behandlung der »Sabotage« und der »bewußten Effizienzverweigerung« in der modernen Industrie[1] vorweggenommen. Der letzte Teil des Kapitels wird sich mit den Sozialkosten und den Folgen der Verkaufsförderung und der massiven Werbung beschäftigen.

Ruinöser Wettbewerb und Preisabsprachen

Die Tatsache, daß der Oligopolist dahin tendiert, unter Bedingungen sinkender Kosten zu produzieren oder zu verkaufen, wirkt sich als ständige Versuchung aus, einen größeren Anteil des Marktes zu beherrschen, indem er zeitweise die Preise senkt, um die Stellung der Konkurrenten zu unterminieren. Dies bezeichnete Marshall als labiles Gleichgewicht und veranlaßte Schumpeter, von der Labilität des Kapitalismus zu sprechen. Ein solcher vorsätzlicher Konkurrenzkampf gefährdet die Stabilität jeder Industrie. Solange er anhält, zwingt er die Konkurrenten, ihre Aufmerksamkeit auf defensive Praktiken zu konzentrieren, um der Gefahr des

Bankrotts zu entgehen. Ein solcher Wirtschaftskampf kommt dem Verbraucher nur zeitweilig zugute, nämlich solange er anhält und sein Ziel noch nicht erreicht ist: die endgültige Eliminierung von Konkurrenten oder eine stillschweigende oder offene Einigung auf einen gemeinsamen und stabilen Preis, der hoch genug ist, um die Kosten zu decken, auch wenn weit unter der Kapazität produziert wird. Die Sozialkosten dieser Art von Wettbewerb bestehen darin, daß Güter, die man hätte erzeugen können, nicht produziert wurden, weil sie zum höheren oligopolistischen Preis nicht verkäuflich sind. Bei Preisen, die erheblich über den Kosten liegen, ist dem Oligopolisten ein »freies« Einkommen garantiert.

Versuche, die potentielle Labilität oligopolistischer Marktpositionen zu überwinden, können in mancherlei Arten von Preisabsprachen oder -Lenkungen auftreten, deren Einzelheiten uns hier nicht zu beschäftigen brauchen. Preisführerschaft, Preisdiskriminierung und Zielpreise mit identischen Lieferpreisen sowie ad-hoc Preisanpassungen, in den USA als »Katz-und-Maus«-Monopol bekannt, sind bekannte Illustrationen dieses Drangs nach Stabilität. Preisabsprachen und -Lenkungen sind natürlich alte Erscheinungen. Sie sind vielleicht so alt wie der Handel selbst. Erinnern wir uns nur an das mittelalterliche Verbot der Spekulation und der Eliminierung anderer Anbieter und an Luthers Anklage gegen große deutsche Handelsgesellschaften wegen verschiedener Geschäfts- und »Wucher«-Praktiken und ihrem anscheinend erfolgreichen Zusammenspiel mit den Behörden.[2]

Später wies Adam Smith darauf hin, daß »wer aber... den Schluß zieht, Unternehmer würden sich selten untereinander absprechen, kennt weder die Welt, noch versteht er etwas von den Dingen, um die es hier geht... Tatsächlich hören wir selten etwas von solchen Absprachen, ganz einfach deshalb, weil sie zu den üblichen... natürlichen Dingen im Leben gehören«.[3] Daß Preisfestsetzungen weder »spontan« noch unter dem Druck größerer Firmen durch gesetzliche Verbote verhindert werden können, geht aus der Anklage und der erfolgreichen Verurteilung von 29 Firmen und 44 Direktoren hervor, die 1961 wegen ungesetzlicher Preisabsprache und Angebotsmanipulationen in der amerikanischen Elektroapparateindustrie vor Gericht standen.[4]

Während Preisabsprachen zur Übervorteilung des Käufers führen, garantiert die Preisdiskriminierung – sei sie offen praktiziert oder unter dem Deckmantel identischer Lieferpreise durch Frachtübernahme und feste Zielpreise – das Fehlen eines Preiswettbewerbs am Zustellort. Sie führt zu unwirtschaftlichem Hin- und Hertransport und verhindert, daß die industrielle Produktion ihren wirtschaftlichen und dezentralisierten Standort in angemessener Nähe ihrer Märkte erhält. Statt dessen fördert und beschleunigt sie die Konzentration der Bevölkerung in Industriezentren und Stadtgebieten, in denen das Leben wegen des Verkehrschaos, der Luftverschmutzung und des Zwanges zum Pendelverkehr immer kostspieliger und durch Ermüdung, Verschleiß und Streß für den Menschen immer erschöpfender wird. Außerdem fehlt dort, wo die Versorgung und die Preise kontrolliert werden können, der Druck, der die Produzenten unter Wettbewerbsbedingungen zwingt, die Marge zwischen Selbstkosten und Verkaufspreis zu senken. Unter diesen Bedingungen werden Ermäßigungen der Produktionskosten weder an den Verbraucher in Form niedrigerer Preise noch an den Arbeiter in Form höherer Löhne weitergegeben.

Nur die Entwicklung einer entgegenwirkenden politischen Macht hat bis zu einem gewissen Grade die »Absprachen der Bosse« im modernen Geschäftsleben gemildert. Hätte sich eine derartige Macht außerhalb des Rahmens von Nachfrage und Angebot nicht entwickelt, so hätte das Oligopol zu einer neuen Sklaverei für die große Mehrheit der Bevölkerung geführt.

Soweit die bestehenden Preiskontrollen auf der Möglichkeit beruhen, die Produktion zu überwachen und einzuschränken, werden sie durch technologische Neuerungen, neue Produkte und den Kapazitätsausbau gefährdet. Wir bemerken deshalb auch eine merkwürdige Zurückhaltung gegenüber einer Erhöhung der Produktion. Diese Zurückhaltung richtet sich nach der voraussichtlichen Elastizität der Nachfrage oder den Vorstellungen, die sich der Oligopolist vom Verlauf der Nachfragekurve für sein Erzeugnis macht. Man darf annehmen, daß die meisten Oligopolisten die Elastizität der Nachfrage unterschätzen und damit auch die zusätzlichen Einnahmen, die ihnen bei einer Steigerung der Produktion zufließen würden.

Es ist deshalb nicht erstaunlich, daß oligopolistische Verträge und Absprachen, die sich oft über mehr als einen Staat erstrecken, während der Übergangszeit von der Friedens- zur Kriegsproduktion (in den USA) die Vermehrung der Produktion wichtiger Kriegsgüter verzögert oder verhindert haben. »Wenn wir auf unsere Verteidigungsanstrengungen der letzten zehn Monate zurückblicken«, so schreibt der stellvertretende Generalstaatsanwalt im Auftrag der Antitrust-Abteilung des amerikanischen Justizministeriums in seinem Jahresbericht zu Händen des Kongresses 1942, »können wir jetzt sehen, wie weit sie [die Verteidigungsanstrengungen] durch den Einfluß mächtiger privater Interessengruppen behindert wurden. Gruppen, die die Grundindustrien beherrschen, scheuten sich vor einer Produktionsausweitung, weil sie befürchteten, daß dadurch die künftige Beherrschung der Industrie in Frage gestellt werden könnte. Aus gleichen Gründen schreckten sie auch vor der Entwicklung neuer Produktionsmethoden zurück. Sie gingen sogar soweit, andere Firmen aus ihrem Bereich fernzuhalten. Sie haben Engpässe, die in der Produktion auftraten, durch optimistische Voraussagen über Lieferungsmöglichkeiten zu verbergen gesucht, und sie sprachen von Produktionsanlagen, die gar nicht existierten. Antitrust-Untersuchungen des letzten Jahres haben gezeigt, daß es in den Vereinigten Staaten keine einzige organisierte Grundindustrie gibt, die nicht die Produktion auf die eine oder andere Weise beschränkte, um die von seiten dieser Interessengruppen für die Nachkriegszeit befürchtete ›ruinöse Überproduktion‹ zu verhindern.«[5]

Untersuchungen des amerikanischen Kriegsprogrammes durch den Kongreß haben zahlreiches Belastungsmaterial zutage gefördert, das in die gleiche Richtung deutet.[6] Diese Tatsachen sollten nicht leicht genommen werden, denn sie deuten auf eines der wichtigsten Hindernisse hin, das den Übergang von der Friedens- zur Kriegsproduktion der Marktwirtschaften der alliierten Mächte während des letzten Krieges erschwerte.

Ebenso schädlich für die wirtschaftliche Kriegsbereitschaft und Sicherheit sind internationale Kartell- und Lizenzverträge, die auf Patenten beruhen, insbesondere wenn einige der Großunternehmen des Landes, die an den Vereinbarungen beteiligt sind, nicht einmal selbständige Firmen, sondern nur Werkzeuge in der Hand von Regierungen sind. Dies wurde nach dem Ausbruch des Zweiten Weltkrieges besonders klar. Es stellte sich nämlich heraus, daß Lizenzverträge zwischen amerikanischen, britischen und deutschen Firmen, die wichtige strategische Materialien erzeugten oder verarbeiteten (so etwa Beryllium, Wolfram, Karbid, Plexiglas, optische Geräte usw.) nicht nur regelmäßig technische Informationen austauschten, sondern auch den Weltmarkt in wettbewerbsfreie Zonen aufgeteilt hatten. Infolgedessen genoß jede Firma eine privilegierte und geschützte Stellung auf ihrem eigenen Territorium und verpflichtete sich als Gegenleistung, ihre Erzeugnisse nicht auf dem Gebiet der anderen Vertragspartner zu verkaufen. Daß diese privaten Vereinbarungen weitreichende Folgen für die Kriegsproduktion der Vereinigten Staaten und Großbritannien gehabt haben und daß sie mit der erklärten Außenpolitik dieser Staaten im Widerspruch standen, wird durch die Daten, welche den verschiedenen Kongreßausschüssen vorgelegt wurden, unterstrichen.[7]

Danach waren die Patentverträge zwischen amerikanischen und deutschen Firmen für die Knappheit und ungenügende Entwicklung wichtiger Kriegsmaterialien in den USA verantwortlich. Nach dem Ausbruch des Krieges in Europa, im Jahre 1939, wurde bekannt, daß amerikanische Firmen, die an solchen Verträgen beteiligt waren, von ihren deutschen Partnern daran erinnert wurden, daß ihr Verkaufsgebiet auch Kanada umfasse. Die deutsche Firma verlangte, daß keine Informationen, die vertragsgemäß aus Deutschland geliefert wurden, nach Kanada weitergegeben und keine unter Lizenz fabrizierten Instrumente an die Feinde der Deutschen verkauft werden dürfe. Die amerikanische Firma soll versichert haben, sie werde sich an die Bestimmungen des Vertrags halten. Außerdem weigerte sich noch im Januar 1941 eine amerikanische Gesellschaft, offenbar aus Furcht, wegen Vertragsbruch zivilrechtlich belangt zu werden, der britischen Einkaufskommission gewisse Munitionsarten zu verkaufen, weil sie mit einer deutschen Firma darüber einen Kartellvertrag unterzeichnet hatte.[8]

Mag das Regime der »geregelten« Preise noch so stabil und die Bereitschaft zum Leben und Lebenlassen noch so weitverbreitet sein, so kann es doch jederzeit »Störungen« unterworfen werden. Oligopolistische Gleichgewichte sind von Natur aus nicht stabil, weil sie von Kräften gestört werden, die sie selbst geschaffen haben, so etwa Überkapazitäten und zusätzliche Profite, die aus jeder Produktionserweiterung entstehen, weil dann bei sinkenden Kosten produziert wird. Ist einmal der Bann gebrochen, dann verstärkt die Produktionssteigerung sich selbst und wird durch die Erwartungen und wiederholte Kreditgeschäfte gefördert. Wir brauchen hier nicht weiter auf diesen periodischen, kumulativen Produktionszuwachs einzugehen, es sei denn, daß er in den modernen Industrieländern solche Proportionen annimmt, daß die Verbrauchskapazität überschritten wird. Das wiederum führt zur Anwendung sozial schädlicher Praktiken, die uns im folgenden Abschnitt beschäftigen werden.

Geplante Verkürzung der Lebensdauer von Verbrauchsgütern und Sozialkosten

In der Welt der Oligopole wird jede Verletzung eines Preisabkommens zu einer unpopulären Handlung.[9] Der Vorwurf der Preiskonkurrenz wird in der Welt der Oligopolisten als eine Verleumdung aufgefaßt. Nach den Lehrbüchern neigt der Wettbewerb dazu, mit anderen Faktoren als dem Preis ausgetragen zu werden, wie z.B. durch verlockende Kreditbedingungen, angenehme Räumlichkeiten und persönliche Dienstleistungen aller Art. Was die Lehrbücher aber gewöhnlich zu erwähnen vergessen, sind die verschiedenen Formen des Wettbewerbs zum Schaden des Kunden wie häufiger Wechsel der Aufmachung und geplante Lebensverkürzungen der Produkte, die zu einer Beschleunigung des Verbrauchs führen sollen. Zugegeben – diese Praktiken werden geheim gehalten und sind noch nicht völlig geklärt. Die geradezu klassische Illustration einer absichtlichen Verminderung der Qualität und Tauglichkeit von Verbrauchsgütern zum alleinigen Zweck der Umsatzsteigerung ist der Vorschlag eines Ingenieurs der General Electric Company »die Lebensdauer von Taschenlampenbirnen, die bisher drei Batterien überlebten, soweit zu reduzieren, daß die Lebensdauer der Birne und die der Batterien ungefähr gleich wären. Vor einiger Zeit kamen die Batteriefabrikanten uns halbwegs entgegen und akzeptierten Birnen mit der Lebensdauer von zwei Batterien statt von dreien. Das hat sich sehr zufriedenstellend ausgewirkt. Ich glaube, Sie werden sich für die beigelegte Analyse interessieren... in der die verschiedenen Punkte besprochen werden, welche beim

Übergang zur Ein-Batterie-Lebensdauer von Belang sind... Wenn dies geschähe, würde es nach unserer Schätzung zu einer Intensivierung unseres Taschenlampengeschäfts um etwa 60 % führen. Wir sehen keinen logischen Grund, sei es von unserem Standpunkt oder von dem der Batteriefabrikanten, weshalb ein solcher Schritt in diesem Zeitpunkt nicht unternommen werden sollte.«[10]

Man darf wohl annehmen, daß es viele oligopolistische Firmen gab, die bereit waren, die Qualität und die durchschnittliche Lebenserwartung ihrer Produkte zu vermindern, wenn sie auf diese Weise einen größeren Umsatz erzielen konnten. Tatsächlich ist eine derartige Qualitätsverschlechterung und geplante Lebensverkürzung sowohl der Tauglichkeit als auch der Nachfrage von Verbrauchsgütern das Ziel und der Endeffekt jeder kommerziellen Verkaufsförderung. Beispielsweise hat die wirtschaftliche Modenbildung die Wirkung, den wirtschaftlichen Nutzen von dauerhaften Gütern zu schmälern oder sogar zu vernichten, lange bevor diese aufhören, Dienste leisten zu können. Indem die Lebensdauer vieler Güter künstlich verkürzt wird, tragen Stil und Mode und deren kommerzielle Förderung zu erheblichen Verlusten in der modernen Gesellschaft bei.

Diese Schlußfolgerung wird nicht durch die Tatsache entkräftet, daß die Entwicklung neuer Stile und Moden dem menschlichen Bedürfnis nach Vielfalt entgegenkommt und daß sie anscheinend vom Verbraucher begrüßt wird. Denn das Entscheidende ist nicht, daß Umsatz- und Modeförderung in der menschlichen Natur einigen Widerhall finden, sondern daß die Sozialkosten dieser Form des oligopolistischen Wettbewerbs beträchtlich sind, insbesondere, wenn man den möglichen Nutzen der verwendeten Ressourcen betrachtet. Tatsächlich unterstützen die Einsparungen, die sich aus der Vereinfachung von Stilen und der Verminderung der Handelsmarken in der Kriegszeit ergeben haben, die Folgerung, daß die Wirtschaft in der Förderung von Marken und Moden das Optimum weit hinter sich gelassen hat.

In der Autoindustrie beispielsweise hat die Politik der »Degradierung« eines dauerhaften Verbrauchsgutes durch die periodische Einführung neuer Modelle zu Zyklen mit Spitzenproduktion und -beschäftigung und solchen mit nur teilweiser Ausnutzung der bestehenden Produktionskapazitäten mit einem hohen Prozentsatz unbeschäftigter Arbeitnehmer und brachliegenden Einrichtungen geführt. Sowohl die Lenkung der Nachfrage als auch die Verminderung der Qualität scheinen rasche Fortschritte gemacht zu haben, seit Veblen zum ersten Mal von Sabotage und absichtlichem Leistungsentzug in der modernen Industrie sprach. Autos, Autobestandteile, Reifen, Haushaltapparate (von der Waschmaschine bis zum Fernsehapparat), Bodenbeläge, Tapeten und Möbel haben immer mehr Anlaß zu Klagen über absichtliche Qualitätsverschlechterung gegeben. Unabhängige Prüfungsinstanzen wie Consumers' Union und Consumers' Research in den USA haben über die schrumpfende Lebensdauer von Autoreifen verschiedener Hersteller und über die Kurzlebigkeit der Autos durch schnelle Korrosion und ähnliche Probleme berichtet. Während die Automotoren oft noch lange Zeit gebrauchsfähig bleiben, haben gewisse Bestandteile wie Auspufftöpfe und -rohre oft eine sehr kurze Lebensdauer, ungeachtet der Tatsache, daß die technischen Verfahren des Blei- und Keramikbelages, die diese Teile haltbarer machen würden, dem Fabrikanten zu nur geringfügig höheren Preisen zugänglich wären. Ähnlich steht es mit Fernsehapparaten, deren Qualität über die Jahre abgenommen hat, obwohl es technisch möglich ist, Apparate zu bauen, die nahezu ein Jahrzehnt ohne wesentliche Reparaturen brauchbar sind. Statt dessen ist die Notwendigkeit, Ersatzteile einzusetzen und Reparaturen vorzunehmen, gestiegen.

Das Prinzip der eingebauten Kurzlebigkeit ist sogar auf Gebieten wie dem Wohnbau akut geworden, während früher lange angenommen wurde, der Verbraucher bleibe lange Zeit im Genuß dieses Produkts: »Die Häuser stellen zu viele Familien allzu lange zufrieden; die Industrie muß die Käufer von Häusern davon überzeugen, daß sie alle paar Jahre ein größeres, besseres und schöneres Heim brauchen. Man nehme sich ein Beispiel... an der Autoindustrie. Finden Sie das Gegenstück einer Dosis Chrom oder »Schwanzflosse« in der Hausgestaltung, und Sie können sich der Käufer kaum mehr erwehren. Die Idee bietet interessante Möglichkeiten. Sie würde beispielsweise der Industrie die lästige Verantwortung nehmen, daß ein Haus ein Menschenleben vorhalten soll. Denn wer möchte ein Leben lang in dem selben alten Haus wohnen? Und es sollte einem klugen Verkaufsfachmann keine Schwierigkeiten machen, jene, die sich um die Hypothekarzinsen Sorgen machen, davon zu überzeugen, daß es viel wichtiger ist, mit den Jones' Schritt zu halten.«[11]

Damit soll nicht gesagt sein, daß dieser offenbare Trend zur eingebauten Kurzlebigkeit schon alle Produkte erfaßt hat, oder daß etwa die Industrie Speziallaboratorien für das Studium absichtlicher Produktverschlechterung unterhält. Es wird auch nicht behauptet, daß das technisch überlegene Erzeugnis auch wirtschaftlich überlegen oder wünschenswerter sei. Es soll jedoch betont werden, daß Produkt- und Qualitätsgestaltung und absichtliche Verkürzung der Lebensdauer der verschiedenen Bestandteile der Produkte und die Notwendigkeit größerer Ersatz- und Reparaturbedürfnisse für oligopolistische Marktstrukturen kommerziell profitabel sind. Die Sozialkosten dieser Praktiken sind »Opportunity Costs« oder entgangene Einsparmöglichkeiten. Sie schlagen sich teilweise in unnötigen Reparaturkosten und verfrühter Neuanschaffung dauerhafter Güter nieder.

Wie weit diese Qualitätsverschlechterung tatsächlich in der heutigen oligopolistischen Marktwirtschaft schon gegangen ist, kann nicht mit Gewißheit nachgewiesen werden. Während sich eine Industrie mit Überkapazität und hohen Gemeinkosten von einer beschleunigten Kurzlebigkeit viel versprechen darf, ist es einem Oligopolisten ebensogut möglich, seine Konkurrenten zu »unterbieten«, indem er ein dauerhaftes Erzeugnis verkauft, das technisch und wirtschaftlich erschwinglich ist. Wird er diese Einstellung jedoch beibehalten und die Qualität und das technische Niveau nicht verschlechtern, wenn er auf diese Weise seine Umsätze und Profite beschränkt? Die Herstellung von Geräten, für die tatsächlich eine Garantie gegeben werden könnte, daß sie bis zum Lebensende des Käufers gebrauchstüchtig bleiben, ist nicht gerade der ideale Weg zur Erhaltung der Profite eines Oligopolisten. Auf alle Fälle ist die Versuchung groß, sich in der modernen oligopolistischen Marktwirtschaft an das zu halten, was Veblen den Frieden gegenseitiger Mäßigung zu nennen beliebte.

Verkaufsförderung und massive Verkaufswerbung

Oligopol, Doppelspurigkeiten und überschüssige Kapazität sind die Ursache dessen, was man als Verkaufsförderung und massive Werbung kennt.[12] Die Zunahme und der Erfolg der Verkaufsförderung in der modernen Marktwirtschaft wurden durch die Massenproduktion, den technischen Fortschritt und dem sich daraus ergebenden allgemeinen Wohlstand stark gefördert. Die Verkaufsförderung paßt vollkommen in eine Wirtschaft mit hohem Konsumniveau, in der die rasche Entwicklung der industriellen Möglichkeiten und der Wohlstand der meisten Verbraucher zur massiven Werbung geradezu einladen und ermutigen. In der Tat: je mehr die Verkaufsförderung zunimmt, desto mehr wird sie für alle Beteiligten zur Notwendigkeit. Die Verkaufsförderung ist selbst zur Industrie geworden, die von hochspezialisierten Experten betrieben wird, welche als Mittler zwischen dem Unternehmen und den Werbemedien – Zeitungen und Zeitschriften, Radio und Fernsehen – wirken. Etwa 3000 Werbeagenturen, zu denen rund 1800 kleine Firmen hinzukommen, verwalten in den USA die Werbebudgets der größeren Unternehmen. Es versteht sich von selbst, daß diese Agenturen, welche auf Provisionsbasis (bis zu 15 Prozent) arbeiten, daran interessiert sind, Zahl und Größe ihrer Budgets zu steigern. Sie gebrauchen ihre ganze Überredungskunst, um die Fabrikanten und Vertreter dazu zu bringen, ihre Dienste in Anspruch zu nehmen und ihnen zu beweisen, daß »Werbung sich bezahlt macht«. Da diese Experten bei der Überredung ihrer Kunden dasselbe erreichen wollen wie mit seinen Abnehmern – aus ihm einen Kunden zu machen – ist es nicht schwer zu sehen, daß sie ihre Klienten dazu bewegen können, »ihre Werbeaufwendungen über den Punkt hinaus zu erhöhen, wo sie nicht mehr rentabel sind«.[13]

Mit anderen Worten, es kann nicht sicher angenommen werden, daß

Werbekosten und Gewinne tatsächlich so eng zusammenhängen, wie die professionellen Verkaufsförderer es zu beweisen versuchen.[14] Tatsächlich gibt es keine Methode, die es ermöglichen würde, eine Aussage über die Höhe der Einkünfte aus den Werbekampagnen zu machen. Nicht nur ist es unmöglich zu wissen, wo und wer der marginale Verbraucher ist, der noch nicht dazu veranlaßt worden ist, das angepriesene Produkt zu kaufen, darüber hinaus besteht für die Verkaufsförderung stets das Risiko, daß andere Anbieter Gegenaktionen unternehmen, die die Wirkung der ursprünglichen Werbung ganz oder teilweise zunichte machen. In andern Fällen kann die Verkaufsförderung durch einen Verkäufer bewirken, daß auch der Umsatz der Konkurrenten steigt und so die ganze Industrie daraus Nutzen zieht. Um zu einer ausgewogenen Bewertung der Werbung in der heutigen Gesellschaft zu gelangen, ist festzuhalten, daß sie informiert und zu überzeugen versucht, und daß das nicht notwendigerweise Manipulation zu sein braucht. Wenn die Werbung Kenntnisse vermittelt, indem sie den Verbraucher auf Gelegenheiten aufmerksam macht, tendiert sie dazu, den Wettbewerb eher zu verstärken als zu vermindern. Aus diesem Grunde wäre es wünschenswert, frühere Unterscheidungen zwischen informativer und aggressiver Werbung weiter auszubauen.[15]

Allerdings ist es keineswegs sicher, daß diese begriffliche Unterscheidung es ermöglicht, eine präzise Trennung zwischen »informativen« und »aggressiven« Elementen in einer konkreten Werbungskampagne durchzuführen.[16]

Gehen wir, zum Zwecke unserer Untersuchung, also von der These aus, daß das Ziel der Verkaufsförderung das Verkaufen ist, und daß es möglich sei, die Verkäufe zu steigern. Veblen meinte, daß die Umsätze wahrscheinlich endlos gesteigert werden könnten, aber nur mit steigenden Kosten.[17] Sobald man diesen einleuchtenden Überlegungen zustimmt, wird es sinnvoll, über die Sozialkosten der Verkaufsförderung zu reden. Die Bestimmung dieser Kosten ist erheblich komplexer als die Befürworter der Verkaufsförderung zugeben wollen; sie behaupten, daß sie es den leistungsfähigen Produzenten gestatte, ihren Umsatz zu steigern, was zu geringeren Kosten und niedrigeren Preisen führe. Abgesehen von der Tatsache, daß sich die Vorteile der Massenproduktion auch ohne aggressive Werbemethoden realisieren lassen, sind diese Werbemethoden eher das Ergebnis als die Ursache der Massenproduktion. Die Produzenten realisieren zuerst deren Vorteile und später, wenn sie überexpandiert haben, nehmen sie Zuflucht zu massiven Werbemethoden, um die Gemeinkosten auf ein Minimum zu senken. Außerdem kann kaum bestritten werden, daß auch weniger leistungsfähige Produzenten intensive Werbekampagnen durchführen und dabei effizienteren Produzenten Kunden fortnehmen, welche aus diesem oder jenem Grunde weniger erfolgreich in der Werbung sind. Es gibt, wie Pigou darlegte, »einige Anhaltspunkte dafür, daß weniger produktive Firmen sich stärker der Reklame bedienen als ihre leistungsfähigeren Rivalen«.[18]

In dem Maße, als weniger leistungsfähige Produzenten imstande sind, sich mit Hilfe der Verkaufsförderung zu halten und ihren Marktanteil und ihr Produktionsvolumen vielleicht noch zu erhöhen, stellt Verkaufsförderung vom Standpunkt der Gesamtwirtschaft einen klaren wirtschaftlichen Verlust dar. In diesem Zusammenhang ist es auch wichtig zu bemerken, daß Werbeaktionen eines Produzenten wahrscheinlich den Absatz eines Konkurrenten beeinträchtigen, der dadurch gezwungen sein könnte, seine Erzeugung einzuschränken und deshalb zu höheren Stückkosten zu produzieren. Insofern als die Verkaufsförderung konkurrierender Produzenten und Verkäufer einander neutralisieren, werden sie überhaupt keine Veränderung in der jeweiligen Stellung und dem Verkaufsvolumen jedes Konkurrenten herbeiführen. Denn natürlich, »wenn zwei Rivalen je die gleichen Anstrengungen unternehmen, um die Gunst des Publikums vom Gegner auf sich zu lenken, so kommt dies im Ergebnis auf das gleiche heraus, wie wenn keiner von beiden einen solchen Versuch unternommen hätte«.[19] Offensichtlich stellen Werbekampagnen, wenn sie sich gegenseitig aufheben, einen sozialen Verlust dar, der auf den Konsumenten abgewälzt und von diesem in Form höherer Preise getragen wird.

Das Ergebnis des kumulativen Wachstums der Verkaufsförderung ist ein ständiger Anstieg der tatsächlichen Verkaufskosten. Um wieviel auch die gesamten Haushaltsausgaben gestiegen sein mögen, die Verkaufskosten haben diese Bewegung mitgemacht. Sie betragen (1960) rund zwei bis drei Prozent dieser Ausgaben. Ihre Bedeutung kommt darin zum Ausdruck, daß sie pro Familie in den Vereinigten Staaten fast doppelt so hoch sind wie pro Familie für elementare und höhere Schulbildung aufgewendet wird. Nicht nur sind die Verkaufskosten in vielen Industrien gestiegen, während die Herstellungskosten gesunken sind, der relative Aufwand der Verkaufsförderung für die nationale Zivilproduktion ist auch gestiegen, wenn wir berücksichtigen, daß ein immer höherer Prozentsatz der nationalen Gesamtproduktion in die Verteidigungs- und Verwaltungsbudgets fließt, wo die Verkaufsförderung eine weniger wichtige oder gar keine Rolle spielt. Natürlich schwankt die Bedeutung der Werbekosten als Teil der gesamten Verteilungskosten von Branche zu Branche. In einigen Industrien sind sie jedoch zu einem wichtigen Bestandteil der Gemeinkosten geworden. Bei Marken- oder Konsumgütern wie elektrischen Haushaltgeräten und Mehl machen die Werbekosten 30-50% der gesamten Verkaufskosten aus. Tatsächlich sind prozentual zum gesamten Nettoumsatz Markenartikel wie Getreideflocken, Kaffee, Zigaretten, Bier – um nur einige zu nennen – am stärksten mit Verkaufs- und Verteilungskosten belastet.

Die verfügbaren Daten erlauben keine klare Unterscheidung zwischen den Anteilen der Werbe- und den eigentlichen Herstellungskosten. Das zeigt sich, sobald man sich darüber klar wird, daß die kommerzielle Förderung von Markenartikeln, verkäuflichen Behältern und Wegwerfpakkungen einen integralen Bestandteil der Verkaufsbemühungen darstellen, die zu den Verkaufskosten hinzukommen oder zu dem, was Veblen die Schaffung einer verkäuflichen Aufmachung (»the creation of saleable appearances«) nannte.[20]

Die psycho-kulturellen Auswirkungen der Verkaufsförderung

Die Auswirkungen der Verkaufsförderung und der intensiven Werbekampagnen beschränken sich nicht nur auf die höheren Verkaufskosten, die der Verbraucher zu tragen hat. Sie reichen weit über diese konkreten »wirtschaftlichen« Aspekte hinaus und tangieren jeden Bereich des menschlichen Lebens. Die Werbung beeinflußt heute die Struktur der menschlichen Persönlichkeit und trägt wesentlich zur Verarmung der modernen Gesellschaft bei, ganz abgesehen davon, daß sie wesentlich mitgeholfen hat, die Wirtschaft zu dem zu machen, was sie heute ist: eine Wirtschaft, die primär auf die Befriedigung privater Bedürfnisse ausgerichtet ist, und zwar häufig auf Kosten öffentlicher Ziele und Bedürfnisse. Zugegeben: nicht alle Arten von Werbung haben diese Rückwirkungen, die von der traditionellen Wirtschaftsanalyse nicht in Betracht gezogen worden sind.[21] Wenn diese weitreichenden Auswirkungen der massiven Werbung im Rahmen der Sozialkosten erörtert werden, so geschieht das aus dem Grunde, daß wir keine willkürlichen Abgrenzungen zulassen dürfen, wenn wir die Konsequenzen einer Einrichtung bestimmen wollen, die sich rasch zu einem der entscheidenden Bestandteile der Wohlstandsgesellschaft entwickelt.

Das Ziel dieser Werbung besteht darin, zu verkaufen, indem die Aufmerksamkeit der Verbraucher auf die – tatsächlichen oder imaginären – besonderen Kennzeichen von Produkten gelenkt wird, in dem Bestreben, den Umsatz zu halten oder zu steigern, ohne die möglichen Profite (oder Profitbasis) des Unternehmens in Frage zu stellen. Das kann auf mancherlei Art und durch den Einsatz einer ganzen Reihe von Methoden geschehen. »Eine Art von Werbung und Verkauf stellt gänzlich auf die unterbewußten Reaktionen seines Opfers ab, indem diesem eine Idee nahegebracht oder zu einem Teil seines Bewußtseins gemacht wird, die, sobald sie akzeptiert ist, dessen Wahlverhalten oft ohne kritische Abwägung im Lichte aller Möglichkeiten und Interessen eines rational orientierten Selbsts bestimmt.«[22]

Während Inserate in einigen Fällen dem Konsumenten Informationen über positive Merkmale und Eigenschaften der angebotenen Güter vermitteln mögen, ging die intensive Werbung doch immer mehr in einen absichtlichen Angriff auf seine Beeinflußbarkeit und Leichtgläubigkeit über.

Werbung und besonders die intensive Reklame »wenden ihm (dem Käufer) gegenüber psychologische Gesetze an, mit denen er nicht vertraut ist und gegen die er sich deshalb nicht zur Wehr setzen kann. Gesetze, die ihn erschrecken oder ihm schmeicheln oder ihn entwaffnen – aber alles das hat mit seinem Wissen jedenfalls nichts zu tun. Sie sind nicht informativ, sie sind manipulativ.«[23]

Genauer, die Verkaufsförderung und der intensive Wettbewerb versuchen, menschliche Wünsche in besondere Kanäle zu leiten, indem sie diese in tatsächliche Bedürfnisse umwandeln, die den Verbraucher dazu veranlassen, einen Teil seiner gegenwärtigen oder zukünftigen Erwerbsfähigkeit für bestimmte Käufe einzusetzen. Die Werbung bezweckt die Verwandlung von Konsumenten in Kunden für bestimmte Produkte. Um dieses Ziel zu erreichen, appelliert die Werbung nicht nur an das Bewußtsein des Konsumenten, sondern sie versucht, in dessen Unterbewußtsein einzudringen. Tatsächlich bemüht sich die kommerzielle wie die politische Propaganda, das Unterbewußtsein anzusprechen mit »der Schaffung günstiger oder ungünstiger Assoziationen, die um so wirksamer sind, je weniger rational sie sind. Wir sehen, daß das gleiche vermieden, das gleiche verschwiegen wird, und wir finden den gleichen Trick, durch wiederholte Behauptung eine Meinung zu schaffen – und dieser Trick ist genau so lange erfolgreich, als er rationale Argumente vermeidet und so auch die Gefahr, die kritischen Fähigkeiten des Volkes zu wecken.«[24]

Sicher gibt es Grenzen, über die hinaus solche Techniken nicht wirksam sein werden. Aber innerhalb dieses Rahmens gibt es genug Spielraum für die systematische Schaffung von Illusionen. Zu diesem Zweck hat der professionelle Werber – wie Veblen als erster betonte – immer mehr Gebrauch gemacht von geschulten »Experten der angewandten Psychologie, die über ein handwerkliches Können verfügen, das man schöpferische Psychiatrie nennen könnte. Ihre Arbeit wird notwendigerweise in der kreativen Lenkung von Gewohnheiten und Vorurteilen bestehen, die von Schockeffekten, biologisch gesteuerten Reaktionen, instinktiver Orientierung, Zwangsverhalten, Ideenfixierung und verbaler Vergiftung Gebrauch macht.«[25]

Was den Erfolg dieser Methoden erklärt, ist die Tatsache, daß menschliche Wünsche und Bedürfnisse viel weniger autonom und viel manipulierbarer sind, als der Utilitarismus je zuzugeben bereit war. In der Tat bringt der Verbraucher nicht spezifische Bedürfnisse, sondern allgemeine Wünsche und Erfordernisse auf den Markt. Mit anderen Worten, er ist sich eines allgemeinen Bedürfnisses nach Schuhen, Kleidern oder Lebensmitteln bewußt. Es ist nun das Ziel der Werbung, die Aufmerksamkeit des Verbrauchers auf bestimmte Arten von Schuhen, Kleidern oder Nahrungsmitteln zu konzentrieren. Auf diese Weise werden Bedürfnisse nach bestimmten Waren entwickelt und so weit wie möglich vertieft und vergrößert. Indem der Konsument die Suggestionen seiner Umwelt in einem kontinuierlichen Wechsel von Impuls und Reaktion absorbiert, entwickelt er spezifische Bedürfnisse, die aus ihm einen Käufer und Verbraucher bestimmter Waren machen. Bedürfnisse sind nicht gegeben, sie sind »Variable«, die unter dem Druck der intensiven Werbung aus Profitgründen zum Gegenstand vorsätzlicher Manipulation werden. In ihrem Bemühen, Verbraucher in gewinnbringende Kunden umzuformen, spielt die Werbung mit der Vielfältigkeit menschlicher Gefühle, Empfindlichkeiten und so weitverbreiteter Eigenschaften wie der Angst, an persönlichem Prestige zu verlieren, der damit eng verwandten Scham[26] und der Furcht vor tödlicher Krankheit.

Die besonderen Methoden, die bei der intensiven Werbung Anwendung finden, variieren, um diese Empfindungen und Verhaltensweisen wachzurufen, von der Ideen- und Wunschfixierung durch endlose Wiederholung und verbalen Betonung bis zur hypnotischen Suggestion und der Erzeugung von autoritären Vorstellungen und Tagträumen. Die Behauptung ist tatsächlich nicht übertrieben, daß der Konsument in der Wohlstandsgesellschaft »in einem dauernden Belagerungszustand lebt, der vom Morgen bis zum Abend anhält. Fast alles, was er sieht, hört, berührt, schmeckt und riecht, ist ein Versuch, ihm etwas zu verkaufen... um durch seine Schutzhülle zu brechen, muß der Werbende ihn ständig schockieren, necken, kitzeln oder irritieren oder ihn mit der chinesischen Tortur ständig auf den Kopf fallender Wassertropfen durch endlose Wiederholungen mürbe machen.«[27]

Was geschieht mit der menschlichen Persönlichkeit bei dieser ständigen Belastung durch intensive Appelle und Manipulationen? Veblen betonte in einer vernachlässigten Fußnote in seinem späteren Werk, daß die systematische Erregung von Scham und Furcht schließlich zu einem psychischen Gleichgewichtsverlust und zu Krankheit führen könnte. Tatsächlich ist für Veblen die Erweckung von Illusionen durch Experten auf dem Gebiet der angewandten Psychologie und der »kreativen Psychiatrie« »ein Spekulieren auf jene menschlichen Schwächen, die in frommen Bräuchen zur Blüte gelangen und in den Irrenanstalten Früchte tragen«.[28]

Veblen sah voraus, daß die Weckung von Illusionen und die Erregung von Scham, Furcht und die Sorge um die physische Gesundheit die menschliche Persönlichkeit ernstlich in Mitleidenschaft ziehen kann. Es ist hier nicht der Ort, um auf eine detaillierte Erörterung der psychologischen Mechanismen einzugehen, die zu diesem Ergebnis zu führen scheinen. Es genügt festzustellen, daß jemand, dessen Wünsche und Werte zunehmend zum Gegenstand kommerzieller Überredung und Manipulation werden, psychisch äußerst verwundbar ist. Er mag positiv auf die Signale reagieren, die er vom Werbefachmann empfängt und Zustimmung gewinnen, indem er sich den Normen der Mehrheit anpaßt. Die Tatsache bleibt jedoch bestehen, daß »seine« Ansichten und Bedürfnisse »fabriziert« sind und nicht von ihm selbst stammen. Besonders sein Bild von sich selbst ist ein »idealisiertes« Bild, das ihm ständig von außen aufgedrängt wird.[29]

Diesem idealisierten und »außengelenkten« Selbst gerecht werden zu müssen, setzt den Konsumenten nicht nur ständig Streß- und Spannungssituationen aus, es entfremdet ihn auch von seinem wirklichen Selbst. Seine Bemühungen, ein ideales und vorgefertigtes Selbst zu verwirklichen, isolieren den Menschen nicht nur von sich selbst, sondern schließlich auch von andern. Die intensive Werbung muß als ein wichtiger Faktor bei der Entstehung der typischen Neurose unserer Zeit betrachtet werden: der entfremdeten und isolierten Persönlichkeit. Diese steht noch zur Außenwelt in Beziehung, indem sie den auferlegten Konsumnormen Folge leistet, aber sie ist eine rezeptive Persönlichkeit, die sich ängstlich bemüht, den Diktaten der Gesellschaft, wie sie in der Reklame formuliert werden, nachzuleben. Dabei werden nicht nur die Bedürfnisse, sondern auch die Vorlieben und das Verhalten durch das gestaltet, was der einzelne als die Normen und Erwartungen der andern und des Marktes wahrnimmt. Der Mensch, durch die ununterbrochene Werbung zum willfährigen Kunden umfunktioniert, wird sich nicht als das erleben, was er sein könnte – als Individuum – sondern als das, wozu er tatsächlich geworden ist: zum winzigen Rädchen in einer riesigen, unpersönlichen Maschine, die seinem Schicksal gleichgültig gegenübersteht. Wenn ihm diese Situation schließlich bewußt wird und er tatsächlich seinen Identitätsverlust empfindet, kann ihn das Gefühl der persönlichen Nutzlosigkeit und der Verzweiflung sehr wohl auf die Couch des Psychoanalytikers oder ins Irrenhaus führen.[30]

Die intensive Werbung beeinflußt die Persönlichkeitsstruktur des Menschen in der modernen Gesellschaft noch in anderer Weise. Massive Werbung ist das Werkzeug, durch welches der Verbraucher den Erfordernissen der Massenproduktion und dem Diktat der überschüssigen Kapazität angepaßt werden soll. Das bedeutet, daß die Werbung, wenn sie dem menschlichen Hang zur Abwechslung und die Schrankenlosigkeit der Wünsche benutzt, notwendigerweise den Wert der Verschwendung und die Tugend der Extravaganz propagieren. Prahlerei und auffälliger Verbrauch (»conspicuous consumption«) werden gefördert. Schließlich wird sie nicht davor zurückschrecken, die geplante Verkürzung der Lebensdauer und die Schaffung künstlicher Neuheiten in Aussehen, Gestaltung, Stil, Farbe und Mode zu unterstützen. So führt die intensive Werbung dazu, private Wünsche und Bedürfnisse systematisch und kumulativ in einem Ausmaß zu unterstützen, das früher weder für möglich noch als zulässig angesehen worden wäre. Mit einem Wort: die moderne Werbung ist zu einem strategischen Instrument geworden mit dem die Verschwendung die Ethik der Sparsamkeit verdrängt hat.

Man mag einwenden, die protestantische Ethik sei in einem Zeitalter des allgemeinen Wohlstands fehl am Platz, und daß Massenproduktion und Überkapazität ein verbrauchsorientiertes Individuum erfordern. Aber dieses Argument übersieht zweierlei: Es läßt die Tatsache unberücksichtigt, daß die Förderung privater Bedürfnisse und privaten Wohlstands und die Erzeugung unwesentlicher Produkte Hand in Hand gehen mit der Vernachlässigung wichtiger kollektiver Bedürfnisse. Außerdem geht das Argument über die Tatsache hinweg, daß die Werbung durch die Verstärkung der individuellen Präferenz für sofortigen Verbrauch und die Unterstützung der Konsumeignung weite Teile der Bevölkerung dazu verleitet, Hypotheken auf spätere Einkünfte aufzunehmen und sich derart in Schulden zu stürzen, daß sie leicht an den Rand des Bankrotts geraten können.[31]

Man hat in der Tat argumentiert, daß die Werbung durch die Schaffung des zwangshaften Verbrauchers, der alles, was er sich wünscht, auf Abzahlung kauft, mit Erfolg die alte Geißel des knapp das Existenzminimum deckenden Lohnes ersetzt hat und zwar durch einen unbarmherzigen Drang nach Produkten – mögen sie noch so trivial und unnötig sein – und durch ein stetes Bedürfnis nach einem höheren Lebensstandard.[32] Was vielleicht noch wichtiger ist: gewisse Formen der Werbung beschleunigen den Trend zudem, was Tawney die »acquisitive society«, die ausschließlich auf Erwerb ausgerichtete Gesellschaft nannte, und bringt sie zu ihrem logischen Abschluß, wo moralische Grundsätze zu einfachen Wahlakten zwischen möglichen Handlungsweisen degradiert werden. Indem sie private und nicht soziale Ziele als Wegweiser in den Mittelpunkt des menschlichen Bewußtseins rücken, werden die Entscheidungen des profitorientierten Unternehmers und des auf Erwerb ausgerichteten Verbrauchers zu einer rein zweckmäßigen Angelegenheit.[33]

Das mehr oder minder klar umrissene, private Ziel des maximalen Nutzens und maximalen Gewinns vereinfacht nicht nur das moralische Problem, sondern entbindet das Individuum wenigstens bis zu einem gewissen Grade der moralischen Entscheidung und Urteilsbildung. Diese Aufweichung der Moral ist zwar für alle auf Profit ausgerichteten Gesellschaften kennzeichnend, aber die Verkaufsförderung und die »Schaffung einträglicher Kunden« steigert sie ins Extrem. Um die allgemeinen Wünsche in spezifische Präferenzen umzuwandeln, brauchen Verkaufsförderung und Werbung eine ganze Anzahl von Techniken wie die übertriebenen Behauptungen, die gekauften Gutachten, die Unterdrückung von Beweisen, die sich für ein Produkt negativ auswirken könnten, die Verbreitung von Halbwahrheiten oder sogar offensichtlichen Lügen, die Empfehlung von Medikamenten, die nicht ausreichend erprobt sind oder die absichtliche Qualitätsverschlechterung. Obwohl die Mehrheit des Publikums die Lügen und Täuschungen der Werbung zu durchschauen vermag, werden doch große Teile der Bevölkerung durch die Halbwahrheiten und Übertreibungen, die so in Umlauf gesetzt werden, völlig getäuscht. Jedoch handelt es sich nicht darum, daß die Mehrheit die Täuschung bemerkt, sondern darum, daß der sittliche Wert der Wahrheit immer mehr untergraben wird, wenn eine allgemein akzeptierte Einrichtung wie die Werbung auf Übertreibungen und Halbwahrheiten beruht. Wenn es stimmt, daß »die Werbung größtenteils aus mit Halbwahrheiten garnierten Lügen« besteht[34], und wenn eine Schlüsselindustrie wie die Werbung dank der Täuschung und Manipulation beträchtliche Profite erzielt, dann kann man niemanden – und am allerwenigsten den jungen Menschen – einen Vorwurf daraus machen, wenn sie es nicht nur für möglich, sondern sogar moralisch für gerechtfertigt halten, ohne Gegenleistung etwas zu erreichen und zu diesem Zweck nur die halbe Wahrheit sagen. Es bedarf keiner umständlichen Untersuchung um festzustellen, daß keine solide Gesellschaft und auf alle Fälle keine demokratische Gesellschaft auf einem derartigen Fundament aufgebaut werden kann. »Absichtliche und zynische Unwahrheit verdrehen nicht nur die Tatsachen; sie bedrohen die grundlegende Idee der Demokratie, daß die Achtung vor der Wahrheit nicht nur Menschen-, sondern auch Bürgerpflicht ist.«[35]

Wir kommen zur Schlußfolgerung, daß die Manipulation der menschlichen Persönlichkeit, die menschliche Schwächen ausnützt und zwanghafte, irrationale Verhaltensmuster durch Halbwahrheiten und Täuschungen begünstigt, im Grunde eine Verleugnung der Integrität des Individuums darstellt. Die Tatsache, daß diese Manipulation durch die Massenmedien auch in unsere Privatsphäre eindringt, unsere Entscheidungsfreiheit untergräbt und außerdem unseren lang gehegten Idealen und sittlichen Grundsätzen zuwiderläuft, verschlimmert noch das durch die Werbung geschaffene moralische Dilemma. Wir bestreiten nicht, daß Moral und Ideale sich ändern können und müssen, wenn sie der Belastung durch neue gesellschaftliche Bedingungen ausgesetzt sind. Nur ein extremer Kulturrelativismus kann aber übersehen, daß sich moralische Normen nicht nur wandeln, sondern leicht degenerieren und sich auf das Leben der Gesellschaft und damit auf das des Einzelnen zerstörerisch auswirken können.

Diese Schlußfolgerungen finden zusätzliche Unterstützung, wenn wir die gefährlichen Auswirkungen des Werbefernsehens und -rundfunks als Medien zur Verbreitung der Werbebotschaften berücksichtigen. Diese Wirkungen können nur aufgrund eines kommerziellen Bewertungssystems verstanden werden, nach dem die Werbefirma die Rentabilität bzw. Unrentabilität verschiedener Programme durch die Zuschauer- bzw. Hörerzahl erfaßt. Denn je größer die Zahl, desto geringer die Kosten der Botschaft pro 1000 Zuschauer oder Hörer. Also haben die Programme mit dem größten Publikum nicht nur den größten Reiz für den Werbetreibenden, sondern solche Programme werden auch am leichtesten finanzielle Unterstützung finden. Infolgedessen neigt die Unterhaltungs- und Fernsehbranche dazu, diese Programme zu senden und auszubauen und andere mit weniger Publikum und damit relativ höheren Kosten zu vernachlässigen. Programme, die eine große Zahl von Zuschauern anziehen (wie Box- und Ringkämpfe, Western- und Gangsterfilme) können andere verdrängen, die fraglos höheren kulturellen und Unterhaltungswert besitzen, etwa das seriöse Theater, das Konzert oder andere Arten der Unterhaltung, die den Normen und dem Geschmack einer kultivierten Gesellschaft entsprechen. Es mag kommerziell interessant sein, das Fernsehpublikum durch das Traumland des Western oder irgendwelche andern realitätsfernen Banalitäten zu gewinnen – aber es kann nicht ernsthaft bestritten werden, daß die Beherrschung der Fernsehunterhaltung durch die Werbung nicht nur eine verpaßte Gelegenheit darstellt, sondern die Weichen für eine bedenkliche kulturelle Verarmung stellt. Statt des Künstlers oder des Erziehers ist es der Werbefachmann, der unsere Empfindsamkeit beeinflußt, während unsere kulturellen Bedürfnisse unbefriedigt bleiben. Das Ergebnis dieses Teufelskreises sind die Belanglosigkeiten, die Illusionen, die Flucht vor der Realität und die Brutalitäten, die unsere Jugend verderben und keine oder nur die oberflächlichsten und seichtesten Bedürfnisse eines Erwachsenenpublikums in unserer Wohlstandsgesellschaft befriedigen. Die Beherrschung von Rundfunk und Fernsehen durch die Werbebranche, die Praxis der Täuschung, die absichtliche Vermehrung der menschlichen Bedürfnisse, die beschleunigte Entwertung und die Manipulation im allgemeinen sind nicht nur unwirtschaftlich, sondern sie fördern Degeneration und Zerstörung im sozialen Sinne.

Wir könnten dieses Kapitel nicht abschließen ohne eine kurze Bemerkung zur Doktrin der Konsumentensouveränität, welche die Grundphilosophie der Nationalökonomen beherrschte und auch heute noch beherrscht. In einem Zeitalter, in dem die kommerzielle Werbung und die Schaffung profitträchtiger Kunden eine allgemein anerkannte Einrichtung geworden ist, verliert diese Doktrin auch die letzte Spur von Geltung, die sie in der Vergangenheit besessen haben mag. Ihre Aufrechterhaltung als Fiktion oder als theoretische Annahme unter den gegenwärtigen Bedingungen kann keinem anderen Zweck dienen als dem der Verdrehung der Wahrheit. Theoretisch und praktisch wäre es dienlicher, die Behauptung von der Konsumentensouveränität auf den Kopf zu stellen: nicht der Verbrauch, sondern die Produktion spielt die aktive Rolle; der Konsum paßt sich passiv an oder wird von den Produzenten oder Verkäufern auf die von der Technik hervorgebrachten Neuheit »ausgerichtet«. Ähnlich könnte man sagen, daß die Investitionen ganz unabhängig von der Spartätigkeit erfolgen. Tatsächlich können die Investoren ihre Vorhaben ausführen und ihre Entscheidungen über die freiwilligen Ersparnisse hinaus durchsetzen, indem sie höhere Preise, höhere Profite und sogar (soweit es die Investition selbst betrifft) größeren Konsum veranlassen, während gleichzeitig der Rest der Menschheit weniger zu konsumieren oder zu sparen hat. Im Lichte dieser Betrachtungen muß es einleuchten, daß die Lehre von der Konsumentensouveränität zunehmend den Charakter eines Mythos und eines Dogmas annimmt.[36]

13. Die Verzögerung des wissenschaftlichen Fortschritts und die Sozialkosten der falschen Standortwahl und Überkonzentration in Ballungsräumen

Die vorangehenden Erörterungen sind bereits erheblich über die frühere Behandlung der Sozialkosten der Marktwirtschaft hinausgegangen. Und doch erfaßt diese erweiterte Untersuchung immer noch nicht den ganzen Bereich der Sozialkosten. So ist noch kein gezielter Versuch unternommen worden, die sozialen Verluste beim Bank- und Versicherungswesen, der Anlagefinanzierung und des Liegenschaftenbesitzes zu bestimmen. Die Sozialkosten, die mit der künstlichen Aufrechterhaltung der Kleinproduktion in manchen Bereichen der Wirtschaftstätigkeit verbunden sind, und die sozialen Verluste, die durch die Vielfalt der Marken und die fehlende Standardisierung von Gütern entstehen, sind nur am Rande berührt worden. Es besteht Grund zur Annahme, daß eine vollständigere Analyse viel zusätzliches Material hinsichtlich der Sozialkosten aufdekken würde.

Es gibt jedoch zwei besondere Fälle von Sozialkosten, die in dieser Arbeit nicht vernachlässigt werden dürfen: Es handelt sich um die Sozialkosten, die sich aus der Organisation der wissenschaftlichen Forschung in der freien Marktwirtschaft ergeben, und die Verluste, die durch die falsche Standortwahl und die Konzentration der Bevölkerung in bereits überfüllten Ballungsräumen entstehen. Wir können im Rahmen der vorliegenden Studie diese Sozialkosten nicht umfassend behandeln, sondern nur die allgemeine Richtung angeben, in der weitere Forschung und Untersuchung sich als fruchtbar erweisen könnte.

Die Verzögerung des wissenschaftlichen Fortschritts

Es mag widersinnig erscheinen, von einer Verzögerung der Wissenschaft in einer Zeit zu sprechen, in der die Naturwissenschaften den größten Fortschritt erleben. Und doch wird eine kurze Überlegung zeigen, daß z.B. die Entwicklung der Kernenergie und die Erforschung des Weltraumes nicht unter Bedingungen stattfindet, die für die Organisation wissenschaftlicher Forschung in einer Marktwirtschaft kennzeichnend sind. Es waren nicht die Privatwirtschaft oder eine unabhängige Forschungsorganisation, die imstande und willens waren, zwei Milliarden Dollar für die

Entwicklung der Kernspaltung aufzuwenden. Und es sind wiederum staatliche Mittel, die das amerikanische Raumforschungsprogramm finanzieren. Sowohl die Größenordnung der Ausgaben als auch die Ungewißheit der Resultate verweisen diese und ähnliche Arten von Grundlagenforschung in einen Bereich, der außerhalb der Reichweite privater Anstrengungen liegt. Die erfolgreiche Lösung der theoretischen und praktischen Probleme der Kern- und Raumforschung durch staatliche Laboratorien ist ein Hinweis auf die wachsende Bedeutung des Staates in der wissenschaftlichen Forschung. Tatsächlich spielen, abgesehen vom Unterhalt eigener Forschungslaboratorien, die staatlichen Instanzen sogar in der Industrieforschung die beherrschende Rolle.[1] Diese Entwicklung und ebenso das Tempo des technologischen Fortschrittes in der Sowjetunion, wo die wissenschaftliche Forschung unter zentralen und staatlich finanzierten Auspizien organisiert ist, werfen die Frage auf, ob die konkurrenzmäßige Organisation der wissenschaftlichen Forschung und die Anwendung ihrer Resultate nicht tatsächlich eine unwirtschaftliche und kostspielige Mehrspurigkeit darstellt, die zu Verzögerungen und zur Verminderung der potentiellen technischen Leistungsfähigkeit führt.[2]

Wir haben schon früher aufgezeigt, daß die freie Marktwirtschaft der Industrieforschung und den technologischen Verbesserungen nicht grundsätzlich ablehnend gegenübersteht. Forschung und Entwicklung haben einen direkten Einfluß auf die Produktionsfähigkeit und die Kosten und stehen insofern natürlich im Vordergrund geschäftlicher Erwägungen. Außerdem ist der technische Wandel immer mehr zu der »zuverlässigen« Waffe des Oligopolisten im Wettbewerbskampf geworden, mit der er versucht, seinen Marktanteil zu vergrößern. Die Forschungstätigkeit des Oligopolisten, die sozusagen als Nebenprodukt auch zur Kostensenkung und Produktivitätssteigerung beiträgt, setzt bedeutende finanzielle Mittel und eine starke Marktposition voraus.[3] Insofern als von der wissenschaftlichen Forschung erwartet werden kann, daß sie die Marktstellung eines Unternehmens verbessert, stellt sie einen integralen Bestandteil des oligopolistischen Kampfes dar. Tatsächlich ist sich das Unternehmertum dieser Rolle bewußt und wendet erhebliche Summen für Forschung und Entwicklung auf.

Zwar würdigt der freie Unternehmer die Bedeutung der Forschung, aber gleichzeitig neigt er dazu, sie nach den gleichen Kriterien zu bewerten und Mittel so einzusetzen wie bei allen anderen Investitionen. Folglich betont die Industrieforschung in der Regel jene Bereiche, die beträchtliche Erträge versprechen. Das heißt, die Industrieforschung befaßt sich primär, wenn nicht ausschließlich, mit Forschungsaufgaben, die auf dem Markt verwertet werden können. Mit anderen Worten, sie wird nur jene Probleme in Angriff nehmen, von deren Lösung ein erheblicher Profit zu erwarten ist. Daraus ergibt sich, daß die wissenschaftliche Forschung in Physik, Chemie und Technik, die am unmittelbarsten auf Produktion und

Produktivität Einfluß nehmen, einseitig betont wird, während die Forschung auf Gebieten ohne direkten Bezug zu den Produktionskosten gern vernachlässigt wird. Die Industrie wendet keine großen Summen für Forschung auf, die sich mit der Verhütung von Sozialkosten befaßt; die Erfordernisse der öffentlichen Gesundheit oder auch die Industriehygiene werden kaum die Aufmerksamkeit eines Privatunternehmens auf sich ziehen. Obwohl es vernünftige Geschäftspraxis sein könnte, die Forschung so zu behandeln wie die Werbung und ihre Rentabilität als potentielle Zusatzeinkünfte, kann die marktwirtschaftliche Kalkulation nicht unbedingt die beste Basis zur Bestimmung von Umfang und Zusammensetzung der Forschung abgeben.

In der Tat wird die Untauglichkeit des Marktkalküls als Kriterium zur Bestimmung der Rentabilität von Forschungsausgaben und der Organisation der Wissenschaft ganz allgemein sofort klar, wenn man realisiert, daß die wissenschaftliche Forschung gewöhnlich nicht nur sehr kostspielig, sondern in ihren Ergebnissen auch sehr ungewiß ist. Oft sind die Ergebnisse erst mit beträchtlicher Verspätung anwendbar. Je unsicherer und zeitraubender die Forschungsresultate und je länger der Zeitraum zwischen der Forschungsinvestition und der Anwendung ihrer Resultate, desto geringer wird die Bereitschaft des privaten Unternehmers sein, Mittel dafür bereitzustellen. Und doch kann ein bestimmtes Forschungsprojekt, das zur Diskussion steht, im Lichte des potentiellen langfristigen, sozialen Nutzens sehr wichtig sein.

Aufgrund der Vernachlässigung wichtiger Gebiete ist es immer wieder notwendig geworden, die Industrieforschung durch ausgiebige öffentliche Forschung zu ergänzen. Verschiedene öffentliche Einrichtungen wie Universitäten und unabhängige Forschungsinstitute haben sich lange mit verschiedenen Bereichen wissenschaftlicher Arbeit befaßt. Die staatliche Forschung ist vor allem an wissenschaftlichen Untersuchungen interessiert, die nationalen und öffentlichen Zwecken dienen, wie z.B. der Verteidigung, der Landwirtschaft, der öffentlichen Hygiene und der Verwaltung.[4]

Während der letzten Jahrzehnte hat die amerikanische Bundesregierung Projekte unterstützt, die von unabhängigen Forschungsanstalten, Universitäten und sogar Privatunternehmen durchgeführt wurden. Es gibt zwar kein vollständiges Inventar der staatlichen Forschungs- und Entwicklungsarbeiten, aber es wird geschätzt, daß (1960) in der Physik allein insgesamt 160000 Aufträge ausgeführt wurden, an denen 9000 Forschungsstellen beteiligt waren und die total 8 Milliarden Dollar an Bundesmitteln in Anspruch genommen haben, bei einem Gesamtaufwand von 12 Milliarden Dollar.[5]

Die dritte Art von Forschung wird an Universitäten und von unabhängigen Stiftungen betrieben. Im Gegensatz zur privatwirtschaftlichen und staatlichen ist der Hauptanteil der von diesen Institutionen geleisteten wissenschaftlichen Arbeit »reine« Forschung, die nicht auf die unmittelbare Lösung praktischer Probleme gerichtet ist. Diese Forschung ist die Grundlage aller angewandten Wissenschaft, weil sie »zu neuen Erkenntnissen führt... und den Grundstock schafft, auf dem die praktische Anwendung der Erkenntnisse erst aufgebaut werden kann«.[6]

Auf den ersten Blick scheint die dreifache Arbeitsteilung zwischen Privatunternehmen, staatlichen Stellen und Universitäten bzw. Stiftungen lediglich die verschiedenen Grade der Verwertbarkeit der Ergebnisse angewandter und reiner Forschung widerzuspiegeln, und als solche scheint sie eine durchaus logische Gliederung zu sein. Tatsächlich jedoch steht der Forschungsbetrieb auf drei verschiedenen Ebenen in Widerspruch zur gegenseitigen Abhängigkeit, die zwischen wissenschaftlichen Problemen auf allen Wissensgebieten besteht. Mehr noch: das gegenwärtige »gemischte« Forschungssystem leidet, wie das »gemischte« Verkehrssystem, von dem im 11. Kapitel die Rede war, unter dem Fehlen jeglicher ernsthaften Koordination und es ist zweifellos mit einer weitgehenden Mehrspurigkeit verbunden. Tatsächlich wird wohl auf allen drei Ebenen gleichzeitig an verwandten Problemen gearbeitet. Es gibt wenig oder gar keine Abstimmung innerhalb oder zwischen Laboratorien privater Firmen, staatlichen Stellen und solchen von Universitäten. Das gilt sogar für die Forschungstätigkeit staatlicher Behörden. »Zur Zeit gibt es kein vollständiges Inventar des Programmes der Bundesregierung auf dem Gebiet der Forschung und Entwicklung, geschweige denn eins für die ganze Nation.«[7] Deshalb gibt es auch keine zufriedenstellende Antwort auf die Frage, wer woran und wo arbeitet, in wessen Auftrag und mit welchen Kosten. Noch wichtiger ist die Tatsache, daß ohne eine Zusammenstellung der im Gang befindlichen wissenschaftlichen Arbeiten kein rascher Informationsaustausch möglich ist, und daß der Wert wissenschaftlicher Forschung zu einem mehr oder weniger großen Teil in Gefahr steht, verloren zu gehen.

Soweit industrielle Forschung zur Diskussion steht, haben Wettbewerbs- und Profiterwägungen es lange unmöglich gemacht, zu einer wie auch immer gearteten Koordination der in den Laboratorien der verschiedenen Konzerne in Gang befindlichen Arbeit zu gelangen. Tatsächlich tendiert die Industrieforschung zu äußerster Geheimhaltung, es gibt keinen Informationsaustausch über die gerade untersuchten Probleme und deren praktische Resultate. Infolgedessen gibt es keine Gewähr dafür, daß nicht kostspielige und unnötige Doppelspurigkeiten auftreten und daß dasselbe Problem gleichzeitig in den Laboratorien einer ganzen Reihe konkurrierenden Firmen studiert wird.

Diese Schlußfolgerung gilt ganz allgemein für die wissenschaftliche Forschung. Beispielsweise können die Ergebnisse der Industrieforschung von größter Bedeutung für die wissenschaftliche Arbeit von Behörden oder Universitäten sein und umgekehrt. Auch ist die öffentliche Forschung auf Gebieten wie Nuklearphysik und -Chemie, Aerodynamik, Kommunikation und Straßenbau bestimmt von praktischem Interesse für die Industrie. Die Lage faßte ein französischer Forscher treffend in Worte, die angesichts der heutigen Bedingungen in Amerika ihre Bedeutung nicht verloren haben:

»Staatliche Stellen arbeiten traditionell in übertriebener Isolation, in systematisch isolierten Abteilungen. Parallele Forschungsarbeiten werden häufig in Laboratorien verschiedener Tätigkeitsbereiche ausgeführt – an sich eine ausgezeichnete Idee –, aber sie ignorieren einander fast völlig, und dies ist in keiner Weise ein Vorzug. Wissenschaftler, die für die Armee arbeiten, erschöpfen sich an Problemen, die schon von der Marine und der Luftwaffe gelöst worden sind. Techniker der Armee und Marine gelangen zu verschiedenen Lösungen desselben Problems und gehen daran, ihre Ergebnisse auszuwerten, ohne sie jemals verglichen zu haben, so daß beide Seiten die besten Geräte oder Methoden benutzen könnten.

Die Forschung an den Universitäten ist durch eine weitgehende Anarchie charakterisiert, die sich aus der Tradition der vollkommenen Freiheit sowie des ungezügelten Individualismus ergibt, der in den Laboratorien der Universitäten herrscht... Tatsächlich neigen Wissenschaftler allzuoft zur totalen Anarchie als Doktrin. Geschichten, z.B. wie *Archimedes* sein unsterbliches Prinzip entdeckte, während er aus dem Bade stieg, oder wie *Newton* das Gesetz der Gravitation entdeckte, als ein fallender Apfel seine Nasenspitze streifte, haben in den Köpfen der Wissenschaftler verheerend gewirkt. Sie haben verführerische, nichtsdestoweniger aber trügerische Argumente denen gegeben, die verkünden, daß die Entdeckung einzig das Kind der Imagination sei, daß Forschung jeder Organisation spotte und daß jedes Bemühen, die wissenschaftliche Arbeit zu rationalisieren, eine bürokratische Maßnahme sei, die nur die geistige Freiheit des Wissenschaftlers und folglich den Prozeß der Entdeckung selbst beeinträchtigen könne. Diese unheilvolle Doktrin hat sich in ihrer schädlichen Wirkung immer noch nicht erschöpft, ... die wissenschaftliche Forschung an den Universitäten hat sich bis jetzt jedem heilsamen Zwang der organisierten Freiheit entzogen.«[8]

Äußerste Verschwiegenheit, Doppelspurigkeit, das Fehlen jeder Koordination, Mangel an Vorkehrungen für den Austausch von Daten und Ergebnissen – all das gehört zur normalen Organisation des Forschungsbetriebs unter den heutigen Bedingungen. Infolgedessen können Hunderte, ja Tausende von Forschern zur gleichen Zeit an dem gleichen Problem tätig sein und dieselben Methoden in verschiedenen, mit teuren Apparaturen und Präzisionsinstrumenten ausgestatteten Laboratorien anwenden. Anstatt allgemeine Forschungspläne aufzustellen, die von verschiedenen Forschern zusammen erarbeitet und so ausgeführt werden, daß die verschiedenen Phasen eines Projekts in verschiedenen Laboratorien unter Anwendung verschiedener Methoden in Angriff genommen werden, ist heute die wissenschaftliche Forschung vielfach so organisiert, daß hochqualifizierte und knappe wissenschftliche Ressourcen für parallele Projekte in vielen Laboratorien verwendet werden, wobei eine mehr oder weniger ähnliche Methode gewählt wird.

Dieser Mangel an Koordination der Organisation der Wissenschaft kann nur eine Wirkung haben: ein erheblicher Teil des Geldes und der Arbeit wird vergeudet und der Fortschritt der Wissenschaft wird aufgehalten.[9] Damit soll nicht gesagt werden, daß die Marktwirtschaft an sich unfähig sei, die wissenschaftliche Forschung rationell zu organisieren. In Krisenzeiten, beispielsweise während eines Krieges, scheint es möglich zu sein, wissenschaftliche Ressourcen rationeller auszunützen, nicht nur indem die wissenschaftliche Arbeit einer Gesamtorganisation unterworfen wird, sondern auch indem man die relative Dringlichkeit und Bedeutung der verschiedenen zu untersuchenden Probleme festlegt und die erforderlichen Mittel den verschiedenen Forschungsstellen nach Maßgabe der Bedeutung ihrer jeweiligen Arbeit zuweist. In Ermangelung eines solchen Programmes und ohne Errichtung einer Zentralstelle, welche die nationale Wissenschaftspolitik formulieren und ausführen würde, wird notwendigerweise die Organisation der wissenschaftlichen Forschung unwirksam und unfähig sein, einen maximalen Nutzen zu erzielen.

Zu der allgemeinen Ineffizienz der Gesamtorganisation von Wissenschaft und Forschung hinzu kommen noch drei weitere Faktoren, die die Forschung und deren Anwendung, ganz abgesehen von den Wirkungen des Patentsystems, behindern:

(a) das Unvermögen der Kleinproduzenten, Forschung zu betreiben und ihre Ergebnisse anzuwenden,

(b) die Auswirkungen der technischen Neuerungen auf bestehende Kapitalinvestitionen,

(c) die Auswirkungen von Rezessionen auf die Forschung.

Kleinunternehmen und Forschung

Der größte Teil der industriellen Forschung wird in den Laboratorien der Großunternehmen betrieben. Tatsächlich ist der Hauptanteil der Industrieforschung auf einige wenige Riesenkonzerne konzentriert. Weshalb? Brauchen kleine Firmen keine technologische Verbesserungen? Fehlt der Mehrzahl der Kleinfirmen der Anreiz zur Forschung, die kostensenkende Neuerungen einschließlich neue Produkte liefern könnte? Die Antwort ist ganz einfach: kleine Unternehmen können sich die Kosten und Risiken der wissenschaftlichen Forschung und der Anwendung ihrer Resultate gar nicht leisten. Es besteht bei Kleinbetrieben ein erheblicher Spielraum für technische Verbesserungen. Der Kleinproduzent verspürt auch den Anreiz, solche Verbesserungen einzuführen; er könnte seine Forschungskosten zu den Produktionskosten schlagen und damit Einkommenssteuern sparen, und das Patentgesetz bietet Schutz gegen jede Verwendung der Erfindung durch Konkurrenten. Wenn das Kleinunternehmen dennoch keine Forschung betreibt, dann wegen der Kosten und dem möglichen Mißerfolg, der als starkes Abschreckungsmittel wirkt. Infolgedessen wird der Kleinfabrikant von seinen größeren Konkurrenten immer mehr und immer hoffnungsloser zurückgedrängt und Industrieforschung von erheblichem Nutzen wird vernachlässigt oder verzögert.

In der Landwirtschaft ist die Lage noch problematischer. Denn landwirtschaftliche Forschung »muß in sehr großem und kostspieligem Umfang unternommen werden, und die Risiken sind erheblich größer. Folglich gibt es praktisch keine Landwirte, die sich je mit Forschung befaßt haben, von gelegentlichen Ausnahmen unter den wohlhabenden Grundbesitzern abgesehen.«[10]

Auswirkungen von Neuerungen auf bestehende Kapitalinvestitionen

Wenn wir uns den Auswirkungen technologischer Neuerungen auf Großunternehmen zuwenden, entdecken wir einen andern hemmenden Faktor. Großproduzenten können sich gewiß die Kosten und Risiken erfolgloser Forschung leisten. Sie verfügen über alle Möglichkeiten, die Entdeckungen und Neuerungen ihrer Laboratorien durch Patente und wirkungsvolle Patentprozesse zu schützen. *Prima facie* scheint also der Oligopolist das größte Interesse daran zu haben, alle kostensenkenden Neuerungen in die Praxis umzusetzen, vorausgesetzt z.B., daß die zukünftigen Betriebskosten einer neuen Maschine geringer sind als die voraussehbaren Gesamtkosten der alten Maschine. Doch läßt eine kostensenkende Neuerung bestehende Einrichtungen veralten, das heißt, deren Kapitalwert wird beeinträchtigt oder vernichtet. Es wurde gezeigt, daß eine periodische Vernichtung des Werts solcher Maschinen durch schnell aufeinander folgende Innovationen nicht nur eine Bedrohung der Privatinvestitionen darstellt, sondern voraussichtlich erhebliche soziale Verluste verursacht. Großproduzenten mit umfangreichen technischen Anlagen – und besonders Oligopolisten – sind in der Lage, diese Verluste durch eine langsame Einführung technischer Neuerungen zu vermeiden. Tatsächlich könnten sie die kapitalisierten Verluste der Obsoleszenz ihrer fixen Anlagen als Äquivalent für neue, relevante, patentierte Kenntnisse aufwenden. Dieser Umstand stellt die ökonomische Grundlage für eine mögliche Verzögerung in der Anwendung von Neuerungen dar.

Es stimmt, daß in dem Maße, wie diese Praxis zu einer langsamen Einführung technischen Wandels führt, sie auch schwere soziale Verluste vermeidet. Und es ist auch zutreffend, daß nicht jede neue Erfindung und jedes neue Patent sofort in der Produktion angewendet werden. Jedoch besteht die Gefahr, daß dieselbe Überlegung, die großen Konzerne dazu veranlaßt, bestehende Anlagen durch die Anwendung von Patenten zu schützen, schließlich das Patent ganz in einer Schublade zum Verschwinden bringen kann, zum Schaden des technologischen Fortschritts und des sozialen Nutzens der Wissenschaft.

Die Tendenz, die Anwendung von neuem technischen Wissen zu verzögern, hat eine interessante Parallele in der ablehnenden Haltung der Arbeiterschaft gegenüber der Einführung arbeitssparender Produktionsmethoden und in der wissenschaftsfeindlichen Einstellung in Krisenzeiten. Indem das Unternehmen die Last der Anpassung, d. h. die Sozialkosten, die durch den technologischen Fortschritt bedingt sind, auf wirtschaftlich schwächere Gruppen der Gesellschaft abwälzt, ruft es Kräfte der Reaktion wach, die diesen technischen Fortschritt tatsächlich aufhalten.

Wirtschaftskrisen und wissenschaftliche Forschung

Krisen tendieren ebenfalls dazu, den wissenschaftlichen und technologischen Fortschritt zu hemmen. In Krisenzeiten haben niedrige Preise und geringe Profite zur Folge, daß die Anwendung und Neuerungen so lange unterbleibt, als eine weitere Schrumpfung der Nachfrage zu erwarten ist. Ebenso verzögern niedrige Lohnansätze die Anwendung der neuesten Forschungsergebnisse, weil es sich rentiert, Arbeitskraft anstelle von Kapital einzusetzen. Außerdem zwingen Depressionen gewöhnlich die Unternehmer und den Staat dazu, ihre Aufwendungen für die Forschung zu drosseln mit der Folge, daß der Fortschritt der Wissenschaft verlangsamt wird.

Zusammenfassend kann also gesagt werden, daß sowohl das Unvermögen des Kleinunternehmers zur eigenen Forschung und zur Anwendung von Forschungsergebnissen wie auch die Auswirkungen technologischer Neuerungen auf bestehende Kapitalanlagen und die Rückwirkungen von Krisen, den Anreiz zur Investition in der wissenschaftlichen Industrieforschung und zur Anwendung ihrer Resultate stark vermindern. Infolgedessen unterbleibt die notwendige Einführung neuer Anlagen und die Wachstumsrate sinkt unter das Niveau, das die vorhandenen technischen Kenntnisse ermöglichen würden. Obwohl die verfügbaren empirischen Unterlagen nur bruchstückhaft und nicht leicht zu interpretieren sind, ist es zumindest bedeutungsvoll, daß private Erhebungen über Werkzeug- und andere Maschinen in amerikanischen Fabriken ein langsames Steigen des Durchschnittalters solcher Kapitalgüter und der amerikanischen Industrieanlagen allgemein anzudeuten scheinen. 1949 waren weniger als die Hälfte der von den Produzenten industrieller Maschinen verwendeten Produktionsmittel über zehn Jahre alt, 1958 waren es mehr als zwei Drittel und 19 % waren über zwanzigjährig.[11] Wenn Vergleiche ergeben sollten, daß das Alter von Produktionsmitteln in anderen Industriegesellschaften nicht nur niedriger ist, sondern sinkt, dann hätten wir einen der wichtigsten Gründe für deren rascheres Wirtschaftswachstum aufgezeigt.[12]

Falsche Standortwahl und Überkonzentration in städtischen Ballungsräumen

Eine Reihe von Sozialkosten, die sich aus der Standortwahl und zu starker Konzentration ergeben, sind in den Kapiteln über Luft- und Wasserverschmutzung zur Sprache gekommen. Verschmutzung ist weitgehend das Ergebnis unkontrollierter Expansion und Überkonzentration der Industrie im Stadtgebiet und Vororten. Wir haben einige der physischen Kriterien erörtert, die als Basis für die Bestimmung des Niveaus dienen könnten, bis zu dem die Konzentration der Produktion gehen kann, ohne die Gesundheit und das Wohlergehen der Einwohner ernstlich zu gefährden. In diesem Kapitel befassen wir uns mit Problemen des Industriestandortes und der Verstädterung als einer weiteren Illustration des offenen Konflikts, der zwischen den Interessen des Privatunternehmers und der Gesellschaft besteht. Die Bestimmung des Industriestandorts auf der Basis privater Kosten und Einkünfte läßt nicht nur eine Anzahl wichtiger Sozialkosten außer acht, sondern ermöglicht auch keine langfristige befriedigende Standortwahl aus der Sicht der Städte und Länder.

Es ist unnötig eine umfassende Analyse der Faktoren vorzunehmen, die den Standort und die Konzentration der Industrietätigkeit bestimmen. Nehmen wir in Übereinstimmung mit der traditionellen Wirtschaftstheorie an, daß der Unternehmer über alle Informationen verfügt, die erforderlich sind, um eine genaue Berechnung der an verschiedenen Standorten zu erwartenden Kosten und Erträge anzustellen, und daß er jenen Standort wählt, an welchem die voraussichtlichen Nettoerträge am höchsten sind. Es kann leicht gezeigt werden, daß eine solche industrielle Standortbestimmung aufgrund privater Kosten und Erträge wichtige Sozialkosten und potentielle soziale Vorteile des Betriebsstandorts außer acht läßt. Die regionale Ballung der Industrie in bereits entwickelten Gebieten ermöglicht es zwar, verschiedene externe Vorteile auszunützen wie: Vorhandensein qualifizierter Arbeitskräfte, anfänglich geringere Wohn- und Verkehrskosten, sanitäre Einrichtungen sowie Dienstleistungen; sie werden aber später durch erhebliche Sozialkosten wieder wettgemacht. Zu diesen gehören nicht nur die steigenden Transportkosten infolge des notwendig werdenden Umladens von Gütern auf dem Weg zum Markt, sondern auch »die zu schnelle Ressourcenerschöpfung in einer Region... bei gleichzeitig ungenügender Nutzung in einer andern«.[13]

Überdies ist wegen der Errichtung neuer Betriebe und der Entwicklung neuer Industrien ein höchst chaotisches Wachstum der städtischen Siedlungen zu erwarten, das zu ungeplanter Expansion und Überbelastung der Städte führt. Bisher hat die Tendenz der bestehenden städtischen Zentren, auf neue Investitionen wie Magnete zu wirken, und dies ohne Rücksicht auf die zusätzlichen Kosten der Luft- und Wasserverschmutzung und die Notwendigkeit des Ausbaus von städtischen Einrichtungen wie Wasserversorgung, Spitäler, Kanalisation und Schulen, unsere Städte zu den chaotischen Agglomerationen gemacht, die sie heute sind. Insbesondere hat diese Polarisierung der industriellen Tätigkeit eine Ausdehnung der kostspieligen städtischen und regionalen Nahverkehrsmittel notwendig gemacht, die ihrerseits die Arbeitskräfte zwingt, viel Zeit für das Pendeln zwischen Wohnort und Arbeitsplatz aufzuwenden, wobei mehr oder weniger große Unbequemlichkeit und Ermüdung und damit ein spürbarer Verlust an Leistungsfähigkeit in Kauf genommen werden müssen.[14]

Von noch größerer Bedeutung ist die Tatsache, daß die geographische Konzentration der Industrie eine Gegend für Konjunkturschwankungen höchst anfällig macht. Schon ein geringfügiger Rückgang der Nachfrage nach den Produkten einer hochspezialisierten Industrien kann zu bedeutenden Schwierigkeiten führen. Zur wirtschaftlich konjunkturellen Anfälligkeit kommt noch hinzu, daß durch die geographische Ballung der Industrie das betreffende Gebiet zur Zielscheibe für feindliche Streitkräfte wird. »Der Besitz von strategisch gut plazierten Industrien ist eine große Zahl von Flugzeugen, Kriegsschiffen, Panzern und Geschützen wert, wenn die Bilanz der militärischen Bereitschaft zwischen zwei Nationen aufgestellt wird.«[15] Die Entwicklung der Kernwaffen hat das Bedürfnis nach einer Verteilung der Industriestandorte verstärkt, die sich von jener unterscheidet, welche sich aufgrund unternehmerischer Berechnungen im Sinne privater Kosten und Erträge normalerweise ergibt.

Die Konzentration der Industrieproduktion in einigen wenigen geographischen Gebieten kann überdies Ungleichheiten in der wirtschaftlichen und kulturellen Entwicklung verschiedener Gegenden eines Landes schaffen oder verschärfen – eine Tendenz, die sich weiter zuspitzen kann, wenn bestimmte Interessengruppen in den Industriezentren imstande sind, eine Verlegung der Produktion in weniger entwickelte, kostengünstigere Gebiete durch eine spezielle Preispolitik und die Manipulierung der Frachttarife zu verhindern.

Zur Illustration einiger der hier aufgeführten Beobachtungen ist es von erheblichem Interesse, das industrielle Standortmuster, welches sich aus dem ungeregelten Wettbewerbsprozeß ergibt, mit dem einer Planwirtschaft zu vergleichen. Es war eines der sozialen Ziele der Wirtschaftsplanung in der Sowjetunion, die Industrieproduktion aus militärischen

Gründen zu dezentralisieren und die rückständigen Gebiete wirtschaftlich systematisch zu entwickeln. Schon seit dem ersten Fünfjahresplan ist es Rußlands Politik gewesen, »die Entwicklung der ärmeren und rückständigen Teile der Sowjetunion zu beschleunigen und sogar den industriellen Schwerpunkt nach den rohstoffreichen Regionen zu verlagern.«[16] Dieser Prozeß, der nach M. Dobb besonders im dritten Fünfjahresplan zum Ausdruck kam und der »eine Planung der Entwicklung in Richtung eines größeren Gleichgewichts zwischen Urproduktion, Verarbeitungs- und metallverbrauchenden Industrien in jedem der Hauptgebiete voraussetzte«[17], soll den Effekt gehabt haben »Transporte einzusparen, da die Produktion näher an die Rohstoffe herangebracht wurde und eine stärkere Spezialisierung mit einem besseren Gleichgewicht zwischen den verschiedenen Produktionsstadien entstand, da innerhalb jeder Region das Hinundher-Befördern von Halbfabrikaten unnötig wurde«.[18] Eine ähnliche Dezentralisierung ist in der Herstellung von Verbrauchsgütern im Gange, »in dem Maße, daß jede der Hauptregionen praktisch selbstversorgend wird...«.[19]

Es ist wichtig darauf hinzuweisen, daß sowohl in Großbritannien als auch in den Vereinigten Staaten anerkannt wird, daß eine öffentliche Kontrolle der Bodennutzung und der industriellen Standortwahl im nationalen Interesse notwendig ist, auch wenn sie nicht in Übereinstimmung mit den persönlichen Interessen der Liegenschaftenbesitzer und Unternehmer sein sollte. Die Bestimmung des Standorts von Industrien aufgrund der voraussichtlichen privaten Kosten und Erträge übersieht nicht nur die Sozialkosten, sondern auch eine Reihe von potentiellen sozialen Nutzen, wobei der Beitrag zur Verteidigung und die kulturelle und wirtschaftliche Entwicklung von »rückständigen« Regionen eine wichtige Rolle spielen. Die derzeitigen Versuche, die Industrieproduktion zu dezentralisieren, mag als Hinweis und als indirektes Maß für die bisherige Mißachtung dieser weitgehenden sozialen Vorteile dienen, genau so wie die enormen Auslagen für die Sanierung der »Slums« und die »Stadterneuerung« in praktisch allen Zentren einen Hinweis auf einige der Sozialkosten der ungehemmten Expansion darstellen.

Im Grunde ist die falsche Standortwahl und die Konzentration der Produktionstätigkeit mit der daraus resultierenden Überlastung der Städte eine weitere Illustration der zirkulären Verursachung, wie wir sie im sozialen Bereich feststellen. Der ganze Vorgang ist ein ungelenkter, kumulativer Prozeß, in dem der jeweils folgende Schritt zu einer kostspieligen, überintensiven Überlastung städtischen Bodens beiträgt, ohne Rücksicht auf menschliche Bedürfnisse und Notwendigkeiten. Sobald dieser planlose Prozeß einmal angelaufen ist, sind die Weichen für einen Trend zur Überkonzentration gestellt. Was vom Standpunkt der privaten Kosten und Erträge aus gesehen rentabel erscheinen mag, ist eine verheerende Anhäufung von Industrien ohne Rücksicht auf die dadurch entstehenden

Sozialkosten. In der Tat, wenn diese Industrien die Sozialkosten zu bezahlen hätten, die sie durch ihre Überkonzentration in den Stadtgebieten verursachen, könnte es sich herausstellen, daß wenigstens einige der als selbstverständlich hingenommenen Größenvorteile und viele der externen Einsparungen teilweise, wenn auch nicht ganz, durch die konkreten Nachteile der Überkonzentration aufgewogen wurden. Damit sollen Größenvorteile nicht geleugnet werden, ebensowenig wie die positiven Wirkungen eines geordneten Urbanisationsprozesses. Damit soll jedoch gesagt werden, daß die Tendenz zur industriellen Standortbestimmung vom alleinigen Gesichtspunkt der voraussichtlichen privaten Kosten und Erträge einer völligen Vernachlässigung der tatsächlichen Sozialkosten der Verstädterung gleichkommt, die früher oder später in Form eines städtischen Niedergangs und der großen Kosten der Slumsanierung und Städteerneuerung bezahlt werden müssen. Jede Untersuchung der Expansion der Städte würde klar zeigen, daß die Überkonzentration der industriellen Tätigkeit zu Sozialkosten führt wie Luft- und Wasserverschmutzung, dringende Ausgaben erfordert für umfassende sanitäre Einrichtungen, Kanalisationen, Spitäler, Unterrichtsanstalten, Verkehrsmittel, Polizei und andere kommunale Dienste, ohne die das Zusammenleben in städtischen Zentren unvermeidlich zu sozialer Desorganisation, Demoralisierung und weitreichender Entmenschlichung des Daseins führen würde.[20]

Die freie Marktwirtschaft und der Wettbewerbskalkül führen zu einem Standortmodell von Produktion, Arbeit und Wohnen und zu einer Intensität der städtischen Bodennutzung, die man nur als falsch bezeichnen kann. Diese falsche Standortwahl und die daraus resultierende Überlastung der Städte sind die unvermeidliche Konsequenz des Wettbewerbs, die es dem privaten Landbesitzer erlaubt und ihm nahelegt, die Nutzung einer bestimmten Einheit so lange zu intensivieren, bis seine Grenzkosten durch ebenso hohe Erträge wenigstens ausgeglichen werden, und zwar ohne Rücksicht auf die Sozialkosten, die diese intensive Nutzung andern Personen oder der Gesellschaft aufbürdet.

Es ist nicht möglich und vielleicht auch nicht notwendig, die praktischen Konsequenzen dieser Überlegungen für den Entwicklungsprozeß in den weniger industrialisierten Ländern aufzuweisen. Es möge die Feststellung genügen, daß der kumulative Charakter aller sozialen Prozesse und die Vernachlässigung der Sozialkosten- und Nutzen nach einer regionalen Planung des Entwicklungsprozesses mit langfristiger Entwicklungsprogrammen verlangen, die von einem umfassenden System der sozialen Buchführung ausgeht. Die Entwicklung realer Kriterien für ein solches Buchführungssystem und für Minimalnormen ist eine der dringlichsten Aufgaben der Sozialwissenschaften.

14. Zusammenfassung und Implikationen

Die Hauptergebnisse unserer Untersuchung können wie folgt zusammengefaßt werden: Jedes vorangegangene Kapitel hat gezeigt, daß Produktionsprozesse eine Vielfalt von Sozialkosten hervorrufen, die nicht vom Unternehmer getragen werden. Die eingehende Analyse der sozialen Verluste hat ergeben, daß sie ihrer Ursache und Natur nach verschieden sind. Einige Sozialkosten der Marktwirtschaft können auf bestimmte Produktionsaktivitäten in speziellen Industrien zurückgeführt werden (oder auf die Unterlassung von Verhütungsmaßnahmen), andere entstehen im Verlauf des Wirtschaftsprozesses als Resultat von Profitanreizen und Motiven, auf denen die freie Marktwirtschaft beruht.

Ein erheblicher Teil dieser Sozialkosten wird als direkte Geldausgabe von einzelnen oder von öffentlichen Körperschaften getragen. Die Tatsache, daß einige der Sozialkosten letzlich als private Geldverluste oder öffentliche Ausgaben erscheinen, unterstreicht ihren »wirtschaftlichen« Charakter auch im engeren Sinne dieses Begriffes, wie er in der konventionellen Wirtschaftsanalyse verwendet wird. Andere Sozialkosten, wie z.B. die Beeinträchtigung von ästhetischen und von Erholungswerten, und teilweise auch Schädigungen der menschlichen Gesundheit, sind weniger greifbarer Natur und können nicht vollständig in Geldgrößen oder Marktpreisen bewertet werden.

Zusammenfassung

Es wäre nutzlos eine detaillierte Zusammenfassung der vorangehenden Kapitel vorzunehmen. Hilfreich ist dagegen eine kurze Aufzählung der wichtigsten Sozialkosten, die als Folge verschiedener privater Produktionstätigkeiten auftreten. So stellen die schädlichen Auswirkungen der Luft- und Wasserverschmutzung bedeutende Sozialkosten dar, von denen man sagen kann, daß sie an die Stelle der ansteckenden Krankheiten und Seuchen getreten sind, die noch heute in den unterentwickelten Teilen der Welt vorkommen. Jede größere Industrialisierung, welche es verfehlt, die Sozialkosten der Luft- und Wasserverschmutzung zu verhüten, wird früher oder später für die Bevölkerung in den neu entstehenden Industriezentren der Welt aus Luft und Wasser, die bisher »freie Güter« waren, knappe Ressourcen machen. Eine derartige Verarmung ist nicht nur eine entfernte Möglichkeit, sondern bildet für einige sich industrialisierende Länder eine akute Gefahr, wie das sich zuspitzende Problem der Luftverschmutzung in Kalkutta illustriert.

Außer der Luft- und Wasserverschmutzung entstehen erhebliche soziale Verluste aus der Ausbeutung von erneuerbaren und nicht erneuerbaren Naturschätzen. Und ebenso wie bei Luft- und Wasserverschmutzung, so bietet bei der wettbewerbsmäßigen Ausbeutung erneuerbarer Ressourcen der Prozeß des Wettbewerbs keine Gewähr dafür, daß minimale technische Normen eingehalten werden. Infolgedessen kann der Ausbeutungsprozeß kumulativ anwachsen und tatsächlich zu einer irreversiblen Vernichtung der erneuerbaren Ressorcen führen. Im Falle der Ausbeutung nicht erneuerbarer Rohstoffe, bei denen keine Grenzen der Irreversibilität bestehen, führt der wettbewerbsmäßige Abbau zu unnötigen Kapitalinvestitionen, höheren Betriebskosten und unvollständiger Ausnutzung der vorhandenen Reserven. Die unterentwickelte Welt ist nicht immun gegen das Entstehen solcher sozialer Verluste; im Gegenteil, die Gefahr ist groß, daß – wenn nicht die notwendigen Maßnahmen ergriffen und institutionellen Einrichtungen geschaffen werden – die Sozialkosten in dem Maße steigen werden, als der natürliche Reichtum dieser Länder Ziel der wettbewerbsmäßigen Ausbeutung wird.

Die ältesten und bekanntesten Sozialkosten der Marktwirtschaft entstehen aus Betriebsunfällen und Berufskrankheiten. Diese Verluste haben in der Sozial- und Betriebsschutzgesetzgebung ihre Anerkennung gefunden. Im Prinzip zumindest ist die Notwendigkeit ihrer Verhütung oder Verminderung allgemein wohl anerkannt. Trotzdem bietet, wie wir gesehen haben, die Billigung des Prinzips, daß die menschlichen Kosten der Berufskrankheiten und Betriebsunfälle echte Produktionskosten sind, keinerlei Gewähr dafür, daß die bestehenden institutionellen Einrichtungen diese Kosten tatsächlich verhüten oder, daß sie angemessen in den Kalkulationen der Unternehmer berücksichtigt werden. Tatsächlich haben die Entschädigungen in keiner Weise mit den steigenden Kosten und Preisen Schritt gehalten; die finanzielle Sicherheit der Arbeitnehmer ist unvollständig und es fehlt ein Mindestmaß an Einheitlichkeit – jedenfalls in den USA. Nach dem Chairman des New York State Workmen's Compensation Scheme ist außerdem das ganze System durch »juristische Scharmützel, Prozesse und kostspielige Verzögerungen vor Gericht« gekennzeichnet, was ursprünglich hätte vermieden werden sollen. Nach seinen Aussagen wird die Heilung und Wiedereingliederung eines Verunglückten durch die langwierigen und teuren Prozesse vernachlässigt oder ganz übersehen.[1]

Danach beschäftigten wir uns mit den Sozialkosten, die mit dem technologischen Wandel und der Arbeitslosigkeit verbunden sind, und mit jenen, die sich aus der Doppelspurigkeit bei Kapitalanlagen und aus der Überkapazität, z. B. der Transportsysteme, des Detailhandels und der Industrieforschung ergeben. Schließlich analysierten wir die Sozialkosten des ruinösen Wettbewerbs, der geplanten Obsoleszenz sowie der Werbung und erörterten die Sozialkosten, welche durch die Verzögerung technischen Fortschritts und durch Konzentration und falsche Standortwahl in einigen, wenigen Industriezentren entstehen. Zugegeben, diese Sozialkosten werfen komplexere Fragen auf als jene, die in den vorangehenden Kapiteln unserer Studie erörtert worden sind. Das Entstehen dieser Sozialkosten muß im Zusammenhang mit der Struktur und der Arbeitsweise der Marktwirtschaft gesehen werden. Sie sind ein Teil des gesamten Wirtschaftsprozesses – für ihre Vermeidung wären weitreichende sozialrechtliche und strukturelle Reformen notwendig. Während viele dieser Sozialkosten in Geldeinheiten gemessen werden können, weisen andere in hohem Maße qualitativen Charakter auf, wie die kulturelle »Verarmung« und die psychologischen Auswirkungen verschiedenster Art von Werbung.

Unsere Analyse von der Entstehung der Sozialkosten in der freien Marktwirtschaft hat die optimistische Auffassung widerlegt, daß gesetzliche Maßnahmen und das Wechselspiel der miteinander in Konflikt stehenden Interessen sowohl den Einzelnen als auch die Gesellschaft vor Sozialkosten bewahren. Es wird oft betont, daß ein Versuch einzelner Produzenten, einen Teil der Produktionskosten auf die Schultern Dritter abzuwälzen, mit Sicherheit auf deren entschiedenen Widerstand treffen würde. Ihre Abwehr, oder vielmehr die Wirkung der gegensätzlichen Interessen, soll nicht nur einen mehr oder weniger gerechten Ausgleich schaffen, sondern auch das Ausmaß der Sozialkosten auf ein Minimum reduzieren. Eine derartige Behauptung läßt eine Anzahl wichtiger Faktoren unberücksichtigt. In erster Linie können einige der Sozialkosten – z. B. gesundheitliche Schäden – längere Zeit verborgen bleiben, so daß die Geschädigten gar nicht wissen, daß sie Verluste erlitten haben. In anderen Fällen, wie z. B. häufigere und schwerwiegendere Überschwemmungen als Folge einer fortschreitenden Erosion des Landes, welche durch Produktionstätigkeiten von Unternehmern entstanden oder doch verschärft worden ist, werden die Verluste als Katastrophe, d. h. *force majeur* empfunden. Außerdem treffen solche Verluste – auch wenn sie im Ganzen gesehen erheblich sind – eine große Zahl von Personen, wobei jeder einzelne nur einen relativ kleinen Verlust erleidet, der keine Gegenwehr zu rechtfertigen scheint. In anderen Fällen wieder mag die geschädigte Person – aus finanziellen oder anderen Gründen – gar nicht in der Lage sein, angemessene Gegenmaßnahmen zu treffen, oder sie stößt auf Schwierigkeiten in der Beweisführung. Wie schon erwähnt, ist dies insofern von beträchtlicher Bedeutung, als »in der juristischen Praxis eher der Nachweis eines spezifischen als eines allgemeinen Schadens gefordert wird, wobei zudem quantitative Angaben über die Höhe des vom einzelnen erlittenen Schadens gemacht werden müssen«.[2]

Und selbst wenn solche Beweise vorhanden sind, und ein Schaden nachgewiesen werden kann, kann eine effektive Verhütung von Schäden nur mit einer gerichtlichen Verfügung nur erreicht werden, wenn dargelegt werden kann, daß anwendbare Verhütungsmaßnahmen bestehen.[3] Häufig können Sozialkosten von privaten Produzenten deshalb ungestraft verursacht werden, weil der einzelne Geschädigte nicht die erforderliche Wirtschaftsmacht und Kenntnis besitzt, um sich den hochorganisierten Geschäftsinteressen zu widersetzen, welche für solche Verluste verantwortlich sind.[4] Tatsächlich werden Firmen, die besonders hohe Kosten für die Verhütung von sozialen Verlusten zu tragen hätten, es häufig lohnender finden, jeden Vorschlag zu gesetzlicher Regelung zu bekämpfen, als Vorbeugungsmaßnahme zu treffen.

Schließlich gibt es noch jene sozialen Verluste, die sich aus dem System der Marktwirtschaft ergeben, wie z. B. die Ausbeutung von Energiequellen unter Bedingungen des Wettbewerbs auf Grund der »rule of capture« und die Tendenz, in Krisenzeiten oder nach Einführung von technischen Neuerungen die dadurch anfallenden Unkosten auf den einzelnen Arbeiter abzuwälzen. Offensichtlich kann man sich gegen diese Sozialkosten nur durch politische und soziale Reformen wehren. Ich wiederhole, es gibt keinen Grund zur Annahme, daß die jetzige Sozialgebung oder die entsprechenden Maßnahmen Gewähr dafür bieten, daß die sozialen Produktionskosten angemessen in Aufwendungen der Unternehmer berücksichtigt werden. Tatsächlich muß die Wirtschaft des freien Unternehmertums als eine Wirtschaft der unbezahlten Kosten bezeichnet werden, »unbezahlt« insofern, als ein erheblicher Anteil der tatsächlichen Produktionskosten in den Kalkulationen des Unternehmers gar nicht erscheinen. Dieser Teil der Produktionskosten wird auf Drittpersonen oder auf die Gesellschaft abgewälzt und auch tatsächlich von diesen getragen.

In den vorangehenden Kapiteln sind verschiedene Schätzungen aufgestellt worden, um die mögliche Größenordnung spezifischer Sozialkosten in Geldbeträgen auszudrücken. Es wurde jedoch nicht versucht, diese Schätzungen als Grundlage für die Berechnung der Gesamtsumme der Sozialkosten der Marktwirtschaft zu benutzen. Verschiedene Faktoren sprechen zur Zeit gegen eine solche Methode. Erstens beruht keine der Schätzungen auf systematischer Analyse der Sozialkosten in der modernen Produktion; beinah alle verfügbaren Zahlen erfassen nicht alle relevanten Aspekte und können eher als Hinweise auf Methoden einer angemesseneren Bestimmung der Sozialkosten der Produktion dienen. Doch wie unzureichend diese geldmäßigen Schätzungen der Sozialkosten auch sein mögen, sie lassen keinen Zweifel daran, daß die soziale Unwirtschaftlichkeit der freien Marktwirtschaft erheblich ist. Und man darf annehmen, daß die Sozialkosten noch wachsen werden, je mehr die Industrialisierung und Verstädterung zum Leitbild aller wirtschaftlichen Entwicklung wird, ohne daß gleichzeitig Minimalnormen für die Sicherheit und soziale Effizienz aufgestellt werden.

Sozialkosten und Gleichgewichtsanalyse

Um die umfassenderen Folgen der sozialen Verluste zu erarbeiten, müssen wir nochmals auf unsere ursprüngliche These zurückkommen. Wie wir im ersten Kapitel gezeigt haben, kann sowohl der Ursprung als auch die Entwicklung der Nationalökonomie nur im Lichte der philosophischen Voraussetzungen des 17. und 18. Jahrhunderts verstanden werden. Entscheidend war der ausdrückliche Glaube an die Existenz einer wohltätigen und vernunftgemäßen Ordnung der gesellschaftlichen Wirklichkeit – ein Glaube, der sich bis zu den politischen Denkern zurückverfolgen läßt, welche in dieser Sache die Grundanschauungen der Naturwissenschaften teilten. In Übereinstimmung mit der allgemeinen Sozialphilosophie und den vorherrschenden antimerkantilistischen Bestrebungen ihrer Zeit, stellten die Nationalökonomen des 18. Jahrhunderts diese »natürliche« Ordnung der Dinge im Wirtschaftsleben als ein System der natürlichen Freiheit dar, das auf Privateigentum und freiem Unternehmertum basierte. Die Physiokraten und Adam Smith betrachteten es als ihre Aufgabe, die einzelnen Erscheinungen des Wirtschaftslebens so miteinander in Beziehung zu setzen, daß der geordnete Charakter des Wirtschaftsprozesses unter Wettbewerbsbedingungen klar zutage trat und die positiven Resultate für die Gesellschaft als Ganzes aufgezeigt wurden.

Dieser Glaube an die Existenz einer im wesentlichen rationalen Ordnung der gesellschaftlichen Wirklichkeit, die durch systematische Forschung aufgezeigt werden kann, hat die wissenschaftlichen Verfahrensweisen einer Generation von Ökonomen nach der anderen geformt. Denn im Grunde genommen ist es dieser Glaube, der zur teleologischen Suche nach Gleichgewichten Anlaß gegeben hat und die weniger harmonischen Aspekte des Wirtschaftslebens in den Hintergrund verdrängte. Diese Suche nach dem Gleichgewicht, ausgedrückt in Marktwerten, hat ihrerseits den Anwendungsbereich der Wirtschaftsanalyse weiter mitbestimmt. Es war wohl unvermeidlich, daß die klassischen und neoklasischen Wirtschaftstheoretiker in ihrer Suche nach einem verborgenen Ordnungsprinzip der wirtschaftlichen Prozesse ihre Aufmerksamkeit auf jene Phänomene konzentrierten, welche die ausgleichenden Tendenzen sichtlich förderten, und dem nützlichen Zweck dienten, der ursprünglich dem System als Ganzem zugeschrieben wurde. Diese philosophischen Voraussetzungen und die damit verbundene Suche nach Gleichgwichten waren auch verantwortlich für die Annahme des vollkommenen Wettbewerbs und der vollkommenen Mobilität der Produktionsfaktoren, auf welcher die traditionelle Preisanalyse beruht. Sie waren bestimmend für die ursprünglich statische Analyse und die Vernachlässigung dynamischer Wandlung und die Annahme eines rationalen menschlichen Verhaltens. Diese Prämissen der Wirtschaftstheorie dienen nicht nur dem legitimen Zweck der Vereinfachung der komplexen Wirklichkeit des Wirtschaftslebens für die theoretische Analyse, sondern sind dazu bestimmt, die weniger passenden Aspekte der Wirklichkeit aus der Sphäre der Wirtschaftsforschung zu eliminieren – jene Aspekte nämlich, die unmöglich so dargestellt werden konnten, als ob sie einen Beitrag zur angenommenen Effizienz des Wirtschaftsprozesses der Marktwirtschaft leisten würden. Dies trifft nicht nur auf explizite Annahmen, wie des rationalen menschlichen Verhaltens[5], der vollkommenen Mobilität der Produktionsfaktoren und des vollkommenen Wettbewerbs (in der klassischen Nationalökonomie) zu, sondern gilt auch und vor allem für die implizite Annahme, daß das Wirtschaftliche von dem sogenannten Nichtwirtschaftlichen getrennt werden könne, und daß Tauschwerte einen angemessenen Maßstab dazu darstellen. Es ist diese implizite Voraussetzung, die dazu führte, daß die Unternehmerausgaben als ein zutreffendes Maß für die wahren Gesamtkosten der Produktion gelten und weshalb stillschweigend anerkannt werden konnte, daß Marktpreise und private Einnahmen als relevante Kriterien für die Einschätzung des Nutzens und der Kosten von Investitionen angesehen wurden.

Es ist diese Beschäftigung mit der Suche nach Gleichgewichten, und die stillschweigende Identifizierung der Unternehmerkosten mit den wahren Produktionskosten, die bis vor kurzem für die relative Vernachlässigung der Sozialkosten durch die Neoklassiker maßgebend war. Soziale Verluste werden, wie wir dargestellt haben, bestenfalls als kleinere Störungen oder sogenannte »Externalitäten« betrachtet, die ohne weiteres aus dem System der Wirtschaftsanalyse ausgeschieden werden können. Im Lichte unserer Erörterungen der Vielfalt und des wachsenden Ausmaßes der Sozialkosten in der modernen Industriegesellschaft zeigt sich jedoch, daß die traditionelle, implizite Gleichsetzung der Unternehmerausgaben mit den tatsächlichen Produktionskosten unhaltbar und irreführend ist. Sie ist unhaltbar, weil gezeigt werden kann, daß die auf andere Personen oder auf die Gesellschaft als Ganzes abgewälzten Sozialkosten nicht nur erheblich sind, sondern, daß ein solches Abwälzen ein typischer und sich regelmäßig wiederholender Vorgang ist, der – wenn überhaupt – nur durch ein sorgfältig ausgearbeitetes System von technischen Maßnahmen und von Sozialgesetzen, verhindert werden kann. Die Gleichsetzung ist irreführend, weil sie eine mit Vorurteilen behaftete Interpretation der sozialen Effizienz des Allokationsprozesses in der Marktwirtschaft unterstützt.

Sowie man die traditionellen Abstraktionen der neoklassischen Preisanalyse hinter sich läßt und anfängt, die vernachlässigten Aspekte der unbezahlten Sozialkosten zu berücksichtigen, wird deutlich, daß die soziale Effizienz der privaten Investitionskriterien und damit das angeblich positive Ergebnis des Allokationsprozesses in einer freien Marktwirtschaft, weitgehend eine Illusion darstellt. Denn wenn Unternehmerausgaben nicht im Stande sind, die tatsächlichen totalen Produktionskosten zu dekken, weil die Tendenz besteht, einen Teil auf die Schultern Dritter abzuwälzen, dann ist die traditionelle Kosten-Nutzen-Rechnung nicht nur schlicht irreführend, sondern sie dient als institutionalisierter Deckmantel für eine Ausplünderung im großen Maße, die alles hinter sich läßt, was die frühen utopischen Sozialisten und sogar ihre marxistischen Nachfolger im Sinne hatten, als sie die Ausbeutung des Menschen durch den Menschen unter dem heraufkommenden System des freien Unternehmertums kritisierten.

Außerdem untergraben die Phänomene der Sozialkosten, die in den vorangehenden Kapiteln untersucht wurden, ernstlich Sinn und Gültigkeit der Grundbegriffe der Gleichgewichtsanalyse. Das Bild von den sich selbst korrigierenden Kräften und Gleichgewichten mag ein tatsächliches empirisches Gegenstück in gewissen Vorgängen im physikalischen Universum haben, wo das Konzept des Equilibriums entwickelt wurde. Soweit es sich um soziale Prozesse, besonders der Produktion und Verteilung handelt, sind diese Begriffe des Gleichgewichts und der Selbstregelung nur für eine sehr begrenzte Auswahl weitgehend hypothetischer Umstände relevant. Die tatsächlichen dynamischen Prozesse der wirtschaftlichen Entwicklung und Expansion scheinen einem Modell der kumulativen oder zirkulären Verursachung unterworfen zu sein, das weder »geordnet« noch sozial zweckmäßig oder wohltätig ist. Im Gegenteil, die Prozesse können sich automatisch selbst verstärken und in der Richtung des ursprünglichen Impulses weiterwirken, was weitreichende und sozial schädliche Wirkungen hervorrufen kann. Einen derartigen zirkulären und kumulativen Charakter hat etwa die Wirtschaftstätigkeit, die zu Luft- und Wasserverschmutzung führt oder die, welche Ausbeutung und Erschöpfung erneuerbarer Ressourcen irreversibel macht oder zu einer falschen Standortwahl für Industrien und zu den städtischen Agglomerationen geführt hat. Diese und andere Tätigkeiten können sozial zerstörerisch sein, wenn ihnen nicht frühzeitig durch angemessene, entschlossene Maßnahmen entgegengewirkt wird. Wie wir gezeigt haben, nimmt die zerstörende Gewalt der sozio-ökonomischen Prozesse zu, sobald sie zur Verletzung minimaler, technischer Sicherheitsnormen führen oder die maximal zulässigen Grenzen überschreiten, welche mit großer Präzision festgelegt werden könnten.

Ganz klar: wenn die Ausgaben der Unternehmer wichtige soziale Verluste nicht einschließen, und damit auch nicht zum Ausdruck bringen, dann versagen sie nicht nur als Maßstab der Gesamtkosten, sondern es wird auch möglich, daß die Gesamtkosten einer Produktion ihren Gesamtnutzen übersteigen. Was eine Firma minimiert, sind nicht die totalen oder die durchschnittlichen Kosten, sondern die unternehmerischen Ausgaben, die »außerwirtschaftliche« Sozialkosten – wie sie von der Gesellschaft oder von Drittpersonen getragen werden müssen, außer acht lassen.

In diesem Zusammenhang ist es wichtig zu berücksichtigen, daß die Institition der Werbung in der modernen Industriegesellschaft die Doktrin der Souveränität und des rationalen Verhaltens des Verbrauchers die Bedeutung und die Existenz von sozialem Nutzen, welcher sich auf die gesamte Gesellschaft verteilt, nicht registriert und nicht registrieren kann.[6] Denn es ist offensichtlich: Wenn die Produktion bestimmt, was der Konsument zu wünschen hat, und wenn die Nachfrage der Manipulation durch Verkäufer und Produzenten ausgesetzt ist und wenn außerdem bedeutende private Einnahmen die Existenz und den Umfang sozialer Leistungen weder wiedergeben noch messen können, dann kann – ganz abgesehen vom Entstehen sozialer Kosten – von der Ressourcenallokation nicht behauptet werden, daß sie soziale Effizienz aufweise (was auch immer der Sinn dieses etwas zweideutigen Begriffes sein mag), wenn sie nach marktwirtschaftlichen Investitionskriterien stattfindet.[7]

Was maximiert wird, sind nicht private Nutzen oder »gesamte Befriedigung« in irgendeinem verständlichen Sinne des Wortes, sondern bestenfalls Tauschwerte oder austauschbare Nutzen, deren Geldwert überdies durch Personen mit einem direkten kommerziellen Interesse am Ergebnis der Verbraucherwünsche und der Gesamtnachfrage beeinflußt oder sogar »manipuliert« worden sind. Tatsächlich wäre jedes soziale Dasein unmöglich, wenn dem Allokationsprinzip nach marktwirtschaftlichen Investitionskriterien strikt gefolgt würde. Denn die meisten öffentlichen oder sozialen Dienste könnten für die Mehrheit der Bevölkerung nicht geleistet werden, weil diese die vollen Kosten nicht tragen könnten oder nicht für sie aufkommen wollten.

Kurz, die wohlbekannten, formalen Schlußfolgerungen der traditionellen Preistheorie, welche die grundlegende Rationalität und Selbstregelung des Wirtschaftsprozesses unter Bedingungen der freien Marktwirtschaft beweisen sollen, halten der wissenschaftlichen Prüfung nicht stand. Sie mögen, in der Vergangenheit, noch so viel oberflächliche Plausibilität genossen haben und heute noch genießen, aber diese Schlußfolgerungen können nur mit Prämissen gerechtfertigt werden, welche die Entwicklung der frühen, klassischen politischen Ökonomie geformt haben und seither die Grundvoraussetzungen der neoklassischen Gleichgewichtsanalyse bildeten. Tatsächlich haben bisher die teils stillschweigend, teils ausdrücklich angenommenen Voraussetzungen einer allgemeinen, latenten und automatischen sozialen geordneten Effizienz des Systems der natürlichen Freiheit, welche die Suche nach Gleichgewichten veranlaßten, den ganzen Prozeß der Begriffsbildung in der Nationalökonimie als Disziplin bestimmt. Es gibt keinen einzigen Grundbegriff in der neoklassischen Wirtschaftslehre, der nicht in irgendeiner Weise die angebliche soziale Effizienz der Marktwirtschaft zum Ausdruck brächte. Im Zusammenhang mit den Anregungen für den Rahmen der Wirtschaftswissenschaft, wie sie in Kapitel 15 gemacht werden, ist es nicht ohne Interesse, kurz darzustellen, wie gut diese Grundbegriffe an die traditionelle Suche nach Gleichgewicht und Selbstkorrektur angepaßt sind und ihr dienen. Z. B. ist keine tiefgründige Analyse erforderlich, um zu zeigen, daß »Reichtum« (wealth) ganz im Sinne von austauschbaren Gütern bzw. Diensten, welche man sich aneignen und in Marktpreisen messen kann, verstanden wird. Der moderne Begriff des »Reichtums« hängt ganz von der Bedeutung des »Nutzens« ab, was auf Eigenschaften von Gütern und Diensten hinweist, die in ausschließlichen Besitz genommen und die bewertet werden können. Güter und Dienste, die keine derartigen Eigenschaften haben, sind nach der Werttheorie ohne Nutzen und können deshalb nicht als »Reichtum« angesehen werden. Tatsächlich ist der Nutzen nicht allein eine Funktion der Möglichkeit physischen und wirtschaftlichen Aneignens und einer technischen Tauschfähigkeit, sondern er hängt auch von der effektiven Nachfrage ab. Mit anderen Worten, Güter, nach denen keine Nachfrage besteht, gelten als nutzlos und stellen keinen Reichtum dar.

Ähnlich werden Produktion und produktive Arbeit in derselben beschränkten Art und Weise aufgefaßt wie der Begriff des Reichtums. Der Begriff Produktion hing stets von der Bedeutung des »Reichtums« ab. Und wenn die früheren Nationalökonomen sich über die Produktivität gewisser menschlicher Tätigkeiten uneinig waren, kann ihre Kontroverse nur im Licht verschiedener Interpretationen des »Reichtums« verstanden werden. Adam Smith betrachtete die Arbeit der Ärzte, Rechtsanwälte und Dienstboten als unproduktiv, weil er Reichtum in einem ausschließlich materialistischen Sinne verstand. Im Unterschied zu seinen Vorgängern, die mit einem noch engeren Begriff des Reichtums arbeiteten – entweder im Sinne von Gold und Silber (Merkantilisten) oder des Bodenertrages (Physiokraten) – betrachtete Adam Smith alle dauerhaften Gegenstände oder verkäuflichen Güter als Reichtum. So Kapital- und Konsumgüter – nicht aber Dienstleistungen. Wenn heute Reichtum gleichgesetzt wird mit tauschbaren Gütern und Dienstleistungen, nach welchen eine tatsächliche Nachfrage besteht, so wird Produktion einfach das Erschaffen von Gütern und Diensten, für welche eine Nachfrage besteht. »Arbeit ist produktiv, wenn sie eine Nachfrage befriedigt – wenn Menschen bereit sind, dafür zu zahlen.«[8]

Das heißt: Güter und Dienstleistungen mögen noch so nützlich sein, oder wichtig und lebensnotwendig, sie stellen keinen Reichtum dar, wenn sie nicht austauschbar sind und nicht in Mark und Pfennig ausgedrückt werden können, und ihre Erzeugung – z. B. unter staatlicher Leitung – ist nach der Terminologie und dem Begriffssystem der Werttheorie »unproduktiv«. Bei strenger Auslegung beschränkt tatsächlich diese Definition von Reichtum und Produktion im Sinne austauschbarer Güter und Dienstleistungen mit effektiver Nachfrage den Wert dieser Begriffe auf eine Marktwirtschaft. Arbeit in einem Wirtschaftssystem, in dem Markt, Tausch und Nachfrage nicht bestehen, z.B. in der mittelalterlichen Feudalwirtschaft, würde nach heutigen Vorstellungen von Produktion und Reichtum unproduktiv sein.

Ähnlich werden die Begriffe der Wirtschaft, oder, was das gleiche bedeutet, der Wirtschaftlichkeit, so konzipiert, daß sie ausschließlich auf eine Marktwirtschaft anwendbar sind, d.h. definitionsgemäß mit dem Wirtschaften im Sinne privater Kosten und Erträge, also als Tauschwerte, gleichgesetzt werden. Kein Wunder, daß diese Abgrenzung von Begriffen und Grundkategorien, logisch zu Ende gedacht, zur Behauptung führt, daß der freie Markt und die wettbewerbsmäßige Kostenrechnung die Voraussetzungen wirtschaftlicher Rationalität darstellen, und daß jede andere Form ökonomischer Organisation außerstande ist, Ressourcen für konkurrierende Ziele auf rationale Weise zu verteilen.

Es muß zugestanden werden, daß es der Werttheorie gelungen ist, mit diesen Begriffen und expliziten oder impliziten Annahmen eine große Zahl wirtschaftlicher Phänomene in ein zusammenhängendes Ganzes zu bringen, so daß die vorausgesetzte positive Wirkung bestätigt wurde. Angesichts der Ziele, Annahmen und Grundkonzepte der modernen neoklassischen Wirtschaftstheorie zur Unterstützung des Systems der »natürlichen Freiheit« folgen ihre theoretischen Schlußfolgerungen tautologisch. Die Werttheorie mußte deshalb notwendigerweise zu einer »Methodologie« oder »Denktechnik«, um den Ausdruck von Schumpeter zu verwenden, werden.[9] Sobald diese Ziele, Begriffe und Voraussetzungen von einem Nationalökonomen angeeignet wurden und er die »Denktechnik« gemeistert hat, ist es für ihn schwierig, wenn nicht unmöglich, die philosophischen Annahmen und damit Begrenzungen des Begriffssystems der Werttheorie zu erkennen.[10] Hat er die »Methodologie« akzeptiert, neigt er dazu, alle Phänomene der wirtschaftlichen Realität in das traditionelle Schema logischer Kategorien einzuordnen[11], und von diesem Moment an können nicht einmal die scharfsinnigsten Deduktionen und der ernsthafteste Drang nach Objektivität zu etwas anderem führen als zu normativen Schlüssen zugunsten des Laissez-faire und gegen eine positive Regelung und Kontrolle des Wirtschaftsprozesses durch die öffentliche Hand. Tatsächlich ist behauptet worden, daß nur eine fehlerhafte Interpretation der Werttheorie irgendeine andere Politik rechtfertigen könne als die der Nichteinmischung in das Wirtschaftsleben.[12] Tatsächlich ist es diese beschränkte Tauglichkeit (»narrow efficiency«) des Schemas – um einen Ausdruck von A.N. Whitehead, den er im Zusammenhang mit der Physik benutzte, zu gebrauchen – welche die eigentliche Ursache ihres überragenden methodologischen Erfolges ist.[13]

Viele Schlußfolgerungen der traditionellen Preistheorie können wir als Rationalisierung ungeprüfter Annahmen über den sozialen Prozeß und einer impliziten sozialen Philosophie erklären und so die These unterstützen, daß die neoklassische Gleichgewichtstheorie eine normativ-politische, ja sogar eine apologetische Rolle spielt. Dieser apologetisch-normative Charakter der Wirtschaftstheorie ist nicht unbedingt das Ergebnis einer vorsätzlichen Einstellung einzelner Gelehrten. Wir wollen auch nicht behaupten, daß subjektive Unredlichkeit oder eine Verletzung der Grundsätze wissenschaftlicher Objektivität vorliegen. Um apologetisch zu wirken, muß der einzelne Denker nicht unbedingt die Regeln der wissenschaftlichen Objektivität und der subjektiven Ehrlichkeit verletzen. Ich wiederhole, das apologetisch-normative Element der Wirtschaftstheorie ist nicht so sehr das Ergebnis einer erklärten Absicht, es ist vielmehr das Resultat der philosophischen Annahmen und der Tatsache, daß den wirtschaftlichen Prozessen in der freien Marktwirtschaft eine vernunftgemäße Ordnung und Effizienz zugeschrieben wird. Das politische Element ist in den Grundannahmen und -begriffen der neoklassischen Wert- und Preistheorie verborgen. Dies findet seinen typischsten Ausdruck in der Abgrenzung des Geltungsbereiches der Wirtschaftsanalyse.

Wenn die Unvoreingenommenheit des Nationalökonomen in Zweifel gezogen wird, so wird er sich höchst wahrscheinlich auf seine wissenschaftliche Objektivität und Neutralität berufen und betonen, daß er von einem »rein wirtschaftlichen« Standpunkt aus spreche. Es wird ihm nicht in den Sinn kommen, daß es gerade dieser »rein wirtschaftliche« Standpunkt ist, der das normativ-apologetische Element in seine theoretische Schlußfolgerungen und praktischen Urteile einführt. Tatsächlich erklären jedoch die theoretischen Folgerungen, die als Lösung praktischer Probleme der Wirtschaftspolitik vorgeschlagen werden, dabei aber ihre politischen Prämissen nicht ausdrücklich erkennen lassen, die Tatsache, daß in den begrifflichen Modellen der modernen Kosten-Preis-Analyse die alte ungerechtfertigte Liaison zwischen Wirtschaftsanalyse und politischem Wirtschaftsliberalismus fortdauert. Diese Schlußfolgerungen stellen eine sonderbare Mischung von wissenschaftlicher Analyse und Werturteilen dar, welche durch die Rationalisierung vorgefaßter sozialpolitischer Ideale zustande kommt.[14] Diese Neigung zu politischen Folgerungen und zur Beschäftigung mit konkreten politischen Problemen ohne die politischen Prämissen zu verdeutlichen, erklärt auch die beinah sprichwörtliche Spannung zwischen statischer Gleichgewichtstheorie und Wirtschaftspolitik und tendiert dazu, die Theorie für das Verständnis und die Lösung dringender praktischer Probleme der unterentwickelten Länder immer irrelevanter zu machen.

In mehr als einem Fall sind, aus scheinbar rein wissenschaftlichen Gründen, einzelne Nationalökonomen in der Lage gewesen ihre »rein« wirtschaftlichen Schlußfolgerungen so darzulegen, daß sie wie eine objektive Kritik oder wie eine Befürwortung verschiedener Formen staatlicher Eingriffe erscheinen konnten. Obwohl es wahrscheinlich zutrifft, daß es keine Wirtschaftstheorie ohne eine gewisse Sozialphilosophie gibt, da die Auswahl der Fakten in den Sozialwissenschaften nie eine Sache des reinen Wissens ist, sondern stets gewisse vor-wissenschaftliche Auffassungen widerspiegelt[15], ist die Gefahr, welche diesem Mangel an expliziter Trennung innewohnt, allzu offensichtlich, als daß sie näher geschildert werden muß. In der Tat kommt es gelegentlich vor, daß die Nationalökonomie auf das Niveau von tendenziösem Journalismus hinabsinkt. Wenn sich der professionelle Nationalökonom seiner politischen Prämissen und Vorurteile nicht genügend bewußt ist und sich so verhält, als ob seine Schlüsse auf völlig neutralem Boden zustande gekommen seien, trägt er dazu bei, daß bei den für die Wirtschaftspolitik Verantwortlichen das Mißtrauen gegenüber den Wirtschaftstheoretikern unaufhaltsam wächst.

Das soeben Gesagte soll die positiven Beiträge und die befreiende Kraft der klassischen Nationalökonomie nicht bestreiten. Zu ihrer Zeit bekämpften die klassischen Ökonomen das System der merkantilistischen Reglementierung, welches stark dazu beigetragen hatte, die Fundamente der nationalen Wirtschaften Westeuropas zu errichten und den Prozeß der wirtschaftlichen Entwicklung zu fördern. Doch wurde der Merkantilismus im 18. und 19. Jahrhundert zu einem Hindernis für die volle Nutzung der Produktivkräfte, welche durch das neue in den Naturwissenschaften gewonnene Wissen entwickelt worden waren. Indem die klassischen Nationalökonomen das rationale Konzept der natürlichen Ordnung in die Sozialwissenschaft einführten und den Wettbewerb zum »Naturgesetz« einer solchen Ordnung erklärten, waren sie imstande, »den notwendigen ideellen Rahmen zu schaffen, der einer neuen, der Frühzeit der industriellen Revolution angepaßten Sozialphilosophie, entsprach«.[16]

Außerdem gaben sie, in ihrem Kampf gegen die Fesseln des Merkantilismus, den vorherrschenden Bestrebungen und Idealen des heraufkommenden Mittelstandes Ausdruck. Die klassischen Nationalökonomen dienten damit dem positiven Ziel, eine Entwicklung zu fördern, die, was den Produktionsprozeß und seine wissenschaftliche Untersuchung betraf, in ihrem historischen Kontext, als fortschrittlich angesehen werden konnte.[17] Indem sie den Begriff der natürlichen Ordnung in das Stadium der wirtschaftlichen und sozialen Probleme einführten und ihn später mit den individualistischen Lehren des Utilitarismus verbanden, grenzten die klassischen Ökonomen die Wirtschaftswissenschaft gegen die spezifisch deutsche Gesellschaftsphilosophie ab, die in ihrer romantischen und organischen Fassung den Staat als einen metaphysischen Überorganismus auffaßte, dem das Individuum untergeordnet und zu verschiedenen Leistungen verpflichtet ist. Es ist jedoch immer deutlicher geworden, daß weder die deutsche Staatsmetaphysik noch die Annahme einer positiven Naturordnung und Interessenharmonie in der Politik eine angemessene philosophische Grundlage für die Nationalökonomie abgeben. Im Gegenteil, diese philosophischen Voraussetzungen der »politischen Ökonomie« sind zu den größten Hindernissen für das wissenschaftliche Verständnis und die Interpretation der gesellschaftlichen Wirklichkeit geworden. Gleichzeitig scheint es, als ob die moderne Preistheorie fast jenen Punkt erreicht hat, an dem ihre gegenwärtigen Abstraktionen nicht viel zusätzliche Erkenntnisse bringen können. Tatsächlich scheinen die modernen Ökonomen mit Hilfe mathematischer Methoden jede denkbare Information aus ihren Annahmen zu gewinnen, und viel von dem, was die moderne Analyse der Unternehmungen zustande gebracht hat, scheint auf eine mechanistische Verfeinerung und algebraische Ausgestaltung alter Schlußfolgerungen hinauszulaufen, die wenig oder gar kein Licht auf die erörterten Probleme wirft. Zudem neigt ein guter Teil der Wert- und Preistheorie dahin, zu einem in sich selbst abgeschlossenen System zu werden, das sozusagen automatisch von allem absieht, was sich auf die Lehre ungünstig auswirken könnte. Die Erschöpfung ihres Inhalts und Sinnes und die Isolierung nach Außen scheinen aus der modernen Wohlfahrts- und Gleichgewichtsökonomie eine zutreffende Illustration von A.N. Whiteheads Aussage zu machen, daß »Systeme, wissenschaftliche und philosophische, kommen und gehen. Jede Methode von begrenztem Aussagegehalt erschöpft sich à la longue. In seinem Anfang ist jedes System ein triumphaler Erfolg; in seinem Niedergang eine hinderliche Plage. Der Übergang zu neuem fruchtbarem Verständnis wird im Interesse der Wiederbelebung der Imagination nur durch eine Rückkehr in die äußerste Tiefe der Intuition erreicht.«[18]

Es ist der Zweck des folgenden Kapitels, aufgrund dieser kritischen Schlußfolgerungen einige Schritte anzudeuten, die unternommen werden müssen, um zu einem neuen und fruchtbaren Verständnis der ökonomischen Realität vorzudringen.

15. Auf dem Weg zu einer neuen Wissenschaft der politischen Ökonomie

Rückkehr zur Philosophie

Whiteheads These, daß »die Wissenschaft, wenn sie nicht zu einem belanglosen Nebeneinander von ad-hoc-Hypothesen degenerieren soll, philosophisch werden und eine gründliche Kritik ihrer eigenen Grundlagen anstreben muß«[1], gilt in gleicher Schärfe für die Nationalökonomie. Die theoretische Nationalökonomie muß, um einen wirklich relevanten Beitrag zu den heutigen Problemen des Wirtschaftswachstums und der Entwicklung zu leisten, ihre grundlegenden, methodologischen Voraussetzungen auf den gegenwärtigen Stand der philosophischen Erkenntnis bringen. Das bedeutet vor allem die Preisgabe des Glaubens an automatische, sich selbst korrigierende Tendenzen zum Gleichgewicht und zu größtmöglicher sozialer Leistungsfähigkeit[2] und die Einsicht, daß Tendenzen kumulativer Natur zu Ungleichgewicht und sogar Stagnation im sozialen Bereich führen. Das Abwälzen eines Teils der Produktionskosten auf dritte Personen und die Gesellschaft ist ein wichtiges Beispiel kumulativer oder zirkulärer Verursachung. Statt diese Kosten entweder ganz zu ignorieren oder als »Externalitäten« zu behandeln, wird eine moderne Wirtschaftsanalyse sie und die damit verbundenen sozialen Auswirkungen zum Gegenstand der empirischen und theoretischen Untersuchung machen müssen. Es ist für den Entscheidungsprozeß und die Formulierung einer sozial-ökonomischen Politik viel wichtiger, zirkuläre Verursachungsprozesse und die damit verbundene potentielle Verschwendung und Unwirtschaftlichkeit zu erforschen, als die traditionelle Suche nach Gleichgewichtslagen fortzusetzen. Das bedeutet jedoch nicht, diese Suche nach Gleichgewichtslagen und die teleologische Unterstellung eines effizienten Wirtschaftsprozesses durch die ebenso teleologische Annahme einer kumulativen Unterminierung der sozialen Ordnung zu ersetzen. Das wäre ebenso müßig wie die Suche nach Gleichgewichtslagen. Am jetzigen Wendepunkt der Sozialwissenschaften ist es erforderlich, einen analytischen Rahmen zu schaffen, der das Studium der zirkulären Verursachung und der »Gründe« für soziale Mißstände und Stagnation in konkreten Fällen und unter verschiedenen sozialen und kulturellen Organisationsbedingungen ermöglicht.

Diese Forderung, die Grundlagen der Wirtschaftsanalyse mit modernen Einsichten in Einklang zu bringen, wirft erneut die Frage auf: Welches sind die grundlegenden Ziele der Sozialforschung? Auf die Gefahr hin, Selbstverständliches zu wiederholen, wollen wir festhalten, daß das Ziel der Sozialwissenschaft *nicht* darin bestehen kann, eine herrschende Wirtschaftsordnung zu stützen. Auch darf sie nicht als Apologetik dienen, was ja, langfristig gesehen, das Ansehen der Disziplin untergraben würde. Es kann auch nicht Zweck der Wirtschaftsanalyse sein, Normen aufzustellen, über das, was »getan werden sollte«, es sei denn, aufgrund klar postulierter politischer Prämissen und sozialer Werurteile. Ein normatives System der Wirtschaftstheorie ohne politische Prämissen, in dem jeder Nationalökonom Vorschläge zur Wirtschaftspolitik unterbreiten könnte, wäre das Ende der Wirtschaftswissenschaft.

Das einzig legitime Ziel der Wirtschaftsanalyse ist die Erarbeitung eines vorurteillosen und kritischen Verständnisses und einer Interpretation des sozialökonomischen Prozesses. Eine solche Interpretation erfordert vor allem aussagekräftige Grundbegriffe und Kategorien, die über den sogenannten »Horizont der zeitgenössischen Gesellschaft«[3] hinausgehen. Während dies im 19. Jahrhundert vielleicht nicht möglich war, kann es heute, nachdem die Unzulänglichkeit des Laissez-faire-Prinzips für die Organisation von Wirtschaft und Gesellschaft klar geworden ist, erreicht werden. Es ist also die Aufgabe der Wirtschaftswissenschaft, den theoretischen Rahmen zu erarbeiten, mit welchem diese Auswirkungen[4] von Entscheidungen (Plänen), welche sowohl von Einzelnen als auch von Regierungsstellen unter Bedingungen dynamischer Veränderungen getroffen werden, erklärt werden können. Und zwar unter Bedingungen, welche simultane Veränderungen wichtiger Variablen im Zeitablauf voll in Rechnung stellen. Mit anderen Worten, die Wirtschaftswissenschaft soll, als ihr Ziel, theoretische Systeme entwickeln, welche die möglichen Beziehungen zwischen den zahlreichen Variablen der ökonomischen Realität aufzeigen. Es sollte sowohl Einzelnen als auch Regierungen möglich werden, Entscheidungen in voller Kenntnis wahrscheinlicher Folgen ihrer Handlungen zu treffen.

Mit anderen Worten, die wichtigste Tätigkeit der Wirtschaftswissenschaft ist es, die Rückwirkungen alternativer Maßnahmen öffentlicher Lenkung und Wirtschaftsplanung zu erforschen. Auf diese Weise wird die Ökonomie in der Lage sein, gültige Kriterien für Entscheidungen der öffentlichen Verwaltung zu erarbeiten. Es darf kein Zweifel darüber bestehen, daß die Wirtschaftswissenschaft, als soziale oder politische Ökonomie, es in erster Linie den Regierungen und Verwaltungen ermöglichen sollte, die wirtschaftspolitischen Kriterien zu entwickeln und anzuwenden, die für die materiellen und kulturellen Erfordernisse einer zivilisierten menschlichen Existenz notwendig sind. Erforderlich hierzu wird eine viel engere Zusammenarbeit zwischen Sozialwissenschaftlern und Fachleuten wie Agronomen, Stadtplanern, Gesundheitsbeamten und Verwaltungsexperten sein, eine Zusammenarbeit, zu der die traditionellen Nationalökonomen bisher nicht bereit gewesen sind.

Wenn die primären Ziele der Wirtschaftsanalyse das Verständnis der Rückwirkungen individueller oder kollektiver Entscheidungen und das Ausarbeiten theoretischer Begriffssysteme zur Erklärung der Folgen menschlichen Handelns sind, dann gewinnt der Begriff der sozialen Verursachung wieder eine große Bedeutung für den Nationalökonomen. Denn unser *Begriff* der Verursachung bestimmt die *Methode* zur Erklärung der Kausalrelation. Wenn die ursächliche Verbindung zwischen sozialen Phänomenen als eine *notwendige* Beziehung in der Art der statischen oder mechanischen Analyse aufgefaßt wird, dann scheint die Erklärung der Kausalbeziehung tatsächlich nach mechanischen Modellen und mathematischen Konstruktionen zu verlangen. Wenn jedoch die Kausalbeziehungen zwischen den Variablen des Sozialsystems nicht als eine zwingende, sondern eher als eine mögliche oder wahrscheinliche Beziehung zwischen einer Vielzahl von Variablen angesehen wird, bei welchen Erwartungen oft die wichtigste Rolle spielen, dann muß die soziale Verursachung als empirische Korrelation aufgefaßt werden, dic eine Messung mit Koeffizienten, Wahrscheinlichkeitsgraden, Beobachtungen, Tatsachenermittlungen, Fallstudien und statistischen Extrapolationen erfordert. Es ist sicher ein hoffnungsvolles Zeichen, daß die Bedeutung der Kausalität sowohl in den Natur- als auch in den Sozialwissenschaften in einem neuen Licht gesehen wird.[5]

Die Erweiterung des wirtschaftswissenschaftlichen Untersuchungsbereichs

Eine Besinnung auf die philosophischen Grundvoraussetzungen der Nationalökonomie würde als wichtigstes Resultat die Erkenntnis bringen, daß es notwendig ist, den Untersuchungsbereich der theoretischen Nationalökonomie auszudehnen. Die Tauschwerte wären dann nicht mehr das alleinige Kriterium, das darüber entscheidet, was zur Ökonomie gehört und was nicht. Statt dessen wäre es möglich, J. M. Clark's Feststellung zu folgen, wonach »es unwissenschaftlich ist, irgend etwas auszuschließen, das für ein Problem von Belang ist«.[6] Wissenschaftliche Methoden müssen umfassend sein, »selbst wenn dadurch andere Qualitäten geopfert werden müssen, auf welche die Wissenschaft so großen Wert legt«.[7] Wenn man sich einmal dieser Zusammenhänge allgemein bewußt geworden ist und sie systematisch an den Hochschulen gelehrt würden, wird es nicht mehr möglich sein, den Nationalökonomen vorzuhalten, sie seien einem »weitverbreiteten methodologischen Fanatismus erlegen, der eine oberflächliche Präzision der Grundlagenkenntnis (wenn auch immer bloß approximativ) vorzieht und bei der Auswahl der zu behandelnden Probleme an Stelle der sachlogischen Wichtigkeit ihre analytische Verwendbarkeit zum Kriterium erhebt«.[8]

Tatsächlich führt jede Beschränkung der ökonomischen Analyse zu einem Zerrbild jener vielfältigen Probleme, mit welchen sich die Nationalökonomie zu befassen hat. Es überrascht daher nicht, daß die meisten früheren Versuche, den Gegenstand der Wirtschaftswissenschaft zu definieren, im Grunde am Wesen der ökonomischen Analyse vorbeigingen. Viele dieser Versuche, besonders die auf älteren Vorstellungen von der Natur des Reichtums beruhenden, führten zu Definitionen, welche viel zu eng waren, so daß wichtige, ökonomische Probleme ausgeklammert blieben.[9] Aber selbst wenn eine klare Begrenzung des Geltungsbereiches der Sozialwissenschaft möglich wäre, müßte sie dennoch als unnötig bezeichnet werden, denn sie könnte dem einzelnen Wissenschaftler beim Auffinden und Ableiten spezifischer Schlußfolgerungen nicht viel nützen. Mydral hat auf diesen Sachverhalt hingewiesen, wenn er schreibt, daß ebensowenig wie der Chemiker aus einer Definition der Chemie irgendwelche wissenschaftliche Schlüsse ableiten kann, so kann auch eine Gegenstandsbestimmung der Sozialwissenschaft keine wissenschaftlich entscheidenden Argumente für oder gegen bestimmte Resultate dieser Wissenschaft geben.[10] Es trifft zu, daß der einzige Begriff, um dessen präzise Definition der Ökonom sich nicht zu kümmern braucht, der Begriff der ökonomischen Wissenschaft ist.[11]

Eine begriffliche Beschränkung der Sozialwissenschaft ist in der Tat nicht nur unerwünscht, sondern kann sich sogar nachteilig auswirken. Im Licht der angezeigten Zielsetzung einiger früherer Versuche zu einer klaren Umgrenzung der Wirtschaftswissenschaft wird diese besonders deutlich. So hat man z.B. behauptet, daß eine klare Definition der Wirtschaftswissenschaft erforderlich sei, damit es nicht dem einzelnen Ökonom überlassen bleibe, sich ein eigenes Bild über die Grenzen der Nationalökonomie zu machen.[12] Robbins geht in dieser Beziehung noch weiter; »mit bestem Gewissen« beschreibt er den allgemeinen Gegenstand der Nationalökonomie, um – wie er sagt – zu vermeiden, »daß eine übermäßige Beschäftigung mit Nebensächlichkeiten und Vervielfachung von Aktivitäten, die wenig oder gar nichts mit der Lösung von Problemen zu tun haben, welche ihm (dem Nationalökonomen) aufgegeben sind«.[13] Abgesehen von dem sehr zuversichtlichen Glauben, es sei möglich, ein für allemal das »Relevante« vom »Irrelevanten« ohne Rücksicht auf das Wesen des jeweiligen Problems zu unterscheiden, erweist sich eine solche Trennung von »Wichtigem« und »Unwichtigem« aus drei Gründen als fraglich. Erstens tendiert eine solche Trennung dahin, aus der Nationalökonomie ein geschlossenes Gedankensystem zu machen, indem sie alle spezifischen Gegenargumente mit der scheinbar wissenschaftlichen Begründung zurückweist, sie seien von angeblich »irrelevanten« Daten und

Beobachtungen abgeleitet. Zweitens gestattet die Robbins'sche Definition der Nationalökonomie, die in ihrer Formulierung über den Horizont der Marktwirtschaft nicht hinausgeht, die »wissenschaftliche« Folgerung, daß jede andere Wirtschaftsordnung eine rationale Verwendung knapper Mittel zur Erreichung konkurrierender Zwecke ausschließe. Mit anderen Worten, die auf die Preisanalyse bezogene Definition der Ökonomie stattet ein Verfahren mit wissenschaftlicher Würde aus, das nicht unangemessen als »die würdelose Farce eines Scharfschießens auf den Marxismus mit österreichischen Spielkanonen hinter einem nichtexistierenden methodologischen Wall« bezeichnet worden ist.[14] Und drittens haben die Bemühungen um eine klare Definition der Nationalökonomie und anderer Sozialwissenschaften nur zur Vervielfachung der künstlichen Schranken zwischen den Disziplinen und zu ihrer Aufsplitterung geführt. Die so entstehende Spezialisierung und Fragmentierung der Gesellschaftsanalyse behindert die Suche nach Erkenntnis und Wahrheit oder vereitelt sie ganz, indem sie Umfang und Horizont der Forschung einengen. Auf diesem Weg gleitet die Sozialforschung in die Nutzlosigkeit ab, anstatt sich mit der Analyse der grundsätzlichen interdependenten sozialökonomischen und politischen Realität zu befassen.

Tatsächlich erfordert eine wissenschaftliche Methode in der Sozial- und Wirtschaftsforschung eine fortschreitende Beseitigung aller Grenzen, die von Generationen früherer Gelehrter aus wissenschaftlichen, pädagogischen und anderen Gründen errichtet wurden. Das letzte Ziel ist nicht bloß »Zusammenarbeit«, sondern die denkbar engste Integration und endlich Synthese der Sozialwissenschaften.[15] Solange dies Ziel nicht erreicht ist, können die einzelnen Ökonomen sich nur bemühen, die gegenwärtigen Schranken der Nationalökonomie zu überschreiten und so gründlich wie möglich den neuen Entwicklungen auf den Gebieten der Psychologie, Soziologie, Politik, der Rechtswissenschaft, Geschichte und Ethik nachzugehen, um alles in die eigenen Überlegungen einzubeziehen, was von diesen Sozialwissenschaften zu einem besseren Verständnis der Wirtschaftsprobleme beitragen könnte.

Die einzige Trennungslinie, die nicht preisgegeben werden darf, sondern eher noch betont werden sollte, besteht zwischen wissenschaftlicher Interpretation und Rationalisierung oder dem Gebrauch der Vernunft, um Vorurteile zu unterstützen. Diese Unterscheidung zwischen Wissenschaft und Scheinwissenschaft oder dilettantischer Spekulation herauszuarbeiten ist Aufgabe einer Sozialwissenschaft, die sich der Kernfragen der Epistemologie im allgemeinen und der Wissenssoziologie und -psychologie im besonderen wohlbewußt ist.[16] Das sind letzlich Fragen der intellektuellen Redlichkeit und beruflichen Integrität, die hier nicht weiter ausgeführt werden müssen.

Was wir gesagt haben, ist jedoch keineswegs eine völlige Ablehnung der formalen Definition der Nationalökonomie, wie sie Robbins als »die

Wissenschaft« definiert, »die sich mit menschlichem Verhalten als Beziehung zwischen Zielen und knappen Mitteln, für welche alternative Nutzungsmöglichkeiten bestehen, befaßt«.[17] Diese Definition weist zwar auf wichtige Merkmale wie das Bestehen von Knappheit hin, doch übergeht sie grundsätzliche Probleme wie die wechselseitige Anpassung von Mitteln an Ziele und von Zielen an Mittel unter gesellschaftlichen Umweltbedingungen, die weit davon entfernt sind, statisch zu sein. Unter gesellschaftlichen Umweltbedingungen sind in diesem Zusammenhang die in einer Gesellschaft mehr oder weniger akzeptierten Systeme politischer und sozialer Institutionen zu verstehen. Das ökonomische Problem und der Wirtschaftsprozeß lassen sich nicht verstehen und angemessen interpretieren, ohne diese in Beziehung zu dem institutionellen Rahmen zu setzen, von dem sie ein wesentlicher Bestandteil sind. Beim Studium des Wirtschaftswachstums und des gesellschaftlichen Wandels in der unterentwickelten Welt ist dies besonders wichtig. Hier versucht man Wirtschaftsprobleme unter institutionellen Bedingungen zu lösen, die sich qualitativ von jenen unterscheiden, die in der Wirtschaftsanalyse des Westens implizit oder explizit angenommen werden. Es ist hier nicht so sehr der Mangel an Unternehmern und Lohnanreizen, als vielmehr das Bestehen institutioneller Hindernisse wie z.B. der Hierarchie, der Kaste und Religion, in Verbindung mit einer ungenügenden und unwirksamen Verwaltung, welche eine volle Benutzung der wirtschaftlichen Ressourcen verhindern oder verzögern. Eine inhaltlich bestimmte Definition des ökonomischen Problems müßte im Zusammenhang mit wechselnden menschlichen (d.h. sozial-kulturellen) Beziehungen stehen, unter denen knappe Mittel den *individuellen oder öffentlichen* Bedürfnissen und Erfordernissen angepaßt und diese Bedürfnisse ihrerseits den sozial verfügbaren Ressourcen angeglichen werden. Eine solche konkrete Definition der Aufgabe der Nationalökonomie ließe keinen Zweifel an der Tatsache aufkommen, daß Ökonomen primär mit Problemen gesellschaftlichen Handelns und Wählens zu tun haben, statt mit individuellem Verhalten als formale Beziehung zwischen (individuellen) Zwecken und begrenzten Mitteln unter Bedingungen der Knappheit.[18]

Die tatsächlich wichtigen Probleme der Nationalökonomie behandeln den kollektiven Entscheidungsprozeß. Sie können nicht im Sinne eines Kalküls behandelt werden, das aus einem formalen Begriff individueller Rationalität unter hypothetisch angenommenen und transparenten Bedingungen deduziert worden ist. Wer argumentiert, daß »wo Politik und Ethik zum Fenster hereingelassen werden, die Nationalökonomie zur Tür hinausgeht«[19], oder wer behauptet, daß das Problem der Institutionen und die Fragen der allgemeinen Bedürfnisse dem Staatsmann überlassen bleiben müssen, verurteilt die Nationalökonomie zur Ohnmacht, wenn es sich darum handelt, Kriterien für die Formulierung einer öffentlichen Politik zu erarbeiten.[20] Die Zeit ist vielleicht gar nicht weit entfernt, in der

Nationalökonomen die enge Zusammenarbeit mit Experten des öffentlichen Gesundheitswesens und anderer Gebiete der Technik suchen müssen, um soziale Kosten und soziale Nutzen festzustellen, welche das Marktsystem meistens ignoriert.[21]

Die Neuformulierung der Grundbegriffe

Es trifft zu, daß einzelne Nationalökonomen versucht haben, Grundbegriffe des wirtschaftswissenschaftlichen Denkens für ihre eigene Arbeit umzuformulieren, doch sind diese Ansätze weitgehend auf die Gebiete der öffentlichen Finanzen und des Wirtschaftswachstums beschränkt geblieben. Es mag sein, daß viele dieser Begriffe schließlich in ein neues System der Wirtschaftsanalyse integriert werden. Bis jetzt hat diese Ausweitung des Bereichs der Wirtschaftsanalyse jedoch nicht stattgefunden. Die traditionellen Definitionen des Reichtums und der Produktion, der Produktivität und Leistungsfähigkeit im Sinne von Marktwerten oder austauschbaren Gütern und Diensten, nach denen eine effektive Nachfrage besteht, haben nicht nur »nicht mit den Tatbeständen der Produktion Schritt zu halten vermocht«[22], sondern sie gehören zu den wichtigsten Hindernissen für ein Verständnis der sozial-ökonomischen Fragen des zwanzigsten Jahrhunderts. Denn solange Reichtum und Produktion als handelbare Güter und Dienste (mit effektiver Nachfrage) definiert werden, so lange muß die Schaffung sozialen Nutzens in Form von Gütern und Diensten, die keine marktmäßigen Erträge liefern, als »unproduktiv« gelten. Unproduktiv heißt im Sprachgebrauch der heutigen Nationalökonomie soviel wie »nicht lohnend« und »nicht der Mühe wert«.[23] Z.B. wäre die Einführung eines Schulsystems oder die Aufrechterhaltung der öffentlichen Gesundheit durch entsprechende Maßnahmen »unproduktiv«. Ungeachtet, wie wünschenswert die sozialen Vorteile sein mögen, vom Standpunkt der orthodoxen Wirtschaftstheorie muß die Zuweisung knapper Ressourcen für derartige Zwecke als unproduktiv oder gar als »Vergeudung« gelten. Im Gegensatz dazu darf die Beherrschung des Angebots durch Oligopolisten und die Schaffung künstlicher Verknappung in die soziale Buchhaltung in Form höherer Tauschwerte und mithin wirtschaftlich produktiver Schöpfung marktfähiger Werte eingehen. Unter diesen Umständen ist es nicht überraschend, daß die traditionelle Wirtschaftstheorie für die Formulierung von Kriterien für öffentliche Investitionen nicht nur von beschränktem Wert, sondern oft völlig bedeutungslos ist. Es kann nicht länger daran gezweifelt werden, daß die volle, effiziente Nutzung von Ressourcen und Arbeitskräften aufgrund solch unzulänglicher und widerspruchsvoller Begriffsbildungen nicht möglich ist.

Der primäre Zweck einer Neuformulierung des klassischen und neoklassischen Reichtums- und Produktionsbegriffs besteht darin, ihre Bedeutung zu erweitern und die Phänomene der sozialen Kosten und Erträge in den Bereich der Wirtschaftsanalyse einzubeziehen. Statt Reichtum und Produktion lediglich als tauschbare Nutzwerte aufzufassen, werden die neuen Begriffe von Reichtum und Produktion so zu formulieren sein, daß sie auch nicht-in-Geld-zu-bemessende Werte einschließen. Reichtum besteht nicht nur aus Gütern und Diensten, die auf dem Markt gehandelt werden: er umfaßt auch Werte, welche für die Gesellschaft notwendig und nützlich sind, unabhängig davon, ob man sie tauschen, als Tauschwerte messen oder privat aneignen kann. Dementsprechend bezieht sich »Produktion« auf all das, was vom Standpunkt einer Nation nützlich und wichtig ist. Ähnlich muß das Prinzip der Wirtschaftlichkeit (im Sinne eines haushälterischen Verhaltens) in einem umfassenderen Sinne Verwendung finden als bisher. Statt »Einsparen« nur im Sinne der Tauschwerte zu verstehen, ist es notwendig, das Prinzip der Wirtschaftlichkeit (und der Leistungsfähigkeit) so zu formulieren, daß soziale Kosten und Erträge mit berücksichtigt werden. Mit anderen Worten, wenn die Begriffe »Wirtschaftlichkeit« und »wirtschaftliches Optimum« überhaupt einen Platz in der ökonomischen Diskussion haben sollen, dann müssen sie die Gesamtgewinne und Gesamtverluste (auch im Sinne entgangener Möglichkeiten) einschließen. Wenn die Begriffe »Reichtum« und »Wirtschaften« durch die Einbeziehung sozialer Kosten und Erträge so erweitert würden, dürfte es nicht mehr möglich sein, diejenigen Tätigkeiten, welche nicht-marktgängige, nicht tauschbare und qualitative soziale Werte schaffen, von einem willkürlichen, normativen Standpunkt aus – als unproduktiv zu bezeichnen.

Eine solche Erweiterung der fundamentalen Begriffe der Nationalökonomie würde auch den Weg für eine Theorie der öffentlichen Finanzen freilegen. Tatsächlich geht es bei der Besteuerung und den öffentlichen Ausgaben um die Anpassung knapper Mittel an konkurrierende Ziele. Die Aufstellung von Budgets ist ein Entscheidungsprozeß, bei welchem verschiedene allgemeine Ziele und das Ausmaß ihrer Erfüllung bestimmt werden. Mit anderen Worten, die Erstellung eines Haushaltplans ist eine kollektive Entscheidung par excellence, die nicht nur den Umfang und die Größenordnung des öffentlichen Sektors festsetzt, sondern durch die Selektion der Einnahmequellen und der öffentlichen Vorhaben über Fragen der Steuerlast, der Zuweisung öffentlicher Mittel und Vergünstigungen einschließlich der öffentlichen Dienstleistungen entscheidet.

Die verschiedenen Arten von *Staatseinnahmen* sind natürlich Produktionskosten. Es handelt sich entweder um Kosten, die dadurch entstehen, daß durch die Privatwirtschaft verursachte soziale Schäden beseitigt werden müssen oder um Kosten, die mit der Produktion jener öffentlicher Güter und Dienstleistungen entstehen, die – weil unprofitabel – von privaten Unternehmern nicht bereitgestellt werden. Solche Leistungen mögen entweder direkt zur Produktion von unmittelbar verwendbaren Gütern und Diensten dienen, oder aber auch zur Finanzierung von Investitionen, wie z.B. der Herstellung dauerhafter Güter, der Verbesserung von Transportmitteln, Wohnungen und der Krankenfürsorge, also zur Finanzierung solcher Investitionen beitragen, die auf lange Zeit hinaus soziale Erträge gewährleisten. Jedenfalls müssen Steuern, soweit es sich um die ökonomische Seite des Problems handelt, so betrachtet werden, wie es bereits vor mehr als einem Jahrhundert Sismondi[24] tat und wie Beveridge es später formulierte, nämlich, »als ein Mittel zur Beschränkung der privaten Konsumausgaben mit dem Ziel, eine Freisetzung realer Produktionsfaktoren für andere Verwendungszwecke zu erreichen«.[25]

Dabei stellt sich das Problem der *Steuerbelastung*, d.h. die Frage, welchen Einfluß schließlich Art der Besteuerung sowie Allokation der öffentlichen Mittel auf Einkommensverteilung und damit auf die Verteilung der Güter und Dienstleistungen hervorruft. Genauso wie die private Rechnung wenig oder gar kein Licht auf die tatsächliche Auswahl sozialer Prioritäten wirft, so verfehlt das traditionelle Kalkül der Wohlfahrtsökonomie, von diesen Umverteilungseffekten Kenntnis zu nehmen, die sich für den Steuerzahler ergeben, sei es durch die Beseitigung oder Verhütung von Sozialkosten, oder dank der vom öffentlichen Sektor erbrachten »kostenlosen« Dienstleistungen. Das Bereitstellen dieser Dienstleistungen stellt den wichtigsten Eingriff in die Produktionsstruktur dar, der nur mit umfassenderen Konzepten berücksichtigt werden kann als sie die traditionelle Wohlfahrts- und Gleichgewichtstheorie bietet.

Würden die Nationalökonomen ihre Grundbegriffe so erweitern und soziale Kosten und Erträge in den theoretischen Rahmen aufnehmen, müßten sie endlich die Tatsache anerkennen, daß es keinen grundlegenden Unterschied zwischen privaten und sozialen Produktionskosten gibt (es sei denn in ihrer Meßbarkeit) und daß tauschbare Güter und öffentliche Leistungen insofern identisch sind, als die Produktion beider unter Benützung knapper Ressourcen erfolgt und soziales Handeln im Sinn einer Wahl voraussetzt. An diesem Punkt stoßen wir endlich auf die wichtigsten Begriffe einer neuen Nationalökonomie, nämlich die des sozialen Wertes und der sozialen Wahl.

Sozialer Wert und soziale Wahl

Wenn die moderne Nationalökonomie sich mit sozialen Kosten und Erträgen befassen soll, so wird es nicht ausreichen, diese weitgehend vernachlässigten Aspekte der sozialökonomischen Wirklichkeit in allgemeiner Form darzustellen und zu klassifizieren. Noch wird es genügen, quantitative, in Geldbeträgen ausgedrückte Schätzungen der Sozialkosten vorzulegen. Wie wichtig solche Schätzungen als erste Darstellung der Sozialkosten sein mögen – eine wirkliche Bestimmung ihrer relativen

Größenordnung und Bedeutung wird viel eher eine Frage der sozialen Bewertung und des sozialen Wertes (im Sinne eines Wertes für die Gesellschaft) sein.[26]

Ist man sich erst bewußt, daß die Größe und Bedeutung der sozialen Erträge nicht in Tauschwerten angegeben werden kann, sondern eine gesellschaftliche Bewertung erfordert, so wird klar, daß der Begriff des sozialen Wertes wahrscheinlich eine der wichtigsten Kategorien jeder ökonomischen Analyse darstellen wird, welche Inhalt und Auswirkungen wirtschaftspolitischer Eingriffe des Staates erklären will.

Die formale Gleichgewichtsanalyse scheint zur Lösung dieses zentralen Problems der Wirtschaftswissenschaft nur wenig beitragen zu können. Die subjektive Werttheorie mißt nur dem Individuum die Fähigkeit zu, »Freud und Leid« zu empfinden und auf dieser Basis für verschiedene Güter und alternative Handlungen (Entscheidungen) Präferenzen zu formulieren. Daraus erklärt sich offensichtlich die Tatsache, daß »kaum ein Hauch (der Idee des gesellschaftlichen Wertes) in die verdünnte Atmosphäre der technischen Diskussionen der Wert- und Distributionstheorie dringt«.[27] Und dennoch »können wir nur dann ein geeignetes wissenschaftliches Instrument, das die Isolation der Theorie durchbricht und eine Verbindung zu den die Dinge wirklich bewegenden Ideen herstellt, erhalten, wenn wir imstande sein werden, einen Begriff des gesellschaftlichen Wertes und der gesellschaftlichen Wertbildung zu konzipieren, der sich auf die Gesellschaft als Ganzes bezieht und unabhängig von marktwirtschaftlichen Bewertungsvorgängen auf konkrete Fälle angewendet werden kann«.[28]

Es wird manchmal gesagt, daß die Probleme des sozialen Wertes und der sozialen Bewertung eine Untersuchung der gesellschaftlichen Präferenzen voraussetzen, wie sie sich aus früheren und heutigen staatlichen Ausgabenbudgets ergeben. Zweifellos ermöglicht eine Analyse der Staatsausgaben gewisse Schlüsse über die relative Bedeutung, welche Regierungen bisher tatsächlich öffentlichen Diensten wie Erziehung, äußerer und innerer Sicherheit, Verkehr und Kommunikation, Hygiene und Krankenpflege, Wohnungsbau, usw. beigemessen haben. Doch können solche positivistischen Erhebungen höchstens *ex post* soziale Prioritäten ermitteln, so wie sie an einem bestimmten Zeitpunkt bei einer bestimmten Verteilung von Macht und Gegenmacht (innerhalb verschiedener Gruppen) bestanden. Deshalb können solche Studien höchstens Anspruch auf objektive Gültigkeit erheben, insofern sie sich auf die historischen Machtverhältnisse in der Gesellschaft beziehen. Es wird deshalb die entscheidende Frage sein, ob soziale Werte und der Prozeß der sozialen Bewertung auf eine objektive Basis gestellt werden können. Gibt es wirklich Kriterien zur Bestimmung sozialer Werte in einem mehr oder weniger objektiven Sinne, auf die sich vernünftige Personen einigen könnten? Es muß hervorgehoben werden, daß wir hier an der konkreten Bestimmung sozialer Werte und der allgemeinen Wohlfahrt interessiert sind und nicht an der Konstruktion von gesellschaftlichen Gesamtnutzenkurven oder gar kollektiven Indifferenzkurven über formelle, marginale Substitutionsraten. Es ist ja jederzeit möglich, einen solchen formalen Apparat zu entwickeln, besonders wenn man die Frage außer acht läßt, welche Bedeutung eine formale Analyse für die praktische Anwendung hat.

Nachdem wir wiederholt auf die Notwendigkeit und Möglichkeit, objektive Normen zu entwickeln und zu benützen, hingewiesen haben, wird es kaum überraschen, wenn wir die obige Frage bejahen. Mindestnormen (etwa die maximal zulässige Konzentration von Schadstoffen in Luft und Wasser, Beschränkungen bei der Nutzung nicht regenerierbarer Rohstoffe, Mindestanforderungen an Hygiene und Krankenpflege, Bestimmungen über die Nutzung des Bodens zur Erhaltung der Fruchtbarkeit, der Verhütung von Erosion, Überschwemmungen, Versalzung und Malariaverseuchung – um nur einige zu nennen) können weitgehend auf Zustimmung rechnen, jedenfalls wenn die Folgen ihrer Mißachtung klargemacht werden. Man wird Prioritäten für solche Minimalnormen aufstellen können und zumindest eine weitgehende Übereinstimmung über die absolute Notwendigkeit ihrer Einhaltung erzielen. Ähnlich werden Standort und Größe von komplexen industriellen Projekten und ihrer Zulieferungsbetriebe durch soziale und technische Erwägungen, wie die Verfügbarkeit von Rohstoffen, die Nähe von Märkten, der Zugang zu Verkehrsanlagen und Energieversorgung beeinflußt. Das Prinzip einer sozialen Wirtschaftlichkeit verlangt darüber hinaus, daß Investitionen kumulative Tendenzen hinsichtlich gesellschaftlicher und regionaler Ungleichheit und Rückständigkeit überwinden. Die Investitionen müssen deshalb unter offener Mißachtung der Marktsituation, aber in Übereinstimmung mit technischen und sozialen Kriterien erfolgen. Wenn einzelne oder kleine Gruppen einer Gesellschaft entweder nicht zu überzeugen sind oder nicht überzeugt werden wollen, daß soziale Erwägungen berechtigt sind, dann ist es legitim und vernünftig, wenn die Gesellschaft als Ganzes die Wünsche oder Interessen dieser einzelnen oder Gruppen überstimmt, um das allgemeine Wohl zu sichern. Dies zu unterlassen würde ernste Folgen für das Leben und die Gesundheit für die ganze Gesellschaft nach sich ziehen. Das soll nicht heißen, daß das Bestimmen von sozialen Prioritäten eine einfache Aufgabe sei, aber wir wollen betonen, daß der Versuch der sozialen Bewertung auch dann gangbar ist, wenn dabei die Präzision und die Feinheiten der formalen Nutzanalyse nicht erreicht werden können.

Die konkrete Lösung der Frage der sozialen Prioritäten würde sehr erleichtert, wenn die relativen Kosten verschiedener sozialer Nutzeffekte zu bestimmen wären. Die Schwierigkeiten, die sich der Lösung dieses Problems entgegen stellen, sind stark übertrieben worden. Es ist weder grundsätzlich noch praktisch unmöglich, die tatsächlichen oder wirklichen Kosten sozialen Nutzens zu berechnen. Auch ohne statistischen Apparat, der für solche Zwecke entwickelt oder angepaßt worden wäre, ist es möglich gewesen, mit großer Genauigkeit anzugeben, welche die tatsächlichen Produktionskosten von – sagen wir – Schlachtschiffen waren, und zwar sowohl im Sinne des Arbeitsaufwandes als auch im Sinne alternativer Verwendungsarten (opportunity costs) in andern (zivilen) Wirtschaftssektoren, (hätte man es nicht für nötig gehalten, die Mittel für Rüstungs- und Verteidigungszwecke auszugeben).

So wurde zum Beispiel geschätzt, daß für Verteidigung im Jahre 1956 in den USA zwischen sechs und sieben Millionen Arbeitskräfte erforderlich waren. Die Flugzeug-, Schiffsbau- und Elektroindustrie beschäftigte alleine über eine Million Mitarbeiter für das Militär... Dazu kamen noch mehr als vier Millionen Personen, die entweder in den Streitkräften dienten oder Angestellte des Verteidigungsdepartements waren. 1955 wurden etwa 2 % der Stahl-, 3 % der Kupfer- und 9 % der Aluminiumlieferungen für die Kriegsmaterialproduktion verwendet. Ausgedrückt als alternative Verwendungsmöglichkeit wurde geschätzt, daß ein Zerstörer so viel kostet, wie 3000 Familien für ein neues Haus aufwenden müßten. Der Preis eines modernen schweren Bombers würde ausreichen, eine Bevölkerung von mehr als 125000 Personen mit Spitaleinrichtungen zu versorgen.[29]

Zugegeben, diese Schätzungen beruhen nicht auf systematisch gesammelten und aufbereiteten Daten. Trotzdem geben sie einen Hinweis darauf, daß es möglich ist, aufgrund einer Analyse der allgemeinen Interdependenz der verschiedenen Wirtschaftssektoren eine überschlagsmäßige Schätzung des Aufwands für einen bestimmten Nutzen, ausgedrückt in alternativen Verwendungsmöglichkeiten, anzustellen. Wenn diese Berechnungen auf genau erfaßten Input-Output Daten beruhen würden, so wäre es möglich, die Bestimmung sozialer Werte auf eine feste empirische Basis zu stellen. Solche Berechnungen würden es auch ermöglichen, die relative Knappheit wichtiger Rohstoffe aufgrund unterschiedlicher Annahmen über tatsächliche Output-Niveaus zu erfassen und so der sozialen Bewertung ein rationales Fundament zu geben.[30]

Man kann sich fragen, ob das Grenznutzenprinzip die gesellschaftlichen Entscheidungen bestimmt oder ob der Prozeß der sozialen Bewertung ein nicht-marginaler ist.[31] Dem in der formalen Nutzenlehre geschulten Nationalökonomen mag es vorkommen, daß es nur eine einzige Form der Bewertung geben kann: nämlich der Vergleich der marginalen Bedeutung verschiedener Bedürfnisse. Doch bei näherer Betrachtung stellt sich heraus, daß dieses Prinzip der Grenznutzenbewertung, von dem man glaubt, daß es die Form und Norm jeder rationalen Wahl sei, weniger universelle Bedeutung besitzt, als gewöhnlich angenommen wird, und den Prozeß der sozialen Bewertung nicht lenkt. Denn soziale Wahl wird nicht aufgrund subjektiv erlebter Mängel vollzogen, sondern nach objektiven Erfordernissen oder wissenschaftlich bestimmten Normen. Die relative Dringlichkeit der Erfordernisse wird nicht subjektiv empfunden, sondern objektiv (d.h. oft fachgerecht meßbar) festgestellt. So bezieht die Erhaltung von Minimalnormen für das allgemeine Gesundheitswesen (sei es auf dem Gebiet der Hygiene, Krankenpflege oder die Verhütung von Luft- und Wasserverschmutzung), ja überhaupt die Erhaltung objektiver Normen (z.B. für Bodenfruchtbarkeit, den Damm- oder Straßenbau, die Errichtung von Wohn- und Schulhäusern), ihre Bedeutung und Priorität aus übergeordneten Erwägungen hinsichtlich angemessener Lebensbedingungen und der Erhaltung menschlichen Lebens. Jedes dieser sozialen Ziele muß im Zusammenhang und nicht im Hinblick auf marginale Bedürfnisse betrachtet werden. Die Einhaltung minimaler hygienischer Normen ist gewissermaßen ein unteilbares Gut und ein Bündel von Dienstleistungen, das vorhanden sein muß, wenn wir nicht mit dem Ausbruch von Epidemien rechnen wollen. Tatsächlich wird es viel wichtiger sein, Minimalanforderungen der menschlichen Gesundheit und Leistungfähigkeit zu erfüllen, als die Grenznutzen zum Ausgleich zu bringen, auch um den Preis einer zeitweiligen Vernachlässigung des einen oder andern alternativen Bedürfnisses. In der Tat ist eine Regierung, die durch ihre Politik oder ihr Verwaltungssystem außerstande ist, diesen Anforderungen ganz oder auch nur teilweise zu genügen, eine Regierung, die das Dasein und Überleben der Bevölkerung aufs Spiel setzt – auch wenn sie dabei die Zustimmung der Bevölkerung genießen mag – einer Bevölkerung, die über ihre eigentlichen Interessen nicht unterrichtet ist.

Das letzte Problem, das noch betrachtet werden muß, betrifft die Beziehungen zwischen individuellen Präferenzen und sozialen Werten und Präferenzen. Schließt nicht der Prozeß der Bewertung von sozialen Kosten und sozialem Nutzen durch die Gesellschaft notwendigerweise eine Bewertung von individuellen Werten und Präferenzen ein? Und besteht nicht stets die Gefahr eines Konflikts zwischen den individuellen und den gesellschaftlichen Urteilen und Wertschätzungen vom allgemeinen Wohlergehen, ist es doch zu vermuten, daß die Mitglieder einer Gesellschaft bei der Bewertung sozialer Kosten und Nutzen, bei der Verteilung der Kosten von Verhütungsmaßnahmen ökologischer Schäden und vor allem bei der Verteilung des Ertrags solcher Maßnahmen verschiedener Meinung sein werden? Das sind wichtige Fragen, vor denen die Wirtschaftsanalyse nicht zurückschrecken und auch nicht der Politologie oder Soziologie zuschieben darf. In der Tat: was uns beschäftigt, sind nicht nur Probleme des Übertragens individueller in soziale Werte und ihre gegenseitige Anpassung, es sind auch konkrete Probleme der Herkunft der Kosten und Erträge. Für die Zwecke einer rein formalen Analyse mag es genügen, individuelle Substitutionsraten zu Gesamtgrenzraten der Substitution zu kombinieren, welche die Bereitschaft einer Gruppe ausdrücken, für zusätzliche soziale »Errungenschaften« (wie Verhütung sozialer Kosten, Erziehung, Verteidigung, usw.) finanzielle Lasten auf sich zu nehmen.

Diese Betrachtungsweise gäbe uns eine Substitutionskurve (»curve of total marginal substitution«) von der gesagt werden kann, daß »sie so genau wie möglich der bekannten Gesamtnachfragekurve entspricht«.[32]

Der Punkt, wo sich diese (fiktive) Nachfragekurve mit der Kurve der für diesen sozialen Nutzen angemessenen Kosten schneidet, könnte als der Punkt gelten, bis zu dem die Produktion sozialer Leistungen ausgedehnt werden kann, ohne daß sich dabei ein Konflikt zwischen individueller und kollektiver Wahl ergäbe.[33] Doch wird wohl jeder Versuch, diese Werkzeuge formaler Analyse für praktische Zwecke zu verwenden, an der gleichen Schwierigkeit scheitern, die sich ihrem Gebrauch beim praktischen Problem der individuellen Profitmaximierung entgegenstellt: nämlich Grenzkosten und Grenzerträge oder Substitutionsraten konkret zu bestimmen. Infolgedessen ist eine lediglich formale Behandlung dieser Probleme ungenügend. Es ist von größter praktischer Bedeutung, direktere Methoden zu entwickeln und anzuwenden, die es gestatten, individuelle Präferenzen im Hinblick auf soziale Ziele zu erarbeiten und sie mit öffentlichen Bedürfnissen und Erfordernissen in Übereinstimmung zu bringen. Unter den Methoden zur Erfassung individueller Präferenzen werden Meinungsforschung, Stichprobenerhebung und die sorgfältige Auswertung von Abstimmungsresultaten nach den von H. R. Bowen[34] erarbeiteten Richtlinien weiten Raum einnehmen. »Es kann durchaus sein, daß uns eine richtig durchgeführte, von fachlich ausgebildeten Beamten ausgewertete Meinungsbefragung alle jene Informationen liefern kann, die heute von seiten autoritärer Verwaltungssysteme erwartet werden, und daß die Verwaltung trotzdem zu jedem Zeitpunkt in größerem Umfang dem Volkswillen unterworfen bleibt, als es unter dem technisch veralteten Apparat des traditionellen demokratischen Systems möglich ist.«[35] Die wichtige Aufgabe, individuelle Werte und Präferenzen mit den objektiv festgestellten sozialen Erfordernissen und minimalen Sicherheitsnormen in Übereinstimmung zu bringen, ist eindeutig eine Angelegenheit der sozialen Erziehung.

Doch wie rational und wirkungsvoll unsere Methoden der sozialen Erziehung auch sein mögen – soziale Werte und kollektive Entscheidungen in bezug auf die soziale Wohlfahrt finden nicht leicht jedermanns Zustimmung. Es bleibt Raum für Konflikt, und es ist deshalb nicht zu vermeiden, daß soziale Wahl die Bewertung und Ablehnung individueller Präferenzen einschließt. Denn selbst in demokratisch organisierten Gesellschaften beruhen Urteile über die allgemeine Wohlfahrt oft auf einer sozialen Bewertung individueller Nutzen. Tatsächlich hängt in einer Demokratie die Formulierung der Politik von den Zielen und höchsten Werten ab, welche die Mehrheit verfolgt. Aber es darf nicht übersehen werden, daß der öffentliche Entscheidungsprozeß durch die Anwendung von Macht geprägt wird. Die Präferenzen der Minderheiten und der Gruppen ohne genügenden politischen Einfluß werden nur über den langsam sich auswirkenden, parlamentarischen Kompromiß berücksichtigt. Die Gefahr eines Konflikts zwischen individuellen und sozialen Präferenzen ist deshalb in jeder Art von Gesellschaft wirklich und stets vorhanden. Auch die Abschaffung dominierender Gruppen und Klassen kann diese Konflikte nicht beseitigen, und von keinem Appell an die Vernunft kann erwartet werden, daß er jenen Grad der Einstimmigkeit in sozialen und wirtschaftlichen Angelegenheiten zustande brächte, der erforderlich wäre, um eine echte Gleichheit zwischen individuellen und sozialen Präferenzen zustandezubringen. Statt die Möglichkeit von Konflikten zwischen individuellen und sozialen Werten zu ignorieren oder sie durch einen rein formalen Begriff der Gesamtwohlfahrt zu tarnen – aufgefaßt als die Summe der Güter und Dienste aller Individuen oder durch irgend einen vagen Hinweis auf den »Volkswillen« oder die »Herrschaft durch und für das Volk«, ist es realistischer, und im Sinne der Föderalisten und auch von Karl Marx, sie als typische Kennzeichen des politischen Prozesses zu akzeptieren.

So wird die Wirtschaftswissenschaft mit der Erarbeitung einer Theorie des sozialen Wertes weit über die Abstraktionen und formalen Lösungen der neoklassischen und der modernen Welfare Economics hinauszugehen haben. Nur indem sie die philosophische Ausgangsposition des siebzehnten und achtzehnten Jahrhunderts aufgibt, ihre Grundbegriffe des Reichtums und der Produktion neu formuliert und erweitert sowie ihre Preistheorie durch eine Theorie des sozialen Wertes ergänzt, wird die Nationalökonomie endlich ein unvoreingenommenes und kritisches Verständnis des Wirtschaftsprozesses erlangen, das für jede Form sozialer Organisation von Belang sein kann. Indem sie Sozialkosten, soziale Erträge und soziale Werte in den Bereich ihrer Untersuchung einbezieht, würde aus der Nationalökonomie eine »politische Ökonomie« in einem tieferen und allgemeineren Sinn als die klassischen Nationalökonomen den Ausdruck je verstanden haben. Von der Wirtschaftswissenschaft könnte dann wirklich gesagt werden, sie beschäftige sich mit dem Problem der sozialen Ökonomie, und sie würde endlich ihre Geltung als Wissenssystem begründen, das sich mit der Erforschung der Natur und den Ursachen des Wohlstandes der Nationen befaßt.

Liste der Veröffentlichungen von K. William Kapp

Institutionelle Ökonomie

»Rational Human Conduct and Modern Industrial Society.« *The Southern Economic Journal* X, no. 2, 1943, pp. 136-150.

»Political Economy and Psychology: The Survival of Hedonism and the Research Tasks of the Future.« *Kyklos* IV, no. 4, 1950, pp. 291-315.

»Economics and Behavioral Sciences.« *Kyklos* VII, no. 3, 1954, pp. 205-25.

»Approaches to the Integration of Social Inquiry: A Critical Evaluation.« *Kyklos* X, no. 4, 1957, pp. 373-400.

Toward a Science of Man in Society – A Positive Approach to the Integration of Social Knowledge. The Hague: Martinus Nijhoff, 1961, 229 pp. Reprinted 1968.

»Zum Problem der Enthumanisierung der »Reinen Theorie« und der Gesellschaftlichen Realität.« *Kyklos* XX, no. 1, 1967, pp. 307-330.

»Nationalökonomie und rationaler Humanismus.« *Kyklos* XXI, no. 1, 1968, pp. 1-25.

»In Defense of Institutional Economics.« *Swedish Journal of Economics* LXX, no. 1, 1968, pp. 1-18. Reprinted in *Environmental Policies and Development Planning in Contemporary China and Other Essays*. The Hague: Mouton, 1974, 175 pp.

»In Defense of Institutionalism: A Further Elaboration.« *Symposium on Economics and Sociology: Towards an Integration*, Groningen, September 9-11, 1975. Published under the title: »The Nature and Significance of Institutional Economics.« *Kyklos* XXIX, no. 2, 1976, pp. 209-32.

»Economics in the Future: The Open System Character of the Economy and its Implications.« In Kurt Dopfer (ed.), *Economics in the Future: Towards a New Paradigm*. London: MacMillan, 1976.

Sozialkosten und Umweltzerstörung

The Social Costs of Private Enterprise. Cambridge, Mass.: Harvard University Press, 1950, 287 pp. Translated into German, 1958; Japanese, 1959; Polish, 1961; Spanish, 1966; Italian, 1971. Paperback edition published by Schocken Books, New York, 1971; New Introduction, pp. VII-XXVI, 287 pp.

Social Costs of Business Enterprise. Second revised and enlarged edition. Bombay/London: Asia Publishing House, 1963, 311 pp. French translation, 1976. Enlarged edition, Spokesman, Nottingham, 1977.

»Sozialkosten«, *Handwörterbuch der Sozialwissenschaften*. Göttingen: Vandenhoeck & Ruprecht, 1956, pp. 524-527.

»Social Costs and Social Benefits – A Contribution to Normative Economics.« In E. v. Beckerath and H. Giersch (eds.), *Probleme der normativen Ökonomik und der wirtschaftspolitischen Beratung*, Verein für Socialpolitik. Berlin: Duncker & Humblot, 1963, pp. 183-210. Reprinted in *Hindu Culture, Economic Development and Economic Planning in India.* Bombay/London: Asia Publishing House, 1963, 220 pp.

»On the Nature and Signifiance of Social Costs.« *Kyklos* XXII, no. 2, 1969, pp. 334-347.

»Environmental Disruption: General Issues and Methodological Problems.« *Social Science Information* 9, no. 4. 1970, pp. 15-32.

»Environmental Disruption and Social Costs: A Challenge to Economics.« Gedenkschrift für Jacques Stohler, *Kyklos* XXIII, no. 4, 1970, pp. 833-848. Translated into Polish 1975. Reprinted in *Environmental Policies and Development Planning in Contemporary China and Other Essays*. The Hague: Mouton, 1974, 175 pp.

»Umweltgefährdung, Nationalökonomie und Forstwissenschaft.« *Forstarchiv* 41, no 8/9, 1971, pp. 153-59. Als published in *Jahresbericht des Baden-Württembergischen Forstwesens*, Donau-Eschingen: 1971, pp. 24-36.

»Umweltgefährdung als ökonomisches und wirtschaftspolitisches Problem.« *Schweizerische Zeitschrift für Forstwesen* 123, no. 4, 1972, pp. 211-222.

Sozialisierung der Verluste. Ed. with F. Vilmar. München: Hanser Verlag, 1972, 243 pp.

»Umweltkrise und Nationalökonomie.« *Schweizerische Zeitschrift für Volkswirtschaft und Statistik* 108, no. 3, 1972, pp. 231-249. See also *Volkswirtschaftliche Korrespondenz der Adolf Weber Stiftung*, Frankfurt a.M., 12, no. 8, 1973, and *Schweizer Monatshefte* 52, no. 9, 1972, pp. 657-668. Abridged and translated in *Environmental Policies and Development Planning in Contemporary China and Other Essays*. The Hague: Mouton, 1974, 175 pp. Republished in Horst Siebert, ed.:

Umwelt und Wirtschaftliche Entwicklung, Wege der Forschung, (Darmstadt: Wissenschaftliche Buchgesellschaft), 1977.

»Social Costs, Neo-Classical Economics, Environmental Planning: A Reply.« *Social Science Information* 11, no. 1, February 1972, pp. 17-28. Translated into Polish 1975. Reprinted in *Environmental Policies and Development Planning in Contemporary China and Other Essays*. The Hague: Mouton, 1974, 175 pp.

»The Implementation of Environmental Policies.« *Development and Environment*. Report and working papers of a panel of experts convened by the Secretary General of the United Nations Conference on the Human Environment, Founex, Switzerland, June 4-12, 1971. Paris/The Hague: Mouton, 1972, pp. 67-94. Translated into Polish 1975. Reprinted in *Environmental Policies and Development Planning in Contemporary China and Other Essays*. The Hague: Mouton, 1974, 175 pp.

»Ökonomie der Umweltgefährdung und des Umweltschutzes.« *Aufgabe Zukunft: Qualität des Lebens*, Europäische Verlagsanstalt, Internationale Arbeitstagung, Industriegewerkschaft Metall, Oberhausen, 1972. Frankfurt a.M.: Band 4, 1973, pp. 11-36. English translation, »Environmental Disruption and Protection.« *Socialism and the Environment*. Nottingham: Spokesman Books, Bertrand Russell Peace Foundation, 1972, pp. 13-24. Revised and abbreviated in *Environmental Policies and Development Planning in Contemporary China and Other Essays*. The Hague: Mouton, 1974, 175 pp.

»Volkswirtschaftliche Kosten des Umweltschutzes.« Diskussionsbeitrag Symposium *Das Umweltproblem in ökonomischer Sicht*. Institut für Weltwirtschaft an der Universität Kiel, Frankfurt am Main: Europäische Verlagsanstalt, 1973, pp. 116-124.

»Les indicateurs d'environnement: Origines, fonctions et signification à la long terme.« *Environment and Social Sciences*, vol. 3 Paris/The Hague: Mouton, 1973, pp. 97-112. Revised and abbreviated in *Environmental Policies and Development Planning in Contemporary China and Other Essays*. The Hague: Mouton, 1974, 175 pp.

»Recycling in Contemporary China.« *Kyklos* XXVII, no. 2, 1974, pp. 286-303. Also published in *World Development* 3, no. 7/8, 1975, pp. 563-573.

»Energy and Environment: Inadequacy of Present Science and Technology Policies.« Paper presented at the Symposium on *Energy, Environment and Society*, Maison des Sciences de l'Homme, St. Bréau Sans Nappe, November 12-15, 1974, 17 pp., mimeographed.

»Social and Economic Effects of Low and High Employment.« *The Annals of the American Academy of Political and Social Sciences*, Vol. 418, March 1975, pp. 60-71.

Staatliche Förderung »umweltfreundlicher« Technologien (in collaboration with Hans Baumann and Peter Wachtl). Kommission für wirtschaftlichen und sozialen Wandel. Vol. 74, Göttingen: Otto Schwartz, 1976, 238 pp.

»Environment and Technology: New Frontiers for the Social and Natural Sciences.« *International Congress of Scientists on the Human Environment*, Kyoto, November 16-26, 1975. Published in the proceedings of the congress, 1976.

Environmental Disruption and Social Costs. A Collection of Essays (in Japanese). Tokyo: Iwanami Shoten Publishing House, 1976.

Probleme der Unterentwicklung

»River Valley Development Projects: Problems of Evaluation and Social Costs.« *Kyklos* XII, no. 4, 1959, pp. 589-604. Reprinted in *Hindu Culture, Economic Development and Economic Planning in India*, Bombay/London: Asia Publishing House, 1963, 220 pp.

»River Valley Projects in India: Their Direct Benefits.« *Economic Development and Cultural Change* VII, no. 1, October 1959, pp. 24-47. Reprinted in *Hindu Culture, Economic Development and Economic Planning in India*, Bombay/London: Asia Publishing House, 1963, 220 pp.

»Economic Development, National Planning and Public Administration.« *Kyklos* XIII, no. 2, 1960, pp. 172-204. German translation in Bruno Fritsch (ed.), *Entwicklungsländer*. Köln: Kiepenheuer & Witsch, 1968, pp. 197-223. Reprinted in *Hindu Culture, Economic Development and Economic Planning in India*, Bombay/London: Asia Publishing House, 1963, 220 pp.

»The Transition from a Bullock to a Tractor Economy in India: Some Indirect Effects and Benefits.« With P.N. Mathur. *Weltwirtschaftliches Archiv*, Vol. 87, 1961, pp. 333-350. Reprinted in *Hindu Culture, Economic Development and Economic Planning in India*, Bombay/London: Asia Publishing House, 1963, 220 pp.

»Friedrich List's Contribution to the Theory of Economic Development.« *The Political Science Review*, University of Rajasthan, Jaipur, India, 1, no. 1, 1962, pp. 17-22. Reprinted in *Hindu Culture, Economic Development and Economic Planning in India*, Bombay/London: Asia Publishing House, 1963, 220 pp.

Hindu Culture, Economic Development and Economic Planning in India. Bombay/London: Asia Publishing House, 1963, 220 pp.

»Economic Development in a New Perspective: Existential Minima and Substantive Rationality.« *Kyklos* XVII, no. 1, 1965, pp. 49-79.

»Social Costs in Economic Development.« In G.P. Sicat et al. (eds.), *Economics and Development: An Introduction*. Quezon City: University of the Philippines Press, 1965, pp. 1-48.

»Social Economics and Social Welfare Minima.« In T.K.N. Unnithan et al. (eds.), *Towards a Sociology of Culture in India*, Essays in Honour of Prof. Dr. D.P. Mukerji. New Delhi: Prentice Hall of India, 1965, pp. 1-12.

»A Systems Approach to Economic Development.« Paper presented at the *International Conference of the Association for Comparative Economics*, Villa Serbelloni, Bellagio, September 3-9, 1967, mimeographed.

»Entwicklungspolitik in Neuer Perspektive: Bemerkungen zu Gunnar Myrdal's ›Politisches Manifest über die Armut in der Welt‹.« *Blätter für Deutsche und Internationale Politik* 18, no. 3, 1973, pp. 1-12.

Environmental Policies and Development Planning in Contemporary China and Other Essays. Paris/The Hague: Mouton, 1974, 175 pp.

Neue Wege für Bangladesh. Sozio-ökonomische Analyse der Entwicklungsaufgaben und -möglichkeiten des neuen Staates. Co-authors: Luc Bigler, Brigitte Janik, and Peter Wirth. Hamburg, Mitteilungen des Instituts für Asienkunde, No. 63: 1975, 223 pp.

»Development and Environment: Towards a New Approach to Socioeconomic and Environmental Development.« Paper read at the Inter-University Centre of Post-Graduate Development, Dubrovnik, April 1976.

Planung

Planwirtschaft und Außenhandel. Geneva: Georg & Cie., 1936, pp. XI, 140.

»Economic Regulation and Economic Planning: A Theoretical Classification of Different Types of Economic Control.« *American Economic Review* XXIX, 1939, pp. 760-773. Reprinted in H.B. Summers, and R.E. Summers, *Increasing Federal Power*. New York: H.W. Wilson, 1940, pp. 143-161.

»The Breakdown of Inter-allied Economic Collaboration.« Co-author: H.B. Brodie. *United States' Cooperation with British Nations*, Planning Pamphlets No. 6 Washington, D.C.: National Planning Association, 1941, pp. 39-51.

»Postwar Problems of Industrial Demobilization.« In E. Stein and J. Backman (eds.), *War Economics*. New York: Farrar and Rinehart, 1942, pp. 417-443.

»Economic Planning and Freedom.« *Weltwirtschaftliches Archiv*, Vol. 64, 1950, pp. 29-54. Reprinted in *Hindu Culture, Economic Development and Economic Planning in India*, Bombay/London: Asia Publishing House, 1963, 220 pp.

Erziehungsfragen und das Lehren in den Wirtschaftswissenschaften

Introduction to Contemporary Civilization in the West. A Source Book. Co-editor. 2 Vols. New York: Columbia University Press, 1946, 1, 100 pp. (Vol. I) and 1, 188 pp. (Vol. II).

»Teaching of Economics: A New Approach.« *The Southern Economic Journal* XII, 1946, pp. 376-383.

»Methods of Visual Presentation and the Teaching of Economics.« *American Economic Review* XXXVII, No. 4, 1947, pp. 652-654.

»Wiechert als Erzieher.« *Bekenntnis zu Ernst Wiechert.* München: Kurt Desch, 1947, pp. 12-23.

»The Future of German Education.« *Journal of Higher Education* XIX, no. 8, 1948, pp. 394-397.

»Deutsche Erziehungsreform in amerikanischer Perspektive.« *Neues Europa*, Heft 9, 1948, pp. 26-31.

»Workshop Techniques in an Economics Course.« *Journal of Higher Education* XXI, 1950, pp. 206-210.

A Graphic Approach to Economics-Selected Principles and Problems. Co-author: Lore L. Kapp. New York: Henry Holt and Co., 1951, 174 pp. Revised edition, 1954.

History of Economic Thought – A Book of Readings. Co-editor: Lore L. Kapp. New York: Barnes and Noble, 1949, 444 pp. Revised edition, 1956; 8th reprinting, 1962; 2nd edition, 1966.

Verschiedenes

»Memorandum on the Efforts Made by the League of Nations Towards a Solution of the Problems of Raw Materials.« Submitted to the Tenth Session of the *International Studies Conference of the International Institute of Intellectual Co-Operation*. Geneva Research Centre, 1937, 110 pp., app. 37 pp.

The League of Nations and Raw Materials, 1919-1939. Geneva Studies (Geneva Research Centre) XII, no. 3, 1941, 64 pp.

Anmerkungen

Vorwort der Herausgeberin Lore L. Kapp

1 K. William Kapp, *Volkswirtschaftliche Kosten der Privatwirtschaft* (Tübingen, J.C.B. Mohr, 1958), S. X.

Vorwort zur französischen Ausgabe von Ignacy Sachs

1 Kapp, K. William, *Soziale Kosten der Marktwirtschaft,* fischer alternativ, Band 4019, Fischer Taschenbuch Verlag, Frankfurt, 1979, S. 8.

Einführung zur amerikanischen Neuauflage von K. William Kapp (1971)

1 Diese Einführung wurde im August 1970 für die amerikanische Taschenbuchausgabe (*The Social Costs of Private Enterprise*), New York, Schocken Books, 1971, verfaßt. Für die sorgfältige Überarbeitung und Übersetzung dieser Einleitung möchte die Herausgeberin ihren Dank an Isabelle Schulte-Tenkhoff und Dr. Rolf Steppacher aussprechen.

2 Es sei lediglich auf einige der vielen nationalen und internationalen Veranstaltungen hingewiesen, die spezifische Teilbereiche der Umweltgefährdung und von Sozialkosten behandelt haben; die UNESCO-Konferenz über Nutzung und Erhaltung der Biosphären, Paris 1968; Das internationale Kolloquium gegen die Umweltverschmutzung, veranstaltet 1970 in Royan durch die International Association for World Law; das internationale Symposium über Umweltzerstörung in der modernen Welt: Eine Herausforderung an die Sozialwissenschaftler, Tokyo 1970, einberufen von dem International Social Science Council, Paris. Dazu kommen: Die zwischenstaatliche (Ost-West) Konferenz über Umweltschutz und Umweltverbesserung in Prag (1971) und die UNO-Umweltkonferenz in Stockholm, 1972. Unter den gesetzgeberischen Schritten sind u. a. zu nennen die Clean Air Act (1965) und die Clean Water Act (1965) der Vereinigten Staaten. Japan und andere Länder haben Überwachungssysteme eingeführt, die den Grad der Luft- und Wasserverschmutzung in kritischen Gebieten messen, und die Stadt Tokyo kann sich sogar rühmen, die ersten täglichen Luftverschmutzungsprognosen eingeführt zu haben. Einzelpersonen, Bürgerinitiativen und Behörden haben mit unterschiedlichem Erfolg versucht, die traditionelle gesetzliche und verwaltungstechnische Maschinerie in Gang zu setzen, um eine Behebung bestimmter Schäden herbeizuführen und beeinträchtigte Eigentumsrechte zu schützen. Juristen fragen, ob und wie Gewohnheitsrecht und substantiver Gehalt verfassungsmäßiger Bestimmungen eingesetzt bzw. erweitert werden können, um ein Grundrecht auf eine saubere Umwelt zu verwirklichen. Vergl. David Sive, »The Environment: Is it Protected by the Bill of Rights?« in: *Civil Liberties*, August 1970.

3 Newsweek, 17. August 1970, S. 45.

4 K. William Kapp, »Social Costs and Social Benefits – A Contribution to Normative Economics.« In E. v. Beckerath und H. Giersch (Hrsg.), *Probleme der normativen Ökonomik*

und der wirtschaftspolitischen Beratung, Verein für Sozialpolitik, Berlin, Duncker & Humblot, 1963, S. 183-210; und »On the Nature and Significance of Social Costs«, *Kyklos* XXII, No. 2, 1969, S. 334-347.

5 Vgl. K. William Kapp, »Environmental Disruption: General Issues and Methodological Problems«, *Social Science Information*, IX, No. 4, 1970, S. 15-32.

6 Committee on Pollution, *Waste Management and Control* (National Academy of Sciences, Washington DC, 1966, Publication 1400), S. 11.

7 James J. Hanke und Harold D. Kube, »Industry Action to Combat Pollution«, *Harvard Business Review*, Sept.-Oct. 1966, S. 49-50 und *passim*.

8 K. William Kapp, *Volkswirtschaftliche Kosten der Privatwirtschaft*, Tübingen/Zürich, 1958, S. 115.

9 »Bis zu einem gewissen Konzentrationsgrad sind Abfallablagerungen, Landschaftsverunstaltungen und Stauungserscheinungen schlimmstenfalls örtliche Störungen. Luft, Wasser und Boden können ohne großen Schaden vieles verkraften. Ist eine gewisse Schwelle jedoch überschritten, dann entstehen ernsthafte Probleme. Unterschiede in Häufigkeit und Konzentration führen zu qualitativen Unterschieden.« H. Jarrett (Hrsg.), *Environmental Quality in a Growing Economy* (Baltimore, Johns Hopkins Press, 1966, S. IX-X.

10 Die erste Ausgabe der »Die Sozialkosten der Marktwirtschaft« macht ebenfalls Gebrauch von Marshalls Begriff der ›Externalitäten‹. Eine neuere Erörterung der Unangemessenheit des Begriffs findet man bei K. William Kapp »On the Nature and Significance of Social Costs«, *Kyklos* XXII, (1969), S. 334-347 und »Environmental Disruption and Social Costs: A Challenge to Economic Theory«, *Kyklos* XXIII (1970) S. 833-848.

1. Ökonomische Analyse und Sozialkosten

1 Petty kritisierte die Begrenzung des Wuchers durch einen Hinweis auf »die Eitelkeit und Fruchtlosigkeit, Rechtsnormen gegen die Gesetze der Natur aufzustellen«. Siehe »*A Treatise of Taxes and Contributions*« in C. H. Hull (ed.), *The Economic Writings of Sir William Petty* (Cambridge, 1899), S. 48.

2 Cantillon war einer der ersten, der die verschiedenen Phasen des Marktmechanismus, dessen automatischen Ablauf er in allen Einzelheiten beschrieb, erfaßte und analysierte. Siehe: H. Higgs (ed.), *Essai sur la Nature du Commerce en Général* (London, Macmillan and Co., 1931) bes. S. 23 ff., und S. 53.

3 Die Bindung der Physiokraten an das Konzept der Naturgesetze, insbesondere die »Mechanik« der Blutzirkulation ist bei Quesnay wie auch bei Mercier ausdrücklich betont worden. Siehe: Mercier de la Rivière, *L'Ordre Naturel et Essentiel des Sociétés Politiques* (Paris, 1767) und F. Quesnay, *Le Droit Naturel* (Paris, 1765). Siehe auch die relevanten Zitate aus diesen Schriften von Adam Smiths Vorgängern in K. Wm. Kapp und L. L. Kapp (eds.), *History of Economic Thought* (New York, Barnes & Noble, 1956).

4 Adam Smiths philosophische Vorstellungen bedürfen keiner weiteren Erläuterung. Siehe W. Hasbach, *Untersuchungen über Adam Smith und die Entwicklung der Politischen Ökonomie* (Leipzig, 1891), und *Die Allgemeinen Philosophischen Grundlagen der von François Quesnay und Adam Smith begründeten Politischen Ökonomie* (Leipzig, 1890). Vgl. auch J. Bonar, *Philosophy and Political Economy* (London, 1893). Siehe auch G. Myrdal, *The Political Element in the Development of Economic Theory* (Cambridge, Mass., Harvard University Press, 1954).

5 J.M. Keynes, *Essays in Biography* (London, Macmillan & Co., 1933), S. 223.

6 J.M. Clark, »Economics and Modern Psychology«, *Preface to Social Economics* (New York, Rinehart & Co., 1936) S. 93.

7 T. Veblen, »Industrial and Pecuniary Employments«, *The Place of Science in Modern Civilization and Other Essays* (New York, Viking Press, 1919), S. 282.

8 T. Veblen, *op. cit.*, S. 282.

9 Als Zeugnis für die anhaltende Rolle der Konzepte von Naturrechten im neoklassischen Denken vgl. E. Böhm-Bawerk, *The positive theory of capital*, (New York, G. E. Stechert &

Co., 1930), S. 78; J.B. Clark, *Theory of distribution*, (New York, Macmillan Co., 1938), S. 175, S. 180.

10 M.E.L. Walras, *Etudes d'économie politique appliquée*, Leduc, (ed.) (1936), S. 466, zitiert nach W. Stark, *The history of economics*, (New York, Oxford Un. Press), 1944, S. 56.

11 J.B. Clark, *Theory of distribution, op. cit.*, S. 180. Vgl. den bezeichnenden Titel und Inhalt einer Ansprache von J.B. Clark: »*Soziale Gerechtigkeit ohne Sozialismus*«, Boston, 1914. Zu diesem ganzen Fragenkomplex, unter besonderer Berücksichtigung der Rolle, welche die religiösen Vorstellungen der sozialen Gerechtigkeit bei der Entwicklung des neoklassischen ökonomischen Denkens gespielt haben, siehe J.R. Everett, *Religion in economics*, (New York, King's Crown Press, 1946).

12 Alfred Marshall, *Handbuch der Volkswirtschaftslehre* (Stuttgart und Berlin 1905), S. 453.

13 Knut Wicksell, *Lectures on political economy*, (New York, Macmillan & Co., 1934), S. 77.

14 P.H. Wicksteed, »The scope and method of political economy in the light of the »marginal« theory of value and distribution«, *Economic Journal*, vol. 24, 1914, S. 11-12.

15 Seit dem Erscheinen der ersten Ausgabe der Sozialen Kosten hat ihre Wichtigkeit eine gewisse Anerkennung in der Diskussion über »external economies« und »external diseco» nomies« gefunden. Diese »Externalitäten«, wie sie von Samuelson in der 1961 erschienenen Ausgabe seiner »*Economics*« (New York, McGraw-Hill) genannt werden, schaffen nun zugegebenermaßen »eine Abweichung zwischen privaten, marginalen Geldkosten aus der Sicht der Unternehmung und wirklichen, sozialen Marginalkosten«, S. 476 n. Siehe auch E.T. Weiler and W.H. Martin, »*The American Economic System*« (New York, The Macmillan Co., 1957) S. 534-539. Was jedoch nicht anerkannt wird, ist die Tatsache, daß die sogenannten externen Kosten und Nutzen keine isolierten Fälle darstellen, sondern weitverbreitete und unausweichliche Phänomene innerhalb der Marktwirtschaft sind.

16 Wer an der Gültigkeit dieser Aussage zweifelt, braucht lediglich eine Reihe repräsentativer Abhandlungen über die Preistheorie zu konsultieren und insbesondere jene Teile zu lesen, welche die Preis- und Produktionsanpassungen unter Bedingungen (statischer) Konkurrenz mit jenen des Monopols vergleichen.

17 J.A. Schumpeter, *Capitalism, Socialism and Democracy* (New York: Harper and Bros., 1942) S. 77n. [Deutsche Ausgabe S. 128 f.]. Tatsächlich könnte, wie Sidgwick schon früher hervorgehoben hat, praktisch das ganze System der theoretischen Schlußfolgerungen der modernen Wirtschaftswissenschaft aus der Annahme rationalen wirtschaftlichen Verhaltens abgeleitet werden. »So kann erstens argumentiert werden, daß aus der Universalität des Strebens nach Reichtum und der Fähigkeit jedes einzelnen besser als jeder andere zu beurteilen, was am besten der Befriedigung der eigenen Bedürfnisse dient, und angesichts des größeren Interesses, das der einzelne an einer solchen Befriedigung hat, man auch von jedem vernünftigen Menschen erwarten kann, daß er seine eigenen ökonomischen Interessen besser wahrnehmen kann, als es die Regierung für ihn tun wird. Wenn man dies zugesteht, folgt zweitens, daß die Konsumenten in der Verfolgung ihrer ureigensten Interessen jene wirksame Nachfrage nach allen Arten von Gütern und Dienstleistungen hervorrufen werden, welche dem proportionalen Nutzen für die Gesellschaft entspricht; während die Produzenten, ebenfalls jeder sein ureigenes Interesse verfolgend, die Nachfrage auf die wirtschaftlichste Weise befriedigen werden; dabei bereitet sich jeder selbst oder mit Hilfe seiner Eltern auf die am besten bezahlten und daher nützlichsten Dienste vor, für die er geeignet ist.« Siehe H. Sidgwick, *The Principles of Political Economy* (London, 1901), p. 29.

18 Der erste dieser Faktoren ist vom Verfasser ausführlich analysiert worden in »Rational Human Conduct and Modern Industrial Society«, *The Southern Economic Journal*, 1943, Bd. X, S. 136-150. Für eine Analyse der Probleme der sozialen Erträge und das verwandte Thema der öffentlichen Investitionen siehe K. Wm. Kapp, Liste der Veröffentlichungen, S. 220ff. Siehe auch die vernichtende Kritik der Doktrin der souveränen Konsumenten unter den Bedingungen der modernen Verkaufsförderung und Werbung, J.K. Galbraith, *The Affluent Society* (Boston, Houghton, Mifflin & Co., 1958), bes. Kap. 10 und 11. (Dt. *Gesellschaft im Überfluß*, Droemer-Verlag, München).

2. Inhalt und Bedeutung der Sozialkosten

1 Für eine Beschreibung einiger dieser Sozialkosten, die auf das System der Anreize zur Planerfüllung in der sowjetischen Wirtschaft zurückgeführt werden können, siehe: J.S. Berliner, »Management incentives and decision making: a comparison of the United States and Soviet Union« in *Comparisons of the United States and Soviet Economies*, Joint Economic Committee, 86. Congress, Part I, (Washington, DC, US Government Printing Office, 1959), S. 349-376.

2 Dieser Punkt ist in einem etwas anderen Zusammenhang aufgenommen worden, siehe: K. Fox, *Pollution: The problem of evaluation*, National Conf. on Water Pollution, Dec. 1960, United States Dept. of Health, Education & Welfare, U.S. Public Health Service, Washington DC, vervielfältigt, S. 5.

3 »Wenn auch unbewußt ist die gegenwärtige Tendenz zur Planung von Wandel und Wachstum in vielen ihrer Formen tatsächlich eine Tendenz, dem Wandel und Wachstum ein Ende zu setzen.« Vgl. D.M. Wright, »*The Economics of Disturbance*« (New York, The Macmillan Co., 1947), S. 91-92.

4 Siehe jedoch Kap. 10, 130ff.

5 Siehe »Social Costs and Social Benefits, their Relevance for Public Policy and Economic Planning« in: K. William Kapp *Hindu Culture, Economic Development and Economic Planning*, (Bombay, Asia Publishing House, 1963), S. 171-201.

6 J.A. Schumpeter, *Kapitalismus, Sozialismus und Demokratie* [ins Deutsche übersetzt von Dr. Susanne Preiswerk] (Bern 1946), S. 170.

7 M.W. Watkins, »Veblen's View of Cultural Evolution« in: D.F. Dowd (Hrg.) *Thorstein Veblen: a Critical Reappraisal* (Ithaca, NY, Cornell University Press, 1958), S. 249-264. Siehe auch W.C. Mitchells Verursachungstheorie in: *Business Cycles, the Problem and its Setting* (New York, National Bureau of Economic Research, 1927).

8 G. Myrdal, übersetzt aus »Rich Lands and Poor« (New York, Harper and Broth., 1957), S. 13. Daß viele dieser gleichgerichteten Bewegungen sich erschöpfen und unter gewissen Bedingungen durch neutralisierende Tendenzen zum Stillstand gebracht werden, widerlegt ihren kumulativen und selbstverstärkenden Charakter nicht. Siehe *Ibid*., S. 33-37.

3. Das Problem der Sozialkosten in der Geschichte der Nationalökonomie

1 Adam Smith, *Der Wohlstand der Nationen* Buch 5, S. 612, übertragen von H.C. Recktenwald (C.H. Beck Verlag, 1974).

2 Übersetzt aus J.C.L. Simonde De Sismondi, *Nouveaux principes d'économie politique* (2. Auflage, Paris, 1827), Bd. I, S. 92.

3 Zur Frage, ob Sismondi der Vorrang gegenüber Ricardo und Malthus gebührt und in welchem Verhältnis er zu diesen steht, siehe G. Sotiroff, *Ricardo und Sismondi* (Zürich, Europa Verlag, 1945), S. 41-47.

4 Übersetzt aus J.C.L. Simonde de Sismondi, *op. cit.*, Bd. II, S. 220.

5 Zitiert nach C. Gide und C. Rist, *A History of Economic Doctrines from the Time of Physiocrats to the Present Day* (New York, D.C. Heath & Co. 1915), S. 180.

6 »Wenn wir, anstatt bei uns Getreide zu ernten... einen neuen Markt entdeckten, wo wir es uns zu einem niedrigeren Preise verschaffen könnten, so würden in diesem Falle die Löhne sinken und die Profite steigen...« D. Ricardo, *The Principles of Political Economy and Taxation* (New York, E.P. Dutton & Co., Ind. Every Man's Library, 1937), S. 80.

7 K. Marx, »Rede über die Frage des Freihandels«, *Karl Marx Werke* Band 4 (Dietz Verlag, Berlin, 1977), S. 449.

8 *Ibid*., S. 454.

9 *Ibid*., S. 455.

10 *Ibid*., S. 456.

11 *Ibid*., S. 458.

12 R. Owen, *Report to the County of Lanark* (Glasgow, 1821), abgedruckt in: *Introduction to*

Contemporary Civilization in the West (New York, Columbia University Press, 1946), Bd. II S. 407-408.

13 C. Kingsley, »Cheap Clothes and Nasty«, abgedruckt in: *Alton Locke* (London, Macmillan, 1911), S. XLVII.

14 F. Engels, *The Condition of the Working Class in England in 1844* (New York, 1887, S. 64). Das Zitat wurde der zweiten Ausgabe des Engels'schen Werkes *Die Lage der arbeitenden Klasse in England*, Leipzig, 1848, S. 122, entnommen und entspricht daher dem Originaltext.

15 *Selections from the Works of Fourier* (London, 1901), S. 109.

16 Justus von Liebig, *Die Chemie in ihrer Anwendung auf Agricultur und Physiologie* I. Teil »Der Chemische Prozeß der Ernährung der Vegetalien«. 7. Auflage, Braunschweig, 1862, S. 155.

17 Karl Marx, *Das Kapital* (Berlin, Dietz-Verlag, 1975), Bd. I, S. 529-530. Eine weitere Darstellung der Ansichten von Marx über die Ausbeutung der Naturelemente und über den Tatbestand, daß sie in den Produktionsprozeß gelangen, ohne in den privaten Kostenkalkulationen aufzutreten, findet sich in Bd. III, S. 814 und S. 820-821. *Ibid.*

18 Zu J. A. Hobson siehe *Work and Wealth – A Human Valuation* (New York, The Macmillan Company, 1916). Zu den Fabiern siehe Sidney & Beatrice Webb, *The Decay of Capitalist Civilization* (London, The Fabian Society and George Allen and Unwin Ltd., 1923), Kap. V, sowie H. D. Dickinson »The Failure of Economic Individualism« in: *Studies in Capital and Investment* (London, Victor Gollancz Ltd., 1935).

19 Oskar Lange (and F. M. Taylor), *On the Economic Theory of Socialism* (Minneapolis, The University of Minnesota Press, 1938), S. 103-104.

20 A. A. Cournot, siehe bei A. Landry *L'utilité sociale de la propriété individuelle* (Paris, 1901), S. 36 ff.

21 O. Effertz, *Les antagonismes économiques* (Paris, 1906).

22 A. Landry, *Manuel d'économie* (Paris, 1908). Siehe besonders Anhang I.

23 A. C. Pigou, *The Economics of Welfare* (London Macmillan & Co., 4th ed., 1932).

24 A. C. Pigou, *Socialism versus Capitalism* (London Macmillan & Co., 1947), S. 43 und 45. Siehe auch *Economics in Practice* (London, Macmillan & Co., 1935), Lecture 5.

25 A. C. Pigou, *The Economics of Welfare, op. cit.*, S. 134.

26 *Ibid.*, S. 134.

27 *Ibid.*, S. 134-135.

28 *Ibid.*, S. 183.

29 M. W. Reder, *Studies in the Theory of Welfare Economics* (New York, Columbia University Press, 1947), S. 14-15.

30 *Ibid.*, S. 17.

31 Eine kritische Würdigung findet sich bei G. J. Stigler »The New Welfare Economics« in *American Economic Review*, Bd. 33 (Juni 1943), S. 355-359.

32 Joan Robinson, »Teaching Economics« in: *The Economic Weekly* (Bombay), Januar 1960, S. 173.

33 Th. Veblen, *The Vested Interest and the Common Man*, 1919. Unter den andern Schriften Veblens, die sich mit den Sozialkosten befassen, siehe *The Engineers and the Price System* (1921), *Absentee Ownership and Business Enterprise in Recent Times* (1923), sowie *An Inquiry into the Nature of Peace and the Terms of its Perpetuation* (1917).

34 Th. Veblen, »The Technicians and the Revolution«, in: *The Portable Veblen* (New York, Viking Press, 1948), S. 543.

35 E. H. Chamberlin, *The Theory of Monopolistic Competition* (Cambridge, Harvard University Press, 1946), S. 213.

36 *Ibid.*, S. 213.

37 *Ibid.*, S. 214.

38 F. H. Blum, »The Social and Economic Implications of the Fair Labor Standards Act: An Interpretation in Terms of Social Costs«. In: *Proceedings of the 9th Meeting of the Industrial Relations Research Association* (Cleveland, 1956), S. 167-183.

39 K. Paul Hensel, *Über wirtschaftliche und wirtschaftspolitische Willensbildung* (Berlin, Duncker & Humblot, 1959), S. 21.

40 Als Veranschaulichung dessen, was getan werden kann, um die Geschichte unter Beachtung der Sozialkosten neu zu schreiben, siehe Karl Polanyi, *The Great Transformation* (New York, Rinehart & Co., 1944).

41 Siehe z. B. E. Fromm, *Escape from Freedom* (1941), deutsch: Die Furcht vor der Freiheit, Frankfurt 1966; *Man for Himself* (1947), deutsch: Psychoanalyse und Ethik, Zürich 1954; *The Sane Society* (1958), deutsch: Der moderne Mensch und seine Zukunft, Frankfurt 1960; K. Horney, *Neurosis und Human Growth* (1950); H. S. Sullivan, *The Interpersonal Theory of Psychiatry* (1953).

4. Die Sozialkosten der Luftverunreinigung

1 *National Goals in Air Pollution Research*, Report of the Surgeon General's Ad Hoc Task Group on Air Pollution Research Goals (U. S. Department of Health, Education and Welfare, Washington, D. C., 1960), S. 1.

2 So ist die Verbrennung von bituminöser Kohle unvollständig, wenn die Konstruktion und Arbeitsweise der Verbrennungsanlage oder die Verbrennungsmethode und die Luftzufuhr mit der entsprechenden Hitzeentwicklung nicht im Einklang stehen. Unter solchen Umständen verbrennt der flüchtige Teil der Kohle – d. h. der gasförmige Teil der bituminösen Kohle, deren Destillierung sogar bei Temparaturen unter dem Flammpunkt vor sich geht – bei unzureichender Luftmischung, oder er kann auf kältere Schichten stoßen, die seine Temperatur unter den Entzündungspunkt senken. In beiden Fällen werden die unverbrannten Kohlenteile von der steigenden heißen Luft erfaßt und bilden zusammen mit Kohlenstoff und Teerstoffen, die durch eine vorzeitige Abkühlung der Flamme kondensiert werden, vermengt mit Staub und Asche, den sichtbaren Rauch. Je nach der Art des Brennmaterials und der Verbrennungsweise, wird dieser Kohlenrauch größere und kleinere Gasmengen enthalten (wie z. B. Kohlendioxyd, Kohlenmonoxyd, Sauerstoff, Stickstoff, Ammoniak, Schwefeldioxyd und andere Schwefelverbindungen, unverbrannten oder nur teilweise verbrannten Brennstoff in Form von Koks, Mineralstoffen oder Asche, Teer und sehr feine Partikeln von reinem Kohlenstoff). Obwohl nicht alle diese Bestandteile notwendigerweise luftverunreinigend wirken, können sie dennoch unter bestimmten Umständen schädlich werden. Bemerkenswert ist in diesem Zusammenhang die Tatsache, daß die hochwertigeren Brennstoffe wie Anthrazit und Koks nur wenig oder keine flüchtigen Teile enthalten und beinahe vollständig ohne Rauchentwicklung verbrannt werden können. Die Verbrennung von flüssigen Stoffen, wie Öl, wird in der Regel besser kontrolliert, weil sie in besonders dafür bestimmten Anlagen vor sich geht, »in denen das Öl zerstäubt und bei gleichmäßiger Zufuhr auch die Einführung und Mischung von Luft in den Brenner vorgenommen wird, wo die Mischung dann entzündet wird«. Trotzdem kann unter Umständen auch die Verbrennung von Öl unvollständig sein, so daß dann doch Rauch entsteht. »Dieser Rauch ist ein teeriger, schmieriger Stoff, der alles überdeckt, was er berührt; er kann auch Schwefel- oder schweflige Säure mit sich führen, ohne Rücksicht darauf, ob dies aus Schwefel herrührt, der im Öl selbst enthalten war, oder von anderen, exogenen Quellen kommt.« – Diese zusammenfassende Übersicht stützt sich auf *H. B. Meller* und *L. B. Sisson, The Municipal Smoke Problem*. (Pittsburgh, 1935), pp. 8-16.

3 W. F. Ashe, »Exposure to High Concentrations of Air Pollution (1) Health Effects of Acute Episodes«, National Conference on Air Pollution, *Proceedings* (U.S. Department of Health, Education and Welfare, Public Health Service, Washington, D. C., 1958), S. 189-190. Hiernach zitiert als »*Proceedings*«.

4 National Goals in Air Pollution Research, *op. cit.*, S. 7.

5 *Ibid.*, S. 28.

6 E. Z. Andreeva-Galanina, et al. The State of the Central Nervous System in Persons Exposed to the Prolonged Influence of Carbon Disulfide (Leningrad, 1958). Englische Zusammenfassung in: Air Pollution Control Association, *Abstracts*, Vol. 5, No. 2, July 1959 (No.

2522). Siehe B. S. Levine, *U. S. S. R. Literature on Air Pollution and Related Occupational Diseases*, Vols. I-V, U. S. Department of Commerce, Office of Technical Services, Washington, D. C. 25, 1961 und die verwandte Serie »Limits of Allowable Concentration of Atmospheric Pollutants«, Books 1-4, für einen erschöpfenden Überblick über die russische Literatur zur Luftverschmutzung einschließlich der Studien der zulässigen Grenzen für die Konzentration atmosphärischer Schadstoffe.

7 N. Nelson, »How air Pollution has its Effects on Health (1), The Irritant Action of Air Pollutants«. *Proceedings, op. cit.*, S. 214.

8 Dies bedeutet nicht, daß es nicht vielversprechende Techniken geben könnte, um die mögliche Rolle der verschiedenen Faktoren zu bestimmen. »Wenn die Krebsrate bei ländlichen Bevölkerungen eine minimale Basisrate für den Menschen darstellt, kann man spekulieren, daß die doppelt so hohe Rate, die in städtischen Gebieten beobachtet wird, weitgehend der Luftverschmutzung zuzuschreiben ist.« ...Doch andere Faktoren mögen ebenfalls Lungenkrebs erzeugen; Zigaretten und Luftverschmutzung können zusammenwirken, ihre Wirkung wechselseitig steigern, und die Reizung verschlimmern; Aerosole und die Anfälligkeit des Organismus' müssen ... berücksichtigt werden. R. A. Prindle, *The Disaster Potential of Air Pollution* (Chief, Air Pollution Medical Program, U. S. Public Health Service, Washington, D. C.; vervielfältigt, 1960), S. 7-8.

9 L. Breslow, »Exposure to Low Concentrations of Air Pollutions (1), Health Effects from Repeated Exposure«. *Proceedings, op. cit.*, S. 197-198.

10 N. Nelson, *Proceedings, op. cit.*, S. 211.

11 Siehe *Ibid.*, S. 210-214 and J. R. Goldsmith, »How Air Pollution hat its Effects on Health, (2) Air Pollution and Lung Function Changes«, *Proceedings, op. cit.*, S. 214 bis 227.

12 E. Sawicki in einem Vortrag vor der American Industrial Hygiene Association, Rochester, N. Y., zitiert aus *Excerpts from Congressional Record*, Senate, May 3, 1960, S. 8550. Siehe auch, E. Sawicki et al., *Benzo(A)Pyrene Content of the Air of American Communities*, U. S. Department of Health, Education and Welfare, Cincinati 26, Ohio, 1960 (vervielfältigt). Über diese höhere Konzentration von Benzpyren in der Stadtluft war zuerst von einem russischen Wissenschaftler berichtet worden, der die Luftverschmutzung in einigen Städten der UdSSR 8 Jahre lang untersuchte und feststellte, daß Rauch, Autoabgase und Staub von Asphaltstraßen die Hauptquellen der Luftverschmutzung durch krebserregende Kohlenwasserstoffe sind. Er zeigte auf, daß ein Raucher 50 Zigaretten rauchen müßte, um so viel Benzpyren aufzunehmen, wie in einigen Industriestädten inhaliert wird. Siehe L. M. Shabad, *Current Problems of the Aetiology and Pathogenesis of Lung Cancer* (Kharkov, 1957); Englische Zusammenfassung in Air Pollution Control Association, *Abstract*, Vol. 4, No. 6, Nov., 1958 (No. 2017). Siehe auch V. S. Serebrenikov, *»Incidence of Lung Cancer in Sverdlovsk and Sverdlovsk Oblast«* (Kharkov, 1957); englische Zusammenfassung in *Abstract, op. cit.*, Vol. 4, No. 7, Dec. 1958 (No. 2091).

13 R. Schiffmann and E. Landau, *Use of Indexes of Air Pollution Potential in Mortality Studies*, U. S. Public Health Service, Washington, D. C., 1960(?), vervielfältigt, S. 5.

14 *Ibid.*, S. 6.

15 *Ibid.*, S. 4.

16 Smoke Investigation, University of Pittsburgh, Department of Industrial Research Bulletin, Nr. 3, *Psychological Aspects of the Problem of Atmospheric Smoke Pollution* (Pittsburgh, 1913), S. 41.

17 A. Roberts, Air Pollution and Bronchitis, *American Review of Respirational Diseases*, Bd. 80, Okt. 1959, S. 582-584.

18 A. G. Ogilvie, Chronic Bronchitis in Newcastle upon Tyne, Symposium on Atmospheric Pollution, Newcastle upon Tyne, *Royal Society Promotion Health Journal*, London, Bd. 79, Jan./Feb., 1959, S. 80-87.

19 B. Roueche, »The Fog«, in *Eleven Blue Men* (New York, Beckley Publishing Corp., 1953), S. 189.

20 R. A. Prindle, *op. cit.*, S. 1-2. Siehe auch: *Air Pollution in Donora,* Pennsylvania, U. S. Public Health Service, Washington, D. C., 1949, Bulletin No. 306.

21 R. A. Prindle, *op. cit.*, S. 2-3. Über andere Vorkommnisse in den USA, Belgien, Japan und Mexiko berichtet W. F. Ashe, *Proceedings, op. cit.*, S. 190-195.

22 Diese Substanzen kommen hauptsächlich vor »bei der Herstellung von Schwefelsäure aus Schwefelkies, ferner in Gießereien, Chemiewerken, Ultramarin-, Natriumsulfit-, Zellulose-, und Glasfabriken, Ziegeleien, Kalkbrennöfen, Koksöfen, an Schlackenhalden, in den Kohlengruben und allen anderen Minen«. Vgl. H. Christiani und J. Stoklasa, *The Loss to Agriculture caused by Factory Fumes* (International Institute of Agriculture), Rom, 1927. S. 19.

23 *Ibid.*, S. 14.

24 *Ibid.*, S. 25.

25 *Ibid.*, S. 25. Siehe auch J. Stoklasa, *Die Beschädigungen der Vegetation durch Rauchgase und Fabrikexhalationen*. (Berlin, Urban und Schwarzenberg, 1923)

26 A. F. Gustafson, H. Ries, C. H. Guise, W. J. Hamilton, Jr., *Conservation in the United States* (Ithaca, N. Y., Comstock Publishing Co., Inc., 1940), S. 85.

27 H. Christiani und J. Stoklasa, *op. cit.*, S. 20. Empfindlichere Pflanzen werden bereits durch einen geringeren Schwefelsäuregehalt der Luft nachhaltig geschädigt.

28 *Ibid.*, S. 10.

29 J. T. Middleton, *Impact of Air Pollution upon California Agriculture*. Paper presented to the Board of Regents, University of California, Feb. 20, 1959. Reprinted in Congressional Record, Appendix, May 5, 1959, S. A 3716-3717.

30 *Ibid.*, S. 3716.

31 H. Cristiani und J. Stoklasa, *op. cit.*, S. 19.

32 Nach einer Aussage von Dr. C.R. Metcalfe, Meeting of the British Association for the Advancement of Science, veröffentlicht in der *New York Times*, 9. Okt. 1953.

33 O. C. Taylor, »Air Pollution with Relation to Agronomic Crops: IV. Plant Growth Suppressed by Exposure to Airborne Oxidants«. (Smog) *Agronomical Journal*, Bd. 50. No. 9, Sept. 1958, S. 556-558.

34 Smoke Investigation, Bulletin, No. 3, *op. cit.*, S. 36.

35 H. B. Meller, »Air Pollution from the Engineer's Standpoint«, *Heating, Piping and Air Conditioning*, Journal Section, January, 1931, S. 2.

36 *Ibid.*, S. 3.

37 Smoke Investigation, Bulletin No. 3, *op. cit.*, S. 37.

38 Smoke Investigation, Bulletin No. 6 (Papers on the Effect of Smoke on Building Materials), *op. cit.*, S. 46.

39 H. B. Meller and L. B. Sisson, »Effects of Smoke on Building Materials«, *Industrial and Engineering Chemistry*, Bd. XXVII, November 1935, S. 1311.

40 Dies wurde durch einen Vergleich der Waschkosten von Haushalten in Manchester – einer Stadt mit viel Rauch – und Harrogate (Badeort in der Grafschaft York) – einer sauberen Stadt – schon 1918 nachgewiesen, »daß nämlich in Manchester pro Haushalt für Reinigungs- und Waschmaterial in der Woche 7½ d. mehr aufgewendet werden. Der Gesamtverlust dieser Stadt beläuft sich, was die Mehrkosten für Heiz- und Waschmaterial allein anbetrifft, auf über 290 000 Pfund im Jahr bei einer Bevölkerung von 750 000. Dabei ist die dadurch bedingte Mehrarbeit nicht berücksichtigt. Vgl. A. C. Pigou, *The Economics of Welfare, op. cit.*, S. 185 n. 4.

41 In verschmutzter Atmosphäre kann ein Neuanstrich nach 1-3 Jahren notwendig werden, während in rußfreier Atmosphäre 5-7 Jahre die Regel sind. In Großbritannien wurden die alljährlichen Ausgaben für den Außenanstrich durch Luftverschmutzung beschädigter Gebäude auf $ 84 000 000 geschätzt, wovon $ 20 000 000 für die Farbe bzw. die Tünche aufgewendet wurden. R. I. Larson, Air Pollution Damage to Paint, *American Paint Journal*, 14. Okt. 1957, S. 104.

42 Smoke Investigation, Bulletin No. 4, *op. cit.*, S. 44.

43 J. E. Ives and R. R. Sayers, *City Smoke and its Effects*, U. S. Public Healths Report, January 1936, Bd. 51, S. 16.

44 Nach Schätzungen von H. Meller, zitiert von W. B. Courtney, »Our Soiled Cities«, *Collier's Weekly*, 27. Januar 1934.

45 J.E. Ives and R.R. Sayers, *op. cit.*, S. 16-17.
46 Smoke Investigation, Outline of the Smoke Investigation, Bulletin No. 1, *op. cit.*, S. 8.
47 H. Obermeyer, *Stop that Smoke* (New York, Harper and Brothers, 1933), S. 48-49.
48 R.G. Gustavson, »What are the Costs to Society?« *Proceedings, op. cit.*, S. 43.
49 Die durchschnittliche monatliche Rußablagerung in Kalkutta wurde auf 25 Tonnen pro Quadratmeile geschätzt. *The Economic Weekly* (Bombay), 1. Februar 1960.
50 D.A. Thomas, »Fifteen Cents Expenditure per Capita saves $ 10 to $ 20 per capita Economic Loss«, *Municipal Utilities Magazine*, Toronto, Bd. 96, Dezember 1958, S. 21-22.
51 A.J. Benline, »The Local Government Official's Stake in Air Pollution Controll«, Conference of Mayors and other Municipal Officials, Rochester, N.Y., 20. Juni 1960, abgedruckt in *Congressional Records*, Senate, 28. Juni 1960, S. A5527-5528.
52 Siehe H. Voigt, Cleaning the Flue Gases and Damage Caused by Flue Gases, *Energie Technik*, Berlin, Bd. 8, November 1958, S. 482-484.

5. Die Sozialkosten der Wasserverschmutzung

1 L.E. Burney, Clean Water, *National Conference on Water Pollution* (Public Health Service, U.S. Department of Health, Education and Welfare; Washington, 1960), S. 2.
2 Die günstigsten Schätzungen, welche 1960 gemacht wurden, lagen zwischen 40 und 50 Cents pro 1000 Gallonen (1 Gallone= 3,78 l) und beruhten auf Laborexperimenten und nicht Versuchsanlagen. Siehe *Water Resources Development in the U.S.*, Saline Water Conversion. 86th Congress, Committee Print No. 26 (Washington DC., 1960, US Govt. Printing Office) S. V.
3 National Resources Committee, *Water Pollution in the United States* (Third Report of the Special Advisory Committee on Water Pollution), Washington, D.C., U.S. Government Printing Office, 1939, S. 67-68.
4 *Water Resources Activities in the United States*, Washington, D.C., Pollution Abatement, 86th Congress, Committee Print No. 9 (U.S. Government Printing Office, 1960), S. 2.
5 *Ibid.*, S. 18.
6 Nachhaltig in dem Sinne, daß sie im Wasser relativ stabil bleiben oder so langsam abgebaut werden, daß sie praktisch als bleibend angesehen werden müssen.
7 Man schätzt, daß jedes Jahr »etwa 400 neue chemische Substanzen durch die industrielle Forschung geschaffen werden«. *Water Resources Activities in the United States*, Print Nr. 9, *op. cit.*, S. 16.
8 L. Schmidt und C.J. Wilhelm, *Contamination of Domestic Water Supplies by Inadequate Plugging Methods or Faulty Casing* (U.S. Bureau of Mines and the Kansas State Board of Health, ohne Datum), S. 1.
9 H.C. Miller und G.B. Shea, *Recent Progress in Petroleum Development and Production* (Washington, D.C., U.S. Bureau of Mines, 1940), S. 374-375.
10 L. Schmidt und J.M. Devine, *The Disposal of Oil Field Brines*, U.S. Dept. of Mines, neugedruckt Feb. 1937 (R.I. 2945), S. 1.
11 H.C. Miller und G.B. Shea, *op. cit.*, S. 375; siehe auch L. Schmidt und J.M. Devine, *op. cit.*, S. 1-2.
12 National Resources Committee, *Water Pollution in the United States*, *op. cit.*, S. 12.
13 *Water Resources Activities in the U.S.*, Reprint No. 9, *op. cit.*, S. 10.
14 Die zulässige Konzentration von Strontium 90 beträgt nur 0,5 micromicrogramm / l – im Vergleich zu 50 Millionen micromicrogram / l für ein Gift wie Arsen. *Ibid.*, S. 14.
15 *Ibid.*, S. 14.
16 *Ibid.*, S. 14-15.
17 *Ibid.*
18 *Ibid.*, S. 10.
19 *Ibid.*, S. 8.
20 *Ibid.*, S. 15.
21 Für frühere Schätzungen siehe K. William Kapp, *Volkswirtschaftliche Kosten der Privat-*

wirtschaft (Tübingen, J.C.B. Mohr/Zürich, Polygraphischer Verlag AG, 1958), S. 74-79.

22 L.E. Burney, *op. cit.*, S. 4.

23 Eine alternative Methode, die kürzlich vorgeschlagen wurde, wäre, jenen Industrien, die Abwässer in öffentliche Gewässer ableiten, höhere Wasserzinse anzulasten.

24 Was die Ausgaben für die Klärung kommunaler Abwässer anbelangt, wird der Fehlbetrag auf ca. 2 Milliarden Dollar für 1950 geschätzt. Dies ist die Differenz zwischen einem geschätzten Bedarf von $ 5,1, und den tatsächlichen Ausgaben von $ 3,2 Milliarden.

25 Zusammengestellt nach dem Census of Manufacturers, 1935, und der Beurteilung von Ingenieuren mit großer Erfahrung in der Behandlung industrieller Abwässer. Siehe National Resources Committee, *Water Pollution in the USA, op. cit.*, S. 53-54 und S. 31. Die Schätzungen enthalten nicht alle Kosten der Behandlung industrieller Abfälle jedes Herstellungsverfahrens innerhalb einer bestimmten Industriegruppe, d.h. die Gesamtkosten sind noch höher.

26 *Ibid.*, S. 49.

27 *Ibid.*, S. 49.

28 *Ibid.*, S. 50.

29 *Ibid.*, S. 47-48.

6. Sozialkosten und erneuerbare Ressourcen

1 S.V. Ciriacy-Wantrup, *Resource Conservation – Economics and Politics* (Berkeley, University of California Press, 1952), S. 257.

2 *Ibid.*, S. 39. Die folgende Erörterung beruht auf Ciriacy-Wantrups Konzept der »kritischen Zone« für »Fließressourcen«.

3 *Ibid.*, S. 256, weitere Details zur »kritischen Zone« bei bestimmten erneuerbaren Ressourcen siehe *Ibid.*, S. 256-259.

4 *Ibid.*, S. 252. Siehe auch die von Ciriacy-Wantrup zitierte Literatur zu den Gefahren einer Begrenzung der Alternativen im biologischen Wachstum und in der Entwicklung der Zivilisation.

5 *Ibid.*, S. 254.

6 *Ibid.*, S. 258.

7 Eine detailliertere Schilderung des ganzen Prozesses findet man bei E.H. Jacobi, *Agrarian Unrest in South East Asia* (New York, Columbia University Press, 1949); A. Gaitskell, »Internal Economic Development« in: *New Fabian Essays* (Hg., A.C. Jones) (New York, Praeger, 1959), S. 128-150; R. Dumont, *Types of Rural Economy* (New York, Praeger, 1957), S. 74 ff, 114 ff, *et passim*. Siehe auch Ciriacy-Wantrup, *op. cit.*, S. 50.

8 Im Gegensatz zu einigen der früheren Agrarchemiker, die von einem Antagonismus zwischen Privateigentum und einem rationalen landwirtschaftlichen System sprachen und dabei »einen einzigen und vor allem aufgeklärten Willen« forderten, der jedem Stück Land seine Aufgabe zuweisen sollte, nahm Marx die Abhängigkeit des Anbaus bestimmter Produkte von den Schwankungen des Markts aufs Korn, und die ständigen Änderungen im Anbau aufgrund der Preisfluktuation als den Hauptgrund, weshalb »der ganze Geist der kapitalistischen Produktion, der auf den unmittelbaren nächsten Geldgewinn gerichtet ist, der Agrikultur widerspricht, die mit den gesamten ständigen Lebensbedingungen der sich verkettenden Menschengenerationen zu wirtschaften hat«. Karl Marx, *Das Kapital*, Bd. III (Berlin, Dietz Verlag, 1976), S. 630-631 n.

9 »Bei der großen Agrikultur und dem auf kapitalistischer Betriebsweise beruhenden großen Grundeigentum tritt das Eigentum ebenso als Schranke auf, weil es den Pächter in der produktiven Kapitalanlage beschränkt, die in letzter Instanz nicht ihm, sondern dem Grundeigentümer zugut kommt. Bei beiden Formen tritt an die Stelle selbstbewußter rationeller Behandlung des Bodens als des gemeinschaftlichen ewigen Eigentums, der unveräußerlichen Existenz- und Reproduktionsbedingung der Kette sich ablösender Menschengeschlechter, die Exploitation und Vergeudung der Bodenkräfte... Bei dem kleinen Eigentum geschieht dies aus Mangel an Mitteln und Wissenschaft zur Anwendung der gesell-

schaftlichen Produktivität der Arbeit. Bei dem großen durch Exploitation dieser Mittel zur möglichst raschen Bereicherung von Pächter und Eigentümer. Bei beiden durch die Abhängigkeit vom Marktpreis.« Karl Marx, *op. cit.*, S. 820-821.

10 Ciriacy-Wantrup, *op. cit.*, S. 129-138.

11 National Resources Committee, *Farm Tenancy* (Washington, U.S. Government Printing Office, 1937), S. 6.

12 Ciriacy-Wantrup, *op. cit.*, S. 162. Weitere Einzelheiten zur Wirkung der Besteuerung auf die Landnutzungsrate siehe *Ibid.*, S. 168-187.

13 National Resources Board, *Soil Erosion* (Washington, U.S. Government Printing Office, 1935), S. 10.

14 Obwohl es in Schweden Waldgebiete gibt, in denen eine große Zellstoffindustrie ausschließlich den jährlichen Zuwachs der Kiefern und Rottannen des Hinterlands verarbeitet. Siehe *Resources* (Washington, Resources for the Future, Inc.), Februar 1960.

15 A.E. Parkins und J.R. Whitaker, *Our Natural Resources and their Conservation* (New York, John Wiley & Sons, Inc., 1939), S. 244.

16 Eine eingehendere und sehr interessante Erörterung dieser Schutzfuktionen von Wäldern findet man bei H.H. Bennett, *Soil Conservation* (New York, McGraw-Hill Book Co., 1939), S. 421-422 sowie Parkins und Whitaker, *op. cit.*, S. 244-248.

17 In den Vereinigten Staaten werden etwa 140 Mio. Hektar Wald zeitweilig von Vieh beweidet. In einigen Gegenden ist die Landwirtschaft auf Frischfutter aus den Wäldern angewiesen, da das Wiesen- und Ackerland für Heu und Körnerfrüchte gebraucht wird, die im Winter verfüttert werden. Siehe *Forest Land of the United States*, Report of the Joint Committee on Forestry, Washington, U.S. Government Printing Office, 1941, S. 13.

18 Parkins und Whitaker, *op. cit.*, S. 247-248.

19 Die negativen Wirkungen zerstörerischer Anbaumethoden sind nicht nur seit langer Zeit bekannt, sondern sie haben auch große Publizität erhalten. Siehe A.R. Hall »Early Erosion Control Practices in Virginia«, *U.S. Department of Agriculture, Miscellaneous Publication No. 256* (Washington, U.S. Government Printing Office, 1937).

20 Wir haben es nicht für notwendig gehalten, der Frage nachzugehen, ob verschiedene staatliche »Eingriffe in das Preissystem« den Trend zur Erschöpfung und zur beschleunigten Nutzung erneuerbarer Ressourcen in den Vereinigten Staaten aufzuhalten, Erfolg gehabt haben könnten. Dies ist eine sachliche Frage, die sicherlich untersucht werden sollte. Unter den konkreten Punkten, die in diesem Zusammenhang wichtig sind, seien die folgenden genannt: Welche Befugnis haben Staat und Gemeinde zur Reglementierung der Nutzungsrate von in privatem Besitz befindlichen Ressourcen? Wie wirksam sind die verschiedenen Programme zur Konservierung des Bodens gewesen, welche die verfassungsmäßige Basis für viele der Bemühungen der Bundesregierung gebildet haben, um Agrarpreise und landwirtschaftliche Einkommen zu stabilisieren? Wieso sind die Prinzipien der Tennessee Valley Administration – die dazu bestimmt gewesen sind, ein Maximum an schwer zu erfassenden externen Einsparungen zu realisieren und die traditionellen Sozialkosten in der Ressourcennutzung zu vermeiden – nicht auf andere Wassernutzungspläne der Vereinigten Staaten angewandt worden? Und, um unsere Erörterung der nicht erneuerbaren Ressourcen vorzugreifen: führen denn Regierungssubventionen und steuerliche Anreize zu einer rationellen Nutzung der in Privatbesitz befindlichen Ressourcen, oder sind sie in erster Linie erfolgreich in dem Bestreben, die Einkommen zu stabilisieren und Forschung und Entwicklung zu stimulieren? Und schließlich: welches waren die tatsächlichen Wirkungen für eine Konservierung durch die »pro rationing agreements« [Anteile der Ölvorkommen, fixiert und verteilt zwischen den einzelnen Staaten der USA] und die »interstate oil company commissions«? Vorläufige Antworten auf diese Fragen findet man bei G.F. White, *Broader Bases for Choice*: *The next Key Move* in: H. Jarret (Hg) *Perspectives on Conservation* (Baltimore, The Johns Hopkins Press, 1958), S. 205-226.

21 Eine wissenschaftliche Fiktion sollte als Anreiz oder als Teil von Hypothesen und Theorien, zu ihrer eigenen Überprüfung, von Nutzen sein. Das heißt, die Bewährungsprobe einer wissenschaftlichen Fiktion besteht in ihrer begrifflichen Nützlichkeit, ihrer Zweckmäßigkeit für das Verständnis, die Erklärung und die Voraussage der Wirklichkeit. Eine Fiktion

wird zum bloßen Dogma und damit unwissenschaftlich, wenn ihre beiden Kennzeichen – das Bewußtsein ihrer fiktiven Natur und ihre begriffliche Nützlichkeit – wegfallen. S. V. Ciriacy-Wantrup, »Philosophy and Objectives of Watershed Development«, in: *Land Economics*, August 1959, Bd. XXXV, S. 214 Anm.

22 Ciriacy-Wantrup, »Resource Conservation«, *op. cit.*, S. 93.

23 S.H. Schurr, »Past and Prospective Demands«, in: *Two Statements on the Nation's Energy Position*, Resources for the Future, Inc., Reprint No. 14, Washington, D.C., Dezember 1959, S. 7-9. Siehe auch: *Energy in the American Economy 1850-1975*, Resources for the Future, Inc. (Baltimore, Johns Hopkins Press, 1960). In dieser Studie ist die Rede von sinkenden Input-Verhältnissen von Energie infolge höherer Konversionswerten, des Übergangs zu flüssigen Brennstoffen und erhöhter Arbeitsproduktivität.

24 Paul McGann, »Economics of Mineral Exploitation«, in: *Science and Resources* (H. Jarret, Hg.) (Baltimore, Johns Hopkins Press, 1959), S. 102.

25 »Eine Erhöhung des Zinssatzes bedeutet daher eine progressive Abnahme (eine Abnahme, die mit der zeitlichen Distanz größer wird) des gegenwärtigen Wertes künftiger Nettoeinnahmen – die Progression steht im Verhältnis zur zeitlichen Distanz. Das Resultat wird ein Versuch, der für die Planung Verantwortlichen sein, die zeitliche Verteilung der Nettoeinnahmen in Richtung der Gegenwart zu ändern. Dies kann durch Umverteilung der Kosten in die Zukunft oder durch beide Maßnahmen erreicht werden.« Ciriacy-Wantrup, »Resource Conservation«, *op. cit.*, S. 98.

26 Die Zellulose, welche die Papierfabriken für Werbedrucksachen benützen, der zusätzliche Stahl, der für 2-3 Tonnen schwere Privatautos benötigt wird, das Extrabenzin, das für diese oft nur von einer Person benützten Wagen gebraucht wird, das Blei, das dem Superbenzin beigemischt werden muß, welches für einen raschen Start erforderlich ist, das Chrom, das die Wagen ziert, »der Teil der Nahrungsmittelproduktion, der nicht zur Ernährung, sondern zur Fettleibigkeit dient« (J.K. Galbraith, »How much should a Country consume«, in: *Perspectives on Conservation*, *op. cit.*, S. 94) – das alles sind nur einige Aspekte einer Konsumwirtschaft, die äußerst großzügig mit ihren Materialien umgeht. »Große Mengen von Materialien sind durch Überdimensionierung der Form, Gestaltung und der Spezifikation verschwendet worden. Wir haben oft Güter produziert, bei denen wenig daran gedacht wurde, ob wir ein Maximum an Nutzen aus dem Einsatz von Material und Arbeit erzielen.« *Resources for Freedom*, Washington, U.S. Government Printing Office, June 1952. Zusammenfassung von Bd. I, S. 16. 1955 verbrauchten unsere übergroßen Automobile mehr als 45 % der gesamten, im Verkehrswesen konsumierten Energie. Die Bedeutung dieser Zahl für die Nutzungsrate dieser wichtigen Energieressource wird unterstrichen durch eine Schätzung, wonach die Zahl der Privatautos von 52 Millionen im Jahre 1955 auf 114 Millionen im Jahre 1975 steigen wird. Wird jeder Wagen gleich viel Benzin verbrauchen, so verdoppelt sich der Benzinkonsum allein aus diesem Grunde in zwanzig Jahren.

27 »Wie es in solchen Fällen so geht: ist etwas einmal als wirklich, wenn auch vielleicht nicht als tatsächlich angenommen und bewußt geworden, wird es zu einem effektiven Bestandteil des Denkens des Autors und beginnt seine Tatsachenkenntnis zu beeinflussen. Das heißt, es beginnt, als Substantialitäts- und Legimitätsnorm zu dienen.« Th. Veblen, »The Preconceptions of Economic Science«, in: *Quarterly Journal of Economics*, Bd. XIII, Juli 1899, S. 442.

28 Eine detaillierte Analyse der Rolle der Flucht aus der Wirklichkeit in der wissenschaftlichen Arbeit, besonders in den Sozialwissenschaften, findet man bei W.A. Weisskopf, »Psychological Aspects of Economic Thought« in: *Journal of Political Economy* (1949, LVII, 4, S. 307-308).

7. Erschöpfbare Ressourcen und Sozialkosten

1 J.K. Galbraith, »How much should a country consume?« in: *Perspectives in Conservation*, *op. cit.*, S. 91.

2 Paul McGann, »Economics of Mineral Exploration« in: *Science and Resources* (Hg. Henry Jarrett). (Baltimore, The Johns Hopkins Press, 1959), S. 111.
3 *Ibid.*, S. 103.
4 *Ibid.*, S. 103.
5 *Ibid.*, S. 104.
6 *Ibid.*, S. 109.
7 *The International Control of Atomic Energy*, The U.S. Dept. of State (Washington, U.S. Govmt. Printing Office, 1946), S. 84.
8 M.W. Watkins, *Oil: Stabilization or Conservation* (New York, Harper and Brothers, 1937), S. 38.
9 Tatsächlich ist dieses sogenannte Aneignungsverfahren (»rule of capture«), das die Eigentumsbegründung an Rohöl regelt, ursprünglich streng nach der Wildfangregelung konzipiert worden; der Wechsel des Wildes von einem Revier zum anderen macht die Einführung und Durchsetzung von Eigentumsrechten vor der Erbeutung schwer, wenn nicht unmöglich.
10 National Resources Committee, *Energy Resources and National Policy* (Washington, U.S. Government Printing Office, 1939), S. 201.
11 G.W. Stocking illustriert diese Bedingungen mit Hilfe von Landkarten, die die Lage der derart konkurrierenden Bohrungen anzeigen in: *The Oil Industry and the Competitive System* (Boston, Houghton Mifflin Co., 1925), S. 140-164.
12 F.E. Pogue, »Economics of Conservation and Proration in the Petroleum Industry«, in: *Petroleum Industry*, Section I, Part 14, Hearings before the Temporary National Economic Committee, 76th Congress (Washington, U.S. Goverment Printing Office, 1940), S. 7439.
13 Wenn offene Gruben oder offene Tanks verwendet werden, so ist die Lagerung der Ölüberschüsse mit gewissen Verlusten verbunden, die infolge von Verdunstung, Lecks oder starken Regenfällen eintreten.
14 Es ist jedoch zu betonen, daß »sobald eine Bohrstelle fertiggestellt ist, die Grenzkosten der Produktion, die sich aus dem Überwachungspersonal und dem Kraftstoffverbrauch für das Pumpen (sofern gepumpt werden muß) ergeben, äußerst gering sind. Der Preis ab Bohrstelle kann deshalb fast auf null sinken, ohne daß dadurch die Förderung entmutigt wird.« A.R. Burns, *The Decline of Competition* (New York, McGraw-Hill Book Company, 1936), S. 23. Nach Professor Ise sollen Millionen von Barrels von Öl für nicht mehr als je 10 Cents verkauft worden sein. Siehe *Petroleum Industry, op. cit.*, S. 7102.
15 National Resources Committee, *Energy Resources and National Policy, op. cit.*, S. 193. Die Unmöglichkeit, aufgegebene Bohrstellen wieder in Betrieb zu setzen, kann der Tatsache zuzuschreiben sein, daß das »Bohrgehäuse korrodiert, sobald die Förderung stillgelegt wird, und in gewissen Gebieten ist die Korrosion in unbenützten Bohrgehäusen mindestens dreimal so stark als bei den benutzten. Korrosion bringt das Gehäuse zum Einsturz, so daß bei einer Wiederaufnahme der Pumparbeiten, neue Bohrungen und Säuberungen unerläßlich sind.« U.S. Bureau of Mines, *Third World Power Conference*, Transactions, Vol. VI, Paper 12, S. 768-769 (Washington, U.S. Government Printing Office, 1938).
16 Das heißt Methoden, wie beispielsweise der Gebrauch untauglicher Geräte oder mangelhafter Bohrgehäuse, die zu Verlusten an Öl, Gas und Reservoirenergie führen. Andere verschwenderische Verfahren sind bereits erwähnt worden, wie z.B. der Betrieb von Bohrstellen mit ungünstigem Gas/Öl-Verhältnis und die materielle Vergeudung von Gas an der Oberfläche.
17 *Petroleum Investigation*, Hearing vor einem Subkomitee des Committee on Interstate and Foreign Commerce, House of Representatives, 76th Congress (Washington, U.S. Government Printing Office, 1939), S. 400. (Hiernach zitiert als *Petroleum Investigation*, 1939).
18 National Resources Committee, Energy Resources and National Policy, *op. cit.*, S. 190.
19 Für eine ausführliche Untersuchung der Wirkungen sowohl dieser als auch anderer Faktoren, siehe: National Bureau of Economic Research, *Conference of Price Research*, Committee on Prices in the Bituminous Coal Industry (New York, 1938), S. 12-27.

20 National Resources Committee, Energy Resources and National Policy, *op. cit.*, S. 100.
21 *Ibid.*, S. 341.
22 *Ibid.*, S. 99.
23 Eine umfassende Umschreibung und Untersuchung gewisser verschwenderischer Abbaumethoden in: *Ibid.*, S. 93-95 und S. 338-345.
24 A.E. Parkins und J.R. Whitaker (Hg.) *op. cit.*, S. 416.
25 Diese Sozialkosten sind von Fall zu Fall verschieden. Sie können den unnötigen Verlust von Reserven bedeuten, eine Duplikation des Kapitalinputs, hohe Abbaukosten oder eine kumulative Beschleunigung der Abbaurate. Daß die Bergwerke Sozialkosten verursachen können, die auf Drittpersonen abgewälzt werden, ergibt sich z.B. aus den Bedingungen, die in einer Region der Vereinigten Staaten, in der Phosphat abgebaut wird, vorherrschen: »Die Gesellschaften, die in Tennessee Phosphat abbauen, reißen Tausende von Hektaren guten, landwirtschaftlich genutzten Bodens auf und häufen Erde und Ackerkrume zu großen Halden. Das Regenwasser strömt dann in Gräben weg und wäscht diese binnen kurzem so tief aus, daß nicht mehr genug Erde in den Halden ist, um später diese Gräben zu füllen. Dadurch wird der Boden für landwirtschaftliche Zwecke ruiniert.» H.A. Curtis, »The Barrier of Cost« in: *Perspectives on Conservation, op. cit.*, S. 83.
26 National Resources Committee, Energy Resources and National Policy, *op. cit.*, S. 150-151.

8. *Die Sozialkosten der Ressourcennutzung: Beweise und Schätzungen*

1 T. Veblen, *Absentee Ownership and Business Enterprise in Recent Times*, New York (The Viking Press) 1923, S. 168.
2 *Ibid.*, S. 169.
3 I.N. Gabrielson »*Wildlife in the New World Economy*« Washington DC (Bureau of Biological Survey, US Dept. of the Interior) 1940 (vervielfältigt) S. 3.
4 A.F. Gustafson et. al. »*Conservation in the U.S.*« Ithaca (Comstock Publishing Co.) 1939, S. 301.
5 *Ibid.*, S. 311.
6 Auf den Märkten im Westen sollen wilde Truthähne für 25 Cents, Wildgänse für 10 Cents, Enten für ein Viertel Dollar verkauft worden sein; Büffelhäute für nur einen halben Dollar je Stück. *Ibid.*, S. 301.
7 *Ibid.*, S. 300.
8 Veblen, »*Absentee Ownership...*« *op. cit.*, S. 168.
9 *Ibid.*, S. 168.
10 Gustafson et. al., *op. cit.*, S. 290-291.
11 *Ibid.*, S. 291. Einzelheiten siehe bei F. Tomasevitch, »International Agreements on Conservation of Marine Resources« (Food Research Inst. Stanford University 1942), S. 77 und 88-90. Die »Fur-Seal Convention« wurde 1940 von Japan gekündigt.
12 Gustafson et. al., *op. cit.*, S. 291.
13 Nach Schätzungen (1939) soll die Walbevölkerung der Erde 350 000 Tiere nicht übersteigen »nur noch ein trauriger Überrest von den Schwärmen, die einst den Ozean bevölkerten«. A.E. Parkins und J.R. Whitaker »Our Natural Resources and their Conservation«. *op. cit.*, S. 526.
14 Gustafson et al., *op. cit.*, S. 289.
15 Parkins and Whitaker, *op. cit.*, S. 526-527.
16 Zu den großenteils erfolglosen Bemühungen um die Erhaltung durch internationale Abkommen siehe Ciriacy-Wantrup, Resource Conservation, *op. cit.*, S. 308.
17 Parkins und Whitaker, *op. cit.*, S. 517.
18 *Ibid.*, S. 518.
19 *Ibid.*, S. 517. Neuere Berichte scheinen darauf hinzudeuten, daß die Ausbeute im Columbia River sich verbessert hat, jedenfalls was den Lachs anbelangt.

20 Parkins und Whitaker, *op. cit.*, S. 515.
21 A.C. Bunce »Time Preference and Conservation« in: *Journal of Farm Economics* XXII (August 1940), S. 541.
22 US Dept. of Agriculture, Forest Service »*The Management Status of Forest Lands in the U.S.A.*« Washington, 1946, S. 5.
23 Bericht des Joint Committee on Forestry »*Forest Lands of the US*« Washington, DC (US Governmt. Prtg. Office) 1941, S. 25.
24 President Kennedy's Special Message to Congress on Natural Resources, *The New York Times*, 24.2.61.
25 Parkins und J.R. Whitaker (Hg.) *op. cit.*, S. 242-243. Siehe auch die Schilderung W.T. Chambers, wie die Kieferregionen von Südosttexas kahlgeschlagen wurden, *Ibid.*, S. 243.
26 Forest Lands of the United States, *op. cit.*, S. 16-17.
27 *Ibid.*, S. 15.
28 B.T. Shaw, »Technology on the Land« in: *Perspectives on Conservation*, *op. cit.*, S. 68.
29 »Es hatte mancherlei Änderungen in der Bodennutzung gegeben, welche die Erträge hätten vergrößern müssen. Große Flächen fruchtbarsten, jungfräulichen Bodens waren umgepflügt und ausgelaugte Gebiete aufgegeben worden. Millionen von Hektaren potentiell fruchtbarer, aber versumpfter Flächen waren entwässert worden. Dünger und Kalk wurden in erheblichen Mengen eingesetzt. Ertragreiche Neuzüchtungen waren eingeführt worden. Eine Reihe von Schädlingen konnte bereits bekämpft werden. Und doch blieben bei all diesen Verbesserungen die Hektarerträge dieselben. Dafür konnte es nur eine Erklärung geben: Alle Fortschritte, die erzielt worden waren, waren gerade groß genug, um den im Gang befindlichen Zerfall der Bodenproduktivität auszugleichen.« *Ibid.*, S. 67-68. Siehe auch R.M. Salter, R.D. Lewis und J.A. Slipher *Our Heritage, The Soil*. Bulletin No. 175 (3. verbesserte Auflage, 1941), Agricultural Extension Service, The Ohio State University, S. 5. Siehe auch W. A. Rockie, »Soil Conservation« in G.H. Smith (Hg.), *Conservation of Natural Resources* (New York, John Wiley & Sons, Inc., 1958).
30 »Das Problem ist je nach Gegend verschieden. Im Südosten kommt es noch oft zu gefährlicher Erosion, und praktisch alle Böden des Südens sind noch verbesserungsbedürftig. Im Nordosten wird viel Aufbauarbeit geleistet. Sonst werden die Böden überall stets ärmer.« Shaw, *Perspectives on Conservation*, *op. cit.*, S. 70-71.
31 National Resources Board, *Soil Erosion* (Washington, D.C., U.S. Government Printing Office, 1935), S. 24.
32 H.H. Bennett, *Soil Conservation* (New York, Mc Graw-Hill Book Company, 1939), S. 7. Für neuere Schätzungen vgl. Rockie *op. cit.*, S. 70-71.
33 Bennett, *op. cit.*, S. 9-10.
34 *Ibid.*, S. 253.
35 *Petroleum Industry*, Section IV, Part 17. Hearings before the Temporary National Economic Committee, 76th Congress (Washington, D.C., U.S. Government Printing Office, 1940), S. 9529. (Hiernach zitiert als TNEC Hearings.)
36 *Petroleum Investigation*, Hearing vor einem Subkomitee des Committee on Interstate and Foreign Commerce, House of Representatives, 76th Congress (Washington, D.C., U.S. Government Printing Office, 1939), S. 354. Professor McLaughlin bezieht sich auf eine Schätzung, wonach sich die unnötigen Aufwendungen im Oklahoma-City-Ölfeld bis Mitte 1930 auf 67 Millionen Dollar belaufen hätten. Vgl. TNEC-Hearings Section IV, Part 17, S. 9529.
37 Siehe E.L. Estabrook »Unit Operation in Foreign Fields« (Petroleum Dev. Tech. 1931), S. 44. (Zitiert nach »National Resources Committee, Energy Resources and National Policy«, Washington, D.C., 1939) U.S. Government Printing Office, S. 191, Anm.
38 N. Ely, »Legal Restraints on Drilling and Production«, Sonderabdruck des Referats vor der Section of Mineral Law der American Bar Association in Kansas City, am 28. September 1939, S. 47, zitiert aus *Petroleum Investigation*, 1939, S. 353, Anm. 68.
39 *Ibid.*, S. 400-401.
40 TNEC-Hearings (Part 17) *op. cit.*, S. 9529.

41 *Petroleum Investigation*, 1934, S. 1253. Vgl. auch andere Schätzungen S. 1240 und 1245-58.
42 Siehe den Bericht über den fortgesetzten Betrieb von Bohrstellen unter Bedingungen der Einheitsproduktion in Iran. *Ibid*., S. 1255.
43 National Resources Committee, Energy Resources and National Policy, *op. cit*., S. 15.
44 *Ibid*., S. 17.
45 *Ibid*., S. 97.
46 *Ibid*., S. 96.
47 Die Schätzung zukünftiger Interessen und Vorteile ist besonders schwer. Je weiter Nutzen und Kosten in die Zukunft hineinreichen, desto hoffnungsloser und unmöglicher wird es, das hedonistische Kalkül und mathematische Berechnungen im Sinne der zeitlichen Folge sozialer Präferenzen anzuwenden. Praktisch kann die Bewertung der Zukunft nur so stattfinden, daß eine künftige Berechnung durch eine gegenwärtige Bewertung ersetzt wird. Was nötig ist, ist eine bewußte, soziale Bestimmung der Bedeutung, die den zukünftigen Interessen und Vorteilen zuzumessen ist, in dem Bewußtsein, daß die Zukunft zwar ungewiß und von vielen unbestimmten Faktoren abhängt, aber trotzdem nicht sich selbst überlassen werden darf.
48 »Einige der wichtigsten Entscheidungen der Land- und Wasserpolitik sind so geartet, daß sie keinerlei hochgradig quantifizierte Voraussagebasis notwendig machen. Positiv ausgedrückt: bedeutende politische Entscheidungen haben es mit sukzessiven, steigenden Verbesserungen der gesellschaftlichen Wohlfahrt zu tun, die lediglich in dem Sinne projiziert werden können, daß die Richtung der Veränderungen, deren verhältnismäßige zeitliche Rate und Sequenz angegeben wird.« S. V. Ciriacy-Wantrup, *Conceptual Problems in Projecting the Demand for Land and Water*, Giannini Foundation Paper, No. 176, University of California, Mai 1959 (vervielfältigt), S. 11.
49 J. K. Galbraith in »Perspctives on Conservation« *op. cit.*, S. 96. Tatsächlich gehört dieses Argument: die Einschränkung des gegenwärtigen Verbrauchs zugunsten eines zukünftigen habe etwas mit individueller Freiheit zu tun, zu jenen Scheinargumenten, die ernsthafte Analyse durch moralische oder soziale Entrüstung ersetzen. Es gehört »zu der trostlosen Tendenz von heute, die Erörterung irgendwelcher Fragen, und seien sie noch so einfach und klar, als eine Suche nach der Verletzung eines geheimnisvollen Prinzips darzustellen, oder daß man ihnen aus dem Wege zu gehen sucht und den gesunden Menschenverstand durch wortreiches, zusammenhang- und bedeutungsloses Moralisieren unterdrückt. Freiheit hat nicht viel mit Kühlerform oder auch mit dem Automobil als solchem zu tun. Diejenigen, die vorgeben, sie sei identisch mit der größtmöglichen Auswahl von Verbrauchsgütern, geben damit nur zu, wie äußerst simpel und mechanisch ihre Auffassung vom Menschen und seinen Freiheiten ist.« *Ibid*., S. 96.

9. Die Beeinträchtigung des menschlichen Produktionsfaktors

1 R. B. Kester, *Advanced Accounting* (New York, The Ronald Press Co., 1933), S. 245.
2 Es bedarf keiner besonderen Betonung, daß in der Sklavenwirtschaft und dem Feudalismus der Unternehmer die Beeinträchtigung des menschlichen Faktors durch die Produktionsprozesse als eine Wertminderung eines Kapitals und damit als Teil der Produktionskosten ansah.
3 Diese und die folgenden Daten beruhen auf Berechnungen des US Bureau of Labor Statistics, Dept. of Labor, *News from the U. S. Dept. of Labor*, 10. Febr. 1959, No. 2703, S. 1.
4 *Ibid*., S. 2.
5 *Accident Facts*, National Safety Council, Chicago, 1960, S. 27.
6 *Ibid*., S. 27.
7 *Ibid*., S. 13, 24.
8 *Safety Subjects*, U. S. Dept. of Labor, Bulletin 67 (Washington, D. C., U. S. Govt. Printing Office, 1944), S. 15.
9 Siehe C. Merriam, »Social Welfare Expenditures«, 1957-1958 in *Social Security Bulletin*,

U. S. Dept. of Health, Education and Welfare, Washington D. C., Okt. 1959, No. 10, S. 8.
10 H. J. Magnuson, Chief, Division of Occupational Health, Public Health Service, Washington D. C. Persönliche Mitteilung, 15. Sept. 1960.
11 *Building America's Health*. President's Commission on the Health Needs of the Nation, Vol. II, Washington, D. C., 1953, S. 76.
12 Safety Subjects, Bulletin No. 67, *op. cit.*, S. 3.
13 H. J. Magnuson, Anticipating Safety and Health Needs, *Public Health Reports*, U. S. Dept. of Health Education and Welfare, Washington D. C., 1960, Bd. 75, No. 1, S. 73.
14 D. McCamman and A. M. Skolnik, »Workmen's Compensation; Measures of Accomplishment«, *Social Security Bulletin*, U. S. Dept. of Health, Education & Welfare, Washington, D. C., März 1954, S. 4.
15 H. M. Somers and A. R. Somers, *Workmen's Compensation*. (New York, John Wiley & Sons, Inc., 1954), S. 45-47.
16 A. H. Reede, *Adequacy of Workmen's Compensation* (Cambridge, Harvard University Press, 1947), S. 58.
17 Für eine detaillierte Analyse der juristischen Aspekte der Entschädigungsgesetze, die zu diesem Gesetzzerfall führen, siehe: H. M. Somers und A. R. Somers, *op. cit*. und eine (1958 noch nicht veröffentlichte) Studie von A. H. Reede, *Social and Labor Legislation: An Economic Analysis*.
18 Reede, *op. cit.*, 1947, S. 92.
19 Detaillierte Vergleichsstudien in Somers und Somers, *op. cit.*, 1954, S. 66.
20 Reede, *op. cit.*, 1947, S. 169.
21 Somers und Somers, *op. cit.*, S. 71.
22 *Ibid.*, S. 77.
23 *Ibid.*, S. 83-88.
24 Pennsylvania Dept. of Public Assistance, »Current Living Costs as Related to Standards of Public Assistance in Pennsylvania, as of December 1952«, S. 4-5; zitiert nach J. Pollack, »A Policy Decision for Workmen's Compensation«, *Industrial and Labor Relations Review*, Okt. 1953, S. 55.
25 Somers und Somers, *op. cit.*, S. 82.
26 *Ibid.*, S. 78 (Siehe Chart III B).
27 *Ibid.*, S. 80.
28 *Ibid.*, S. 81.
29 Neuerdings bewegt sich auch das System der *Social Security* in den USA (so Arbeitslosenunterstützung und Altersversicherung) in der Richtung größerer Zentralisierung und private Versicherungsgesellschaften werden aus diesen wichtigen Gebieten der Sozialversicherung gänzlich eliminiert.
30 Detaillierte Ausführungen und Schätzungen der Verluste, siehe J. B. Andrews, *Progress of State Insurance Funds Under Workmen's Compensation*, U. S. Dept. of Labor, Div. of Labor Standards, Bulletin No. 30 (Washington, D. C., U. S. Govt. Printing Office, 1939), S. 11 und W. F. Dodd, *Administration of Workmen's Compensation* (New York, The Commonwealth Fund, 1936), S. 541-552.
31 Siehe jedoch Dodd, *op. cit.*, S. 757-783 und Reede, *op. cit.*, 1947, S. 45-53. Siehe auch Somers und Somers, *op. cit.*, S. 49-55.
32 Zitiert nach Somers und Somers, *op. cit.*, S. 52 n.
33 Magnuson, Zitat, 5. Sept. 1960.
34 Somers und Somers, *op. cit.*, S. 218.
35 J. A. Hobson, *Work and Wealth: A Human Valuation* (New York, Macmillan, 1914), S. 80.
36 Nach einer Studie der Insassen von vier Gefängnissen, berichtet von H. J. Magnuson, Chief, U. S. Public Health Service, in: *Scope Weekly*, Sept. 2, 1959, S. 3.
37 H. J. Magnuson, Sept. 15, 1960, zit. und L. I. Dublin und R. J. Vane, Occupation Hazards and Diagnostic Signs, U. S. Dept. of Labor, Bureau of Labor Statistics, Bulletin No. 582 (U. S. Govt. Printing Office, Washington, D. C., 1933), S. 13-49.
38 J. R. Commons und J. B. Andrews, *Principles of Labor Legislation* (New York, Harper & Pros., 1936), S. 166.

39 Magnuson, Anticipating Safety and Health Needs, *op. cit.*, S. 70.
40 H. A. Millis und R. E. Montgomery, *The Economics of Labor*, Vol. I, *Labor's Progress and Some Basic Labor Problems* (New York, McGraw-Hill, 1938), S. 404.
41 *Ibid.*, S. 404.
42 *Ibid.*, S. 417.
43 *Ibid.*, S. 418.
44 L. Manning und N. Diamond, *State Child-Labor Standards*, U. S. Dept. of Labor, Child Labor Series, No. 2 (Washington, D. C., U. S. Govt. Printing Office, 1946), S. 5.
45 So soll ein Entscheid des New Yorker Appellationsgerichts, wonach ein aus industriellen Gründen entstandener Gehörverlust als Berufskrankheit einzustufen sei, ein aktives Programm der Lärmkontrolle bei New Yorker Schiffswerften und andern lärmigen Gewerben ausgelöst haben. Für diese und ähnliche Fortschritte in spezifischen Fällen siehe Somers und Somers, *op. cit.*, S. 233 und S. 214-215.
46 Es ist in der Tat behauptet worden, daß das Eindringen des Wettbewerbskalküls in die Frage der industriellen Sicherheit den Fortschritt in der Verhinderung menschlicher Kosten der Produktion vereiteln wird. »Die klare Tatsache, z. B., daß die Diagnose einer Berufskrankheit einem Arbeitgeber Kosten verursachen könnte, schafft eine Atmosphäre, in der die Wissenschaft oft dem Wunsch untergeordnet wird, Wissen zu minimieren oder gar zu unterdrücken, wenn es den Zusammenhang zwischen Arbeitswelt und Krankheit beweisen könnte.« *Ibid.*, S. 77 und Building America's Health, *op. cit.*, S. 77.

10. Technologischer Wandel, Arbeitslosigkeit und Sozialkosten

1 T. Veblen, *Absentee Ownership and Business Enterprise in Recent Times* (New York, The Viking Press, 1923), Kap. V. Veblens Betonung des kumulativen und »inflationären« Charakters der Expansionsphase, der die erhöhte Beanspruchung von Krediten zuzuschreiben ist, geht zurück auf seine *Theory of Business Enterprise* (New York, Charles Scribner's Sons, 1904), Kap. V.
2 J. B. Say, *A Treatise on Political Economy* (3. amerikanische Auflage: Philadelphia, John Gregg, 1827), Kap. VII, S. 26-31. Zu Adam Smiths Stellungnahme zu den vorteilhaften Wirkungen von Maschinen siehe »Der Wohlstand der Nationen« – Übertragung von H. C. Recktenwald – *op. cit.*, Kap II, Buch II, S. 236-237.
3 Siehe P. H. Douglas, »Technological Unemployment« in: *American Federalist*, Bd. 37, Nr. 8, August 1930, S. 923-950. Siehe auch P. H. Douglas & A. Director *The Problem of Unemployment* (New York, Macmillan & Co., 1931), bes. S. 121-141.
4 W. I. King »The Relative Volume of Technological Unemployment« in: *Proceedings of the American Statistical Association*, Bd. 28 (März 1933), S. 33-39.
5 *Ibid.*, S. 39.
6 Sismondis Standpunkt wurde kurz in Kapitel 3 berührt. Siehe oben S. 24 ff. Eine ausgezeichnete Zusammenfassung dieser Auseinandersetzung findet man bei A. Gourvitch, *Survey of Economic Theory of Technological Change and Employment*. Work Projects Administration, National Research Project, Report No. G VI (Philadelphia, 1940), S. 39-79.
7 K. Marx, *Das Kapital* (Dietz Verlag, Berlin, 1975), Bd. I, S. 658.
8 *Ibid.*, S. 659.
9 *Ibid.*, S. 660.
10 Ob die besonderen Umstände der Periode unmittelbar nach Marx seine Lehre entwerteten oder nicht, beziehungsweise, ob sie lediglich die Gültigkeit seiner Voraussagen zeitweilig außer Kraft setzten, das ist eine methodologische Frage, die uns hier nicht zu beschäftigen braucht. Eine detaillierte Analyse der günstigen Faktoren, die bis 1914 für eine rasche Wiedereingliederung ausgeschiedener Arbeiter sorgten, und der Hindernisse, die sich dem entgegenstellten, siehe E. Lederer, *Technical Progress and Unemployment. An Enquiry into the Obstacles to Economic Expansion*. (Genf, Internationales Arbeitsamt, 1938), S. 1-2.

11 Gourvitch, *op. cit.*, S. 194.

12 F. C. Mills, »Industrial Productivity and Prices«, *Journal of the American Statistical Association*, Juni 1937, Bd. 32, No. 198, S. 247.

13 Man kann vom Industriearbeiter kaum verlangen, daß er die Gründe seiner Entlassung oder Wiedereinstellung erkennt. »Eine kleine Überlegung wird aber zeigen, daß die Arbeiter nur in einer Minderzahl von Fällen fähig sein werden, den für ihre Entlassung maßgeblichen technologischen Wandel zu erkennen. Dazu wäre es erforderlich, daß die Maschinen in einem schon vorhandenen Betrieb unter den Augen der Arbeiter aufgestellt und diese unmittelbar danach entlassen würden.«
J. A. Schumpeter: Deutsche Übersetzung *Konjunkturzyklen* (Göttingen, Vandenhoeck & Ruprecht, 1961). Bd. II, Kap. IX, S. 527-8 n. Darüber hinaus kann es, wie F. B. Garver im Anschluß an Marx ausführte, einfach unnötig werden, neue Arbeiter anzuwerben, wenn die alten ihre Plätze verlassen. *Journal of the American Statistical Association* (März 1933), Suppl. S. 40.

14 Am ausführlichsten werden diese Umstände von Eugene L. Grant, *Principles of Engineering Economy* (New York, The Ronald Press & Co., 1938), in Kap. 14 f. behandelt.

15 A. C. Pigou, *Economics of Welfare, op. cit.*, S. 188-190; Oskar Lange und F. M. Taylor, *On the Economic Theory of Socialism, op. cit.*, S. 111-114.

16 Die näheren Eigenschaften dieser Rückwirkungen, die von einer ständigen Reduzierung der Ertragsfähigkeit älterer Produktionsanlagen ausgehen, sind besonders von denjenigen Autoren genauer untersucht worden, die das Phänomen der wirtschaftlichen Wechsellagen in erster Linie auf den technischen Fortschritt und die wirtschaftliche Nutzbarmachung von Erfindungen zurückführen. So vertrat z. B. Veblen die Ansicht, daß die ständige Verbesserung der Produktionstechnik und die davon herrührende Diskrepanz zwischen der laufenden Ertragsfähigkeit und der angenommenen Kapitalisierung alter Anlagen eine mehr oder weniger ausgeprägte, durchaus chronische Depression mit sich bringt, – ein Zustand, der nur durch Spekulation oder »durch ein freieres Angebot an Edelmetallen oder durch Inflation bzw. durch vermehrte Verwendung des Kredits als eines Zahlungsmittelsubstituts« gemildert wird. – Vgl. T. Veblen, *The Theory of Business Enterprise* (New York: Scribners, 1915), S. 235; cf. S. 227-234. – Auch R. Liefmann betrachtete die schnelle Veralterung der Kapitalanlagen durch den technischen Fortschritt als Hauptursache der Depression (*Grundsätze der Volkswirtschaftslehre*, Stuttgart und Berlin, 1919, Bd. II, S. 755–762). Bemerkenswert ist, daß Schumpeter, dessen Konjunkturtheorie auf dem Konzept der schöpferischen Zerstörung beruht, der Beziehung, die zwischen dem Phänomen des technischen Fortschritts und der Veralterung sowie den Kapitalverlusten und der Depression besteht, kaum Aufmerksamkeit schenkt, obwohl er die Wirkungen des technischen Fortschritts auf »alte« Unternehmungen genau beschreibt. Vgl. J. A. Schumpeter, Konjunkturzyklen, *op. cit.*, Vol. I, Kap. 4, bes. S. 140.

17 Wir sind auch nicht der Meinung, daß Pigous Argumente in dieser Beziehung überzeugend sind. Pigou meinte, wenn die durch Fortschritte verursachte Wertminderung bestehender Produktionsanlagen gebührend berücksichtigt werden sollte, »dann müßte es auch vernünftig sein, den Eisenbahngesellschaften die Genehmigung zum Bau von Eisenbahnen nur unter der Bedingung zu geben, daß sie die bei den Kanalschiffahrt entstehenden Verluste vorerst decken; es müßte ferner als vernünftig gelten, wenn im Interesse der städtischen Straßenbahnbetriebe den Omnibusbetrieben die Lizenz verweigert würde oder wenn den Gesellschaften, die sich mit der Elektrifizierung befassen, mit Rücksicht auf die bestehenden Gasbetriebe Hindernisse in den Weg gelegt würden«. Vgl. A. C. Pigou, *Economics of Welfare*, S. 188. Die Antwort auf dieses Argument wurde 1913 von J. A. Hobson gegeben. Pigou kritisierte Hobson, weil er die Notwendigkeit unterstrich, der Wertminderung bestehender Kapitalanlagen Rechnung zu tragen. Hobson gab folgende Antwort: »Eine Stadtverwaltung, die sich dem Vorschlag gegenüber sieht, ihre gegenwärtige teure Anlage zugunsten einer neuen zu verschrotten, die mit etwas niedrigeren Kosten arbeitet, wird den noch nicht amortisierten Wert der bestehenden Anlage gründlich in Betracht ziehen; denn auf diesen Wertbetrag müssen Zinsen entrichtet werden, ob nun die Anlage abgerissen ist oder nicht. Wenn der noch nicht ausgeschöpfte Wert der bestehenden Anlage groß ist,

dann wird die Erstellung der neuen Anlage mit Recht auf einen späteren Zeitpunkt verschoben; denn die Zinsen, die auf den alten Kapitalstock zu zahlen sind, werden die Kosteneinsparung, die mit der neuen Anlage zu erreichen ist, übersteigen. Kurz, es ist evident, daß die Kosten der Verschrottung in der Geschäftspolitik berücksichtigt werden müssen. Bei Industriezweigen, die unter Konkurrenzdruck stehen, trifft dies allerdings nicht zu. Was die Einführung technischer Verbesserungen anbetrifft, so sind die öffentlichen und nicht die Privatbetriebe Träger der echten Volkswirtschaftspolitik.« Vgl. J.A. Hobson, *Gold, Prices and Wages* (London, Methuen & Co., 1913), S. 107-108.

18 Konkrete Aufschlüsse darüber finden sich in den Unterlagen des T.N.E.C. (Temporary National Economic Committee) Hearings, Teil 30 *Technology and Concentration of Economic Power* (Washington: U.S. Government Printing Office, 1940), S. 17229-17232.

19 Wie wir im dritten Kapitel gezeigt haben, beschränkt sie die Vernachlässigung und Überwälzung der Sozialkosten, wie sie als Folge der Übergangs- und Anpassungserscheinungen auftreten, keineswegs auf den Fall des technischen Fortschritts. Kostenüberwälzungen dieser Art sind vielmehr ein allgemeines Merkmal der Marktwirtschaft. Vieles an der hartnäckigen Opposition, die von seiten einiger Industriezweige sowie der Arbeiterschaft gegenüber der Aufhebung der Beschränkungen im internationalen Handel geltend gemacht wird und die sich gegen alle Versuche richtet, die internationale Arbeitsteilung zu erhöhen, geht auf den Versuch zurück, die damit anfallenden Kosten von sich fernzuhalten. Der Widerstand dieser Gruppen beruht auf der Erkenntnis, daß der Wettbewerbsprozeß dem einzelnen Arbeiter oder Unternehmer, dessen Arbeitsplatz oder Geschäft durch die Einfuhr ausländischer Güter verlorengeht, keine ausreichende Gewähr für einen angemessenen Schutz bietet oder ihm eine Entschädigung für Verluste garantiert, die er erlitten hat: Beispielsweise eine Entschädigung in Form einer finanziellen Unterstützung oder einer angemessenen Beteiligung an den Gewinnen, die aufgrund einer besseren Ausnützung der Produktionsfaktoren und der besseren internationalen Arbeitsteilung erzielt werden.

20 Eine kritische Würdigung der Neubewertung der technologischen Arbeitslosigkeit und ihrer Sozialkosten in den einzelnen Ländern findet man in »Europe tests New Approach to Problems of Technological Unemployment«, *Bulletin from the European Community for Coal and Steel* (Luxemburg), Juli/August 1956, Nr. 17.

21 J.A. Schumpeter, Kapitalismus, Sozialismus und Demokratie, *op. cit.*, S. 137.

22 *Ibid.*, S. 137 f.

23 *Ibid.*, S. 138.

24 *Ibid.*, S. 148.

25 *Ibid.*, S. 150.

26 *Ibid.*, S. 159 n.

27 *Ibid.*, S. 161.

28 J.M. Clark, *Studies in the Economics of Overhead Costs* (Chicago, University of Chicago Press, 1923), S. 16.

29 Diese Gedanken erheben keinen Anspruch auf Originalität. Sie wurden allgemein von allen Klassikern akzeptiert, da sie den Grundpfeiler der Arbeitswerttheorie bilden. Vgl. auch O. Bauer, *Kapitalismus u. Sozialismus nach dem Weltkrieg, Bd. I, Rationalisierung und Fehlrationalisierung* (Wien, Wiener Volksbuchhandlung, 1931), S. 166 ff.

30 J.M. Clark, »Some Social Aspects of Overhead Costs«, *American Economic Review*, XIII (März 1923), No. 1, Suppl., S. 55.

31 J.M. Clark, *Studies in the Economics of Overhead Costs, op. cit.*, S. 8.

32 Wir müssen nochmals betonen, daß dieser Unterschied zwischen den Kosten für die Aufrechterhaltung des Kapitals und denjenigen für die Erhaltung des Produktionsfaktors Arbeit nicht unvermeidbar ist und keineswegs in der Natur der Dinge liegt. Der festgestellte Unterschied beruht vielmehr auf der Verschiedenheit der Arbeits- und Kapitalverträge. Obwohl man »gewichtige Gründe dafür anführen kann, sie in der bisherigen Form abzuschließen... wäre es durchaus möglich, die Löhne zu konstanten Kosten zu machen, indem man sie auf Gehaltbasis stellt, so wie es jetzt bei den höheren Angestellten der Fall ist, und statt dessen die Kapitalkosten variabel zu gestalten, indem man ihre Entrichtung davon

abhängig macht, in welchem Maße vom Kapital Gebrauch gemacht wird.« J.M. Clark, »Some Social Aspects of Overhead Costs«, *op. cit.*, S. 56.

33 Es empfiehlt sich vielleicht, noch einmal darauf hinzuweisen, daß das obige Argument nicht etwa auf einer angenommenen oder unterschobenen moralischen Verpflichtung beruht, wonach die Industrie für den Unterhalt des Arbeiters in schlechten und in guten Zeiten zu sorgen hätte. Unser Argument beruht vielmehr auf der unbestreitbaren Tatsache, daß die Kosten für den Unterhalt und die Ausbildung des Produktionsfaktors Arbeit als soziale Durchschnittskosten behandelt werden müssen, wenn die Produktion und damit das Leben des Einzelnen und der Gesellschaft weitergehen soll.

34 O. Bauer, *Kapitalismus und Sozialismus, op. cit.*, S. 175. Ein garantierter Jahreslohn würde diese Eigenschaft der ungeplanten Marktwirtschaft beseitigen. Wenn man die zur Erhaltung des Arbeitspotentials aufzubringenden Kosten für die einzelne Unternehmung zu fixen Kosten machen würde, dann könnte man dadurch nicht nur eine wichtige Quelle der Sozialkosten eliminieren, sondern gleichzeitig auch einen Anreiz für eine vollständige Ausnützung der verfügbaren Mittel schaffen, da die Kosten für den Produktionsfaktor Arbeit auf jeden Fall gezahlt werden müßten. Ob die Vorteile eines garantierten Jahreslohnes durch neue Rigiditäten, die dadurch in die Kostengestaltung des Unternehmers eintreten können, aufgewogen würden, ist noch eine offene Frage.

35 J.M. Clark, »Some Aspects of Overhead Costs«, *op. cit.*, S. 53.

36 *Ibid.*, S. 53.

37 Diese Rückverlagerung der »variablen« Kosten auf die konsumentfernteren Zwischenstufen der Produktion ist auch dafür verantwortlich, daß die Kapitalgüterindustrien den Depressionseinflüssen am stärksten ausgesetzt sind: während es allen konsumnahen Produzenten möglich ist, Kosten auf den konsumentfernteren Zwischenproduzenten abzuwälzen und so ihre Stückkosten konstant zu halten, können die Erzeuger von Kapitalgütern ihre eigenen Kosten auf keine weitere Vorstufe abwälzen, da die moderne Produktion von den Kapitalgütern her ihren Anfang nimmt.

38 J.M. Clark, »Productive Capacity and Effective Demand« in: *Preface to Social Economics, op. cit.*, S. 375.

39 *Ibid.*, S. 375.

40 Aus »The Economic Losses Caused by Business Cycles«, *Business Cycles and Unemployment*, von W.C. Mitchell und W.I. King (New York, McGraw-Hill, 1923), S. 39.

41 »Hätte unsere Wirtschaft seit 1956 Fortschritte gemacht – nicht in so dramatischem Tempo wie die Westeuropas und Japans oder so stürmischem wie die totalitären Planwirtschaftssysteme, sondern einfach in bescheidenem Gang, der durch unser Arbeitskräftepotential und unsere Produktivität ermöglicht wird – dann hätten wir vom Jahre 1961 erwarten dürfen, daß es ein Bruttosozialprodukt von etwa 10 % über den 500 Mrd. Dollar bringen würde, die wir nun verzeichnen.« P.A. Samuelson, Prospects and Policies for the 1961 American Economy, in: *The New York Times*, 6. Januar 1961, S. 18.

42 *Ibid.*

43 W.W. Rostow, »Summary and Policy Implications« in: Joint Economic Committee, *Comparisons of the United States and Soviet Economies*, Part III (Washington D.C. United States Government Printing Office, 1959), S. 603.

44 Siehe jedoch D.S. Thomas, *Social Aspects of the Business Cycle* (London, London School of Economics, 1925); Josef Soudek, *Die sozialen Auswirkungen der Konjunkturschwankungen* (Bonn, Kurt Schroeder Verlag, 1929); Herbert Schwarz, »Kriminalität und Konjunktur« in: *International Review of Social History*, Bd. 3, 1938, S. 335-397.

45 Dudley Dillard, *The Economics of John Maynard Keynes* (New York, Prentice Hall, 1948), S. 105.

11. Duplikation, Überkapazität und Sozialkosten

1 Für die Analyse der Wirkungen der Organisation der wissenschaftlichen Forschung im allgemeinen siehe das 13. Kapitel.

2 Es ist bedeutsam, daß die Gesellschaft in Notzeiten unter dem Druck der jeweiligen Verhältnisse ohne weiteres bereit ist, nicht nur die Frage der gesamtwirtschaftlichen Effizienz zu stellen, sondern auch eine Reihe von technisch-wirtschaftlichen Verlustquellen zu eliminieren, die durch Duplikation und mangelhafte Koordinierung der Investitionen hervorgerufen werden.

3 J.M. Clark, »The Socializing of Theoretical Economics« in: *Preface to Social Economics*. (New York, Farrar & Rinehart, 1936), S. 43.

4 E. Sax, *Die Verkehrsmittel in Volks- und Staatswirtschaft*, Bd. I, Allgemeine Verkehrslehre (Berlin, Julius Springer, 1922), S. 139.

5 E.W. Williams, Some Aspects of the Structure and Growth of Soviet Transportation, in: *Joint Economic Committee, Comparisons of the United States and Soviet Economies*, Part I, 1959, 86th Congress (Washington D.C., U.S. Government Printing Office), S. 183.

6 *Public Aid to Transportation* (U.S. Office of the Federal Coordinator of Transportation), (Washington D.C., U.S. Government Printing Office, 1940), Bd. I, S. 7.

7 *Ibid*., S. 3.

8 Diese Schätzungen beruhen auf Studien des Federal Coordinator of Transportation. Siehe: National Resources Planning Board, *Transportation and National Policy*, (Washington D.C., U.S. Government Printing Office, 1942), S. 162, 166. Siehe auch: B.N. Behling, *Railroad Coordination and Consolidation, A Review of Estimated Economies* (Interstate Commerce Commission, Statement No. 4023, Washington, 1940).

9 National Resources Planning Board, *Transportation and National Policy, op. cit*., S. 162.

10 Das Argument, daß die Eisenbahnen früher öffentliche Unterstützung erhalten haben, ist in diesem Zusammenhang nicht von Belang. Denn offensichtlich werden Gewinne und Unternehmerpolitik durch die gegenwärtigen und die geschätzten zukünftigen Kosten bestimmt, und nicht durch die vergangenen.

11 National Resources Planning Board, *Transportation and National Policy, op. cit*., S. 259. »Was den Autotransport betrifft, der große Summen an Benutzungsgebühren zu der Finanzierung der Überlandstraßen beitrug, glaubt man, daß die vielseitige Natur der Straßenfunktion und das Überwiegen der Gemeinkosten zusammenwirken, um es eher zu einer Frage der Mutmaßung zu machen, ob die Fahrzeuge als Klasse oder bestimmte Arten von Fahrzeugen in einem bestimmten Bundesstaat einen angemessenen Beitrag an die Straßenkosten leisten.« *Ibid*.

12 »Die Bruttotonnenkilometer pro Frachtzugstunde, die allgemein als die beste einzelne Kennzahl für die Leistungsfähigkeit des Schienenverkehrs gelten, wuchsen von 1950 bis 1958 um 86 % an.« W.E. Williams, *op. cit*., S. 185.

13 *Ibid*., S. 184.

14 *Ibid*., S. 180. Zur weiteren Erhärtung unserer allgemeinen Schlußfolgerung siehe auch Holland Hunter, Soviet Transportation Policies – A Current View, Joint Economic Committee. *op. cit*., S. 189-199.

15 Public Aids to Transportation, *op. cit*., S. 275.

16 Sogar die zu gewissen Tageszeiten sehr hohe Verkehrsdichte auf den Straßen in den Großstädten und deren Vororten ist weniger einer ungenügenden relativen Größe an Verkehrsraum als an der technischen Ineffizienz in der Koordination und Planung von Straßennetzen zuzuschreiben, die ohne langfristige Planung gewachsen sind. Dabei darf natürlich nicht übersehen werden, daß die Expansion des Autoverkehrs und die dadurch bedingten Verkehrsstauungen kumulative Formen annehmen, da Gebrauchtwagen immer mehr auch für Jugendliche erschwinglich und neue Straßen ohne ausreichende Parkplätze eröffnet werden. Es wäre interessant, genauer zu ermitteln, in welchem Maße die Verkehrsballung zu gewissen Tagesstunden der Tatsache zuzuschreiben ist, daß beispielsweise Jugendliche auf dem Weg zur Schule sind, daß Zufahrts- oder Ausfahrtswege verstopft sind, oder daß Automobilisten keinen Parkplatz finden.

16a »Schließlich darf aber nicht vergessen werden, daß beinahe jeder Detailhändler in seiner nächsten Umgebung ein, wie man es nennen kann, tatsächliches *Monopol* auf den Verkauf hat, wenn dieses Monopol auch, wie wir gleich sehen werden, eigentlich nur in dem Unverstand und dem mangelnden Zusammenhalten der Käufer begründet ist. Allerdings kann er nicht wie der eigentliche Monopolist den Preis nach Belieben erhöhen – nur an Punkten, welche weit von den Handelszentren entfernt liegen, kann eine größere örtliche Preiserhöhung stattfinden; hält er dagegen dieselben Preise und dieselben Qualitäten wie seine Konkurrenten, so kann er fast immer auf seine nächste Umgebung als Kundenkreis rechnen. Das Ergebnis hiervon ist nicht selten ein *Überfluß an Detailhändlern*, scheinbar zur Bequemlichkeit, in Wirklichkeit aber *zum Nachteil der Kunden*. Zwei Kaufläden derselben Branche liegen z.B. an den Endpunkten derselben Straße; dann werden wahrscheinlich ihre Absatzgebiete sich etwa in der Mitte der Straße berühren; nun wird indessen mitten in der Straße ein neuer Laden derselben Art eröffnet: jeder der beiden andern verliert dann früher oder später einen Teil seiner Kunden zugunsten des neuen Geschäftes, weil die um die Mitte der Straße herum wohnenden Kunden, falls sie nur dieselbe Ware zu demselben Preise erhalten, einen Gewinn zu erzielen *glauben*, wenn sie ihre Einkäufe in größerer Nähe machen können und dadurch Zeit und Mühe sparen. Hierin irren sie sich jedoch; denn die schon vorher existierenden Geschäfte, die nun einen Teil ihrer Kunden verlieren, ohne ihre allgemeinen Unkosten in entsprechendem Maße vermindern zu können, müssen ihre Preise allmählich *erhöhen*, und dasselbe gilt von dem neuen Konkurrenten, der sich ja schon von Anfang an mit geringerem Absatz hat begnügen müssen.« K. Wicksell Vorlesungen über Nationalökonomie (vom Verfasser durchgesehene Übersetzung von M. Langfeldt), Jena 1913, S. 142-143.

17 *Ibid.*, S. 143.

18 *Does Distribution Cost too Much*? The Twentieth Century Fund (New York, 1939), S. 299.

19 J.B. Clark, *The Philosophy of Wealth* (Boston, Ginn & Co., 1904), S. 168.

20 J.A. Schumpeter, *Kapitalismus, Sozialismus und Demokratie* (Bern 1946), *op. cit.*, S. 140.

21 *Ibid.*, S. 140.

22 W.H. Hamilton, *Patents and Free Enterprise* (TNEC Monograph No. 31) (Washington, D.C., U.S. Government Printing Office, 1941), S. 161.

23 *Ibid.*, S. 161.

24 *Ibid.*, S. 160.

25 *Ibid.*, S. 135.

26 *Ibid.*, S. 140.

27 »Das Imperium der United Shoe Machinery ist durch etwa 6000 Patente abgeriegelt; Dupont, Hartford Empire, RCA Victor haben Patent auf Patent gehäuft, um sich gegen jedes Eindringen in ihren Tätigkeitsbereich abzusichern.« *Ibid.*, S. 46-47.

28 *Ibid.*, S. 140.

29 *Ibid.*, S. 140-141.

30 J. Schmookler, »Technological Progress and the Modern American Corporation« in: E.S. Mason (Hg.) *The Corporation in Modern Society* (Cambridge, Harvard University Press, 1960), S. 156.

31 So »kaufen die Russen interessanter Weise für 25 Cents das Stück Kopien von amerikanischen Patenten auf und nutzen gratis in ihrer Industrie die allerneusten Errungenschaften amerikanischer Industrielaboratorien. In Amerika jedoch können sie nur die Patentinhaber und ihre Lizenznehmer rechtmäßig auswerten.« *Ibid.*, S. 157.

32 Wir können uns hier nicht mit den wichtigsten Alternativen zu dem heutigen Patentsystem befassen, wie etwa der Zwangslizensierung oder der Prämierung der Erfinder durch den Staat. Siehe *Ibid.*, S. 159-160.

12. *Die Sozialkosten des ruinösen Wettbewerbs, der geplanten Verkürzung der Lebensdauer von Gütern und der Verkaufsförderung*

1 T. Veblen, *The Engineers and the Price System* (New York, The Viking Press, 1921), S. 20.

2 Siehe die Urkunden und Berichte zu zwei frühen Ermittlungen gegen Monopole (am Reichstag in Worms [1521] und dem von Nürnberg [1522-23]), in *Introduction to Contem-*

porary Civilization in the West (New York, Columbia University Press, 1946), Bd. I, S. 364-373.

3 Adam Smith, Der Wohlstand der Nationen, *op. cit.*, S. 58.

4 *The New York Times*, 7. Februar 1961, S. 1 und 8. Februar 1961, S. 1.

5 *Annual Report of the Assistant Attorney General Thurman Arnold* (Vervielfältigt), S. 1. Siehe auch T.W. Arnold, *Democracy and Free Enterprise* (Norman, Okla., University of Oklahoma Press, 1942), S. 11-26. Eine detaillierte Darstellung des Beweismaterials zur Hemmung der Kriegsanstrengungen durch monopolistische Interessen findet man bei J.F. Stone, *Business as Usual: The First Year of Defence* (New York, Modern Age, 1941).

6 C.D. Edwards, »Economic and Political Aspects of International Cartels«, Senate Committee Print, *Monograph No. 1* (78th Congress, 2nd Session) (Washington, D.C., U.S. Government Printing Office, 1944), S. 58-64.

7 W.H. Hamilton, *Patents and Free Enterprise*, TNEC Monograph 31 (Washington, D.C., U.S. Government Printing Office, 1941), S. 103-108, siehe auch U.S. Senate, *Investigation of the National Defense Program,* Additional Report No. 480, Part 7, May 26, 1942 (Washington, D.C., U.S. Government Printing Office), 27-42.

8 Vgl A. Krock, »The Cartels as Part of a German War Plan«, *New York Times*, 27. März 1942. Für das vollständige Bild der Rolle, die internationale Patentverträge beim Entstehen von Verknappungen und Verzögerungen in der amerikanischen Kriegsproduktion spielten, siehe G. Reimann, *Patents for Hitler* (New York, The Vanguard Press, 1942).

9 Auch dies hat Adam Smith klar formuliert: »Ein Verstoß gegen dieses Einverständnis wird als ein äußerst unfreundlicher Akt betrachtet, ähnlich dem rücksichtslosen Verhalten unter Nachbarn und Gleichgesinnten.« *op. cit.,* S. 58.

10 Siehe ein Memorandum aus den Akten der General Electric Company, das vom Stellvertretenden Generalstaatsanwalt dem Senate Committee on Patents verlesen wurde. *Hearings*, 77th Congress, 2nd Session, Part I, S. 630. Siehe auch C.D. Edwards, *op. cit.*, S. 16.

11 Kommentarlos zitiert aus »Engineering News-Record« von *Consumer Reports*, Juni 1960, S. 30. Weiteres Material über geplante Kurzlebigkeit siehe Vance Packard, *The Waste Makers* (New York, David McKay Company, 1960), bes. Kap. 6-12.

12 Es bedarf keines langen Studiums um zu beweisen, daß wachsende Verbreitung und Möglichkeiten der Verkaufsförderung ein Index für das Vorhandensein und die wachsende Allgegenwart des Oligopols in den heutigen Marktstrukturen ist. Unter den Bedingungen des vollkommenen Wettbewerbs steht der individuelle Verkäufer einer unendlich elastischen Nachfrage oder Verkaufskurve für homogene Güter gegenüber. Mit anderen Worten, er kann soviel verkaufen, als er anzubieten hat oder verkaufen will. Da er seinen gesamten Ausstoß zu Marktpreisen absetzen kann, spürt der einzelne Verkäufer (und Hersteller) keinen Anreiz, Geld für Verkaufsförderung auszugeben. Wenn aber die bestehende und spezialisierte Produktionskapazität einzelner Produzenten und Verkäufer derart ist, daß sie damit mehr produzieren könnten, als der Markt aufzunehmen gewillt ist (d.h. wenn sie mit wachsenden Skalenerträgen produzieren), oder wenn die Verbraucher von der (wirklichen oder angeblichen) überlegenen Qualität bestimmter Güter überzeugt werden können (d.h. wenn die Elastizität der Nachfrage nach ihrem Produkt vermindert werden kann), dann werden es die Unternehmer rentabel finden, Geld in Verkaufsförderung zu investieren. Tatsächlich ist es unter oligopolistischen Bedingungen nicht nur rentabel, sondern für den einzelnen Unternehmer sogar wesentlich, seinen Absatz auf verschiedene Arten zu fördern. Denn unter diesen Bedingungen hängt das geschäftliche Überleben jedes Konkurrenten von jener Fähigkeit ab, die Nachfrage nach seinem besonderen Erzeugnis zu steigern und diese Nachfrage so unelastisch wie möglich zu gestalten. Also muß der Verkäufer den Konsumenten von den besonderen Qualitäten seines Produkts im Vergleich zu jenen seiner Konkurrenten überzeugen. Wenn das Überleben des Unternehmers von dieser Fähigkeit abhängt, eine Nachfrage nach seinem »differenzierten« Gut zu schaffen, so wird er kaum davon absehen, übertriebene oder sogar irreführende Ansprüche hinsichtlich der »Überlegenheit« seines besonderen Artikels bzw. seiner besonderen Marke zu erheben. Nur unter den Bedingungen des Oligopols kann Verkaufsförderung

und Manipulation der Verbrauchernachfrage eine derartige Schlüsselrolle spielen; wie es heute in der amerikanischen Wirtschaft der Fall ist.

13 A. S. J. Baster, *Advertising Reconsidered* (London, P. S. King & Son, Ltd., 1935), S. 86-87.

14 Zu früheren Erfahrungen auf diesem Gebiet siehe H. Smith, »The Imputation of Advertising Costs«, in *The Economic Journal* XLV (1935), S. 691-692.

15 Siehe A. Marshall, *Industry and Trade* (London, 1919), S. 304-307. A. C. Pigou, *The Economics of Welfare* (London, The Macmillan Company, 4. A., 1932), S. 196.

16 Wenn der Begriff bisher nicht unterschiedslos gebraucht worden wäre, würden wir vorschlagen, »Werbung« (advertising) für die Vermittlung von Informationen und »Verkaufsförderung« (sales promotion) für die manipulativen Elemente der modernen Verkaufstechniken zu verwenden.

17 T. Veblen, *Absentee Ownership and Business Enterprise in Recent Times* (New York, The Viking Press, 1923), S. 304.

18 »Denn sie haben offensichtlich mehr Anlaß, zu Mitteln wie besonderer Verpackung etc. zu greifen, wodurch sie einem Vergleich der von ihnen gelieferten Waren mit den Konkurrenzprodukten, die zu gleichem Preis angeboten werden, aus dem Wege gehen wollen.« Siehe Pigou, *Economics of Welfare, op. cit.*, S. 199.

19 *Ibid.*, S. 198.

20 Veblen, *Absentee Ownership, op. cit.*, S. 300.

21 Unter den Nationalökonomen, die sich mit einer Reihe von Implikationen der Werbung befaßt haben sind zu nennen: T. Veblen, J. M. Clark, J. A. Schumpeter, E. Chamberlin und J. K. Galbraith.

22 J. M. Clark, »Economics and Modern Psychology« (1918) abgedruckt in *Preface to Social Economics*, *op. cit.*, S. 106-107.

23 E. Chamberlin, *The Theory of Monopolistic Competition* (Cambridge, Harvard University Press, 1948), S. 119-120. Ein anderer ernsthafter Wissenschaftler kommt zu ähnlichen Schlüssen: »Reklame wird nicht betrieben, um den Leuten bei einer vernünftigen Konsumwahl zu helfen; sie wird vielmehr betrieben, um sie zum Kauf bestimmter Dinge zu veranlassen. Sie übertreibt natürlich bei der Bezeichnung der Verwendungsmöglichkeiten und der Vorteile der betreffenden Ware. Die Reklame beschränkt sich in der Regel nicht darauf, die Verwendungszwecke einer Ware zu bezeichnen, sie wendet sich nicht an den Verstand, sondern an die Gefühle der Konsumenten. Suggestion, Wiederholung, ansprechendes Illustration – das alles sind Mittel, die den Käufer dazu verleiten sollen, einen Artikel zu kaufen, ohne Vergleiche zu ziehen und Berechnungen anzustellen. Sie klären weder sein Urteil über die Verwendbarkeit der verschiedenen Waren noch über die relative Befriedigung, welche ihm der Konsum im Vergleich zur Muße bietet.« D. Braithwaite, »The Economic Effects of Advertisement« in: *Economic Journal*, 1928, Bd. XXXVIII, S. 19-20.

24 J. A. Schumpeter, Kapitalismus, Sozialismus und Demokratie, *op. cit.*, S. 418.

25 Veblen, *Absentee Ownership, op. cit.*, S. 307, Anm.

26 Veblen betonte mit besonderem Nachdruck, daß die Furcht vor Prestigeverlust viel mehr als die persönliche Eitelkeit die beherrschende Rolle spielt. Die Sorge um die persönliche Geltung ist für die Jugend besonders wichtig – eine Phase, über die manche Menschen innerlich nie hinausgelangen. »Kosmetische Färbungen und groteske Kleidungsstücke werden appliziert, um zu vermeiden, daß man sich gegenüber den makellos Besten unvorteilhaft ausnehmen könnte, um zu verhüten, daß man ungünstig auffällt, nicht eigentlich um selbst aufzufallen, um mit der Zeit zu gehen, und nicht ernsthaft, um selbst den Ton anzugeben. Und an diese Furcht vor einem abträglichen Ruf wenden sich die für diese Art fabrizierter Schönheit werbenden Experten mit ihrem Schwall berauschender Worte... Es ist den Ethnologen bekannt, daß Praktiken dieser Art ungefähr denselben ethischen Wert bei Angehörigen niedrigerer Kulturen haben – z. B. das Tätowieren und Hautritzen, das Zähneabfeilen, Nasendurchbohren, Lippenausstopfen – das direkt und unmißverständlich auf der Furcht vor Prestigeverlust beruht.« *Ibid.*, S. 310-311.

27 Zitiert aus *Fortune* bei D. Bell, *Work and its Discontent* (Boston, Beacon Press, 1956), S. 32.

28 T. Veblen, *Absentee Ownership, op. cit.*, S. 307, Anm.

29 Zum Begriff des »idealisierten Bilds« siehe K. Horney, *Neurosis and Human Growth: The Struggle toward Self-Realization* (New York, W. W. Norton, 1950).

30 Zur weiteren Erhärtung dieser Schlußfolgerung und besonders zu Schlüsselbegriffen wie »ideales Selbst« und von »Außengeleitetsein bzw. Marktorientiertheit« siehe die Werke von K. Horney, E. Fromm, H. S. Sullivan und R. May. Zur systematischen Weiterentwicklung dieser und verwandter Begriffe zu einem neuen Konzept des Menschen in der sozialen Analyse siehe K. Wm. Kapp »*Toward a Science of Man in Society: A Positive Approach to the Integration of Social Knowledge*«, Den Haag, Martinus Nijhoff, 1961.

31 »Eine von Versicherungsgesellschaften durchgeführte Erhebung ergab, daß die amerikanische Durchschnittsfamilie sich etwa drei Monate vom Bankrott entfernt bewegt« (und das nach zwei Jahrzehnten nie gesehener Prosperität). Packard, *op. cit.*, S. 154. Ein Vorbericht der *American Bar Association* bringt die Sorge darüber zum Ausdruck, daß die Konkurse in den letzten zehn Jahren (1950-60) um mehr als 400 % überhand genommen haben und daß etwa 90 % der Gesamtzahl der Konkurse (1960) nur für Personen eröffnet werden, die über keine Aktiven verfügen, welche dem Gläubiger zugesprochen werden könnten: »Report of the Consumer Bankruptcy Committee, Subcommittee to the Section of Corporation Banking and Business Law of the *American Bar Association*«, Februar 1961, S. 2 (vervielfältigt).

32 Bell, *op. cit.*, S. 31.

33 R. H. Tawney, *The Acquisitive Society* (New York Harcourt, Brace & Co., 1920), S. 30-31.

34 I. Kristol, High, Low and Modern, in *Encounter*, No. 83 (August 1960), S. 39.

35 *Ibid.*, S. 39. Dieselbe Schlußfolgerung gilt in gleicher Schärfe für einen großen Teil des populären Journalismus, der auf kleine wie große politische Vorurteile abgestellt ist, und für die politische Propaganda im allgemeinen.

36 Siehe auch Galbraiths Erörterung der überragenden Stellung der Produktion in »Gesellschaft im Überfluß«, *op. cit.*, Kap. IX und X.

13. Die Verzögerung des wissenschaftlichen Fortschritts und die Sozialkosten der falschen Standortwahl und Überkonzentration in Ballungsräumen

1 Schätzungen für Großbritannien setzen den Anteil der staatlichen Beiträge zur wissenschaftlichen und technischen Forschung und Entwicklung in der britischen Industrie auf mehr als 70 % oder 220 Millionen Pfund Sterling an, bei Gesamtauslagen in der Höhe von 300 Millionen im Haushaltsjahr 1955/56. Siehe: Department of Scientific and Industrial Research: *Estimate of Resources devoted to Scientific and Engineering Research and Development in British Manufacturing Industry*, 1955, zitiert aus: Andrew Schonfield, A Deadlock on the Left, in: *Encounter*, Bd. 12, Nr.3, Sept. 1959, S. 14.

2 Eine frühe Meinungsäußerung in dieser Richtung machte T. Veblen in *The Engineers and the Price System*, New York, The Viking Press, 1921, Kap. 1.

3 Galbraith, *American Capitalism, op. cit.*, Kap. 7.

4 Die amerikanische Regierung beispielsweise unterhält sowohl Institutionen, die Daten sammeln, als auch wissenschaftliche Forschungsabteilungen für die Naturwissenschaften, die Technologie, die Nationalökonomie und praktisch alle Aspekte der Sozialwissenschaften. Dies zeigt eine detaillierte Liste der Untersuchungsobjekte, die vor dem Zweiten Weltkrieg von bundesstaatlichen Forschungsanstalten bearbeitet wurden: Physik, Chemie, Metallurgie, Kriegsmaterial- und Waffenproduktion, Radio, Telefon, Telegraphie, Schiffsbau und -antrieb, Luftfahrt, Optik, Ballistik, Straßenbau, Brückenbau, Festungs- und Trockendockbau, Geologie, Geodäsie, Bergbau, Wettervorhersage, biologische Probleme in der Landwirtschaft, Ressourcenerhaltung, Überschwemmungsverhütung, öffentliches Gesundheitswesen und praktisch alle Aspekte der Wirtschaftswissenschaft.

5 Nach einem Bericht des U. S. Senate Subcommittee on Government Operations, in: *The New York Times*, 25. April 1961, S. 13.

6 V. Bush, *Science, the Endless Frontier* (Washington, D.C., Government Printing Office, 1945), S. 13-14.
7 *The New York Times*, 25. April 1961, S. 13.
8 Henry Langier, »How Science can win the War« in *Free World*, 1941, Bd. I, Nr. 1, S. 59. Zu den Bedingungen der wissenschaftlichen Forschung im Vorkriegs-England siehe D. Hall u.a., *The Frustration of Science* (London, George Allen & Unwin, Lts., 1935) und J.D. Bernal, *The Social Function of Science* (London, George Routledge and Sons, Ltd., 1939), Kap. 3.
9 Bernal schätzte (1939), daß der durchschnittliche Leistungsverlust infolge organisatorischer Mängel und der Duplikation sicherlich 50 % und möglicherweise bis 90 % betrage. *Ibid*., S. 120.
10 *Ibid*., S. 137.
11 Nach Präsident Kennedys Rede vor dem National Industrial Conference Board vom 13. Februar 1961, lt. *New York Times*, 14. Februar 1961, S. 22.
12 Aus offensichtlichen Gründen, die mit den Wiederaufbaubemühungen zusammenhängen, scheint Nachkriegsdeutschland das spektakulärste Beispiel dafür zu sein. Dort wuchs der Anteil der Produktionsmittel und Anlagen, die weniger als fünf Jahre alt waren, von einem Sechstel in 1939 auf zwei Fünftel in 1947. *Ibid*. Daten für die Sowjetunion sind nicht erhältlich. Es ist jedoch vielsagend, daß die zentrale Ressourcenzuweisung und technische Leitung, die gemeldete Verwendung von 30 % der Bruttoeinkünfte für Forschung und Ausbildung und die Kostenbewußtheit, von der es so oft heißt, sie führe zur Wahl und Anwendung des »besten« Verfahrens, dazu beitragen, daß das Durchschnittsalter der bestehenden Anlagen und Ausrüstungen sinkt. Siehe M. Gardner Clark, Economics and Technology in Soviet Steel, in: *Study of the Soviet Economy*.
13 National Resources Planing Board, *National Resources Development*, Report for 1942, Januar 1942 (Washington, D.C., U.S. Government Printing Office), S. 63.
14 Siehe: *Royal Commission on the Distribution of the Industrial Population*, Report January 1940 (London, H.M. Stationery Office, 1940) (Cmd 6153) S. 97.
15 »Political and Economic Planning«, *Report on the Location of Industry* (P.E.P. London, März 1939), S. 178. Der Bericht gibt einen Überblick über die zeitgenössischen Trends in Großbritannien, soweit sie die industriellen Standorte und die regionale Wirtschaftsentwicklung betreffen und macht Vorschläge für die künftige Politik.
16 M. Dobb, *Soviet Economy and the War* (London, George Routledge & Son, Ltd., 1942), S. 45.
17 *Ibid*., S. 51.
18 *Ibid*., S. 53.
19 *Ibid*., S. 55.
20 In jüngster Zeit wurden diese Folgen der ungehemmten Verstädterung in historischer Perspektive durch Lewis Mumford aufgezeigt in: *Die Stadt, Geschichte und Ausblick*. Köln & Berlin, 1961.

14. Zusammenfassung und Implikationen

1 *The New York Times*, 6. Juni 1961; S. 33.
2 Siehe National Resources Committee, *Water Pollution in the USA* (Washington, US Govt. Printing Office, 1939), S. 67.
3 *Ibid*., S. 68.
4 S. von Ciriacy-Wantrup, Land Conservation and Social Planning, in: *Plan Age* (April 1939), S. 111.
5 Diese Annahme hat die Wirkung und den Zweck, das menschliche Verhalten – einen autonomen und deshalb höchst unbestimmten und möglicherweise störenden Faktor – genügend zu determinieren, um es zu einem integralen Bestandteil des begrifflichen Systems der Wirtschaftstheorie zu machen. Gleichzeitig bietet die Annahme einer ökonomischen Ra-

tionalität eine scheinbar objektive Basis und Rechtfertigung für die Eliminierung nichtrationaler Verhaltensweisen aus der Wirtschaftsanalyse.

6 Der Begriff »external economies« ist zu eng und unzureichend, um den sozialen Nutzen öffentlicher Dienste und allgemeiner Investitionen auf Gebieten wie Erziehung, Hygiene, Straßenbau, Bewässerung und Verwaltung zu umfassen. Siehe K. William Kapp, Hindu Culture, Economic Development and Economic Plannung, op. cit., Kap. 9.

7 Zur Zweideutigkeit des Begriffs der »sozialen Effizienz« siehe J. K. Galbraith, *American Capitalism* (Boston, Houghton Mifflin, 1952), Kap. 2.

8 L. M. Frazer, *Economic Thought and Language* (London, E. and C. Blake, 1937), S. 179.

9 Siehe J. A. Schumpeter in seiner Einleitung zu Enrico Barone, *Grundzüge der theoretischen Nationalökonomie* (Bonn, Kurt Schröder Verlag, 1927), S. 7.

10 G. Myrdal, *Das Politische Element in der Nationalökonomischen Doktrinbildung* (Berlin, Dunker und Humbolt, 1932), S. 34.

11 *Ibid*., S. 34.

12 Vergl. G. Sutton, *The Relation between Economic Theory and Economic Policy* in: The Economic Journal, Bd. 47, 1939, S. 51.

13 A. N. Whitehead, *Science and the Modern World* (New York, The Macmillan Co. 1925), S. 26.

14 Für eine eingehendere Untersuchung des normativ-apologetischen Charakters der Nationalökonomie siehe G. Myrdal, *Das Politische Element... op. cit.*, besonders Kapital I. u. B. Wolton, *Lament for Economics* (London, George Allen and Unwin, 1938), S. 132-182.

15 Otto von Mehring, »*Some Problems of Methodology in Modern Economic Theory*« in: *American Economic Review*, Bd. 34, März 1944, S. 94.

16 L. K. Frank, The Principle of Disorder and Incongruity in Economic Affairs, in: *Political Science Quarterly*, Bd. 47, 1932, S. 52.

17 Siehe G. Myrdal, »*Das Politische Element...*« *op. cit.*, S. 85.

18 A.N. Whitehead, *Adventures in Ideas* (New York, The Macmillan Co., 1948), S. 203-204.

15. Auf dem Weg zu einer neuen Wissenschaft der politischen Ökonomie

1 A. N. Whitehead, *Science and the Modern World* (New York, The Macmillan Co., 1925), S. 25.

2 Selbst Keynes gab die Suche nach Gleichgewichtslagen nicht auf. Sein Nachweis, daß es Tendenzen gäbe, die ein Gleichgewicht unterhalb der Vollbeschäftigung herbeiführen könnten, benützt traditionelle analytische Methoden und läßt viele der universellen Aspekte des Wirtschaftslebens, wie sie in dieser Arbeit zur Sprache kommen, außer acht. Jedoch muß Keynes Kredit dafür gegeben werden, daß er den klassischen Glauben an ein natürliches Gleichgewicht zwischen Konsum und Produktion unwiderruflich zerstört hat.

3 M. Horkheimer, The Social Function of Philosophy, in: *Studies in Philosophy and Social Science*, VIII (1939), S. 329.

4 Ein besseres Wort dafür wäre wohl »Rückwirkungen«, siehe Ragnar Fritsch, Repercussion Studies at Oslo, in: *American Economic Review* XXXVIII (Juni1948), S. 367-372.

5 Siehe die Literaturauswahl bei R. M. MacIver, *Social Causation* (Boston, Ginn & Co. 1942), S. 395-400. Ebenso K. William Kapp, *Toward a Science of Man in Society*, *op. cit.*

6 J. M. Clark, The Socializing of Theoretical Economics, in: *Preface to Social Economics, op. cit.*, S. 5.

7 *Ibid*., S. 5.

8 J. Viner, »The Utility Concept in Value Theory and its Critics« in: *Journal of Political Economy*, XXXIII, 1925, S. 659.

9 Eine Zusammenfassung zahlreicher, heute mehr oder weniger bereits preisgegebener Definitionen der Nationalökonomie gibt A. Ammon, *Objekt und Grundbegriffe der Theoretischen Nationalökonomie* (Leipzig, Franz Deudicke, 1927), 2. Aufl., sowie L. Robbins,

An Essay on the Nature and Significance of Economic Science (London, Macmillan, 1940), Kap. 1 und 2.

10 G. Myrdal, *Das Politische Element, op. cit.*, S. 236. Siehe auch O. Neurath, *Empirische Soziologie, Der wissenschaftliche Gehalt der Geschichte und Nationalökonomie* (Wien, Jul. Springer, 1931), S. 72.

11 G. Myrdal, *Das Politische Element, op. cit.*, S. 236.

12 A. Ammon, *Objekt und Grundbegriffe, op. cit.*, S. 236.

13 L. Robbins, *Essay on Economic Science, op. cit.*, S. 3.

14 R. W. Souter, »The Nature and Significance of Economic Science in Recent Discussions«, *Quarterly Journal of Economics*, Bd. 47, Mai 1933, S. 411.

15 Ein positiver Versuch der Integration des sozialen Wissens im Sinne des Begriffs des gemeinsamen Nenners von Kultur und Mensch wird in *Toward a Science of Man in Society* vom Autor vorgelegt. *op. cit.*

16 Zu diesem Thema siehe F. H. Blum, Some Contributions of Dynamic Psychology to the Sociology of Knowledge, in: *Actes du Quatrième Congrès Mondial de Sociologie*, Mailand/Stresa, 8.-15. Sept. 1959, Bd. IV.

17 L. Robbins, *op. cit.*, S. 16.

18 Eine frühere und noch nützliche Definition, die teilweise den oben angeführten Gedankengängen folgt, lautet »Nationalökonomie (ist) das Studium der sich wandelnden Formen kultureller Beziehungen, die der Schaffung und Verwendung knapper materieller Güter und Dienste durch Einzelne und Gruppen im Lichte ihrer privaten und öffentlichen Zwecke gelten.« A. G. Gruchy, *Modern Economic Thought* (New York, Prentice Hall, Inc., 1947), S. 552. Siehe auch K. Polanyi, »The Economy as Instituted Process« in: K. Polanyi et al. (Hg.) *Trade and Market in the Early Empires* (Glencoe, Ill., The Free Press, 1957), S. 243-270.

19 H. S. Ellis, »The Economic Way of Thinking« in: *The American Economic Review*, XL (März 1950), S. 4-5.

20 Zu diesem Thema siehe B. W. Allin, »Is Group Choice a Part of Economics?« in: *Quarterly Journal of Economics*, LIII (Aug. 1953), S. 362-379.

21 Für eine ausführliche Behandlung dieser These mit besonderer Betonung der Notwendigkeit objektiver Normen siehe Kapp, K. Wm., *Hindu Culture, Economic Development and Economic Planning, op. cit.*, Kap. 9.

22 J. M. Clark, »Economics and Modern Psychology« in: *Preface to Social Economics, op. cit.*, S. 138.

23 Dies ist ein weiteres Beispiel dafür, wie scheinbar neutrale Definitionen und harmlose methodologische Klassifikation weitreichende normative Konsequenzen nach sich ziehen können.

24 J. C. L. Simonde de Sismondi, *Nouveaux Principes d'Economie Politique*, Bd. I, S. 142.

25 W. H. Beveridge, *Full Employment in a Free Society* (New York, W. W. Norton & Co., 1945), S. 149.

26 Wir qualifizieren diesen Ausdruck, um zu unterstreichen, daß unser Begriff des sozialen Wertes nichts zu tun hat mit dem von J. B. Clark, E. R. A. Seligman und später von B. M. Anderson entwickelten Begriff des »social value«. Diese Ökonomen haben sich besonders in ihren früheren Schriften um den Nachweis bemüht, daß die Gesellschaft als solche die Güterwerte bestimmt und daß diese Preise in der kapitalistischen Marktwirtschaft echte soziale Werte sind, die die für alle Mitglieder der Gesellschaft maßgebenden Werte widerspiegeln. Auf die logische und terminologische Konfusion sowie den merkwürdig apologetischen Charakter dieser frühen amerikanischen Doktrin hat J. A. Schumpeter, On the Concept of Social Value, in *Quarterly Journal of Economics*, XXIII (1909), S. 216-217, 222 ff. hingewiesen. Vgl. auch F. Wieser, *Natural Value* (6. Aufl.) (New York, Macmillan, 1893), S. 52-53; und E. Böhm-Bawerk, Grundzüge der Theorie des wirtschaftlichen Güterwertes, *Conrads Jahrbücher*, Neue Folge, Bd. XIII, (1886), S. 478.

27 J. M. Clark, »Toward a Concept of Social Value« in: *Preface to Social Economics, op. cit.*, S. 53.

28 *Ibid.*, S. 54.

29 Zitiert aus G. W. Ensley, Economic Consequences of Disarmament, *The Commercial and Financial Chronicle*, 2. August 1956.

30 Es ist bemerkenswert, daß bis vor kurzem in der Sowjetunion kein Versuch unternommen worden ist, den durchschnittlichen oder »sozial notwendigen« Arbeits-Input für verschiedene Güter und Dienstleistungen zu berechnen. Mit modernen Computern und unter Benützung der Input-Output Analyse wäre es möglich, das theoretisch lösbare Problem auch praktisch zu lösen. Siehe O. Kantorovich, »On the Calculation of Production Inputs« in: *Problems of Economics*, Mai 1960, Bd. II, No. 1.

31 Für eine weitere Behandlung der These, daß das Prinzip der äquimarginalen Befriedigung zwar formal richtig, aber gleichwohl für die Untersuchung sozialer Wahl- und Bewertungshandlungen nicht relevant ist, siehe F. Wieser, *Theorie der gesellschaftlichen Wirtschaft* (Grundriß der Sozialökonomik), S. 421-422, und J. M. Clark, »Toward a Concept of Social Value«, in: *Preface to Social Economics, op. cit.*, S. 459, ebenso G. Weippert, Zur Problematik der Zielbestimmung in wirtschaftspolitischen Konzeptionen, in H. J. Seraphim (Hg.), Zur Grundlegung wirtschaftpolitischer Konzeptionen, *Schriften des Vereins für Sozialpolitik*, N. F., Bd. 18 (Berlin, Dunker und Humblot, 1960), S. 180-220.

32 H. R. Bowen, *Toward Social Economy* (New York, Rinehart & Co., 1948), S. 178.

33 Es ist wohl kaum nötig, diesen Apparat formaler Analyse weiter zu verfeinern, indem man Grenzraten der Substitution, Durchschnittskosten pro Person und Grenzkosten pro Person miteinbezieht. Siehe: *Ibid.*, S. 178-179.

34 *Ibid.*, S. 180-189.

35 G. A. Lundberg, *Can Science Save Us*? (New York, Longmans Green & Co., 1947), S. 39.

Namenregister

Sachregister